꽃의 계곡

The Valley of Flowers by Frank S. Smythe
© 1938 by Hodder & Stoughton, London
   1949 by W. W. Norton & Company. Inc., New York

Korean translation copyright 2016 by Haroo Publishing Company

* 이 도서의 국립중앙도서관 출판예정도서목록(CIP)은
서지정보유통지원시스템 홈페이지(http://seoji.nl.go.kr)와
국가자료공동목록시스템(http://www.nl.go.kr/kolisnet)에서
이용하실 수 있습니다.(CIP제어번호: CIP2016014005)

꽃의 계곡

세상에서 가장 아름다운 난다데비 산군에서의 등산과
식물 탐사의 기록  프랭크 스마이드 지음 김무제 옮김

하루재클럽

꽃의 계곡

초판 1쇄 2016년 6월 21일

지은이 프랭크 스마이드Frank S. Smythe
옮긴이 김무제

펴낸이 변기태
펴낸곳 하루재 클럽
주소 (우) 06524 서울특별시 서초구 나루터로 15길 6(잠원동) 신사 제2빌딩 702호
전화 02-521-0067
팩스 02-565-3586
홈페이지 www.haroojae.co.kr
이메일 book@haroojae.co.kr
출판등록 제2011-000120호(2011년 4월 11일)

윤문 김동수
그림 임유정
편집 유난영
디자인 장선숙

ISBN 978-89-967455-4-9 03690

* 책값은 뒤표지에 있습니다.

산과 산꽃을 좋아하는
모든 이에게 바칩니다.

꽃의 계곡 가을 색조. 뒤쪽 산이 6,166미터의 라타반이고, 그 왼쪽으로 눈 덮인 안부가 보인다. 첫 번째 베이스캠프는 사진의 중간쯤에 있는 초원지대 오른쪽에 설치되었다.

괄담에서 본 산자락과 오후의 햇빛

이른 아침에 쿠아리 고개에서 본 잔스카르 산맥. 왼쪽에서 오른쪽으로 7,756미터 카메트, 7,272미터 마나피크, 6,977미터 봉우리, 6,852미터 봉우리, 6,481미터 닐기리파르바트(정상이 거의 사각형 모양), 6,522미터 봉우리, 5,791미터~6,096미터 봉우리(잔스카르 산맥을 왼쪽에서 오른쪽으로 가르고 있는 뷴다르 계곡에서 등반한 눈 덮인 봉우리). 몬순 뒤에 촬영

분다르 계곡 냇가의 분홍바늘꽃(바늘꽃에 속하는 에필로비움 라티폴리움Epilobium latifolium), 다복떡쑥에 속하는 아나팔리스anaphalis, 양지꽃에 속하는 포텐틸라potentillas

분다르 계곡 냇가의 양지꽃 속에 속하는 포텐틸라 아르기로필라Potentilla argyrophylla와 분홍바늘꽃

고원지대에서 사는 취나물에 속하는 사우수레아saussurea와 진주 같은 떡쑥(다북떡쑥에 속하는 아나팔리스 누비게나

Anaphalis nubigena). 3,962미터에서 촬영

자연이 만든 바위 정원과 범꼬리 속에 속하는 폴리고눔polygonum

꽃의 계곡 화원. 붉은 꽃은 양지꽃에 속하는 포텐틸라(포텐틸라 아르기로필라 Potentilla argyrophylla). 뒤쪽 고개는 칸타칼

두 번째 베이스캠프 근처 메리골드. 앞에는 앵초에 속하는 프리뮬러 덴티쿨라타Primula denticulata

협곡을 향하고 있는 두 번째 베이스캠프에서의 이른 아침

가우리파르바트의 석양

히말라야 꽃들 중 여왕인 푸른 양귀비(메코노프시스에 속하는 메코노프시스 아쿨레아타Meconopsis aculeata)

봉선화(봉선화에 속하는 임파티엔스 로일레이Impatiens roylei)

봉선화(봉선화에 속하는 임파티엔스 로일레이(Impatiens roylei)와 키라운Khiraun 계곡

4,876미터 아래쪽의 다울리 계곡이 내려다보이는 두나기리의 6,400미터 캠프에서 본 석양

베이스캠프의 가을 풍경. 뒤쪽은 라타반과 눈 덮인 안부

제1장

꽃의 계곡

이것은 세상에서 가장 기품 있고 아름다운 산속에서 행복하게
지냈던 넉 달간의 기록이다. 이야기는 1931년으로 거슬러 올
라간다. 그해에 여섯 명의 영국인 등산가가 가르왈 히말라야
Garhwal Himalaya의 7,756미터 카메트Kamet를 등정했고, 나도 그
속에 있었다. 우리는 등정을 마치고 다울리Dhauli 계곡에 있는
감살리Gamsali 마을로 내려와, 답사를 위해 5,086미터의 분다
르Bhyundar 고개를 거쳐, 알라크난다와 다울리 계곡 위쪽을 둘
로 나누는 잔스카르Zanskar 산맥을 넘었다. 우리가 답사할 곳은
갠지스 강의 두 지류, 알라크난다Alaknanda와 강고트리Gangotri
강의 발원지인 산악 지역이었다.

분다르 고개를 넘던 날은 이미 몬순이 시작되어 비가 오고
추웠으며 음산했다. 4,900미터 아래쪽은 비가, 그 위쪽으로는

눈과 진눈깨비가 왔다. 바람이 매섭게 몰아쳐서 옷이 온통 질척한 눈으로 뒤덮였으며 추위가 뼛속까지 스며들었다. 우리는 서둘러 알라크난다 계곡과 만나는 분다르 계곡 안쪽으로 내려갔다.

얼마 지나지 않아 매서운 바람에서 벗어났고, 비는 내렸지만 고도가 낮아질수록 점차 따뜻해졌다. 짙은 안개가 산비탈을 감싸고 있어서 나아갈 방향을 확인하려고 잠시 멈췄더니, 식물학자인 홀스워드^{p.441}R. L. Holdsworth가 "저것 좀 봐!" 하고 소리쳤다. 나는 그가 가리키는 쪽을 바라보았다. 처음에는 바위밖에 보이지 않았지만, 두리번거리던 눈이 한순간 푸른색의 작은 얼룩점에 멈추었다. 그리고 또 다른 푸른색 얼룩점들이 보였다. 그 색깔이 어찌나 짙은지 산비탈을 밝히고 있는 듯했다. 홀스워드는 다음과 같이 기록했다. "갑자기 프리뮬러primula가 주변을 온통 둘러싸고 있다는 것을 깨달았다. 금세 눈에 띄게 날이 갠 것 같았고, 온갖 어려움과 추위, 길 잃은 짐꾼들에 대한 걱정을 잠시나마 잊을 수 있었다. 이 얼마나 진기한 프리뮬러인가! 부추처럼 보이는 프리뮬러는 니발리스nivalis 속 식물이 분명했다. 작은 둑과 층이 진 땅 사방에 자라고 있었는데, 더러는 흐르는 물속에 뿌리를 담그고 있기도 했다. 풀길이는 15센티미터 정도였고, 길이에 비해 꽃이 꽤 컸으며, 그 수도 상당해서 가끔은 아름답게 균형 잡힌 산형화서傘形花序 한 가지에 꽃꼭지가 30개씩이나 되었다. 향긋한 냄새가 나는 이 꽃은 아름답고 짙은 푸른

색이었다.”

나는 많은 산을 돌아다녔지만 이 프리뮬러보다 더 아름다운 꽃을 아직 보지 못했다. 고운 빗방울이 작은 진주 알갱이처럼 꽃잎에 달라붙어 있었고, 서리가 내린 듯한 잎사귀는 은색이었다.

더 아래쪽 모레인 근처의 캠프를 친 곳에, 봄맞이 속 안드로사체androsace, 범의귀 속 삭시프라가saxifraga, 돌나물 속 세듐sedum, 양지꽃 속 황적색黃赤色 포텐틸라potentilla, 뱀무 속 게움geum, 쥐손이풀 속 게라니움geranium, 개미취, 그리고 용담이 있었다. 하지만 이는 단지 몇몇 이름만 나열했을 뿐으로, 꽃을 밟지 않고서는 단 한 발짝도 움직일 수 없을 만큼 꽃들이 많았다.

다음 날 우리는 싱싱한 풀이 많은 초지로 내려갔는데, 캠프를 온통 꽃이 감싸다시피 했다. 백설 같은 바람꽃 속 아네모네anemone 꽃무리, 백합 모양의 노모카리스nomocharis, 금잔화, 금매화, 제비고깔delphinium, 제비꽃, 산지치 속 에리트리키움critrichium, 현호색 속 푸른 빛 코리달리스corydalis, 야생 장미, 꽃이 핀 관목, 진달래 속 관목인 로도덴드론Rhododendron, 그리고 영국에서 흔히 볼 수 있는 꽃들도 많았다. 분다르 계곡은 우리가 본 계곡 중에서 가장 아름다운 계곡이었다. 우리는 그곳에서 이틀간 캠핑 했는데, 나중에 보니 그곳이 바로 '꽃의 계곡'이었다.

나는 음산한 겨울날이면, 눈에 덮여 빛나는 산과 띠를 이뤄 늘어선 흰 자작나무를 배경으로, 맑은 물이 흐르는 냇가에 꽃이 만발한 풀밭을 종종 마음속으로 배회하곤 한다. 그러면 다시 한 번 흔들거리는 꽃을 통해서 산들바람의 느린 움직임을 볼 수 있고, 별들이 총총한 밤하늘 아래 모닥불 옆에서 빙하의 급류가 쉼 없이 흐르던 소리를 들을 수 있다.

나는 오랜 런던 생활을 청산하고 시골에 내려와 살면서 엉겅퀴, 쑥, 민들레가 가득한 밭을 갈아 정원 만드는 일을 시작했다. 원예를 노인의 취미 생활이나, 또는 단조롭고 대가 없는 노동쯤으로 생각했었는데 카렐 차펙^{Karel Capek}이 아래와 같이 쓴 내용을 우연히 보게 되었다.

"여러분이 밟고 서 있는 것이 도대체 무엇인지 알기 전에 여러분은 정원을 갖고 있어야 합니다. 그리고 여러분, 구름이 아무리 그 모양이 다양하고 아름다우며 또 무시무시하다 할지라도 여러분이 밟고 서 있는 땅에 비하면 아무것도 아니라는 것을 알아야 합니다. … 땅 한 뙈기를 경작한다는 것은 하나의 위대한 승리라는 것을 여러분께 말씀드립니다. 자, 이제 잘 부스러지고 축축하며 사용 가능한 땅이 있습니다. … 여러분은 이제 '땅'이라고 불리는 이 훌륭하고 고상한 일터에서 지배력을 갖게 될 식물에 대해 질투심을 느끼게 될 것입니다."

그래서 나는 원예가가 되었는데, 실은 원예에 대해 아무것도 모르고 있었다. 2년 6개월 전만 해도 두해살이풀과 다년생풀의 차이조차 알지 못했다. 지금도 무지하기는 마찬가지인

데, 원예는 유식과 무지의 경계를 뚜렷하게 구분 지을 수 없을 정도로 그 영역이 넓다. 다만 한 가지는 깨달았다. 원예가들 사이에는 다른 분야에 대한 질투심이나 의심 없이 원예를 최고로 치는 자연스러운 교감이 있다는 것을! 아마 그 이유는 원예가 본질적으로 창조적인 일이며 인내라는 훌륭한 자질을 필요로 하기 때문이리라. 어떤 조직의 성장을 서둘러 재촉할 수는 있겠지만 고산 식물의 성장을 그렇게 할 수는 없다.

1937년 분다르 계곡에 다시 가 볼 기회가 있었다. 나는 이런저런 이유로 혼자 여행을 했지만, ^{p.442} 남부 와지리스탄South Waziristan 정찰대 대위인 P. R. 올리버Oliver와 7월 말쯤에 합류해서 함께 두 달간 가르왈 히말라야에서 등반을 하고, 씨앗, 알뿌리, 덩이줄기, 식물을 채집하러 분다르 계곡으로 돌아가려고 계획하고 있어서 몬순 전과 몬순 기간인 한 달 반을 혼자 보내야 했다. 그래서 다르질링Darjeeling에 사는 W. J. 키드Kydd 씨의 주선으로 티베트인 네 명을 고용했는데, 그들의 ^{p.442} 사다인 왕디 누르부Wangdi Nurbu(온디Ondi라고 부르기도 한다.)는 내 오랜 친구이기도 했다.

이렇게 소규모로 일행을 꾸리게 된 이유는 네 번씩이나 상당히 공을 들여 조직한 대규모 히말라야 원정을 마친 뒤라, 모처럼 히말라야에서 휴가를 즐길 기회를 갖고 싶었기 때문이다. 이번 휴가는 세계의 주요 산 중 하나를 오르려는 그간의 시도와는 인간적으로나 물질적으로 완전히 다른 가치 기준을 갖고 있다. 이제 에베레스트 등반은 의무가 되어 버렸다. 남극점이나 북극점에 이르려는 시도에 필적하는 국가적인 사업이 되어 버려서 즐거운 등반과는 상당한 거리가 있게 되었다. 가르왈과 쿠마온Kumaon 지역의 히말라야 등반은 산과 계곡의 규모가 클 뿐이지 스위스에서의 등반과 꽤 비슷하다. 다만 스위스와 달리 상업주의에 오염되지 않았다. 눈을 어지럽히며 원시적인 아름다움과 웅장한 전망을 망치는 철도, 전선, 도로, 호텔이 없고, 오르려면 온갖 어려움을 극복해야 하는 헤아릴 수 없이 많은 산들이 이름도 없이 미답인 채로 있다. 또한 단순하고 상냥한 시골 사람들이 여름에 가축에게 풀을 뜯길 뿐 한 번도 유럽인이 발을 디뎌보지 못한 계곡이 많다.

그리고 꽃이 있다! 몬순 기간 동안 비가 많아 습하고 무더운 남쪽 계곡에서부터 차갑고 건조한 바람이 부는 티베트의 황토색 언덕에 이르기까지 원예가와 식물학자의 상상을 자극하는 식물들이 많다. 하지만 이상하게도 J. E. 윈터보텀 Winterbottom과 리차드 스트라케이Richard Strachey 경이 1846~1849년에 4년간의 그 유명한 식물 표본 채집을 한 이후로 더 이상의 채집이 없었다. 식물군의 보고寶庫 가능성을 가늠해 보려는 이 일이 1931년에 홀스워드에게 주어졌는데, 그는 『카메트 정복』에서 다음과 같이 자신의 생각을 표현했다. "나는 히말라야의 이런 고산 식물을 기꺼이 환영해 맞이할 열정적인 원예가가 많다는 것을 확실히 느끼고 있다. 진취적인 박애주의자가 히말라야의 고산으로 가서, 저지대에서 얻기 쉬운 키가 큰 식물이나 씨앗뿐만 아니라 높고 험준하며 환상적인 세계의 수줍은 프리뮬러와 용담, 그리고 이것들의 씨앗을 가져오기를 기대하며 이 글을 쓴다."

이제 그 임무를 내가 맡게 되어서 영광스러웠다. 내 무지를 기억하고 있는 독자 여러분은 — 나야 물론 나의 무지를 너그럽게 이해해 주길 바라지만 — 분다르 계곡이 꽃의 계곡이란 말을 들을 만한지는 스스로 판단해야 한다. 이후로도 사람들이 이곳을 방문해서 분석하고 조사하겠지만, 그 사람들의 의견이 어떻든 내게는 이곳이 인간의 영혼이 안식을 찾을 수 있는, 더할 나위 없이 평화롭고 아름다운 '꽃의 계곡'으로 남을 것이다.

6월 1일 나이니탈Naini Tal을 출발해서 라니케트Ranikhet에 도착했다. 나는 과거 라니케트에서 통합 주의 주지사인 해리 헤이그Harry Haig 경의 집에 머문 적이 있었는데, 당시에는 그분이 히말라안 클럽의 회장이셨다. 친절하게도 그분이 힘닿는 한 나를 돕겠다고 약속했고, 열정적인 원예가인 그의 부인은 나이니탈에 있는 지사 관저의 아름다운 주변을 더욱 돋보이게 하려고 열심이셨다.

네팔 서쪽의 산에서부터 바드리나트Badrinath, 테리 가르왈 Tehri Garhwal의 설원에 이르기까지 중앙 히말라야Central Himalayas 를 조망하기에 아주 좋은 라니케트는 해발 1,500미터의 산기

p.442

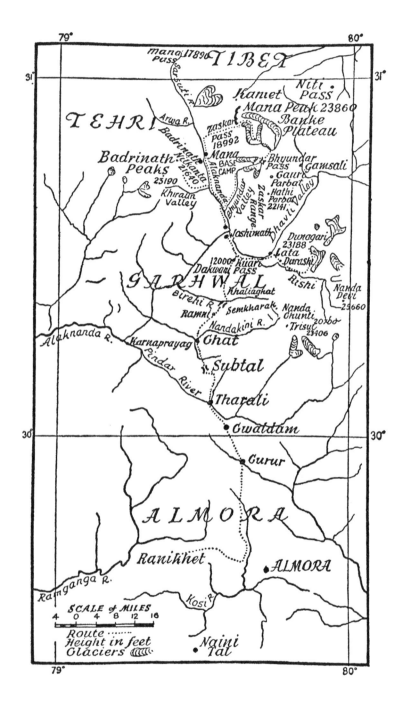

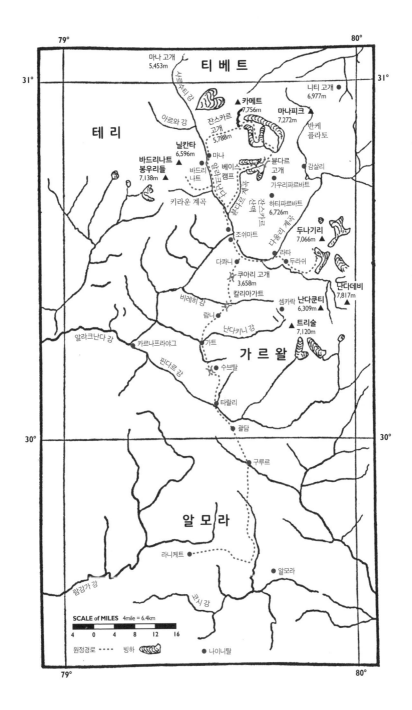

슭에 있는 산간 막영지이다. 이곳의 조망은 유명한 다르질링의 칸첸중가Kangchenjunga 조망과 비교해도 아름다움이나 웅장함, 규모 면에서 조금도 손색이 없다. 1936년 일본 원정대가 등정한 6,867미터의 난다코트Nanda Kot를 지나 동쪽에서 서쪽으로 한 번 훑어보면, 1936년 영·미 합동 원정대가 등정한 7,816미터의 난다데비Nanda Devi는 영국이 통치하는 대륙에서, 아니 대영제국 전체에서 가장 높은 산이고, 1907년 롱스태프T. G. Longstaff 박사가 등정한 7,120미터의 트리술Trisul은 1930년 국제 칸첸중가 원정대가 7,420미터의 존송피크Jonsong Peak를 등정할 때까지 인간이 발을 디딘 가장 높은 산이었다. 그리고 거대한 바윗덩어리인 하티파르바트Hathi Parbat(6,726m), 가우리파르바트Gauri Parbat(6,713m)가 있으며, 그 뒤로 약간 서쪽에 닐기리파르바트Nilgiri Parbat(6,481m)가 있다. 7,272미터의 마나피크Mana Peak와 7,756미터의 카메트는 여기에서 160킬로미터나 떨어져 있다. 또한 7,138미터의 바드리나트 설원 서쪽에 히말라야에서 가장 아름다운 산봉우리 중 하나이자 외따로 떨어져 있는 6,596미터의 닐칸타Nilkanta가 있다. 그리고 흥미 있는 탐험을 기다리는 테리 가르왈의 먼 설원도 있다.

이 거대한 산들의 장벽은 계곡에서 발생한 뜨겁고 습한 기류가 구름으로 변해서 산들을 가리기 전인, 아침의 깨끗한 대기에서 가장 잘 보인다. 나는 아침 일찍 일어나서 여명의 어슴푸레한 작은 산들 너머, 마치 북쪽 하늘 전체에 쳐진 커튼이 불타는 듯 빛나는, 너무나 멀리 떨어져 있어 인간의 발이 그 장밋빛 험준한 곳을 밟지 못할 것 같은 설원을 여러 번 살펴보았다.

숲에서는 한 마리 새도 소리 내지 않고, 태양이 경탄스러울 만큼 큰 보폭으로 이 봉우리에서 저 봉우리로 걸음을 옮기는 이 깨어남의 순간에는 "신들의 시간으로 시대가 백 번 바뀐다 해도, 히마찰Himachal의 영광을 그대에게 다 말할 수 없으리라."라는 현자의 말씀이 들려오는 것 같다.

라니케트에서 다르질링 출신의 티베트인 네 명과 합류했다. 왕디 누르부에 대해서는 이미 말했다. 그는 칸첸중가에서 p.443 크레바스에 떨어져 3시간 동안이나 그 안에 갇혀 있었던 사람으로 독자들에게 이미 잘 알려져 있다. 그는 중상을 입고 의사의 치료를 받기 위해 베이스캠프로 이송되었는데 이틀 후 가장 높은 캠프로 돌아가겠다며 고집을 피웠었다. 뿐만 아니라 1933년 에베레스트에서는 폐렴에 걸려 사망 직전에 낮은 계곡으로 이송되었지만 한 달 후 무거운 짐을 지고 베이스캠프에 다시 나타나서 일을 하게 해달라고 떼를 썼던 정신력의 소유자로, 군살이 전혀 없고 뼈뿐인 깡마르고 작은 체구의 보기 드물게 강인한 사람이다. 건달처럼 보이지만 예의범절이 반듯하고 차분하며, 대부분의 티베트인보다 광대뼈 돌출이 적고 입술이 얇아서 단호해 보인다. 눈은 평상시 흰자위에 핏발이 서 있어서 험상궂어 보이지만, 사실은 그렇지 않고 내가 아는 가장 강인한 사람 중 한 사람이다. 또한 그는 보티아Bhotia와 셰르파 p.443

Sherpa 짐꾼 중에서 특히 우수한 사람의 대열에 낄 만한 몇 안 되는 뛰어난 인물이다. 나머지 세 사람은 칸첸중가에서 죽은, '사탄Satan'이라 불리던 체탄Chettan, 카메트 원정대의 사다 레와Lewa, 에베레스트와 칸첸중가에서 명성을 날렸지만 불행히도 그 후에 죽은, 얼굴에 마마 자국이 있는 완고한 롭상Lobsang이다.

왕디는 글을 모르지만 모국어는 물론 우르두어와 네팔어를 유창하게 구사하고, 마치 제대로 배출구를 찾지 못한 불이 속에서 타오르는 듯 말과 행동이 기민하고 민첩하다. 또한 그의 동족 대부분이 그렇듯 무슨 일이건 훌륭하게 해내는 손재주가 있지만, 쿠크리가 없을 때에는 그 대용으로 이빨을 즐겨 사용한다. 한번은 풀리지 않는 카메라 삼각대의 나사를 이빨로 물고 나사가 느슨하게 풀릴 때까지 나사를 축으로 삼각대를 돌렸는데, 그 과정에서 마멸되어 떨어진 이빨 부스러기를 조용히 뱉는 모습을 본 적도 있다. 끝으로 중요한 말이 하나 남았다. 그는 뛰어난 등산가다. 1936년 에베레스트 노스 콜North Col에서 종대로 열을 지어 이동하는 짐꾼의 선두에 당연한 듯이 뛰어들었는데, 자신의 엄청난 체력과 뛰어난 등반기술을 십분 발휘할 수 있을 때가 가장 행복해 보였다.

광대뼈가 튀어나오고 눈초리가 올라간 파상Pasang은 전형적인 티베트인이다. 그는 가늘고 긴 다리에 키가 크고 건장했지만 어딘지 어설픈 구석이 있었다. 산에서, 특히 눈 덮인 산에서는 솜씨가 없어서, 그와 등반할 때면 혹시 미끄러지지 않는 지 항상 주의를 해야 했다. 나는 그가 다소간 운명론자임에 틀림없다고 생각한다. 미끄러졌을 때 자신을 제동시킬 유일한 장비인 피켈을 제일 먼저 손에서 놓아 버리고 자신의 생명을 동료나 신에게 맡기곤 했는데, 때때로 이런 그의 수동적인 태도에 화도 났지만 나는 그를 좋아했다. 시골뜨기 같아도 그 뒤에 감춰진 교양이 상당했고, 등반 외의 다른 일은 믿을 만했다. 타고난 서투름은 가식 없는 성격의 표시였는데, 이렇게밖에 서투름을 표현할 더 좋은 방법을 모르겠다. 그는 비에 흠뻑 젖은 캠프에서나, 폭풍이 몰아치는 산에서 아무리 고통스러운 상황이라도 최선을 다할 준비가 되어 있었고 또 그렇게 했다. 지도자는 못 되었지만 왕디 같은 열정과 활기가 있었고, 다른 사람이 가는 곳이면 어디든 따라갈 준비가 되어 있었으며, 순수하면서도 단호한 면이 있었다. 항상 근엄해 보이는 표정을 의외로 밝게 만드는 발랄한 미소는 온화한 성격의 확실한 표시였다.

테왕Tewang은 1924년 에베레스트에서 5캠프까지 올라간 베테랑이다. 휴 러틀리지Hugh Ruttledge는 자신이 쓴 1933년 영국 에베레스트 원정대의 등반 보고서 『에베레스트 1933』에 다음과 같이 기록했다. "테왕은 유능하며 확실히 믿을 수 있고, 결코 게으르지 않은 사람으로, 짐꾼이 먹을 음식을 준비하는 일에서 간호하는 일까지 모든 일을 너무나 훌륭하게 수행했다." 그런데 이제 동작이 느리고 굼뜬 것을 보니 테왕도 나이가 들어 가고 있는 것이 분명했다. 어려운 등반에는 더 이상 필요치 않아서, 일행에게 발생할지도 모를 만일의 경우에 대비할 수 있게 베이스캠프로 돌아가도록 지시할 예정이다. 나이는 티베트인에게 일찍부터 영향을 미친다. 한창때에 몸을 너무 혹사한 때문이거나 살고 있는 곳의 높이가 몸의 급속한 노화에 어떤 영향을 미치는지도 모른다. 유럽인 같으면 아직 한창일 텐데…. 테왕은 파상보다 훨씬 더 조용한 성격이고 모든 면에서 동료들보다 동작이 느렸다. 근심에 잠긴 듯한 얼굴과 느릿한 걸음걸이가 이를 표시했다. 웃는 모습은 한 번도 본 적이 없지만 아버지와 같은 따뜻함이 있어서, 누군가 간호해야 할 일이 발생했더라면 1933년에 그랬던 것처럼 당연히 그를 간호사로 썼을 것이다.

누르부Nurbu는 일행 중에 가장 젊었다. 1936년 에베레스트에서 육군 소령 모리스가 그를 고용했고, 내가 이제까지 고용한 사람 중에 일을 가장 잘 하는 사람이었다. 1936년에 체득한 경험이 상당한 도움이 되었을 것이다. 그는 둥글고 앳된 얼굴에 살결이 고운 아름다운 청년으로 항상 명랑했으며, 자기와 관련된 일이 무엇인지 재빨리 간파하고 기억했다. 등반 경험이 거의 없어서 등반기술에 있어서는 완전 초보였지만, 바윗길에서는 고양이처럼 민첩했고, 다른 사람들과 달리 눈과 얼음에서의 스텝 커팅이나 로프 다루기 같은 등반의 세련된 기술을 배우는 데 매우 빨랐다. 그는 앞으로 히말라야 등반을 하면서 많

p.444

은 일화를 남길 것이다.

내 동료들 — 그들을 짐꾼으로 생각할 수는 없는데 — 은 이런 사람들로 그들보다 더 나은 사람은 없다. 그들은 내가 인생의 행복한 휴가를 가장 즐겁고 성공적으로 보낼 수 있도록 아낌없이 헌신해 주었다.

라니케트에서의 사흘간은 등반 준비를 하는 데 충분했지만, 에블린 브라운Evelyn Browne 여사의 도움이 없었더라면 이렇게 신속하게 출발하지 못했을 것이다. 많은 히말라야 등산가는 앞으로도 그녀의 도움을 받게 될 것이다. 히말라얀 클럽의 비서인 브라운Browne 소령이 베풀어 준 친절 또한 짧은 체재 기간을 즐겁게 해주었다.

6월 4일 모든 준비가 끝나자, 남부 네팔 원주민인 도티알Dotial 짐꾼 11명이 무거운 짐을 옮기려고 도착했다. 이 얼마나 오랫동안 기다려온 꿈이었나!

제2장

낮은 산기슭

6월 5일 아침 출발 준비가 끝났다. 여행의 첫 목적지로 갈 화물차는 짐꾼 15명과 370킬로그램의 자질구레한 짐으로 가득 찼다. 라니케트에서 가루르Garur 마을까지 90킬로미터의 이 여행은 좁은 길을 따라 수많은 U자형 급커브가 계속되어서, 운전기사는 길모퉁이에 어떤 장애물도 나타나지 않을 것이라는 가정 아래 운전해야 했다. 만약 장애물이 나타난다면 그 다음은 신이 결정할 문제였다. 다행히 신께서 성품이 너그러우셔서 길 잃은 암소나 달구지와의 피곤한 만남 없이 자동차 여행은 무사평온했다.

히말라야의 산기슭은 설원에 대한 완벽한 정보를 제공해준다. 숲을 이루며 완만히 굽이치는 모습은 뒷배경을 이룬 거대한 흰 산으로 우리들의 시선을 이끄는데, 그 원근감으로 한

층 더 아름답다.

길은 맑은 물이 흐르는 코시Kosi 강을 수 킬로미터 따라가서, 많은 마을과 정부의 나뭇진 수집 창고들을 지나 높은 능선으로 올라가고, 몇 그루의 키가 큰 로도덴드론, 그리고 트리술과 난다데비의 먼 설원이 보이는 능선을 지나서, 넓은 사르주Sarju 계곡의 평편한 바닥으로 꾸불꾸불 내려갔다.

자동차도로가 끝나는 가루르 마을은 '문명'이 자동차의 모습으로 위장하고 침투한, 원주민이 사는 여느 마을같이 작고 지저분하다. 파리가 거리의 쓰레기에서 윙윙거렸고, 거지들이 애처로운 목소리로 구걸을 했으며, 단층 오두막 한 곳에서는 값싼 축음기의 음울하고 거친 소리가 흘러나왔다. 문명의 촉수가 멀리 외따로 떨어진 이곳까지 접근해서 삶의 환경을 개선하기는커녕 도리어 악화시키고 있는 것이 분명했다. 나는 간디처럼 자동차를 아주 싫어했지만, 망설임 없이 한 대를 빌려 사용했다. 가루르 마을은 신비로운 동양의 태곳적 향기를 갖고 있지만 불충분한 하수도 시설, 씻지 않는 사람들의 몸에서 나는 악취, 거기다 윤활유와 휘발유 냄새까지 섞여 풍겨서 행군의 첫 목적지를 나는 미련 없이 떠났다. 이후로 몇 달 동안 자동차나 비행기는 보지도, 듣지도, 냄새 맡지도 못할 것이다. 생각만해도 힘이 나고 기분이 좋았다.

길은 가루르 마을 건너편에서 잘 놓인 구름다리를 통해 사르주 강을 건너, 오르내리기를 반복하다가 괄담Gwaldam의 우편물 전달 방갈로를 향해 길게 이어졌다.

기온이 그늘에서도 38℃ 가까이 올라가 더운 행군이었고, 도티알 짐꾼들은 땀을 뻘뻘 흘렸다. 도대체 어떻게 45킬로그램이나 나가는 짐을 지고 걸어갈 수 있을까? 마치 내가 노예 감시자 같다는 생각이 들었다. 열감기로 체온이 38℃까지 올라간 상태로 라니케트를 출발했기 때문에 지금의 내 무능함과 비교해 보니 짐꾼들이 얼마나 수고하고 있는지 가늠이 됐다. 현명한 판단인지는 모르겠지만 나는 감기를 쫓아낼 수 있는 최선의 방법이 걸으며 땀을 흘리는 것이라고 확신하고 있었다. 여러 달 동안 앉아서 일하는 생활을 해왔기 때문에 살이 찌고 허약해져서 이제 반드시 땀을 흘려야 했다.

중앙 히말라야에는 치르 소나무Pinus longifolia 숲 때문에 꽃이 별로 없다. 치르 소나무의 침엽이 땅을 융단처럼 덮고 있어서 식물의 생장과 씨앗의 발아가 방해받기 때문이다. 그렇지만 치르 소나무 숲에는 나름대로 매력이 있다. 치르는 좋은 나무다. 가지가 몇 개 되지 않아 그늘을 조금밖에 만들지는 못하지만 적당한 간격을 두고 상당한 높이까지 수직으로 곧게 자란다. 나무 밑에는 나무의 생장을 방해하는 덤불이나 키 큰 풀이 없이서 이 지역은 잘 가꾸어진 공원 같다. 치르 소나무에서 나뭇진이 많이 나와 향긋한 냄새가 났다.

보통 때라면 괄담까지는 즐거운 산보 정도이지만 이날은 심한 두통과 아픈 발, 그리고 샘을 만나면 앞뒤 가리지 않고 마실 정도로 갈증이 심해서 이를 악물고 끈질기게 힘을 써야 했다.

이렇게 16킬로미터를 걷고 또 1.6킬로미터를 올라 숲을 벗어나, 아지랑이로 가득한 핀다르Pindar 계곡의 깊숙한 곳과 멀리 빛나는 히말라야의 설원이 내다보이는 능선 위 방갈로에 도착했다.

영국인 두 명이 방갈로 근처에 캠프를 치고 있었다. 인도인 제자를 데려온 러크나우Lucknow 소재 콜빈 탈루크다르Colvin Taluqdars대학 학장인 G.W.H. 데이비슨Davidson, 영국군 공병대 소령 매튜스Matthews가 이들이었다. 내가 감기에서 회복하는 데 이들의 친절과 호의가 많은 도움이 되었다. 훌륭한 저녁 식사 후에 위스키를 많이 마시고 잠자리에 들었는데, 다음 날 깨어나니 기적처럼 몸이 개운했다.

괄담에서 핀다르 계곡으로 내려가는 숲길의 경사가 심했다. 우리는 태양이 설원을 붉게 비추기 시작한 직후인 아침 일찍 출발해 1시간 동안 1킬로미터를 내려가서 핀다르 강에 도착했다.

타랄리Tharali 마을까지 절반쯤 갔을 때, 해밀턴Hamilton 상병이라는 또 다른 영국인을 만났다. 그는 동부 서리East Surrey(영국의 한 주) 연대의 파견대 소속으로 카메트를 등반하고 있었는데, 손에 입은 상처가 악화되고 있었다. 나는 여러 종류의 의약품이 든 의료용 구급상자를 갖고 있어서 상처를 소독하고 붕대로 감아 주었는데, 상처는 인도 의사에게 이미 1차 치료를 받은 상태였다.

그가 참가한 원정대는 히말라야 등산의 역사에서 주목할 만한 원정대이다. 1936년 여름, 아르와Arwa 계곡 대빙하 탐험을 마치고 상병인 랄프 리들리Ralph Ridley가 지휘하는 군인들이 이듬해에 대담하게 카메트를 등반하기로 한 것이다. 훌륭한 대원으로 구성된 이들은 루트 개척의 엄청난 난관을 극복하고 7,200미터까지 이르렀으나 불충분한 보급 문제로 결국 실패하고 말았다. 카메트는 전부터 계속 등반이 시도되어 왔는데, 충분한 등반 경험 없이 큰 산을 오르려는 시도는 현명한 일이 아니다. 히말라야에는 초보자가 등반기술을 익힐 수 있는 적당한 높이와 난이도를 가진 산이 많다. 자연은 무지를 용서치 않는다. 섬세하고 예리한 인식, 즉 자신이 하고 있는 일에 대한 본능적인 '감각' 없이 히말라야의 큰 산을 오르려는 사람은 곧 재앙에 직면하게 된다. 이런 말을 하는 이유는 창의력과 자립심의 발휘가 돋보이는 원정의 장점을 깎아내리려는 것이 아니라, 등반에 있어 사전 준비의 중요성을 말하려는 것이다. 앞으로는 원정대들이 최고사령부의 지원을 받게 되기를 바란다.

나딜리 마을은 핀디르 강으로 쭉 뻗은 둔덕 기슭에 집들이 옹기종기 모여 있는 곳으로, 이곳에서 강폭이 상당히 좁아진다. 1936년 여름 이 마을은 홍수로 크게 파괴되었다. 하루에 비가 500밀리미터나 왔고, 불어난 물이 계곡의 병목구간에서

범람하면서 마을을 휩쓸어 많은 가옥이 파괴되고 주민 40명이 익사했다.

통상 야영지로 강변 쪽 햇볕이 잘 드는 마른 풀밭이 선호되지만, 마을의 학교 근처 작은 언덕 위, 소나무가 만든 그늘 밑이 야영지로서 마음에 더 들었다. 학교는 모든 사람들을 환영한다는 내용의 게시문을 통로마다 보란 듯이 내걸었지만, 혹시 공휴일인지는 모르겠으나 학생이 보이지 않는 것으로 보아 효과적인 홍보 수단은 아닌 듯했다.

그날 오후는 몹시 더웠다. 가로 1.8미터에 세로 1.2미터의 텐트 안에서는 견딜 수가 없어서 성긴 소나무 그늘 아래 매트를 깔고 누웠는데, 엄청나게 많은 파리가 괴롭혔다.

저녁이 되어서야 다소 살 것 같았다. 용광로처럼 붉은 빛을 내며 해가 졌다. 바람이 불지 않는 저녁에 겨우 잠이 들었으나, 자정 직전에 번개가 번쩍거리고 우르릉거리는 천둥소리에 잠이 깼다. 폭풍은 연이은 낮은 산에만 국한되었고, 번개로 발생한 산불의 반사광인 듯한 붉은 빛을 하늘에 남기고 1시간이 안 되어서 잦아들었다.

아침을 일찍 먹고 새벽 5시에 출발했다. 나는 20킬로미터를 걸어야 하고 1,600미터를 올라가야 하는 수브탈Subtal까지의 긴 행군을 어떻게든 성공해내고 싶었다.

폭풍은 대기를 조금도 맑게 하지 못했다. 숲은 습했고 기력을 빼앗는 더위로 꽉 차 있었다. 2시간 동안 오르막길을 걸어올라 훤하게 트인 산비탈에 도착하니 숲을 벗어날 수 있어 숨통이 좀 트였다. 산비탈에 둔그리Dungri 마을이 있었다. 낮은 산의 오목한 분지 가장자리 아래였다. 이곳의 공기는 아래쪽보다 서늘했다. 사람들은 남녀 구분 없이 산비탈을 층층이 깎아 만든 밭에서 열심히 일을 하거나 황소, 들소가 끄는 원시적인 나무 쟁기로 얕은 고랑을 갈고 있었다. 남자들은 내게 친절하게 인사했고, 아이들은 언제나 그렇듯이 호기심으로 건방지게 혹은 부끄러운 듯이 나를 바라보았으며, 길에서 만난 여인들은 얼굴을 돌리고 서둘러 지나갔다. 어떤 작은 마을에서는 한 남자가 집에서 뛰어나와 군대식의 정확한 동작으로 경례를 하면서 배낭을 받아주겠다고 했다. 분명 그는 이 지역의 많은 다른 사람들처럼 가르왈이나 쿠마온의 보병부대에서 근무한 경험이 있을 것이다.

치르 소나무 숲, 벌채로 인해 시야가 트인 지역, 로도덴드론, 낙엽수, 상록교목, 전나무가 낮은 산기슭에서부터 그 위로의 자연스러운 배열 순서이고, 이 낮은 산기슭에서 재배되는 곡물은 해발 1,200~2,400미터 기온대에서 잘 자란다. 나는 둔그리 마을 위쪽 서늘한 숲으로 들어가서 이끼가 많은 비탈에 앉아 비스킷과 삼사로 점심을 먹었고, 짐꾼들보다는 상당히 앞서 있었다. 숲은 고요했고, 짙푸른 하늘에는 거대한 구름이 서서히 피어오르고 있었다. 시킴 숲에서조차 이곳보다 더 훌륭하고 키 큰 로도덴드론을 본 기억이 없다. 직경이 1.5미터나 되는, 이끼로 덮인 거대한 것도 있었다. 이 나무는 몇 백 년을 살아온 것일까. 동인도 회사의 목선이 인도로 항해하기 한참 전에 이미 히말라야의 무릎 위에 자리를 잡은 것이 틀림없었다.

점심을 먹던 곳의 건너편 길에서 갈색 곰 한 마리가 뛰어 올라 가는 모습이 보였다. 그놈은 어려 보였는데 순식간에 사라졌다. 이곳에서 길이 완만하게 올라갔고, 벼랑 꼭대기를 지나서는 바위틈에서 물이 시작되는 개울 쪽으로 내려갔다. 이곳에 깊은 웅덩이가 있었다. 나는 옷을 벗고 목욕을 했는데, 얼음처럼 물이 차서 숨이 막힐 것 같았다. 목욕 후에 평편한 바위에 앉아서 햇볕에 몸을 말렸다. 어린 소년이 내 모습을 보고 갑자기 길 위쪽으로 도망을 치다가 멈춰 서서, 두려움 반 호기심 반으로 나를 돌아보았다. 유럽인을 처음 봤을 그 아이는 얼음처럼 찬 물에서 목욕하는 사람은 분명히 제정신이 아닐 거라고 생각했을 것이다.

넓은 풀밭이란 뜻의 수브탈 야영지는 숲이 띄엄띄엄 있는 능선에 있고, 능선 양쪽의 낮은 산에는 영국 참나무보다 촘촘히 자란 히말라야 참나무와 상록교목이 빽빽이 숲을 이루고 있다. 북쪽으로는 이 능선이 난다키니Nandakini 계곡의 작은 지류 계곡으로 내려가고, 이 지류 계곡을 통해 트리술의 서쪽 빙하가 그 녹은 물을 알라크난다 강으로 쏟아 낸다.

아직 정오 전이지만 몰려드는 폭풍 구름으로 하늘이 흐렸고, 붉게 빛나는 안개의 영향으로 땅은 움직임 없이 조용했다.

짐꾼들의 도착이 늦어졌지만 짐 무게나 이동 거리를 감안할 때 도착하는 것 자체가 기적이었다. 내 계산이 틀리지 않는다면, 한 사람이 36킬로그램의 짐을 지고 1.6킬로미터의 고도를 높이기 위해 필요한 에너지의 양은 100만 풋파운드 이상이고 그 중에서 40만 풋파운드가 짐 무게다. 짐 무게만을 고려해도 용광로에 석탄 75톤을 삽으로 퍼 넣는 데에 필요한 에너지의 양과 같다.

그러는 중에 여러 명의 상인들이 수십 마리의 조랑말과 함께 내 옆에 멈춰 서서 방수포 아래에 상품을 조심스럽게 쌓은 후 모닥불을 피웠다. 그들 중 한 명이 내가 혼자인 것을 알고 무엇을 좀 먹지 않겠느냐고 물었다. 고마운 일이지만 얼마 안 되는 음식을 내가 축낼 이유는 없었다. 이런 호의는 이 지역 사람이 친절하다는 한 예에 불과하지만, 가르왈과 쿠마온 사람들의 분위기는 1931년과는 사뭇 달랐다. 비폭력에 대한 간디의 믿음이 열매를 맺고 있는 것일까? 아니면, 더 적극적이고 단호한 영국의 통치가 이런 행동의 원인이 된 것일까? 이유야 어떻든 한 가지만은 확실했다. 영국인과 인도인 사이의 협력과 우정, 상호존경을 통해서만이 미래에 양자를 위한 실질적이고 지속적인 이득이 인도에서 성취될 것이고, 교육과 점진적 변화가 인도인을 그들의 사회적·종교적 편견에서 해방시킬 수 있을 것이다.

오후가 되자 점점 어두워지면서 숨 막히는 무더위 속에 파리 떼가 극성스럽게 괴롭혔다. 안개가 짙어져서 언덕이 어디서 끝나고 구름이 어디서 시작되는지 알기가 쉽지 않았다. 원인을 알 수 없는 적갈색 빛이 숲으로 쏟아졌고, 무질서하고 거대한 천둥 구름이 푸른 하늘의 마지막 남은 곳을 삼켜버릴 무렵 그 빛이 희미해졌다. 그리고 히말라야가 위치한 북쪽 먼 곳이 오랫동안 억눌려 있던 천둥의 메아리로 전율하기 시작했다.

오후 2시가 되어 짐꾼들이 땀에 젖은 채 지친 모습으로 한 명씩 띄엄띄엄 캠프에 도착했다. 다르질링인들이 내 텐트와 자기들 텐트를 치자마자 굵은 빗방울이 후두두둑 소리를 내며 숲에 들이쳤고, 천둥은 탱크와 대포의 행렬이 다리를 건너가는 듯한 공허한 소리를 내며 끊임없이 우르릉거렸다.

곧이어 우박으로 인해 회색으로 변한 번개가 비의 푸른 장막에 칼을 휘두르는 듯 번쩍였고, 마치 거인이 머리 위에서 커다란 무명 폭을 끝없이 찢는 듯한 소리를 내며 천둥이 쳤다. 그리고 그 천둥소리 너머에서 매순간 크기와 강도를 더하며 둔한 굉음이 들려왔다. 그 소리가 무엇을 의미하는지 미처 깨닫기도 전에, 우리가 있는 곳에서 90미터쯤 떨어져 있던 가문비나무 줄기의 가는 끝 부분이 채찍처럼 휘청거렸다. 이어서 우박과 바람을 동반한 무시무시한 돌풍이, 보라색 번개 칼들과 천둥의 폭발로 인해 갈가리 금이 간 모습으로 광폭하게 우리 캠프에 들이쳤다.

이 같은 한바탕의 폭풍우는 오래 지속되지는 않았다. 30

분이 지나자 비가 멈추었고, 바람은 축축한 흙과 풀 냄새를 풍기며 습한 고요 속으로 잦아들었다. 그리하여 폭풍우는 수브탈에서 물러났지만 언덕을 통째로 뒤흔들 듯이 커졌다 작아졌다 다시 커지는, 외마디의 어마어마한 천둥소리는 사방에서 멈추지 않고 계속되었다.

테왕이 속이 빈 나무를 이용해 솜씨 좋게 만든 저녁을 누르부가 가져왔을 때, 폭풍은 또 다른 절정을 준비하고 있었다. 저녁을 먹고, 침낭 안에서 텐트 입구를 통해 지금까지 번개가 만든 가장 아름다운 연출을 바라보았다. 하늘 전체가 보라색 화염으로 끊임없이 빛나서 막힘없이 책을 읽을 수 있었다. 번개는 서서히 더 화려해졌고 천둥소리도 커졌다. 이곳이 폭풍우가 흔한 지역이긴 하지만 이번 경우에는 보통이 아니었다. 능선은 물론이고 캠프 양쪽 어디에서도 위험한 상황이 발생할 것 같지는 않았지만, 첫 폭풍우 후에 캠프를 다른 곳으로 옮기고 싶었다. 이제 무엇을 해볼 만한 시간적 여유가 없었고, 저녁 9시가 되자 폭풍이 바람, 우박, 비와 함께 태풍으로 변해서 엄습했다. 매순간 눈을 어지럽히며 번개가 번득였고, 천둥은 무시무시한 폭발을 일으켰다.

바라보는 사람 가까이에 내리치는 번개는 우리가 통상 말하는 '천둥'이나 앞서 말한 째지는 듯한 소리가 아니고, "펑!" 하고 강력한 폭탄이 터지는 듯한 어마어마한 폭발음을 냈다. 완전히 겁에 질렸다는 것을 나는 조금도 주저 않고 인정할 수밖에 없다. 침낭 안에 있었기 때문에 확실히 말할 수 있는데, 번갯불이 텐트 용마루를 지나 측면 버팀줄을 타고 내려갔다.

최악의 폭풍은 30분이 지나자 끝이 났다. 나는 도티알 사람들이 궁금해서 텐트 밖으로 나왔다. 그들이 대피해 있던 나무 몇 그루가 부러져 있어서 걱정이 되었지만, 천만다행으로 모두 무사했다. 파상, 누르부, 태왕과 같은 텐트에 있던, 좀처럼 동요치 않는 왕디조차도 약간은 마음의 동요를 일으킨 듯했다.

더 이상의 폭풍우는 없었지만, 그 후에도 오랫동안 번갯불이 번득였고 능선에서 천둥이 우르릉거렸다. 과장이 아니라 8시간 동안 단 한순간도 천둥이 멈췄던 기억이 없다.

다음 날 아침, 구름은 없었지만 짙은 안개로 인해 기대했던 설원의 풍경을 볼 수 없었다. 우리는 태양이 캠프를 비출 때 출발해서, 시원하고 좋은 냄새가 나는, 새의 지저귐으로 활기찬 숲을 가로질러 경작된 산비탈과 작은 마을로 내려갔고, 다시 맑은 물이 흐르는, 나무가 무성한 계곡으로 내려갔다. 해발 2,100미터의 시야가 트인 산비탈에서 작은 붓꽃 속 아이리스 쿠마오넨시스Iris kumaonensis를 처음 보았는데, 쿠아리 고개와 분다르 계곡에서 마주치곤 했다는 것을 나중에 알게 되었다. 우리는 또 지금까지 본 중에 가장 큰 거미줄 수백 개를 보았다. 나무와 관목은 비가 온 뒤라서 젖어 있었고, 햇빛에 반짝이는 거대한 그물이 1.6킬로미터나 펼쳐져 있었는데, 그 그물 속에 아침거리를 기다리는 거미가 있었다. 거미줄이 어찌나 강력했던지 거미줄에 걸린 나뭇가지가 직각으로 휘어 있었고, 큰 것은 4미터나 떨어진 두 그루의 나무 사이에 걸려 있었는데, 줄을 친 거미는 털이 숭숭 난 다리에서 머리끝까지 15센티미터나 되었다.

난다키니 계곡 깊숙한 곳에 있는 가트Ghat 마을의 여인숙 단칸방이 마음에 들지 않아서 강가에 캠프를 쳤다. 천둥이 다시 우르릉거리기 시작하고 시커먼 구름덩이가 빠르게 계곡 아래로 움직일 무렵, 가까스로 텐트 설치가 끝났다. 그런데 얼마 지나지 않아 몸부림치는 물보라 기둥이 강의 만곡 부분을 돌아서 캠프 쪽으로 내려오는 것이 보였다. 어찌 해 볼 틈도 없이 내 텐트의 금속 팩이 성냥개비처럼 뽑혀 나가 하늘로 솟아올랐고, 그 물보라 기둥은 강 쪽의 땅을 휩쓸며 지나갔다. 나는 사람들에게 소리치면서 텐트가 날아갈까 봐 텐트 속으로 몸을 던졌다. 몇 분 후 그 회오리바람이 일으킨 한바탕 소동이 우스워서 크게 웃으며 왕디, 누르부, 파상도 텐트 속으로 뛰어들었다.

나중에 날이 좋아졌고, 완벽한 고요 속에서 저녁을 먹었다. 내게 공식 요리사는 없었다. 하나같이 지저분하고 타고난 도둑놈이며 정직하지 않아서, 히말라야에서 공식 요리사 채용은 피해야 한다는 것을 나는 경험으로 알고 있었다. 무엇보다 모욕이나 질책을 하고 정당한 화를 내도 그들이 무감각하다는 것이 문제였다. 유럽인을 대하는 나름의 방식인지는 몰라도 호의적인 제안이나 충고에도 그들은 늘 화를 냈고, 몹시 나쁜 습관에 젖어 있었다. 게다가 어느 누구 할 것 없이 요리 솜씨가 형편없어서, 내 경험으로 볼 때 히말라야 원정대를 괴롭히는 배탈은 이런 요리사들 때문이었다.

그래서 누가 요리를 할 것인가는 그들 스스로 결정하도록 내버려뒀다. 테왕이 요리사를 자청했거나 아니면 누군가 그러라고 했을 것이다. 그를 풍부한 상상력과 창조성이 있는 좋은 요리사였다고 기록한다면, 이는 그의 능력을 과대평가하는 것이다. 그는 평범한 요리사인지라 만든 음식도 모두 평범해서 입이 짧은 사람은 며칠 안 가서 물릴 것이다. 그나마 제일 잘 만드는 건 고기만두인데, 잘 웃지 않는 그였지만 고기만두를 만들 때면 넓은 이마에 주름이 가면서 미소를 머금곤 했다. 자신이 잘 만들 수 있는 걸 만들었기 때문에, 만든 음식에 대해 뭐라고 그를 꾸중할 수는 없었다. 다행히 그가 청결해서 의심나면 물을 끓이고 셔츠자락보다는 행주를 사용한다는 것을 알고 있었기 때문에 나는 그의 일은 스스로 알아서 하도록 일임했다.

도티알 사람들은 쿠아리Kuari 고개를 경유해서 조쉬마트로 가는 것에 반대했다. 그들이 지적한 대로 가트에서 출발해 난다프라야그Nanda Prayag와 알라크난다 계곡을 경유하는 길이 행군하기가 훨씬 쉬웠다. 그러나 나는 쿠아리 고개를 경유하는, 시원하고 건강에 좋은 위쪽 길이 더 마음에 들어서 그들이 주장하는 길로 갈 생각이 없었고, 그들이 주장하는 길의 단점을 지적하자 반대는 기분 좋은 투덜거림 정도로 바뀌었다.

가트에서부터 길이 난다키니 강에 튼튼하게 건설된 구름다리를 건너서, 메마르고 경사가 급한 산비탈을 꾸불꾸불 올라갔다. 가트 위쪽 800미터 지점, 풀이 많은 급경사 돌출부에 작은 마을이 있었고, 그 마을 사람들이 우리를 반겼다. 그들의 생업은 이 지역의 다른 사람들처럼 농업이다. 그들은 가파른 산비탈의 작은 밭을 평편하게 만들어서 몬순의 빗물에 귀중한 흙이 계곡으로 유실되지 않도록 수많은 돌을 골라내어 벽을 만든다. 그러고 나면 소가 끄는 나무 쟁기로 많지 않은 흙을 갈고, 씨를 뿌리고, 추수하고 타작하면서, 봄여름에 열심히 일하고, 겨울에는 비교적 활동하지 않는다. 염소나 양 떼를 위쪽 목초지로 몰고 가는 일을 맡은 목동의 일 또한 이들과 마찬가지로 힘든데, 위쪽 목초지는 풀이 별로 없어서 가축에게 교대로 풀을 뜯겨야 한다. 이들의 생활은 세계 여느 산촌의 농부와 마찬가지다. 적대적인 힘에 맞서 싸우는 것이 이들의 일이다. 일단 길들여진 힘은 충분하진 않지만 건강하게 종족을 유지시킬 정도의 소출을 내어주고, 재미없고 단조로운 일과 노동의 엄격한 순환을 통해 인간의 증식과 유지라는 결코 단절될 수 없는 끈이 이어진다. 이들 고집스러운 농부들은 겉보기에는 자신들을 둘러싼 거대한 환경에 대해 무감각해 보이지만 사실은 그렇지 않다. 이들의 미약한 노력을 끊임없이 비웃는 거대한 언덕과 먼 평야를 향해 빙하 물이 세차게 흐르는 깊은 계곡, 그리고 멀리 빛나는 눈 덮인 설원이 이들의 일부분이다. 또한 그들의 주인이자 무자비하고 엄한 히말라야에 대해서도 사랑과 존경, 숭배가 그들의 내면 깊숙이 자리하고 있는 것이 분명하다.

마을에서부터 길은 시야가 트인 산비탈을 올라가서 로도덴드론으로 덮인 능선으로 이어졌다. 나는 나무 사이로 트리술이 잘 보이는 빈터에 앉아서 점심을 먹었다. 내가 앉아 있는 곳 1,000미터 아래에는 난다키니 계곡이 실오라기 모양으로 굽이치고 감기며 언덕 아래 나무가 없는 지역 사이로 지나갔다. 공기는 신선했고 깊은 고요 속에서 곤충의 윙윙거리는 소리만 들렸다. 주위는 온통 옅은 보라색 데이지로 뒤덮이고, 아래쪽 산비탈에는 푸른색 꽃이 핀 개박하가 있었는데 더러는 벌써 열매를 달고 있었다.

곧 짐꾼들이 나타났다. 그들은 노래를 부르고 있었다. 조용한 숲속 빈터를 울리는 단순하고 짧은 노래는 어쨌든 주변 환경의 아름답고 장엄한 분위기와 잘 어울렸다. 복잡한 음악은 모든 것이 단순하고 장엄한 이곳에서는 어울리지 않는다.

길이 빈터를 지나 숲으로 덮인 산자락을 횡단하여 다랑이 밭이 있는 시야가 트인 산비탈로 나갔고, 그곳에 람니Ramni라는 작은 마을이 있었다. 우리의 캠핑 장소는 가축이 풀을 뜯고 있는 풀밭이었다. 다행히 이놈들이 작은 용담 속 겐티아나 카피타타Gentiana capitata의 선명한 푸른빛 꽃을 손상시킬 정도로 풀을 바싹 뜯어먹지는 않았다. 1931년 람니에서는 파리 때문에 고생했는데, 이번에는 텐트 입구에 모기 망을 쳐서 파리들의 불쾌한 방문을 피할 수 있었다.

무더운 오후였으나 저녁은 기분 좋게 시원했다. 곧 파리가 사라졌고, 파리를 대신하는 모기나 작은 곤충도 없었다. 나는 점점 많아져 가는 별 아래에서 저녁을 먹었다.

제3장

높은 산

다음 날 아침은 흐렸지만 해가 뜨자 구름이 걷혔다. 숲길을 걸어서 능선에 올라서니 높은 산의 문턱에 다가선 느낌이었다. 올라갈수록 바람꽃 속 아네모네가 점점 많이 보였고, 이슬에 젖은 풀밭에 미나리아재비가 황금 융단을 펼치고 있었다.

곡식을 진 많은 양과 염소가 우리와 같은 방향인 가르왈 세곡 위쪽으로 이동하고 있었다. 곡식은 그곳에서 야크와 요부스(야크의 잡종)에게 실려 높은 고개를 넘고 넘어 티베트로 운반된다. 때때로 조랑말이 이용되기도 하지만 대부분의 곡식은 튼튼한 가죽을 덧댄 작은 자루에 담겨 양이나 염소의 등에 지워 운반된다. 양은 9~10킬로그램의 짐을 운반하고, 염소는 13킬로그램을 운반한다. 몰이꾼은 누더기를 걸친 기이한 모습의 상냥한 친구들이었고, 몇몇은 곱슬머리에 장발이었다. 이들은 알프스의 가이드처럼 발을 질질 끌며 평발인 사람처럼 힘겹게 걸었다. 그들 중 두세 명은 얕고 넓은 그릇이 달린 긴 물파이프에 숯이 섞인 저질 담배를 담아서 돌려가며 빨았는데, 담배를 구할 수 없을 경우에는 숯만을 피웠다. 이렇게 담배를 빠는 모습은 일종의 의식처럼 느껴졌다. 한 사람이 재빨리 두세 번 파이프를 빨고 나서 옆 사람에게 넘겨주는데, 파이프는 곧 십여 명의 사람들을 한 바퀴 돈다. 이런 식으로 돌려가며 피우기 때문에 질식하거나 일산화탄소에 중독되지는 않는다.

람니 위쪽 능선으로 올라서자, 서쪽에서 천둥이 우르릉거렸으나 북쪽과 동쪽은 조용했고, 난다쿤티Nanda Ghunti가 아름다운 모습을 드러냈다. 6,309미터의 이 산은 아름답게 균형 잡힌 모습이어서 이웃한 트리술과 높이가 — 실제로는 트리술이 더 높은데 — 엇비슷해 보였다.

길은 능선에서 멀리 떨어진 측면으로 가끔 빈터를 가로지르고 숲을 지나서 내려갔다. 홀스워드가 이 근방에서 파에오니아 에모디이Paeonia emodii을 발견했던 것을 기억하고 주위를 살펴보았다. 그러나 캠핑 장소까지 800미터 남겨 놓은 곳에 가서야 비로소 길 근처 그늘진 곳에 그 꽃이 무리지어 있는 것이 보였다. 폭풍이 임박해서 어두웠지만, 어두컴컴한 숲에서조차 크림색 꽃이 방금 꽃잎에 햇빛을 받은 듯 빛났다. 꽃이 핀 것으로는 이 꽃무리가 유일했고, 나머지는 열매를 달고 있었다. 4월에서 5월 첫 주 사이에 이곳에서는 분명 경탄할 만한 광경이 펼쳐질 것이다. 고산의 크로커스처럼 작약은 녹아내리는 눈의 가장자리를 뚫고 일찍 꽃이 핀다.

셈카락Semkharak은 카메트로 행군하는 도중에 봤던 유쾌한 캠핑 장소였지만, 이제는 임박한 폭풍우에 나지막한 산과 숲이 시달리고 있었고, 작지만 높은 산은 음울하고 쓸쓸해 보였다. 셈카락에 도착하니 천둥이 언덕에서 우르릉거렸으며, 얼마 기다리지 않아 짐꾼들이 도착해서 비가 쏟아지기 직전에 텐트를 쳤다.

그 후 2시간 동안 숲으로 덮인 능선에 번개가 심하게 번쩍거렸고, 천둥은 컵 모양의 나지막한 산들 전체에 떠나갈 듯이 울려퍼졌다. 산에서는 흔히 날씨가 갑자기 변한다. 저녁 무렵 비와 천둥이 일순간에 멈추었고, 보이지 않는 진공청소기가 빨아들인 듯 구름이 사라졌다.

짐꾼들이 숲에서 나무를 모아 왔다. 곧 커다란 모닥불이 타올랐다. 이것이 내 첫 캠프파이어였다. 태양이 인근의 높은 곳 너머로 지면서 멀리 떨어진 난다쿤티를 황금빛으로 물들일 때 나는 모닥불 옆에 편안히 앉아 있었다. 1931년 이곳에 텐트를 친 이래 바뀐 것은 아무 것도 없었다. 모닥불에 사용했던 타다 남은 나무 그루터기조차 그대로였다. 아마도 가느다란 참나무와 침엽수는 십여 센티미터 굵어졌겠지만, 셈카락의 나머지는 예전과 똑같았다. 동방에서는 사물이 빨리 변하지 않는다.

타고난 이야기꾼인 레이먼드 그린Raymond Greene이 저녁 내내 이야기꽃을 피워서 즐거웠던 기억이 떠올랐다. 그 후 6년의 세월이 흘렀지만, 지난 세월이 아쉽진 않았다. 그날 밤 나지막한 산의 아름다웠던 모습과 평화가 다시 내 것이 되었기 때문이다. 남은 구름이 사라지고 마지막 남은 황금빛이 난다쿤티에서 사라지자 하늘에는 별이 반짝였다. 나무 꼭대기에도 바람 한 점 없었다. 어둠이 내렸다. 나는 저녁을 먹고, 담배를 피우며 생각에 잠겼다. 모닥불이 재가 되고 이슬이 풀 위에 은빛으로 내릴 때까지….

다음 날 아침 씨가 맺힌 수백 평방미터의 작약을 가로질러 비레히Birehi 계곡으로 내려갔다. 아직 여물지 않았지만 나중에 여무리라 기대하며 씨를 조금 따 모았다. 이제야 알게 된 사실이지만, 씨가 쪼그라들어 못쓰게 되기 때문에 작약의 경우에는 ─ 불가능하진 않겠지만 ─ 미리 딴 씨가 나중에 저절로 여물기를 기대하기란 쉽지 않다. 완전히 여물어서 꼬투리에서 떨어질 때쯤 따서 모아야 한다.

무너질 듯 곧추선 벼랑 근처의 강에 놓인 작은 통나무 다리를 건넜다. 몇몇 가축 상인이 중력의 법칙을 무시하고 그 벼랑 아래에 야영 캠프를 쳐 놓은 게 보였다. 서로 인사를 나누었는데, 그들은 이 지방의 관습대로 우리가 어디서 와서 어디로 가는지 물었다.

길은 강에서 급경사를 지그재그로 올라가 산비탈을 수평

으로 횡단한 후 진달래 속 로도덴드론, 장미, 그리고 향기 그윽한 흰 꽃이 핀 관목 숲을 가로질러 칼리아가트Kaliaghat의 캠핑 장소로 이어졌다. 칼리아가트는 집채만 한 바위들이 흩어져 있는 풀이 많고 시야가 좋은 곳이다. 캠핑 장소 근처에 일궈 놓은 밭이 있고 그 뒤로 거대한 숲의 장벽이 있었는데, 그 위쪽에 있는 거대한 바위로 인해 숲은 더 이상 이어지질 못했다. 숲에서는 희한한 소리가 많이 들렸다. 휘파람 같은 새소리도 났고 곰이나 표범의 기침인 듯한 소리도 났다.

오후는 더웠고 파리는 성가셨다. 무수한 파리의 괴롭힘 없이 텐트 밖에 앉아 있을 수 없었고, 텐트 안은 냄비 속같이 더워서 나는 압화를 만들려고 꽃 채집에 열중했다. p.445 아름다운 저녁이었지만 가르왈에서는 늘 그렇듯 저녁이 되자 곤충이 파리의 뒤를 따라왔다. 곤충의 몸집은 작았지만, 짐꾼들의 물린 상처가 덧난 것을 보면 거친 피부도 깨물어 뜯는 능력이 있는 듯했다.

칼리아가트부터는 유쾌한 길이 초원, 로도덴드론, 참나무 숲을 차례로 가로질러서 희고 푸른 바람꽃 속 아네모네가 반짝이는 넓은 계곡으로 이어졌다. 이 계곡에서 능선이 쑥 들어간 쿠아리 고개가 보였다. 경사가 심한 바이투성이의 산비탈을 올랐다. 이어 가늘게 갈라진 바위틈에서 물이 쏟아져 내려 흡사 목욕탕 같은 감동적인 골짜기를 지나 또 몇 번을 자잘하게 오르내린 후 쿠아리 고개로 올라갔다.

짐꾼들보다 꽤 앞선 나는 작고 예쁜 봄맞이 속 안드로사체 androsace — 아마도 봄맞이 속 안드로사체 로툰디폴리아Androsace rotundifolia이겠지만 — 의 가냘픈 잔가지가 자라고 있는, 이끼가 많은 둑에 등을 대고 앉아 테왕이 만들어 준 점심을 먹었다. 얼마 지나지 않아 발소리가 나서 쳐다보니 어깨에 긴 도끼 자루를 걸친, 거친 인상의 사내가 호기심 어린 눈으로 나를 바라보고 서 있었다.

그는 내가 친근감을 내어보이자 땅에 웅크리고 앉아 알아들을 수 없는 말을 빠르게 쏟아냈다. 한동안 말할 상대를 만나지 못했는지 이참에 하고 싶은 말을 다 하려는 듯했다. 형편없는 내 우르두어 실력으로 알아들은 바로는 그가 여름 동안 키우는 가축과 함께 이곳에 머물며 칼리아가트에 산다는 것이었다. 이것을 빼고 우리의 '대화'는 몸짓과 웃는 얼굴에 국한되었지만, 이는 대자연 속에서 말을 대신한 훌륭한 대화였다. 담배를 줬더니 그는 환하게 웃으며 떠났다.

이윽고 도티알 사람들이 나타났다. 그들은 무거운 짐을 지고 있는데도 평소처럼 행복해했고, 가락을 붙여 짤막한 노래를 흥얼거리고 있었다. 우리는 쿠아리 고개를 넘어 300미터쯤 내려가 비옥한 초원지대인 다콰니Dakwani에서 점심을 먹었다. 그곳에서는 꽃이 핀 붓꽃 속 아이리스 쿠마오넨시스Iris kumaonensis가 많이 보였다. 흔한 영국의 붓꽃보다 작은 이 꽃들은 무덥고 배수가 잘 되며 양지바른 산비탈에 자란다. 이 꽃은 뿌리를 내릴 수 있는 서늘한 비탈만 있으면 된다. 겨울의 눈이 녹을 때쯤 연약한 싹을 내밀고 곧이어 그늘져 녹지 않은 눈과 짙푸른 하늘에 어울리는 보랏빛 꽃을 피운다. 영국에서도 잘 자라기에 내 정원에도 한 뿌리를 심어놨는데, 매년 봄 히말라야의 추억을 떠올려준다.

　보통은 다콰니가 캠핑 장소가 되지만, 우리는 더 위쪽으로 올라가 쿠아리 고개에 캠프를 치기로 했다. 그곳은 조망이 뛰어나서 난다데비 산군에서부터 바드리나트의 봉우리들까지 두루 잘 보인다. 그래서 다콰니에 대부분의 짐꾼들을 남겨놓고, 다르질링인 세 명, 도티알인 네 명과 함께 갈지자형의 돌길을 지나 그 고개로 올라갔다. 예상했던 것과 달리 고갯마루는 최적의 조망 장소가 아니었다. 우리는 조망을 방해하는 나지막한 산들이 없는, 정상에서 동쪽으로 약간 빗겨나간 바위투성이의 능선에 캠프를 쳤다. 불행히도 구름과 안개가 대부분의 산봉우리를 가렸지만, 내일 아침에는 분다르 계곡이 시작되는 잔스카르 산맥의 깨끗한 전망과 다음 몇 주 동안 등반하게 될 산봉우리들을 볼 수 있게 되기를 기대했다.

　저녁은 어두웠고, 짙은 안개가 자욱한 알라크난다 계곡을 따라 구름이 몰려들었다. 시야는 좋았지만 비바람에 안전히 노출된 곳에 캠프를 쳐서 우리는 뇌우雷雨가 없었으면 하고 바랐다. 물론 수브탈에서의 경험을 다시 반복하고 싶지도 않았다. 로도덴드론을 많이 구할 수 있는 다콰니에서 짐꾼들이 땔감을 가지고 올라왔고, 이 관목을 보자 먼저 와 있던 짐꾼들의 표정이 밝아졌다. 그들은 이 나무를 보고 고향이 생각났을 것이다. 그들의 고향에서는 말린 야크 똥을 빼면 이 나무가 유일한 땔감이다.

겨울에 내린 눈이 아직도 산비탈의 많은 부분을 덮고 있었지만, 이미 작은 용담이 우아하게 주름진 꽃을 달고 융단처럼 땅을 덮고 있었다.

해질 무렵 먹구름이 싸락눈을 뿌리며 폭풍으로 변했지만, 나중에는 하늘이 개면서 드문드문 별이 보였다. 무더운 날씨 속에 산기슭을 가로지르는 행군을 한 뒤라서 스웨터와 물오리 털 침낭의 촉감이 되레 유쾌했다. 게다가 파리나 작은 곤충이 없어서 텐트 문을 활짝 열어 놓고 잠을 잘 수 있었다.

높은 곳에서는 활력을 주는 그 무엇이 대기 속에 있다. 지금까지는 하루의 행군에만 전념하느라 앞으로의 일에 대해서는 아무 생각도 못 했지만, 이제 등산하는 사람이 처음으로 고산에 접근하면서 느끼는 바로 그 기대감을 느끼게 되었다.

편안히 잠을 자고 평소대로 여명에 잠에서 깼다. 그러나 보이는 것이 없었다. 위고 아래고 안개로 인해 1931년 이곳에서 보았던 그 눈부시게 아름다운 전망을 다시 볼 수 없었다. 티베트인들의 실망도 컸다. 그들 또한 올라야 할 산봉우리들을 한 번쯤은 몹시 보고 싶어 했던 때문이다.

이윽고 본대가 우리와 합류해서 처음에는 트인 산비탈을,

곧이어 소나무 숲을 지나 다울리 계곡으로 내려갔다. 소나무 숲 위쪽 소나무 생육 한계선에서 1931년에 사진에 담았던 내 오랜 친구인 바로 그 소나무와 마주쳤는데, 폭풍에 시달리고 햇볕에 타 쪼글쪼글해진 고독한 초병의 모습이었다. 외관으로 보아 벼락을 맞아 죽어가는 듯했으나 여전히 수척하고 힘겨운 가지를 하늘에 펼치고 있었다. 그것은 산의 정신이 — 물질의 형태로 집약되어 — 인내로 구체화된 모습이었다.

위쪽 숲을 벗어나 넓은 초원지대로 들어서니 구름이 흩어지며 가우리파르바트와 하티파르바트가 거대한 모습을 드러냈다. 그리고 이처럼 순식간에 펼쳐진 장엄한 모습을 제대로 살필 겨를도 없이, 얼음에 뒤덮인 거대한 첨봉이 아주 멀리 떨어진 곳에서 구름을 뚫고 우뚝 솟아올라 반짝이고 있었다. 두나기리Dunagiri였다.

도티알 사람들은 조쉬마트로 가는 길을 확실히 안다고 했다. 처음에는 그들 말대로 길이 있었지만 숲속으로 들어서자 차차 사라져버렸다. 얼마간의 거리를 뒤엉킨 수풀을 헤치고 나아갔지만, 곧 길을 잃었다는 것을 깨달았다. 나는 다른 사람들보다 한참 먼저 가고 있었는데 곧 멈췄다. 평화로운 고요를 깨는 어떤 소리도, 한 점 바람도 없었다. 머리 위로는 거대한 니뭇가지들이 서로 얽혀 덮개를 만들었고, 내가 서 있는 곳의 짙은 그늘은 나뭇가지를 뚫고 들어와 한쪽에 그득히 고인 햇빛과 대비되어 두드러져 보였다.

왕디가 나와 합류했고 사람들이 다 모일 때까지 고래고래 소리를 질렀다. 덤불을 헤치고 산기슭 아래로 곧장 나가니 다행히 조쉬마트로 가는 길이 나왔다.

작은 물줄기가 유유히 흐르는 냇가에서 멈춰 점심을 먹었다. 냇가에는 메리골드가 있었고, 냇물은 뙤약볕이 내리쬐는 습지 속으로 구불구불 흘렀다. 오후는 햇볕이 쨍쨍 내리쬐어 무더웠다. 길은 물결처럼 구불구불 산비탈을 가로질러 이어졌고, 나뭇진이 많은 치르 숲속으로도 그렇게 이어지다가 차차 내리막으로 바뀌었다.

여기부터는 힘든 행군이었지만, 도중에 커다란 바윗덩이 위에서 까불대며 노는 원숭이들 덕분에 우리는 다시 힘이 났다. 원숭이들은 내가 몇 미터 앞까지 접근했는데도 도망치려 하지 않고 오히려 덤비려고 해서, 순간 피켈 생각이 났다. 건너편에는 촌락이 많았고, 주민들은 곡식과 채소를 가꾸느라 작은 다랑이 밭에서 열심히 일을 하고 있었다. 어떤 사람에게 조쉬마트까지 얼마나 남았는지 물어보았다. 그는 3킬로미터라고 했지만, 실제로는 7~8킬로미터 이상이었다. 거리에는 별 관심이 없어 보이는 이들은 거리 단위보다는 시간으로 거리를 표시했다.

갈림길에서 어느 쪽으로 가야 할지 확실치 않아 소 몇 마리를 몰고 가는 작은 여자가 가까이 오기를 기다려 길을 물었다. 그녀는 겁을 먹은 듯 눈길이 마주치는 것을 피하고 서둘러서 자리를 떴다. 인도 여성이 오랜 옛날부터 계속된 정신, 도덕, 육체의 노예 상태에서 벗어나기 위해서는 얼마나 더 많은 세월이 흘러야 할까.

조쉬마트는 알라크난다 강과 다울리 강의 합류점 500미터 위쪽 산비탈에 있다. 그곳은 여름 내내 어머니의 강인 갠지스 강에 경의를 표하고, 히말라야의 신성한 눈과 관련된 신들의 사원에 참배 드리러 바드리나트로 여행하는 순례자들이 잠시 머무는 곳이다. 불행히도 이들이 낮은 곳에서 이곳으로 콜레라, 이질, 장티푸스, 말라리아 같은 많은 질병을 가져왔고 이로 인해 고통을 받았다. 공중위생과 청결, 위생법에 관한 이들의 관념은 예방과 치료를 위한 인도 정부의 노력과는 큰 차이가 있다. 파리 떼가 길을 따라서 감염을 확산시키기 때문에 현명한 여행자라면 모든 물 잔을 끓인 후에 사용할 것이다.

마을은 산비탈에 슬레이트와 이랑진 양철 지붕을 인 이층집이 무질서하게 흩어져 있는 작고 더러운 곳이다. 사탕과 채소, 생필품이 진열되어 있는 구식의 작은 가게들이, 어떤 곳은 대충 포장이 되고 나머지는 몬순의 비에 깊이 파인 큰길을 따라서 쭉 늘어서 있다. 순례자들은 지난 날 홉 열매를 따던 켄트 Kent 지방 노동자의 오두막 같은 단층 숙소에서 밤을 보낸다. 숙소 몇 곳은 큰길에서 갈린 작은 수로 위에 있어서 더럽고 지독한 악취가 났다. 순례자들은 이런 유해한 조건에도 아랑곳하지 않고 허리에 두른 작은 헝겊 조각만 빼면 거의 발가벗은 채

명상에 잠긴 사람이 많았다. 그들은 성스러운 목적지인 바드리나트의 사원만을 생각하고 있는 듯했다.

조쉬마트에는 여러 신을 위한 사원이 많은데, 그중에서 검은 돌을 깎아 만든 비슈누Vishnu 조각상이 으뜸이다. 조쉬마트는 한때 서부 쿠마온과 가르왈의 통치자였던 카티우리스Katyuris가 수도로 삼은 곳이고, 인도 불교의 거침없는 파괴자로서 7~8세기경에 살았을 것으로 추정되는 산카라Sankara가 네팔, 쿠마온, 가르왈에서 쫓아낸 불교도 후예들의 수도이기도 했다. 산카라는 케다르나트Kedarnath와 바드리나트에 있는 시바Shiva와 비슈누의 사원으로 성지순례를 장려했다. 그래서 산카라의 추종자들은 이 오래된 사원에서 기반을 잡고, 끝없이 이어지는 순례자들이 불교로 회귀하는 것을 막았다.

두 신의 추종자들 사이에 벌어진 종교 다툼으로 인해 카티우리스는 조쉬마트를 단념했고, 그의 추종자들은 카티우리스 왕조가 무너지자 너도나도 왕을 자칭했다. 순례가 처음으로 시작된 이래 바드리나트와 케다르나트로의 순례는 그 중요성이 점점 커졌고, 오늘날에도 멀리 남쪽 지방을 포함하여 인도 전역에서 5~6만 명의 순례자들이 알라크난다 상류로 모여든다. 베나레스Benares로의 순례조차도 인간의 마음에 고결함과 축복을 아낌없이 내려주는 히말라야 설원으로의 순례에 비하면 인간 정신에 유익하지 못하다. 스칸다푸라나에는 다음과 같이 기록되어 있다.

"비록 히마찰을 보지 못하고 생각만 한다 해도, 이는 카쉬 Kashi(베나레스)에서 수없이 경배를 드린 이보다 더 훌륭하리라. 아침 해가 뜨면 이슬이 마르듯이, 히마찰의 시선을 받으면 인간의 죄가 사라지리라."

틀림없이 고대 불교도의 미신 숭배로 인해 이와 같은 설원 숭배가 생겨났을 것이다. 유럽의 등산가들에게도 해와 달을 숭배하던 시절부터 전해져 내려온 이와 비슷한 미신적 본능이 있었으며, 그 당시에는 산의 정상에 신과 악마가 거처한다고 믿었다. 가까이로는 필라투스Pilatus 산이 빌라도Pontius Pilate의 심^{p.445}기불편한 귀신이 출몰하는 곳으로 유명했다. 자각이 공포를 대신했지만 고대 미스터리의 그림자는 아직도 남아 있으며, 그래서 높은 산의 모습은 또 다른 모습으로 우리의 먼 옛 조상이 살아있을 때 느꼈던 것과 똑같은 그 공포에 다시 불을 붙이는 것이다.

쿠마온과 가르왈이 인도의 종교적 신비주의의 신들에게 특별히 봉헌된 곳이라는 것은 쉽게 이해가 된다. 히말라야의 어느 지역, 아니 세계의 어느 지역에 아름다움과 장엄함에 있어 이곳을 능가하는 곳이 있겠는가? 이곳 이외에 어느 곳에 이와 같은 좁고 험한 골짜기와 협곡이 있으며, 이와 같은 초원지대와 숲과 만년설원과 눈 덮인 산이 있겠는가? 이 '눈의 거처'가 더위로 인해 기력을 잃은 평지 사람들의 목적지가 되는 것은 당연하다. 이보다 더 훌륭한 성지순례 여행은 결코 없다. 이

곳으로의 성지순례는 정체된 생활의 완벽한 해독제가 될 것이고, 아무리 둔한 사람에게도 우주에 대한 경외의 마음을 불러일으키게 될 것이다.

조쉬마트 아래쪽에서는 알라크난다 강의 빠른 물살에 죄악이 정화된다. 순례자는 비슈누프라야그Vishnu Prayag의 사원에서 계단을 내려가 얼음처럼 찬 급류에 몸을 담근다. 그러면 마음이 젊어지고 몸 또한 단연코 활력을 되찾아서, 협곡을 가로질러 바드리나트로 향하는 돌투성이 길을, 궁극적인 정신의 자유에 이르는 '위대한 길'을 걸어갈 준비가 되는 것이다.

조쉬마트에는 마을 위쪽 산비탈에 거실과 목욕탕이 딸린 방갈로가 한 채 있는데, 목욕탕에는 앉아서 씻는 아연 목욕통이 있다. 거실에는 오래된 책들의 마지막 휴식처가 된 책꽂이가 몇 개 있고, 그 책들 중에는 『블랙우즈 매거진』, 『크리스천 사이언스 모니터』, 빅토리아와 에드워드 시대 소설가의 작품이 있으며, 대부분의 책은 작은 딱정벌레와 좀 벌레, 이름을 알 수 없는 수많은 곤충의 안락한 거처가 되어 있다. 이런 점에서 이 방갈로는 이 지역의 다른 방갈로와 비슷하지만, 남아프리카의 독거미를 제외하고 지금까지 본 가장 큰 거미의 집이자 서식지라는 점에 있어서는 눈에 띄게 큰 차이가 있다. 목욕탕은 거미의 행복한 사냥터여서, 그날 저녁 직경이 10~15센티미터나 되는 거대한 짐승이 내 위로 내려오지 못하도록 경계하며, 방치되어 너덜너덜한 천장에 눈을 고정한 채 목욕을 했다.

짐꾼들이 행군을 잘 해, 하루 휴식을 취하도록 하고 나는 편지를 썼다. 조쉬마트에는 자랑할 만한 우체국이 있다. 상당히 기묘하게 생긴 이 우체국은 곧 무너질 것 같은 작은 건물로, 입구가 너무 낮아 들어가려면 고개를 숙여야 했다. 특수 용도의 기계 장치, 모스 부호, 장부, 서류 선반, 수없이 많은 사무 통지서들로 가득 찬 이곳에서 나는 우체국장과 그의 조수를 찾아냈다.

1936년 에베레스트 원정기간 동안에 대원들이 발송한 편지가 이상하게도 사라졌는데, 6개월도 넘는 시간이 흐른 뒤 타이프로 쳐진 다음과 같은 내용과 함께 영국에 배달됐다.

"우체국장이 우표를 붙여 제시간에 발송을 못해 강토크 우체국에서 지체되었습니다. 우체국장은 그 죄로 현재 수감되었습니다."

그렇지만 인도 우체국의 능률에 대한 나의 의구심은 예의 바르고 친절하며 유능한 조쉬마트의 우체국장으로 인해 완전히 해소되었다.

잠시 후 마음씨 좋아 보이는 이 지방의 분니아(창고 관리인)가 두꺼운 안경 너머로 상냥한 웃음을 지으며 나타났다. 나는 그에게 사투(동부와 중앙 히말라야에서 주요한 음식인 볶은 보리), 쌀, 구르(이 고장 특유의 설탕으로, 고체 아교와 비슷한 모양의 덩어리로 팔림), 차, 카레 재료, 아타(밀가루), 양념, 감자, 양파를 주문했다. 하루에

1인당 1킬로그램의 음식을 감안하면 그것은 14일 동안 다르질링인들을 먹일 수 있는 양이었으며, 비용은 하루에 1인당 거의 6아나(인도의 화폐 단위, 약 1/16루피) 정도 되었다. 계란을 구하려고 사람을 시켜 이 지역을 급히 돌아보도록 했지만 결국 실패하고 말았다.

오후 늦게 뇌우가 있었지만 해질 무렵 구름이 사라졌다. 내일의 행군을 위해 해야 할 일은 다 했고, 모든 준비가 끝났기 때문에 나는 베란다의 편한 의자에 누웠다. 산들바람이 머리 위 살구나무를 흔들었으나 차츰 잦아들면서 완벽한 고요가 찾아왔다. 건너편의 거대한 바위벽이 장밋빛으로 물들더니 이내 어스름이 알라크난다의 깊은 계곡에 모여들었다. 마지막 안개가 진녹색 하늘에서 사라지자 첫 별이 반짝였다. 그러나 그날 저녁은 이곳에서 북서쪽으로 600킬로미터 떨어진 낭가파르바트Nanga Parbat에서 대참사가 발생하기 직전이었다. 일곱 명의 독일인 등산가와 아홉 명의 셰르파가 잠자리에 들었지만 다시 깨어나지 못했다.

조쉬마트에서의 저녁은 너무도 평화로웠고, 대부분의 여행자가 히말라야를 여행할 때 한두 번은 경험하는, 말로 표현할 수 없는 정신적 희열이 라니케트를 떠난 이래 처음으로 내게도 찾아왔다. 나는 경치를 즐기면서 산자락을 걸었지만 한순간도 문명으로부터 벗어나질 못했다. 문명은 항상 나를 따라왔고, 나는 하찮은 일에 마음을 빼앗긴 채 한 쪽 눈은 시간에, 다른 쪽 눈은 거리에 두고 걸었다. 그러나 이제 곧 일정에 얽매이는 노예 상태에서 벗어나 세상에서 가장 웅대한 몇몇 지역을 자유롭게 즐길 수 있게 될 것이다.

제4장

붐다르 계곡

다음 날 아침 7시에 출발했다. 내가 9루피나 되는 터무니없이 비싼 값을 주고 산 염소를 한 짐꾼이 끌고 가고 있었다. 그 염소는 길고 깨끗한 털이 텁수룩한 멋진 놈이었다. 그놈을 보고 있으면, 영국의 하이드Hyde 공원과 켄싱턴Kensington 식물원에서 늘씬한 여인네 꽁무니를 따라 다니는, 현관의 구두용 먼지떨이처럼 기묘하게 생긴 작은 강아지의 모습이 떠올랐다. 나는 이 염소를 몬트모렌시라고 불렀는데, 왜 그렇게 부르게 되었는지 그 이유가 좀처럼 생각나지 않는다. 나는 몬트모렌시를 좋아했지만, 만난 지 1시간도 안 되어 그놈의 운명을 딱하게 여기게 되었다. 그놈은 아주 똑똑하고 사랑스러웠으며, 사람을 좋아했고, 묶여 있어도 상당히 유순했다. 게다가 무척 애처로운 모습으로 "아직 죽이지 말아 주세요. 태양과 공기와 맛있는 풀을 좀 더 오래 즐길 수 있도록 해 주세요."라고 말하는 것 같았다.

조쉬마트부터는 길고 지루한 지그재그 순례길이 아니라 급경사 길이 알라크난다 강과 다울리 강이 합치는 비슈누프라야그를 향해 500미터나 아래로 이어졌다. 이 두 강 사이 만곡부에 작은 촌락과 조그마한 정방형 사원이 있는데, 성스러운 강물에 몸을 담그려는 순례자는 이 절의 돌계단을 이용해서 알라크난다 강 ― 이곳에서는 비슈누 강가Ganga라 부르는데 ― 으로 내려가게 된다.

비슈누프라야그 위쪽 순례길은 양쪽이 깎아지른 협곡 속으로 이어졌고, 알라크난다 강물은 가파른 바위 강바닥을 천둥소리를 내며 격노하듯 맹렬히 흘렀다. 조용하고 서늘한 아침이었지만 길은 다양한 부류의 순례자들이 모여들어 붐볐다. 고행자는 허리에 간단한 천 조각을 둘렀을 뿐 몸에 재가 묻어서 더러웠으며, 처참하게 야윈 움푹한 얼굴에는 수염이 지저분하게 자라 있었다. 막일꾼들이 땀을 뻘뻘 흘리며 등에 진 차르포이 p.446 안에는 살찐 상인들이 부푼 황소개구리처럼 웅크리고 앉아 있는가 하면, 그들의 아내는 가족의 침구, 취사도구, 식량을 들고서 공손히 뒤따라가고 있었다. 그중에 가장 기묘한 광경은 생명이 붙어 있을까 싶게 허약하고 오그라든 작은 몸집의 노인들이, 막일꾼이 등에 진 잔가지로 엮은 바구니 안에서 불편한 몸을 밖으로 내밀고 있는 모습이었다. 그렇지만 대부분의 사람은 걷고 있었다. 선두에 선 남편은 빈손으로 걸으며 명상에 몰입해 있었고, 그 뒤를 따르는 여자는 — 흔한 경우는 아니었지만, 열다섯 살 정도의 불쌍하고 허약한 작은 생명체가 아니라 — 엄청난 등짐을 져 허리가 휘어져 있었는데 간혹 어깨에 아이까지 업고 있는 경우도 있었다.

그들은 이런 식으로 과감히 순례를 해 나간다. 어떤 이는 막일꾼이 거뜬히 등에 지고 운반하고, 어떤 이는 누더기만 입고 고생고생 하며 걷고, 어떤 이는 병에 시달리는 듯 지독하게 뒤틀려 기형적인 몸으로 거의 기다시피 간다. 게다가 악취까지! 5만여 명의 순례자를 위한 위생시설은 어디에서도 찾을 수가 없다. 그리고 파리, 실로 그 수를 헤아릴 수 없이 많은 파리 때문에 콜레라, 이질, 장티푸스가 길을 따라 창궐하고 있다.

알 수 없는 어떤 것이 이 순례자들을 떠받치고 있었다. 순례 자체를 즐기는 사람은 거의 없는 듯 했지만 표정은 만족스러워 보였으며, 마음은 이미 목적지에 가 있었다. 그들은 평소 보지 못한 놀라운 주변 환경에 겁을 먹고 있었고, 두려움이 얼굴에 그대로 드러나 있었다. 책을 읽고 여행을 하는 유럽인으로서는, 인도의 농촌에서 순례를 나온 이 소박한 사람들의 마음속에 대체 무슨 일이 벌어지고 있는지 알 수 없지만, 경이로움과 두려움이 그들의 마음을 지배하고 있는 것은 분명해 보였다. 바위를 붙잡고 계신 신께서 원하면 언제든 불행한 행인에게 분노를 터뜨릴 수 있는 상황으로, 숨겨진 위험이 넓고 잘 다듬어진 길을 위협하고 있었다. 유럽인이 바드리나트로 가는 것은 그저 산보 정도이지만, 힌두교 순례자에게는 멀고 먼 길이다.

길은 잘 놓인 구름다리를 통해 알라크난다 강을 건너 험준한 바위투성이 산비탈을 횡단하여 짐꾼들이 원기를 되찾으려고 들르는 작은 마을로 이어졌다. 마을 너머 1.5킬로미터 지점에서 바위 절벽이 분다르 계곡 입구를 표시하고 있었다. 거대한 빙하체계를 암시하는 계곡의 물줄기 규모를 제외하고 이 계곡이 알라크난다의 다른 쪽 계곡과 다른 것은 없었다. 초라하고 작은 구름다리가 두 강이 합치는 곳 바로 위쪽 알라크난다 강 위에 놓여 있었고, 나는 다리 근처에서 짐꾼들을 기다렸다. 태양은 하늘 높이 떠 있고, 더위는 약하게 끓는 액체가 계곡을 채우고 있는 듯했다. 순례자들은 길을 따라 터벅터벅 걷고 있었다. 대부분은 흰 옷을 입고 있었지만 밝은 색 옷을 입은 사람도 간간이 보였다. 노인과 젊은이, 가냘픈 사람과 허약한 사람이 터벅터벅 걷고, 걷고 또 걸었으며, 백여 명씩 무리를 지어 지나갔다.

바위 그늘 아래에서 파이프를 피우며 곰곰이 생각해 봤다. 무엇일까? 평야에 있는 집 멀리 이곳 히말라야로 이들을 떠밀어낸 힘은. 그들을 다그친 힘은 도대체 무엇일까? 그 힘은 단순히 종교적인 어떤 것을 넘어 더 복잡하고 설명하기 어려운 그 무엇에서 발원한 듯하다. 아마도 그 대답은 먼 설산에서 볼 수 있는 희미한 빛, 나무가 우거져서 검게 보이는 숲과 산 위쪽으로 굽이쳐 올라가는 이 계곡 속에 있을 것이다.

짐꾼들의 모습이 보였다. 그들은 건너가기에 오금이 저리는 작은 다리를 한 명씩 차례로 건너서 맞은편 푸른 풀이 있는 산비탈에 멈춰 섰다. 아일랜드의 농토처럼 발목까지 빠지는 진창 때문에 몹시 지저분한, 계곡 입구의 작은 마을을 지나서 험한 길이 급류 측면의 숲을 뚫고 올라갔다. 급류는 레이스 모양으로 가지를 활짝 편 나무들 아래의 큰 바윗덩이들 위로 햇빛에 반짝이며 맹렬하게 흘러서 마치 선탠 의자 같았다.

급경사의 길을 올라가 숲에서 벗어나자 작은 마을에서 관리하는 밭이 나왔다. 이곳에서 쐐기풀처럼 생긴 식물이 내 맨살 무릎에 자신의 흔적을 남겼다. 이 식물의 학명은 모르겠지만 경작으로 인해 자연스러운 사물의 질서가 파괴된 곳이면 가르왈 지역 어디에나 있었고, 날카로운 바늘 끝보다 훨씬 더 날카로운 밝은 색 가시로 자신을 방어하고 있었으며, 찔리면 그 아픔이 같은 종류의 영국 식물보다 훨씬 더 지독했다.

이 마을은 전형적인 가르왈 지역의 마을이다. 대부분이 단층집이고, 돌로 기와를 이은 거친 지붕은 돌 위에 다시 돌을 포개어서 더욱 보강되어 있는데, 넓은 처마는 목초지가 있는 스위스의 고산 농가와 매우 흡사하다. 집 앞에는 대충 다듬은 마당이 있고, 그곳에서 실을 잣고, 천을 짜고, 타작하는 등 일의 대부분이 이루어진다. 주민들은 밭에서 일을 하고 있었지만, 곳곳에서 여자들이 조잡한 베틀 앞에 웅크리고 앉아 아이들의 도움을 받아 가며 천 짜는 일에 여념이 없었다. 억세고 뻘건 수염이 난 흰 피부의 이방인에 대한 두려움을 극복한 아이들이, 전 세계 아이들이 공통으로 갖고 있는 흥분과 호기심으로 나를 보고 떠들어댔다.

이 가르왈 사람들은 밝지 않은 색상의 일상복을 입지만, 때때로 걸치는 밝은 색 숄과 앞치마와 머리에 두른 리본 때문인지 옷이 더 밝게 보인다. 이들은 티베트인과 같이 장신구와 자질구레한 치장용품을 좋아하고 복장도 티베트인과 유사한데, 티베트와 국경이 가까울수록 이런 경향이 더욱 뚜렷하다. 종교는 힌두교지만 니티Niti 고개와 마나Mana 고개를 통해 가르왈과 티베트 간의 광범위한 상품 거래를 하면서 서로 피가 섞여, 가르왈 계곡 상류 지역 사람들의 혈통은 부분적으로 티베트인의 혈통이다. 마르차 보티아Marcha Bhotia라고 불리는 사람들은 여느 혼혈인들과 달리 두 인종의 훌륭한 특성을 많이 가지고 있다. 이들 중 일부는 양치기로 급경사 산비탈을 오르는데 익숙하기에 장래에는 등반을 돕는 훌륭한 짐꾼이 되기도 할 것이고, 등반 훈련을 거친다면 에베레스트나 다른 고산에서 훌륭하게 활동하고 있는 보티아족이나 셰르파족과도 필적하게 될 것이다.

마을 뒤편 울창한 낙엽수의 숲으로 들어가자, 계곡은 양쪽이 마치 거대한 바위 절벽으로 커튼을 친 듯 협곡이 되면서 곳곳이 속이 들여다보이는 투명한 폭포로 반짝였다. 해가 언덕 너머로 사라지고 오후가 지나면서 더운 바람도 사라졌고, 그늘 진 숲에는 나뭇잎 한 장도 움직이지 않았다.

쌓인 눈이 녹아 급하게 흐르거나 몬순의 소나기가 억수같 이 내릴 때에만 나타나는 강바닥의 모래에 캠프를 쳤다. 이것 이 높은 산 위에서의 첫 캠프로, 아마 다른 곳에서는 이보다 더 나은 캠핑 장소를 찾지 못할 것이다. 몇 미터 옆에서 강물은 얕 은 강바닥을 가로질러 빠르게 흘렀고, 강 건너 숲은 곳곳이 패 여 작은 협곡을 만들고 있었다. 그 패인 협곡들 주변에는 떨어 진 돌과 부러진 나무가 널브러져 있었는데, 배어나온 물에 젖 어 표면이 검게 보이는 거대한 벼랑 꼭대기에 멈춰선 사태 더 미가 그 원인이었다.

길고 무더운 행군이었지만 짐꾼들은 몸 상태가 좋았고, 떠 내려 온 나무를 주워서 커다란 모닥불을 피우는 데 여념이 없 었다. 모닥불의 주된 화력은 홍수 때 캠프 주변으로 떠내려 온 1톤 이상 되는 나무 더미였다. 땅거미가 졌다. 먼 산봉우리에 서 햇빛이 사라지자 절벽 사이로 별이 하나 둘 빛나기 시작했 다. 강물을 제외하면 움직이는 것은 하나도 없었다. 그런데 이 심원한 고요 속에 내 텐트 위쪽 나무에서 작은 새 한 마리가 갑 자기 노래를 불렀다. 슬픔에 잠긴 듯 구슬프고도 감미로운 노 래였다. 나이팅게일의 목이 쉰 듯한 거친 소리도 아니고 개똥 지바귀의 낙천적이고 날카로운 소리도 아니었다. 서둘지 않는 작은 소리였다. 한두 번 울고는 침묵하고, 또 갑자기 우는 느리고 슬픈 곡조였다. 계곡에 어둠이 깊어지고 하늘에 별이 가득 찰 때까지 30분 동안 그 새는 자신의 저녁찬가를 불렀다.

나는 모닥불 옆에서 수프와 야채 카레로 저녁을 먹었다. 식사 후 짐꾼들이 통나무를 자꾸 던져 넣자 불이 높이 타올라서 텐트와 인근 숲까지 벌겋게 밝아졌다. 곧 달이 나타났고, 급류와 계곡 맨 위쪽 눈 덮인 산들이 세상에서 가장 순수해 보이는 은빛으로 바뀌었다. 짐꾼들은 담요를 몸에 감은 채 잠이 들었고, 나는 영혼의 평화로움을 느끼며 타들어가는 모닥불 옆에 오랫동안 앉아 있었다.

제5장

베이스캠프

다음 날 아침 나는 평소처럼 호사스럽게 침낭 안에서 아침을 먹었다. 하루의 행군을 위해서는 폴리지 죽 한 접시보다 더 좋은 준비가 없다. 차나 커피를 충분히 마시면서 비스킷, 버터, 잼, 마멀레이드(오렌지와 레몬의 껍질로 만든 잼)를 먹는 것이 보통의 내 식사였다. 새벽 5시에, 계란과 베이컨이 곁들여진 유난스러운 영국 음식까지 먹고 싶은 욕구는 없었다.

날씨는 구름 한 점 없이 맑았고, 공기는 서늘하고 달콤했다. 나는 오늘의 행군으로 베이스캠프에 도착할 수 있기를 바랐다. 길은 빽빽한 밀림 속으로 나 있었다. 걸어가는데 꿩 몇 마리가 날아올랐고, 또 어떤 큰 짐승이 도망치며 내는 듯한 요란한 소리가 두 번 들렸다. 그 후 우리는 강바닥으로 내려갔고 그곳에서 우연히 마주친 뱀 한 마리 때문에 크게 놀랐다. 평편한 돌 위에 똬리를 틀고 있어 처음에는 마을 사람이 떨어뜨린 천 조각으로 착각했는데, 내가 막 그 뱀을 밟으려는 순간 그놈이 움직이면서 작고 추한 대가리를 바짝 세운 채 공격 자세를 취했다. 길이가 30센티미터 정도 되어 보였고 줄무늬가 있는 갈색 뱀이었다. 독사라고 주장하면서 짐꾼들 중 하나가 그놈을 죽였는데, 내 생각에 독사는 아니었을 것 같다. 인도의 평야와 마찬가지로 히말라야에 사는 대부분의 뱀은 독이 없다.

캠프 위쪽 3킬로미터 지점에 하티파르바트로 내려가는 계곡이 있었다. 이 거대한 산은 찬란한 아침햇살을 배경으로 장엄한 모습을 드러내고 있었다. 거대한 절벽들이 멀리 작은 설원들을 떠받치고 있었고, 그 설원들은 점차 폭이 좁아지면서 지지부진하게 눈 덮인 정상으로 이어졌다. 하티파르바트와 가우리파르바트 사이 안부鞍部^{p.446}에 도달할 수 있으면 이들 산을 모두 오를 수 있겠지만, 위쪽 빙하에서 떨어지는 얼음에 그대로 노출되어 있는 가파른 아이스 폴_{ice fall}^{p.446} 때문에 서쪽으로의 접근은 불가능해 보였다.

우리는 두 계곡이 합쳐지는 지점에 있는, 명랑한 시골 사람들과 양치기들이 사는 마을을 지나 나무줄기 두 개로 만든 다리를 통해 강을 건넜다. 두 개의 나무줄기 사이에는 돌이 채워져 있었고, 적당한 간격마다 가로로 나무를 대어 줄기들을 고정시키고 있었다. 이곳에서 옆쪽 계곡에 텐트를 친, 풍채가 좋은 시크교도 측량사를 우연히 만났다. 그는 쿠마온과 가르왈 지역에 대해 재조사 작업을 하고 있었고, 고든 오스마스턴 Gordon Osmaston 소령 파견대 소속이었다. 그는 자신이 수행하고 있는 일의 일부를 보여 주었는데, 꼼꼼히 잘 그린 것 같았지만 측량사의 기술을 내가 뭐라고 평가할 입장은 아니었다. 고ㅎ지도에 대략적으로 표시된 것처럼, 옆쪽 계곡은 하티파르바트 밑에서 끝나는 것이 아니라 잔스카르 산맥 분수령과 수평을 이루며 동쪽으로 휘어져 7~8킬로미터는 더 계속된다는 것이 그가 알아낸 내용이었다. 서쪽에서 하티파르바트를 공략할 수 있을지 의견을 묻자, 자신은 전문 등산가도 아니고 등반기술도 잘 모르지만 가능할 것 같지 않다고 빙긋이 웃으며 말했다. 하지만 그는 이런 거칠고 험한 지역에서 조사 작업을 수행할 정도의 등반기술이 있었다.

　두 계곡이 합쳐지는 지점은 해발 2,500미터였고, 그 너머에는 참나무, 로도덴드론, 밤나무, 대나무, 버드나무 숲이 있는데, 이것들은 단지 거기 있는 나무 몇 개의 이름을 열거했을 뿐이다. 숲속 나무 밑에는 관목과 찔레 덩굴이 빽빽했고, 섬세한 덩굴손으로 나무를 감고 있는 착생성의 양치류가 비가 잦은 이 지역에서 보호막 역할을 충분히 하고 있었지만 꽃은 거의 없었다. 여기저기에 천남성 속 아리새마 왈리키아눔 Arisaema wallichianum이 있기는 했지만 산자락의 능선에서 이미 본 것이었다. 코브라 대가리같이 사악해 보이는 이 꽃은 아름답다기보다는 어떻게 이런 외형이 가능한지 놀라움을 안겨 준다. 반면에

훤하게 트인 곳에는 딸기, 데이지, 애기미나리아재비가 많았다. 그러나 분다르 계곡 아래나 중간지대에는 관심을 끌 만한 아름다운 꽃이 너무 없어서, 내 기억이 나 자신을 속여 단조롭고 흥미 없는 곳을 일부러 아름답게 채색하지 않았나 하고 의심스럽기까지 했다. 그렇다고 결코 불평할 수는 없었다. 내가 가고 있는 길을 아름답게 장식한 꽃의 융단은 없었지만, 그늘진 숲이 있었고 숲 위쪽으로 나지막한 산들이 있는 데다 훨씬 더 위쪽의 용담 빛깔 푸른 하늘에는 한 조각의 구름조차 없었다.

가파른 길을 오르자 이제 활엽수가 침엽수에게 자리를 내주었으며, 습지의 초목과 썩은 나뭇잎의 칙칙한 냄새는 훈훈한 나뭇진 향으로 바뀌었다. 이어 넓고 비탈진 초원지대가 나왔다. 이곳의 풀은 그다지 좋은 편은 아니었다. 겨울의 눈이 사라진 후에도 거의 자라지 못했고, 그마저도 염소와 양이 뜯어 먹고 있었다. 양치기들은 돌로 된 임시 오두막에서 숙식하고 있었다. 이제 고도가 3,200미터 정도였고, 양쪽으로 보이는 산봉우리의 눈은 혓바닥 모양으로 계곡 깊숙이 늘어져 있었다.

초원지대 너머 거대한 암석이 붕괴된 잔해들 사이에서, 그리고 엄청나게 큰 바윗덩이들 사이에서 전나무들이 자라고 있었다. 히말라야에서는 고지대와 저지대의 차이를 경험을 통해서만 제대로 알 수 있다. 정글은 2,100미터까지 펼쳐진 저지대의 숲이다. 그곳은 곤충들과 동물들의 생명력으로 가득한데, 고지대의 숲은 이 생명체들이 침묵을 지키는 데 그 특징이 있다. 땅은 침엽의 융단으로 덮여 있어 발자국 소리조차 들리지 않는다. 나는 걸어가면서 차차 이런 침묵을 인식하게 되었고, 이끼로 덮인 집채만 한 바위에 앉았을 때에는 이미 이 침묵에 익숙해져 있었다. 바람이 전혀 없었다. 소나무 꼭대기에도 바람의 속삭임조차 없었다. 귀에 들리는 유일하게 큰 소리는 내 심장이 뛰는 소리와 끊임없이 흐르는 계곡의 급류 소리뿐이었다. 햇빛이 나무줄기 끝의 틈새를 통해 들어와서 나무 그늘 속 곳곳에 화려한 빛의 연못을 만들자, 그 빛에 반사되어 이끼로 두껍게 덮인 바윗덩이와 양치식물의 섬세한 그물 무늬가 드러났다. 움직이는 것은 일렁이는 빛의 연못과 나무 그림자뿐이었고, 그 움직임마저 해질 무렵에는 아주 느려졌다.

숲을 벗어나자 또 다른 초원지대가 이어졌다. 잘 지은 임시 오두막이 있는 것으로 보아 양치기들이 자주 드나드는 곳인 것 같았다. 이곳에는 푸르고 흰 바람꽃 속 아네모네 오브투실로바Anemone obtusiloba가 무수히 많았고, 그 사이에 앵초 속 프리뮬러 덴티쿨라타Primula denticulata가 있었는데 상당수가 이미 씨앗을 맺고 있었다.

개울을 두 번 건넜다. 두 번째 개울 건너편 높다란 둑에 바꽃 속 아코니툼 헤테로필룸Aconitum heterophyllum이 짙고 선명한 주홍빛으로 만개해 있었고, 작은 봄맞이 속 안드로사체 프리뮬로이데스Androsace primuloides가 사랑스러운 연분홍 꽃을 달고 변함없이 나를 황홀케 했다. 안드로사체 프리뮬로이데스는 흔한

90

안드로사체 프리뮬로이데스Androsace primuloides

식물이다. 영국에서 9페니만 주면 살 수 있고, '예쁘고 값이 싸다'고 묘목업자의 상품 안내 책자에 적혀 있다. 하지만 히말라야의 짙푸른 하늘 아래에서 회색의 큰 바윗덩이를 타고 쏟아져 내리는 장밋빛 꽃 폭포를 직접 보아야 이 꽃의 진가를 알 수 있다. 살아 남으려는 간절함으로 사방으로 덩굴을 펼치고 자기 집의 웅장함과 아름다움을 한껏 즐기는 그 모습을 보아야 한다. 장미 잎 같은 작은 잎을 가진 이 덩굴 식물은 바위틈을 비롯해 흙이 조금이라도 있는 곳이면 어디에나 뿌리 내릴 준비를 하고 있었다. 이 마지막 초원지대를 가로질러 걸어가며 본, 그 너머의 계곡은 지금껏 보았던 어떤 계곡보다 가파른 협곡으로 좁아들었다. 숲은 거대한 바위벽들 사이로 압축되었고, 어떤 바위벽은 수직에 가까웠다. 동쪽의 또 다른 벽은 실제로 경사가 수직을 넘었고, 그 높이가 500미터 이상이었다. 중천에 떠 있는 한낮의 태양도 이 협곡의 준엄한 모습을 조금도 덜어내지 못했고, 이 위엄에 찬 벼랑에 조금도 부드러움을 더해 주지 못했다.

협곡을 통해 높은 바위 봉우리들의 한쪽 면이 어렴풋이 보였다. 전에 분다르 계곡에 와 본 경험이 없었다면 아마 이 계곡이 그 바위 봉우리들의 이쪽 기슭에서 갑자기 끝난다고 생각했을 것이다.

길은 이 계곡 들머리에서 지그재그로 급하게 내려가 강 양쪽 기슭에 있는 두 개의 큰 바위 사이에 놓인 통나무 다리 쪽으로 이어졌다. 대나무를 엮어서 무너지는 것을 막은 이 허약한 구조물 위로 양치기들이 가축을 몰고 계곡 상류의 초원지대로 올라갔다. 용감한 가르왈의 양과 염소가 아니라면 어떤 가축도 이런 통로에서는 두려움에 떨 것이다. 물이 협곡의 좁은 입구에서 엄청난 힘으로 솟구치고 있기 때문에 그 속으로 추락한다면 사람이든 짐승이든 분명 순식간에 죽고 말 것이다.

나는 급류가 만든 천둥소리를 들으며 소나무 숲을 가로질러 가파른 길을 올라갔다. 이내 트인 산비탈이 나왔고 협곡의 폭이 넓어졌다. 이곳에 단단히 굳은 눈으로 채워진 두 개의 작은 걸리가 있어서 피켈로 눈을 깎아내 발판을 만들어야 했다.
_{p.446}
일단 미끄러지면 수백 미터 아래 급류 속에 거꾸로 처박힐 수 있기 때문에 짐꾼들을 위해 발판을 크게 만들었다. 두 번째 걸리를 지나서 길을 다시 찾았는데, 풀이 많고 경사가 급한 산비탈을 가로질러야 했으며, 이 산비탈부터는 계곡의 폭이 넓었다. 협곡 아래쪽에서 보았을 때는 바위 봉우리들의 벽이 계곡을 가로막아서 그곳에서 계곡이 갑자기 끝나는 것처럼 보였지만, 실제 계곡은 벽 아래에서 동쪽을 향해 직각으로 휘어 있었다.

마을을 출발한 이래 짐꾼들을 앞질러 와서 나는 혼자였다. 지난 몇 주, 아니 지난 몇 달 동안 1931년에 보았던 분다르 계곡을 마음속으로 그려 보았지만 지금까지는 꽃을 거의 볼 수 없었다. 계곡과 강과 산, 그리고 히말라야만이 보여줄 수 있는 아름답고 장엄한 광경은 많이 보았지만 상대적으로 아름다운 꽃의 모습은 거의 발견할 수 없었다. 그런데 길모퉁이를 막 돌아서니 산비탈에 푸른색 꽃 한 무더기가 있었다. 그것은 푸른색의 현호색 속 코리달리스 푸른색 카쉬메리아나Corydalis cashmeriana였다. 전에 시킴에서 이 꽃 혹은 이와 비슷한 꽃이 집 채만 한 바위들 사이사이에 피어 있는 모습을 보았는데, 이곳은 비탈면 전체가 이 꽃의 군락지로, 줄기가 15센티미터 정도로 작은 이 꽃이 수천 송이나 있었다. 이 꽃은 꽃 길이가 3센티미터에 폭이 좁았고, 파이프 같이 생긴 끝 부분은 짙은 푸른색이었다. 정말 우아하고 아름다워서 마치 목신牧神의 입술을 위해 만들어진 듯했다.

p.446

수천 톤에 달하는 거대한 눈덩이가 협곡 바로 위쪽에 무너져 내려서 30센티미터 두께로 수백 미터나 계곡 바닥을 덮고 있었다. 나는 이보다 더 큰 눈사태의 잔해를 본 기억이 없다. 5,000미터 이상의 산봉우리에서 눈사태가 난 것으로 보아 지난겨울 이곳에 눈이 상당히 많이 내렸다는 걸 알 수 있었다. 눈사태의 잔해를 지나서 급류의 본류 서쪽을 따라가다가 신경을 곤두세운 채 커다란 두 개의 바위 사이를 뛰어넘었다. 곧이어 꽤 경사가 급한 작은 급류를 건너서 계곡을 따라 굴곡진 곳을 연이어 돌아나간 후 계곡의 꼭대기 모습이 보이는 곳에 이르렀다. 그 모습은 얼핏 보면 1931년에 보았던 것과 같아 보였지만 한 가지 다른 점이 있었다. 1931년에는 몬순 기간 중에 이 계곡에 왔기 때문에 산봉우리의 대부분이 구름에 가려 보이지 않았다. 또한 우리가 카메트에서 경험했던, 티베트의 건조

코리달리스 카쉬메리아나Corydalis cashmeriana

하고 차가운 바람에 비해 대기는 따뜻하고 습기가 많았다. 그러나 이제 이곳은 몬순 전의 날씨라서 태양이 건조한 하늘에서 반짝였고, 양털같이 가벼운 구름이 산봉우리에 걸려 있었으며, 공기는 봄의 활기로 가득했다.

계곡 이쪽에는 수많은 야영 장소가 있었지만 완벽하게 만족할 만한 곳은 한 곳도 없었다. 나는 계곡에서 여러 주를 보내야 했기에 완벽한 장소를 원했다. 내 야영 장소는 싫증나지 않도록 아름다워야 하고, 빛과 그림자의 이동이 하루 종일 나를 매혹시킬 수 있어야 하며, 정오의 햇볕을 피할 수 있는 그늘이 있어야 하고, 모닥불을 위한 땔감이 충분한 곳이라야 한다. 바로 그때 계곡 측면 멀리, 목초지인 바위 시렁이 눈에 들어왔다. 그곳은 푸른 풀이 무성했고 경사가 완만했다. 그 바위 시렁의 위와 아래에 있는 자작나무는 평편한 목초지의 가장자리에서 끝이 나 있었다. 그곳은 야영을 위한 완벽한 장소였다. 나는 눈사태가 난 곳으로 돌아가서, 급류를 건너, 그 바위 시렁이 시작되는 아래쪽 끝으로 올라가 앉아 짐꾼들을 기다렸다.

베이스캠프를 그 바위 시렁 맨 위쪽 끝에 쳤고, 몇 분 되지 않아 티베트인 특유의 땅을 파는 실력을 발휘해서 짐꾼들이 근처 움푹 들어간 곳을 부엌으로 바꾸고, 땔감을 모으고, 물을 길었다. 이렇게 해서 15분도 채 지나지 않아 망가지기 직전인 접이식 의자에 앉아 차를 마시며 편히 쉴 수 있었다.

이곳이 이상적인 야영 장소라는 데에는 의심할 여지가 없었다. 흰 자작나무가 삼면을 둘러싸고 있고, 보라색과 흰색 꽃이 피는 로도덴드론이 낮게 띠를 두르고 있었다. 나는 이곳의 자작나무보다 더 훌륭한 자작나무를 본 기억이 없다. 지는 햇빛을 받은 화려한 잎과 은빛 껍질은 하늘과 땅의 순수함을 함께 지닌 듯했고, 가벼운 산들바람에 나풀거리는 잎은 바닥에 조약돌이 깔린 작은 연못의 물이 햇빛 속에 일렁이는 것 같았다. 이곳에서 150미터 아래쪽 계곡에 초원지대가 있다. 그 너머로 거대한 바위 봉우리들이 장엄하게 서 있었고, 느릿느릿 흐르는 구름 속으로 어마어마한 절벽들이 거칠게 치솟아 있었다.

내 눈은 이렇게 어질어질한 등반을 한 후, 계곡 끝에 있는 부드러운 모습의 산봉우리들, 잘려 나간 빙하, 그리고 그 빙하에 이어진 버트레스를 지나서 라타반Rataban의 눈 덮인 능선 마루로 옮겨갔다. 우리가 지나왔던 협곡은 계곡 모퉁이를 한 바퀴 돌아 숨어 있었기 때문에 그 흔적조차 보이지 않았다. 사실상 우리는 사람들이 접근할 수 없는, 출구 없는 계곡에 갇혀서 저지대의 세상과 단절된 듯했다.

캠프 바로 위에 눈사태 덩어리가 있었는데, 이 덩어리가 자작나무 숲속의 물길을 휩쓸고 내려와서 생나무 가지를 전혀 베지 않고도 몇 주 동안 불을 지피기에 충분한 양의 나무를 초원지대에 가득 덮어 놓았다. 최근에야 이 초원지대에 봄이 오는가 싶었는데, 이미 물기 머금은 풀은 생명력으로 고동치고 있었다. 지난여름 경충했던 풀들이 죽어 있는 사이로 수없이 많은 새 풀들이 고개를 내밀고 있었다. 어떤 것은 두껍고 뭉뚝하며, 어떤 것은 가늘고 뾰족하고, 또 어떤 것은 커 가면서 곧게 펴지고 있었다. 헤아릴 수 없이 많은 식물이 여름이 끝나고 겨울이 다시 오기 전에 스스로를 영속시킬 수 있기를 갈망하고 있었다.

몇몇 식물은 벌써 꽃이 피고 있었다. 푸른빛 작은 용담이 풀밭에 조그맣고 주름진 꽃을 펼쳐 놓았으며, 캠프 바로 위쪽에는 보랏빛 앵초 속 프리뮬러 덴티쿨라타 수백 송이가 있었다. 또한 곳곳에 흰 부추 속 식물이 무리지어 자라고 있었는데, 나중에 알게 된 사실이지만 식용으로도 훌륭한 알뿌리를 가진 우아한 식물이었다.

내가 먼저 해야 할 일은 도티알 사람들의 임금을 계산해 주고 그들을 해고하는 일이었다. 이런 경우 짐꾼들은 자신을 고용한 사람이 속임수에 능하다고 여기는 것이 보통인지라, 그들의 우두머리가 불려와 내 앞에 쭈그리고 앉았다. 그런데 사과 모양의 둥글넓적한 얼굴에 불신과 간사함, 안도의 감정이 뒤섞인 그의 표정을 보니 나는 터져 나오는 웃음을 참기 위해 안간힘을 써야 했다. 그러나 다행히 임금 계산은, 수학에 대한 그들의 원시적 지식으로 인해 통상 발생하는, 머리 아프고 아무에게도 도움이 되지 않는 말싸움 없이 원만히 해결되었다. 하루 행군에 한 사람당 1루피, 돌아가는 길은 한 사람당 1/2루피, 그리고 약간의 팁에다 이미 지급된 선금을 뺀 금액이었다.

계산은 너무 간단했지만 자신들이 속지 않았다는 것을 확신하기까지 도티알 사람들 사이에 입씨름이 30분 이상 계속되었다. 좀 있다가 얼굴이 사과 같은 우두머리가 의심과 의혹이 해소된 환한 표정으로 돌아와서, 자신은 만족하며 ─ 아니, 만족 이상이라며 ─ 내가 돌아가는 길에 자기와 자기의 사람들을 다시쓸 생각이면 라니케트로 연락을 하기만 하면 된다고 덧붙였다.

임금 문제가 해결되고 비품이 여분의 텐트에 정돈될 무렵 저녁이 되었다. 따뜻한 빛이 계곡에 가득했고, 길어지는 그림자가 맞은 편 거대한 바위벽에 아름답고 웅장한 뜻밖의 광경을 연출했다. 산들바람은 완벽한 고요 속으로 잦아들었고 자작나무 잎사귀 한 장 미동치 않았다. 1931년 분다르 계곡을 출발해서 알라크난다 계곡으로 이동하며 넘었던 칸타칼Khanta Khal 고개 뒤로 해가 순식간에 저물었다. 무엇보다 좋은 것은 모든 사람이 만족한 것이었다. 왕디는 험상궂은 얼굴에 행복한 미소를 띠고 내게로 와서, 큰 손짓으로, 자작나무 위쪽 계곡 너머 라타반의 발갛게 불타는 설원을 가리켰다. "람로, 사힙!Ramro, sahib!" 그의 말이 맞았다. 아름다운 광경이었다. 태왕이 저녁을 준비하는 동안 파상, 왕디, 누르부는 나무를 했고, 해가 지고 한기가 공기 속으로 스며들 무렵 나는 타오르는 모다불 옆에 편안히 앉아 쉴 수 있었다.

내가 어쩔 수 없는 몽상가라는 사실을 바로 여러분께 고백할 수 있도록 허락해 주시기 바란다. 나는 ^{p.447} G. A. 헨티Henty

p.447

와 페니모어 쿠퍼Fenimore Cooper를 탐독했던 시기 이후로 즐거운 여행에는 모닥불이 반드시 있어야 한다고 생각해 왔다. 모닥불의 매력은 무엇일까? 선대로부터 물려받은 뿌리 깊은 고유한 본능에 잘 영합하기 때문일까? 우리들의 집이 중앙 집중식 난방과 '바람이 들어올 틈이 전혀 없는' 환기시설을 갖추었다 하더라도 우리의 마음은 본질적으로 옛 모습 그대로 원시적이지 않을까? 동굴에 살던 우리 조상들이 모닥불의 따뜻함과 밝은 빛, 그리고 야만적인 약탈자들로부터 안전하고자 염원하는 동물적인 마음을 지금의 우리에게 전했단 말인가? 이런 연모의 마음이 순수하고 낭만적인 어떤 것으로 변형되어 왔단 말인가? 문명이 과연 턱없이 이치에 어긋나는 거친 인간의 열정을, 자연과 원시적인 것들에 대해 연모하는 마음을, 다시 말해 예부터 전해온 온갖 인간의 특성들을 인간에게서 빼앗아 갈 수 있을까? 평화와 무사無事가 결국 사나이다운 특성들을 유약하게 만들어 타락시키는 결과를 초래했단 말인가? 생존 투쟁의 욕구가 철학자, 경제학자, 평화주의자가 우리에게 약속한 완벽한 세상에서 추방될 때 우리는 무엇이 될까? 아마도 이와 관련하여 갖가지 육체적 모험들이 필요한 까닭이 곧 밝혀지게 될 것이다. 인간이 짐승을 지배할 수 있게 만든 특성은 남이 만들어 준 울타리 안에서 안주하는 존재의, 죽은 형태로서의 안전이 아니다. 인간이라는 특성으로서의 안전은 위험에 맞서 스스로의 힘으로 이를 극복하고 성취해 내는 것이다. 안전에 대한 이러한 인간의 욕구는 위험하고 쓸모없고 사리에 어긋난다고 딱지 붙은 스포츠 속에서 그 배출구를 찾게 될 것이다. 인간 사이의 평화는 육체적인 활력이 유지될 때 가능하고, 갖가지 모험을 야외에서 즐길 수 있을 때 지속된다. 우리는 동료를 죽이는, 인간의 영혼을 마비시키는 행위 없이도 크리켓이나 럭비 경기장에서, 혹은 히말라야의 고지에서 이런 모험 정신을 충분히 발휘할 수 있다. 조상으로부터 물려받은 본능이, 어떻게 하면 우리가 가장 갈망하는 두 가지, 즉 평화와 행복의 욕구에 부합될 수 있을까 하는 것은 뒷날 해결책을 찾게 될 것이다. 내가 확신하는 것은 야외 활동을 통해서 평화와 행복을 찾을 수 있다는 것이다. 이제 영국뿐 아니라 다른 나라도 사람을 죽이면서까지 육체의 안전과 활력을 유지하려는 원시적인 욕망을 부지불식간에 거부하고 있다. 나아가 인간과 인간 외의 것과의 관계, 그리고 인간들끼리의 관계에 대한 인간의 지식이 새롭고 보다 발전적인 방향으로 성장하고 있다. 또한, 무엇보다도 이런 움직임은 인류가 육체적·지적·정신적으로 진보하고자 하는 신성한 욕망을 보여준다. 우리끼리가 아니면 도대체 누구와 의논해서 신이 만든 세상의 타락과 퇴보에 대한 해결책을 찾겠는가?

히말라야에서 혼자 여행을 하게 된 것은 이번이 처음이고, 에베레스트로 가는 길에 마지막으로 머물렀던 두 곳의 숙소에 대한 경험은 원기를 북돋아 주기 충분했다. 나는 난생 처음 객관적으로나 분석적으로 하는 사고思考를 떠나서 주변 환경에 내 생각을 맡겨 둘 수 있게 되었다. 이렇게 생각하는 방식은 서양 사람인 우리가 알기 힘든 어떤 힘에서 기인하는데, 동양에서는 추상적인 사고의 바탕을 이루고 있다. 이 힘은 우리의 마음으로 하여금 느낌을 찾아서 구하도록 하는 것이 아니라 받아들이도록 하는 것이며, 외부에서 들어오는 생각을 차단함으로써 얻게 되는 것이다. 이런 순간이 찾아오면 비로소 신의 음성을 들을 수 있고, 삼라만상의 변화가 명백해진다. 대기 그 자체가 생명과 노래로 가득 차며, 산들은 단순한 눈이나 얼음, 바윗덩이가 아니라 살아 있는 것으로 변하게 된다. 이런 일이 일어날 때 인간의 마음은 허약한 상상의 굴레에서 벗어나 창조자와 합일하게 되는 것이다.

내 글이 의도와는 조금 달라졌는데, 꽃의 계곡에서 느낌을 기록할 때에는 종종 그랬다. 어느 쪽을 보아도 너무나 맑고 고요한 때에는 상투적인 방법으로 글을 쓰는 것이 불가능했다. 그리하여 나를 이해시킬 수 없다거나 자칫 '감상적' — 이 단어는 유물론자에게는 황소에게 붉은 천을 보여주는 격이겠지만 — 이라는 낙인이 찍힐 수도 있겠지만 어쩔 수 없었다. 이 계곡에 머무는 동안에는 느낌을 기록하려면 특별히 신경을 써야 했다.

그 첫날 저녁, 짐꾼들의 텐트에서 이야기 소리가 차츰 작아지고 통나무가 타면서 나는 작은 소리 외에는 그 어떤 소리도 없는 고요가 찾아 올 때까지 나는 꽤 오랜 시간을 모닥불 옆에 앉아 있었다. 곧 장작 타는 소리마저 사라지고 모닥불은 타다 남은 발간 덩어리만 까물까물했다. 추위가 등 뒤에 스며들어 몸이 으슬으슬 떨려 왔고 담배 파이프도 꺼졌다. 하는 수 없이 텐트로 들어가 오리털 침낭 속에서 몸을 녹였다. 눈을 감기 전에 텐트 문을 통해 마지막으로 본 것은 먼 능선 위에서 반짝이며 나를 바라보고 있는 별 하나였다.

다음 날 아침 6시 20분에 라타반 위로 해가 떴다. 새소리에 잠이 깼는데, 그 소리는 주변 자작나무 숲과 로도덴드론 덤불에서 들려오는 대규모 합창 소리였다. 짐작컨대 그 새는 뜸부기 과의 작은 새로, 특별히 눈길을 끌 만한 특징이 없는 갈색이었는데 울음소리만은 다른 새에 비해 현저히 두드러졌다. 내가 그 새를 '지더지'라고 부른 까닭은 노래 소리가 '지더지'와 많이 비슷했기 때문이다. 완벽한 아침이었다. 구름 한 점 없었으며, 이슬을 머금은 풀이 찬란한 햇살을 받아서 성에로 덮인 유리 보도步道처럼 반짝였다.

침낭 속에서 빈둥대고 있는데 누르부가 아침을 가져왔다. 어쩌다 파상이 이 일을 할 때도 있었지만 보통은 누르부가 했고, 그의 유쾌한 웃음을 보며 나는 행복하게 하루를 시작했다.

평소대로 죽과 비스킷, 잼을 먹고 있는데, 무언가 있어야 할 것이 없다는 생각이 들었다. 하여간 그 무엇이 없이 기분이 좋았다. 나중에 생각이 났는데 그것은 파리였다. 파리는 쿠아리 고개 위쪽 캠프를 제외하고 라니케트를 출발한 이래 쭉 함께 있었고, 이것은 자연 질서의 한 부분이었다. 그런데 이제 파리가 없으니 얼마나 좋은지 믿기지 않을 정도였다.

서로서로 바짝 붙어서 비박을 했던 도티알 사람들이 아침을 먹은 후 라니케트로 출발했다. 그들은 매우 만족스러워 보였으며, 얼굴이 사과 같이 생긴 우두머리 격의 사람은 다시 돌아올 준비를 하고 있겠다고 최소한 열 번은 말했다.

캠프를 돌보도록 테왕을 남겨 두고 왕디, 누르부, 파상과 함께 정찰을 목적으로 캠프를 떠났다.

우리는 캠프 바로 아래에서 양이 다니는 험한 길을 발견했다. 경사가 급한 자작나무 숲 쪽으로 난 그 길은 풀이 무성하게 우거져 있었지만, 쿠크리를 휘둘러서 작업을 좀 하자 곧 그 모습이 드러났다. 초원지대에서와 같이 이곳에도 앵초 속 프리뮬러 덴티쿨라타가 있었다. 이 식물은 뿌리가 습기를 충분히 얻을 수 있는 곳이면 그늘이든 양지든 가리지 않고 좋아하는 것 같았지만, 아마 햇볕이 잘 들고 습기가 많은 곳이 더 이상적인 장소인 듯했다.

우리는 아래쪽에서 들려오는 급류의 굉음을 들을 수 있었고, 곧 숲 아래쪽 가장자리와 급류 사이에 있는 설사면을 미끄러져 내려갔다. 캠프 바로 옆에 넓은 협곡이 있었지만, 봄에 생긴 거대한 눈사태가 그 협곡으로 쏟아져 내리면서 급류에 다리를 놓아 별 어려움 없이 계곡을 건널 수 있었다. 배수가 잘 되는 남쪽 경사면에는 많은 식물이 꽃을 피우고 있었다. 노간주나무의 짙은 녹색 덤불 사이에 있는, 경사가 급하고 풀이 무성한 비트레스를 기어 올라가고 있을 때 협곡 아래쪽에서 보았던 바로 그 짙은 보랏빛 바꽃 속 아코니툼 헤테로필룸이 위쪽의 스카이라인에 있는 것이 보였다. 그리고 바람꽃 속 아네모네 나르키시플로라Anemone narcissiflora와 촘촘히 어우러진 바람꽃 속 아네모네 폴리안테스Anemone polyanthes의 흰색 산형화서가 보였고, 그것들 사이에 푸른빛이 화려한 현호색 속 코리달리스 카쉬메리아나도 있었다.

급경사를 한 번 더 기어 오른 후 집채만 한 바윗덩이들이 흩어져 있는 넓은 바위 시렁에 올라섰다. 그곳에는 백합꽃 모양의 노모카리스 옥시페탈라Nomocharis oxypetala가 꽃을 피우고 있었다. 이 꽃은 이 꽃 과의 식물 중에 가장 희귀하고 아름답다. 이 꽃의 색깔은 분다르 계곡에서 자라는 노모카리스 나나Nomocharis nana와는 크게 다르다. 후자는 푸른색인 반면 전자는 크림색이 들어간 노란색이다. 뿌리에 물을 공급 받아야 하기 때문에 섬유질의 물질이나 바위가 많고 따뜻하며 배수가 잘 되는 초원지대 혹은 비탈면의 양지바른 곳에서 잘 자라는 것이 분명하다.

나는 짐꾼들을 시켜서 이 식물의 알뿌리를 모으도록 했고, 곧 그들이 피켈로 30여 개나 파내었다. 이 일이 쉽지 않은 것이, 노모카리스 알뿌리는 땅속 18센티미터 깊이에서 자라며 간혹 바윗덩이와 돌덩어리들 사이에 사는 양치식물의 뿌리나 노간주나무의 뿌리와 엉켜 있기 때문이다.

노모카리스 옥시페탈라Nomocharis oxypetala

그 외에 꽃이 핀 다른 식물은 키가 7센티미터인 보라색 나비난초 속 오르키스orchis가 있었고, 여기저기에 붓꽃 속 아이리스 쿠마오넨시스가 만개해서 바위투성이 산비탈에 지천으로 피어 있었다. 그리고 분홍색 봄맞이 속 안드로사체 프리뮬로이데스가 은녹색銀綠色 좌엽座葉과 분홍색 꽃을 바위 위로 빠르게 퍼뜨리고 있었다.

산들바람이 일었는데, 바람이 일기 앞서 노모카리스가 황금색 머리를 까닥이며 인사를 했다. 노모카리스는 잔잔한 파도같이 비탈면에 잔물결을 일으켰고, 생기 있는 그 식물의 형언할 수 없는 향기와 때때로 백리향 같이 기분을 유쾌하게 만드는 또 다른 식물의 은은한 향기가 바람을 타고 왔다. 이 향기의 주인공이 집채만 한 바위들과 메마른 비탈면의 양지바른 표면에 덩굴을 편 보라색 꽃이라는 것을 곧 알게 되었다.

우리는 점심을 먹으러 캠프로 돌아왔고, 그 후 나는 아침에 수집한 식물 견본을 압착하는 데 전념했다. 이번 원정 전에는 압화를 해본 경험이 없어 솔직히 몹시 까다롭고 피곤한 일이었다. 나머지 오후 시간은 텐트 근처에서 식물을 채집하며 보냈다. 북쪽 산비탈에서는 이끼로 덮인 바윗덩이들 사이에서 잎이 두툼한 돌부채 속 베르게니아 스트라케이Bergenia stracheyi를 찾았고, 캠프 위쪽 숲속에서는 연령초 속 트릴리움 고바니아눔 Trillium govanianum을 발견했다. 캠프에서 멀지 않은 남쪽 비탈면은 노모카리스 옥시페탈라를 위시한 많은 꽃들로 온통 회색빛이었다. 그리고 캠프 동쪽 협곡 가장자리에는 히말라야와 티베트에서 흔히 볼 수 있는 크림색의 키 작은 로도덴드론이 섬세하고 작은 크림색 종 모양의 꽃을 가진 카시오페 속 카시오페 파스티기아타Cassiope fastigiata와 함께 꽃을 피우고 있었다.

차를 마실 때 테왕이 말하길, 한쪽 발이 좋지 않았는데 이제는 사타구니까지 아프다고 했다. 그는 행군하는 동안 발에 물집이 잡혀서 상처가 곪았고, 낙천적인 다른 티베트인들처럼 다리 전체가 감염될 때까지 아무 말도 하지 않았던 것이다. 나는 치료 전에 다리를 씻도록 시켰는데, 그에게 이제껏 자발적으로 몸을 씻어 본 경험이 있다고는 전혀 생각할 수 없었다. 그는 고통스럽게 놀라움과 격분을 참아 가며 이 모욕적인 일을 수행했다. 그의 발은 말할 수 없이 더러웠으며 수년 묵은 때가 발가락 사이에 덩어리져 있었다. 더러움은 단지 더러움일 뿐이며 질병은 단지 신께서 가한 형벌일 뿐이라고 생각하는 사람에게 더러움과 질병과의 관계를 설명하는 것은 불가능한 일인지도 모르겠다. 발 씻기가 끝나길 기다렸다가 피와 고름이 충분히 흘러나올 때까지 메스를 이용해 환부를 자세히 살펴보고 붕대로 감싸 묶었다. 피를 보자 테왕은 용기가 솟아났고 넓고 의기소침한 얼굴에 환한 미소가 감돌았다. "이제 나는 괜찮아!"라고 그가 외쳤다. 그리고 사실이 그랬는데, 그도 그럴 것이 며칠 안 가서 그 문제는 씻은 듯 해결되었다.

그날 저녁 나는 모닥불 옆에서 다시 죽을 먹었다. 한낮 무더울 때는 계곡 위로 산들바람이 불더니, 해가 지자 바람도 잦아들어 고요해졌다. 이제 손으로 바람막이를 만들지 않고도 성냥을 켜 파이프에 불을 붙일 수 있었고, 물 흐르는 소리는 단지 정적을 두드러지게 할 뿐이었다. 구름은 산봉우리에서 재빨리 사라졌고, 안개가 순식간에 소리 없이 협곡을 뒤덮고 올라와 반대편 산비탈을 가로질러 지나갔다. 햇빛이 사라지니 금세 밤이 찾아왔다. 해가 지고 30분도 안 되어 별이 희미하게 반짝였고, 그 별빛과 경합하듯 저녁놀의 잔광만이 산봉우리 위에서 싸늘하고 희미하게 빛날 뿐 사방이 컴컴했다.

자작나무를 통째로 넣어 불을 피우자 연기도 없이 푸른 불꽃이 활활 타올랐다. 그 불빛에 컴컴한 숲을 배경으로 하여 사람들의 얼굴이 드러났다. 달이 보였다. 머리 위쪽으로 높이 떠 있는 밝은 초승달이 눈과 빙하를 은빛으로 물들이며 나뭇잎에 맺힌 이슬을 차갑게 비추었다. 대기가 평형 상태를 유지하자 아래쪽 계곡의 안개가 서서히 흩어졌고, 8시 30분에는 자취도 없이 사라졌다.

어둠이 내리기 시작할 무렵 새가 노래를 불렀는데, 전에는 한 번도 들어 보지 못한 소리였다. "쩍쩍, 쩍쩍, 쩍쩍, 쩍쩍, 이이…, 쩍쩍, 쩍쩍, 쩌쩌, 쩌쩌, 이이…." 하는 것이 쏙독새의 흰눈썹뜸부기의 중간쯤 되는 울음소리였다. 그러나 곧 이 소리마저 그쳐버렸고, 들리는 것이라곤 빙하의 급류가 쉼 없이 우르릉거리는 소리뿐이었다.

제6장

가벼운 등반

캠프 위쪽으로 자작나무 숲이 150미터쯤 끊이지 않고 뻗어 있었고, 그 위로 사방이 트인 산비탈이 여전히 눈으로 덮여 있었다. 이 산비탈에서 능선이 가파르게 시작되어 5,500미터 높이의 한 봉우리로 이어졌다. 나는 이 봉우리를 등반하기로 했다. 훈련 등반으로 좋은 기회일 것 같았고, 분다르 계곡과 주변의 파노라마를 잘 볼 수도 있을 것 같아서였다. 6월 19일 조금 이른 시간에 느긋하게 아침을 먹고 왕디, 누르부, 파상과 함께 등반 장비를 시험해 볼 겸 출발했다. 숲속에서 길을 열어 가는 어려움을 덜기 위해서 협곡과 접한 풀이 많은 능선으로 올라갔다. 이 능선은 위쪽 60미터 지점에서 차츰 설사면으로 바뀌었고, 간혹 집채만 한 바윗덩이들만이 설사면을 단절시키고 있었다. 우리는 단단하게 굳어 있는 눈 위에서 전진을 서둘렀다. 집채만 한 바윗덩이들 옆을 지나가고 있을 때 진보랏빛 섬광이 내 눈을 사로잡았고, 한 포기의 눈부시게 아름다운 앵초 속 프리뮬러에 탄복하여 멈추어 섰다. 이 식물은 풀 길이가 25센티미터는 족히 되었고, 눈이 녹은 물이 흘러들어 축축한 바위틈에 뿌리를 내리고 있었으며, 물기 없는 얇은 잎들 한가운데에 제왕의 위엄을 간직한 채 꽃이 피어 있었다. 또한 눈이 녹은 물이 슬랩slab 위의 얇은 얼음 막 밑에서 경련을 일으키는 듯 왈칵 왈칵 배어나오고 있었다. 나는 이 프리뮬러가 암청색 앵초 속 프리뮬러 니발리스 마크로필라Primula nivalis macrophylla였던 것으로 기억하고 있다.

이 위쪽으로는 경사가 심해서 얼마 못 가 킥스텝을 해야 했고, 처음으로 동료들의 등반 방식을 관찰할 수 있었다. 왕디는 셋 중에서 경험이 가장 많았지만 율동적으로 움직이는 방법을 몰라서 필요 없는 수고를 엄청나게 들이고 있었다. 그는 지칠 줄 모르는 듯 끊임없이 솟아나는 힘으로만 킥스텝을 했는데, 눈에 무슨 원한이라도 있는 것처럼 악의적으로 해댔다. 누르부는 유순하게 그 뒤를 따랐고, 가능한 한 세련된 등반기술을 익히려고 온 신경을 집중시키고 있었다. 한편, 파상은 리듬이나 동작의 조절에 관해서는 전혀 아는 바가 없었다. 그는 경련이 난 것처럼 확확 급하게 움직였으며, 동시에 몹시 헐떡였다. 무게 중심을 한 발에서 다른 발로 천천히 옮길 능력이 없어서 언제 미끄러질지 알 수 없었다. 설사면을 오르는 기술을 가르칠 생각에 그를 앞장세워 보았지만 허사였다. 그는 나름의 방식을 고집했지만 사실 이렇다 할 방식이 없었다. 그래서 그가 하고 싶은 대로 내버려 두었고 아무런 참견도 하지 않았다. 그는 앞서서 돌진해 갔다. 하지만 그는 재빨리 정상에 오르지 못하면 죽을 일이라도 있는 듯 킥스텝kick step을 해댔고, 결국 얼마 가지 못해 멈추어 서서 쉬어야 했다. 티베트인은 물론이고 셰르파들 역시 산속에서 생활하는 사람들인데도 쉽게 등반하는 기술을 알지 못한다. 등반 경험이 그들의 반도 안 되는 유럽인이 그들에게 등반기술을 가르쳐야 한다니 정말 아이러니한 일이다.

우리는 한 시간에 500미터씩 고도를 높여 가며 올라가고 있었다. 오를수록 계곡의 연둣빛이 줄어들었고, 줄어든 만큼 연둣빛 계곡은 수척하게 변했다. 이와 반대로 바위 봉우리들의 벽은 점점 그 뚜렷한 모습과 위엄을 드러내었다. 얼마 되지 않아서 북동쪽의 산봉우리가 보였다. 그 산은 거벽이 딸린 피라미드 모양의 외딴 산으로, 이웃한 산들에 비해 그 모습이 월등히 빼어나서 캐나다 로키 산맥에 있는 롭슨Mount Robson이 떠올랐다. 이 지역을 측량한 가디너Gardiner 대위가 이 산을 닐기리 파르바트라고 이름 짓고, 높이를 6,481미터로 정했다는 것을 나중에 알게 되었다. 올라갈 수 있을까? 능선들의 경사도만 대략적으로 감안해도 분다르 계곡에서는 분명히 불가능할 것이다. 하지만 북쪽 급사면은 그렇게 어렵지 않을 것 같았다. 북쪽으로의 어프로치는 분다르 계곡을 포기하고, 이 계곡과 같은 방향의 다른 계곡을 택해야 한다는 것을 의미했다.

어쨌든 정찰을 해볼 만한 가치가 있었다. 출발점이 되는 계곡에 도착하기 위해서는 이 두 계곡 사이에 위치한 바위 봉우리들의 벽들을 넘어 길을 열어야 했다.

아무 어려움 없이 우리는 작은 스퍼 꼭대기에 이르렀다.^{p.448} 바랄(야생 양)이 우리보다 앞서 꼭대기에 있었고, 그놈들의 발자국은 일정한 방향 없이 설사면 주위에 흩어져 있었다. 우리는 킥스텝을 하며 계속 전진했고, 캠프를 출발한 지 3시간이 안 되어 정상 아래 150미터 지점, 즉 우리가 오르려는 봉우리의 동쪽 능선에 이르렀다.

상쾌한 바람이 능선을 따라 살짝 불었다. 능선 마루를 몇 미터 앞두고 햇볕에 달궈진 바위 밑에서 바람을 피해 식사를 했다. 아름다운 아침이었고, 가까운 하늘에는 구름 한 점 없었다. 남쪽으로는 짙은 뭉게구름 기둥이 계곡 곳곳에서 피어올랐고, 구름 사이로 트리술의 설원과 난다데비의 거대한 첨봉들을 볼 수 있었다. 이 거대한 산들과 우리를 갈라놓고 있는 것은 잔스카르 산맥 중앙에 위치한 능선과, 그 능선의 스퍼들, 깜짝 놀랄 만큼 좁은 칼날 같은 바위 능선의 미로, 그리고 급경사인 지층들이었다. 나는 이 지층들 너머로 캠프 자리를 찾아보려고 계속 두리번거렸지만 찾지 못했고, 깎아지른 황량한 광경에 싫증이 나서 그만 서쪽으로 눈을 돌리고 말았다. 서쪽으로는 닐칸타가 외따로 떨어져 조용히 자리하고 있었는데, 의심할 여지 없이 바드리나트 산봉우리들 중에 여왕이었다. 안개가 천천히 닐칸타를 둘러싸고 있어서 닐칸타를 완전히 가리기 전에 망원경으로 정상 쪽 피라미드를 관찰했다. 실낱같은 성공의 가능성이 있는 유일한 루트는 남동릉이었다. 이 능선 아랫부분은 가까이 있는 산들에 가려져 있었지만, 능선 위쪽 100미터 높이의 바위지대로 올라서면, 눈과 얼음으로 된 위쪽 비탈면으로 등반이 가능할 것 같았다. 햇볕 속에서 30분을 멈춰서 있다가 다시 움직였다. 능선에 다다르자 우리가 목표로 하고 있는 그 봉우리가 불그스름한 톱니 모양을 하고 급격하게 솟아 있었다. 처음에는 별 어려움이 없지만 곧 가파른 슬랩에 이르렀다. 이곳에서 또 한 번 동료들이 등반하는 모습을 관찰해 볼 기회가 있었다. 슬랩을 쉽다고 생각하던 왕디는 작은 홀드가 충분히^{p.448} 있는데도 습관적으로 로프를 사용하고 있었다. 파상은 눈보다 바위에 익숙했지만 동작이 어색했고 팔 힘만을 사용했다. 셋 중에 누르부가 가장 훌륭했다. 재빠르면서도 힘들이지 않는 동작을 보니 일급 등산가가 될 자질이 충분했다.

이 슬랩 위쪽에 있는 벽은 오르기에 엄청 힘이 들 것 같았다. 게다가 나는 몇 시간 전부터 머리가 찌어오는 듯 시큰거리더니 고소순응^{p.449}高所順應 부족으로 인한 불쾌한 두통으로 증상이 급속히 발전했다.

능선은 두 번째 피치 끝에서 머리를 덮고 있는 듯한 탑 모^{p.449}

양이었고, 꼭대기 부분이 뱀 이빨처럼 뾰족해서 오르기가 불가
능했다. 이미 말했듯이 대안은 남쪽 급사면이었다. 그곳으로 접
근하기 위해서는 표면이 불안정하여 마음에 내키지 않는 침니 ^{p.449}
를 내려가야 했다. 이 침니를 마지막으로 내려오던 파상이 본
의 아니게 50킬로그램 정도의 모난 바위를 건드리는 바람에,
그 바위가 아래에서 기다리는 사람들 바로 옆으로 날아가 산산
조각이 났다. 그러자 아래에 있던 사람들이 마구 욕설을 퍼부
었다. 파상은 침니 나머지 구간을 내려가는 내내 부끄러워 몸
둘 바를 몰라 했으며, 낙석을 일으키지 않으려고 고통스럽게
주의를 기울여야 했다.

우리는 곧 무너질 듯한 몇 개의 바위 턱을 가로지르고, 표
면이 단단하지 못해 흘러내리는 급사면을 기어올라 정상에 도
착했다. 안개가 끼고 있었지만 그 사이로 이웃한 산들이 보였
고, 좀 더 멀리 가우리파르바트, 하티파르바트의 버트레스들
이 보였다. 이제는 바람도 없고 따뜻했지만 나는 이런 날씨와
주변의 장엄한 광경을 즐길 기분이 아니었다. 두통이 심해져서
매순간 몸을 오싹하게 만드는 고통이 머릿속에서 이마 한가운
데로 전해졌다. 하산은 지옥과 같았다. 거의 똑바로 앞을 볼 수
도 없었고, 계속 구역질을 했지만 구역질조차 두통을 덜어 주
지는 못했으며, 구역질 때문인지 모르겠지만 두통이 점점 심해
졌다. 등반이 서툰 파상 때문에 우리는 한 번에 한 명씩 차례차
례 이동해야 했기에 많은 시간을 들인 후에야 바위지대를 벗어

나 설사면으로 내려갈 수 있었다. 설사면을 1킬로미터 더 내려가면 캠프까지 걸어서 2분이면 되어서, 고소 증세만 아니었더라면 일생에 가장 긴 글리세이딩을 즐길 수 있었을 것이다. 왕디는 능숙하게 글리세이딩을 했다. 파상은 가망 없이 곧바로 미끄러졌는데 등을 대고 수백 미터를 꼴사납게 미끄러져 내려가다가 피켈까지 놓쳐버리고 말았지만, 초보자이긴 해도 맘씨 좋은 누르부가 피켈을 되찾아 주었다. 곧 시야에서 사라진 왕디를 제외하고는 우울한 행렬이었다. 우선 내 자신이 두통으로 인해서 한 번에 몇 미터밖에 글리세이딩을 할 수 없었고, 다음은 누르부, 마지막으로 불행한 파상의 차례였는데, 파상은 유리판 위의 딱정벌레처럼 어기적거리며 내려갔다. 이렇게 해서 마침내 캠프에 도착했다. 왕디와 테왕이 인정머리 없이 히죽거리며 김이 나는 뜨거운 차가 담긴 머그잔을 내게 내밀었다. 첫 산봉우리에 도전한 나의 등반은 즐겁지 않았다.

제7장

눈 덮인 안부

그 작은 산봉우리 등반을 마치고 나는 이틀 간 꽃 채집에 전념했다. 날씨는 이제 전보다 상당히 포근했고, 밤에는 남쪽에서 번개가 번득였다. 몬순이 다가오고 있었다. 따뜻하고 생기를 돋우는 몬순의 산들바람을 예상한 듯 곳곳에서 식물이 놀라운 속도로 자랐다. 종 모양의 연두색 꽃이 핀 패모貝母 속 프리틸라리아 로일레이Fritillaria roylei가 캠프를 에워싸고 있었다. 이 식물의 꽃에는 눈길을 끌 만한 특별함은 없었지만, 이보다 더 화려한 많은 꽃을 능가하는 우아함이 매력이었다. 탄력 있는 줄기에 달린 연두색 종이 미풍에 생기 있게 흔들릴 때면, 혹시 산 위쪽에서 요정의 방울이 딸랑거리는 소리를 들을 수 있지 않을까 기대할 정도였다. 아마도 방울이 울렸겠지만, 인간의 귀에는 그 소리가 들리지 않을 것이다.

119

프리틸라리아 로일레이|Fritillaria roylei

냇가에서 섬꽃마리 속 치노글로숨 글로키디아툼 Cynoglossum glochidiatum이 푸른 빛으로 물들여 놓은 둑을 보았는데, 그 푸른 빛은 한낮의 하늘색에 버금가는 빛깔이었다. 맞은편의 습하고 눅눅한 곳에는 노란 메리골드와 보라색 앵초 속 프리뮬러 덴티쿨라타가 있었다. 이것은 인간이 가꾼 정원에서라면 아마 어울리지 않을 뿐더러 추해 보였을지도 모르는 모순된 색깔들의 결합이었지만, 자연은 때때로 앞뒤를 가리지 못하는 듯해도 그 심미안은 틀리는 법이 없다. 메리골드 사이사이에서 바람에 쉼 없이 한들거리는, 보라색 얼룩들이 섞여 있는 황금색 꽃 융단을 마음속에 그려 보라. 그리고 작은 옷깃 모양으로 거품을 일으키며 회색의 바윗덩이 위로 맑은 물이 찰랑거리는 모습을 상상해 보라. 깊고 고요한 웅덩이에 고인 채 우리들과 하늘을 담고 있는 맑은 물을 상상해 보는 것은 또 어떨까. 이곳에서 그리 멀지 않은 곳에서 계곡의 양 측면이 위로 솟아 있었다. 시작 부분은 녹색, 그 다음은 푸른색, 더 위쪽은 황량하고 살풍경한 벼랑으로 끝이 났고, 그 벼랑 너머의 거대한 라타반의 버트레스들이 짙푸른 하늘을 배경으로 서 있는 은빛 선명한 칼날 능선들과 설원들을 떠받치고 있었다. 그런데 그 버트레스 벽들의 험하고 세세한 모습은 떨어져 있는 거리로 인해 상당히 부드러워 보였다.

영국에서는 대기가 거리와 높이에 대한 판단력을 교묘하게 흐려 놓지만, 습기가 없는 히말라야의 대기 속에서는 산봉우리들이 실제로 높기 때문에 높아 보인다. 한낮에는 수직으로 비추는 햇볕 때문에 산봉우리들이 반질반질한 강철처럼 반짝거려서 눈은 자연스레 이를 피해 계곡의 녹색 바닥 쪽으로 향하게 된다. 비록 세세한 산의 모습이나 높이에 대해서는 생각해볼 만한 것이 거의 없거나 전혀 기억에 남아 있는 것이 없지만, 색깔이 이를 보완해 주었다. 눈부신 대기 속에서는 색깔이 더할 나위 없이 아름답다. 아마도 높은 고도의 햇볕 속 자외선이 이와 어떤 관련이 있는 것 같다. 중앙 히말라야의 대표적인 식물인 마디풀, 즉 범꼬리 속 폴리고눔 아피네Polygonum affine의 예를 들어보자. 이 식물은 수백만 송이의 장밋빛 꽃으로 산허리를 물들이고, 산비탈을 밝게 비추는 새빨간 빛은 수 킬로미터 거리에서도 보인다. 그렇지만 영국에서는 이 꽃의 색이 밝지 않아 보잘 것 없고, 온화한 기후로 인해 키만 껑충 커서 그 진가를 잃고 만다. 노란 제비꽃 속 비올라 비플로라Viola biflora와 같이 허세를 부리지 않는 꽃조차도 거친 풀 속에서 별같이 반짝이는 까닭은 꽃이 이곳의 태양과 대기의 특질을 잘 전해 주기 때문이다.

이튿날 몬트모렌시가 죽었다. 그놈은 이미 명물이어서 죽일 마음은 없었지만 우리는 신선한 고기가 필요했다. 나는 3주 동안 채식만 했고 또 어떤 면에서 채식이 체질에 맞기도 했지만, 산 위에서 필요한 체력을 유지하고 있지 못하다는 생각이 들자 일시적으로 억제되었던 고기에 대한 욕망이 배가되어 되살아났다. 나는 야채 카레에 싫증이 났고 허기가 져서, 불쌍한 몬트모렌시의 도살을 명령했다. 이것은 섬뜩한 일이었다. 짐꾼들은 피를 조금도 헛되이 버리지 않으려고 넓적한 바위를 깨끗이 닦아낸 다음 다리가 묶인 그놈을 그 위에 올려놓고, 면도날처럼 날이 선 쿠크리로 몸뚱이에서 머리를 잘라내었다. 염소에게 영혼이 있다면, 몬트모렌시는 도살 후에 이어진 절차를 어느 정도 만족해하며 바라보았을 것이다. 짐꾼들은 그날 내내 염소 가죽을 빡빡 문지르고 두드려 무두질을 하더니 밤에 텐트 안에 놓아두기까지 했다. 그런데 이 염소가 텐트 안에 있는 짐꾼들에게 보복을 했다. 무슨 냄새인지는 도저히 알 수 없었지만 티베트인조차 심한 악취를 맡았고, 그날 밤 나는 욕설의 합창소리에 잠을 깼으며, 그 후 텐트 밖의 어둠을 향해 비명을 지르는 듯한 소리도 들었다. 그 정체는 몸뚱이와 영혼을 빼앗긴 몬트모렌시의 가죽이었다.

1931년에 대한 내 기억 중 하나는 분다르 계곡 끝에 있던 안부에 관한 것이다. 그 안부는 일부러 올라가지 않으면 등산가도 볼 수 없는 곳으로, 라타반과 북쪽의 이름 없는 작은 봉우리들 사이에서 순백의 눈으로 덮인 채 포물선 모양을 하고 있었다. 나는 그 안부에 캠프를 치고서 가능하면 가파른 북릉을 따라 라타반을 등정해 보려고 했다.

밤에 멀리서 번개가 번쩍이더니 한여름의 날이 밝았고, 하늘은 어둡고 비가 올 것 같았다. 베이스캠프에 테왕을 남겨두고 닷새 분의 식량과 간단한 장비를 챙겨서 아침 6시 30분에 출발했다. 짐꾼들은 별로 짐을 지지 않았는데도 얼마 못 가 계곡을 오를 때 큰 고생을 했다. 염소 내장을 너무 많이 먹어서 탈이 난 것이 분명했다. 티베트인들은 보통 채식을 하지만 고기를 먹을 기회가 있으면 움직일 수 없을 정도로 과식을 하며, 내 경우에도 염소 간을 배불리 먹은 뒤라서 속이 편치 않았다. 거의 3주 동안 고기를 먹지 못한 상태에서 갑작스럽게 이루어진 과도한 육식이 소화 기관에 부담을 주었던 것이다. 그 결과 전진은 지체되었고, 도리 없이 자주 멈출 수밖에 없었다.

p.450

캠프 아래 스노브리지를 건너 계곡의 북쪽을 따라 올라갔다. 처음에는 집채만 한 바윗덩이 사이를, 그 다음은 물이 마른 넓은 개울 바닥을 따라 쉽게 나아갔다. 봄 동안 발생한 사태의 흔적이 개울 바닥에 널려 있었다. 나는 계곡 가장 끝의 비탈면이 광범위하게 불에 탄 모습을 보고 깜짝 놀랐다. 왕디의 설명에 의하면, 추정컨대 지난여름 토양의 생산력을 높일 목적으로 양치기가 불을 놓은 것이었다. 이런 방화는 몬순이 끝난 후 어느 한때 혹은 한동안 계속되는 건조한 날씨 동안에만 가능하다.

계곡을 올라가는 동안 두 채의 임시 오두막을 지났다. 낮에는 양치기가 산비탈에서 양떼를 방목하고, 밤에는 곰의 공격을 피하고 길 잃은 양을 보호하기 위해 임시 오두막 주변에 양을 모아 두는 것이 이 지역의 관습이다. 양들을 모아 두는 장소는 이곳에 사는 잡초로 인해 확연히 구별된다. 광범위한 방목이 이루어진 곳에서는 상대적으로 작고 연한 식물이 곧 자취를 감추고, 그 대신 키가 큰 마디풀이나 이보다 더 큰 발삼이 그 자리에 솟아나는 것이 가르왈 지역의 일반적인 현상이다. 일단 이 두 식물이 땅을 덮으면 목초지는 영원히 파괴되는데, 이런 현상이 발생한 곳을 나는 분다르 계곡에서 많이 목격했다.

두 번째 임시 오두막 뒤편에는 꽃이 많았다. 방석 모양의 밝은 연두색 이끼 덩이들에서 물이 들어가는 습지에 희고 키가 큰 앵초 속 프리뮬러 인볼루크라타Primula involucrata가 있었다. 또한 그 근처 이끼로 덮인 바위들 안쪽의 움푹 들어간 작은 습지에서는 은빛 물방울이, 장밋빛 마디풀이 에워싸고 있는 연못으로 떨어지고 있었다. 이 연못물은 바위 둑 사이의 더 큰 물길로 흘러들었고, 그 둑은 꽃 가운데가 황금색인 흰 건조화乾燥花 다북떡쑥 속 아나팔리스anaphalis로 덮여 있었다. 높고 건조한 곳에는 갈라진 바위틈 습지에 뿌리를 잘 내린 봄맞이 속 안드로사체 프리뮬로이데스가 분석이나 설명이 불가능한, 거의 사향 냄새 같은 달콤한 향기를 풍기며 수천의 분홍색 꽃을 피우고 있었다.

그리고 산허리를 가로지르다가, 처음에는 몰라서 물망초로 착각한 밝은 청색 산지치 속 에리트리키움 스트릭툼Fritrichium strictum을 모퉁이에서 봤다. 이 식물은 고산에서 피는 꽃의 제왕인 산지치 속 에리트리키움 나눔Eritrichium nanum과 비슷하게 생겼지만, 이 꽃과 달리 영국에서도 재배가 비교적 쉽다. 꽃 색깔은 1936년 에베레스트 원정기간 중 티베트에서 본 산지치 속 에리트리키움을 떠올리게 했다. 4,876미터의 도야 고개Doya La를 넘어 카르타Kharta 계곡으로 가고 있을 때였다. 물망초와 비슷하지만 줄기가 거의 없고 눈부시게 푸른 꽃들 속에서 방석 모양의 꽃에 가려진 이 식물을 우연히 봤는데, 지금도 이 식물의 이름을 알 수가 없고 에베레스트 원정기간 동안 채집한 식물 목록에도 없다.

길은 양치기들이 분다르 고개를 넘어가는 바로 그 길이었고, 곧 우리는 1931년 카메트 원정대가 캠프를 쳤던 곳에 도착했다. 풀이 많이 자란 비탈면의 텐트 자리는 여전히 잘 보였다. 1931년 당시만큼은 못해도 홀스워드가 기록한 내용을 떠올릴 수 있을 만큼 많은 꽃이 피어 있었다. "우리가 캠프를 친 곳은 종 모양의 꽃이 피는 패모 속 프리틸라리아 한 포기, 앵초 속 프리뮬러 한 포기를 밟지 않고서는 뗏장 한 장도 잘라낼 수 없는 곳이었다."

수년이 지나서 텐트 자리를 다시 보게 되니 청춘의 현장에 돌아온 느낌이었다. 흥미로움과 슬픔이 뒤섞인 복잡한 감정이 들었다. 이곳에서 캠프를 친 후 6년이 흘렀고, 이제 우리는 세계 여러 곳에 뿔뿔이 흩어져 있다. 인생은 너무 짧고 인생에 대한 기억은 너무 덧없다. 내가 꽃의 계곡에 돌아온 유일한 사람이었다.

이 캠프 자리 위쪽에서 빙하는 두 갈래로 갈라진다. 하나는 가우리파르바트에서 발원하고, 다른 하나는 라타반과 닐기리파르바트에서 발원한다. 두 빙하는 모두 광범위하게 모레인으로 덮여 있었고, 겨울 동안 쌓인 눈이 반쯤 녹아서 음울한 모습이었다. 산봉우리에서는 눈이 빠르게 녹고 있어서 낙석이 많이 발생했다. 빙하와 가파른 바위 버트레스에서 쉴 새 없이 우르릉거리는 소리가 났으며, 버트레스 바닥에서 800미터나 떨어져 있었지만 돌이 떨어지면서 내는 요란한 소리를 분명히 들을 수 있었다. 낙석 중에 가장 인상적인 것은 산봉우리에서 시작해서 주 빙하 남쪽까지 이른 것인데, 추락한 바위의 무게가 수백 톤은 되었다. 바윗돌들은 어떤 정해진 루트를 따르지 않고 산중턱을 맹렬히 뛰어넘어 아래쪽 풀이 자란 비탈을 가로질러 내려갔고, 지나간 자리에는 길게 파인 자국이 남았다. 그런 바윗돌 중에는 집채만 한 덩어리가 있었는데, 빙하 측면 모레인을 가볍게 뛰어넘어 100미터나 더 돌진해서 얼음이 있는 곳까지 이르러 있었다.

절벽 아래쪽으로 양치기의 험한 길을 지나는 곳에서 작고 노란 꽃이 보여 피켈로 파 보니 알뿌리에서 성장하는 인경식물^{p.451} 鱗莖植物인 베들레헴노란별(중의무릇 속 가게아 루테아Gagea lutea)이었다. 길은 이 절벽 뒤편으로 협곡을 올라가서 풀이 많이 자란 평탄한 지점으로 급격히 솟아올랐고, 그곳에 향나무 덤불이 있어서 땔감을 모을 수 있었다. 이제 염소의 영향에서 벗어나서 몸상태가 좋은 짐꾼들이 향나무를 모으는 동안 나는 식물 표본을 채집하느라 산비탈을 돌아다녔다. 멀리 볼 필요도 없이 촘촘한 잎들 사이에 막 피기 시작한 핑크빛 별 모양의, 줄기가 거의 없는 아주 작은 앵초 속 프리뮬러 한 송이를 보았다. 이것은 프리뮬러 미누티시마Primula minutissima로 프리뮬러 중에서는 가장 작은 것이다. 그리고 양지꽃 속 포텐틸라 아르기로필라Potentilla argyrophylla의 노란색 변종인 포텐틸라 한 포기가 있었는데, 이런 높은 곳에서는 붉은 와인색의 이복동생 꽃보다 크기가 훨씬 작았다. 또 이 양지꽃과 이 꽃의 붉은색 변종 중간 형태의 다른 종을 하나 발견했는데, 이것이 가장 아름다웠다. 이 꽃의 색깔은 주홍빛이 스며든 노란 황혼을 연상시켰고 대체적으로 눈부시게 아름다운 짙은 오렌지색이었다.

우리는 나무를 지고 측면 모레인 꼭대기로 올라갔다. 그곳의 모래와 돌 사이에 많은 바위식물들이 있었다. 돌나물 속 세둠도 그중 하나였다. 홀스워드의 기록에 의해 알게 된 바로는, 이 식물은 솜털이 난 잎의 엽침葉枕 속에 작고 흰 꽃이 피는 봄맞이 속 안드로사체 포이소니Androsace poissonii가 분명했다. 그러나 홀스워드는 "그것은 사방이 트인 토탄질土炭質 땅에서 무리지어 자라며 돌들은 필요 없는 것 같다."라고 기록했고, 그 후에 그의 기록대로 이렇게 땅을 덮고 있는 광경을 보게 되었다.

우리는 곧 모레인 지대를 떠나 눈 덮인 빙하를 찾으러 갔다. 분다르 계곡 주 빙하처럼 이 빙하 또한 두 갈래로 갈라진다. 라타반과 그 눈 덮인 안부 아래쪽에서 발원하는 정 동쪽의 지류 빙하가 아래쪽에 감동적인 아이스 폴을 만들어냈다. 이 아이스 폴은 절벽지대에서 가로로 양단되어 있었으며, 절벽지대 위쪽에서 1~2분 간격으로 얼음이 떨어졌고, 그 떨어진 얼음이 빙하 아래 촘촘히 쌓여 있었다. 이 아이스 폴에 곧바로 접근할 수는 없었지만, 분다르 고개 방향의 고개까지 따라가서 남동쪽으로 횡단하여 아이스 폴 위쪽 설원으로 진출하는 측면 등반이 가능했다.

이 아이스 폴 서쪽에 돌출한 버트레스는 급경사의 눈 덮인 바위 시렁으로 이르는 훌륭한 어프로치 루트를 제공해 줄 뿐만 ^{p.451} 아니라, 분다르 고개로 곧장 올라가기 위해서 반드시 통과해야 하는 곳이었다. 내가 짐꾼들보다 상당히 앞서서 이곳으로 올라가고 있을 때 또다시 짙푸른 색 앵초 속 프리뮬러 니발리스 마크로필라를 봤다. 고요한 아침의 대기를 미묘한 향기로 가득 채운 이 눈부시게 아름다운 꽃이 습기가 많고 축축한 곳이면 어디에나 자리 잡고 있었다. 좀 더 높은 곳에서는 이 식물의 연푸른 색 변종이 히말라야 하늘의 푸른 색과 계곡의 연푸른 색, 즉 하늘과 땅의 색을 모두 지니고 있는 듯했다.

우리는 오버행 벼랑이 만들어 놓은 바위 시렁에 캠프를 쳤 ^{p.451} 다. 키 작은 로도덴드론 수풀 사이 곳곳의 잔디밭에는 앵초 속 프리뮬러 미누티시마가 별처럼 반짝였다. 그리고 근처의 작은 동굴에서 시작된 실개천이 봄맞이 속 안드로사체가 피어서 반짝이는 이끼 낀 작은 협곡 아래로 졸졸 흘러내렸다. 아이스 폴은 손에 잡힐 듯이 가까웠고, 자주 얼음 파편이 떨어지며 굉음을 냈다. 이따금 큰 사태로 인해 천둥 같은 충돌 소리도 났다.

오후에 안개가 끼었지만 해질 무렵 우리가 위치한 고도에서는 사라졌고, 지는 해가 붉게 물들여 바다를 이룬 수증기의 물결 너머 가장 위쪽에 분다르 계곡 남쪽의 눈 덮인 산이 바라보였다. 이 산 아랫부분을 안개가 감싸고 있었지만 정상은 연두색 하늘을 배경으로 날카롭게 솟아 있었다. 성형 틀에 넣어 만든 듯한 아름다운 능선은 곧바로 정상으로 뻗어 있었고, 정상은 온통 눈으로 덮여 있었다. 지도에는 이 봉우리가 표시되어 있지 않았지만, 그리 놀랄 일이 아니었다. 오를 수 있을까? 그렇다면 어느 쪽 계곡을 통해서? 이 봉우리로의 어프로치 루트는 정찰이 필요했다. 히말라야 등반에서 어려움이 배가되는 이유 중 하나는 산을 오르는 것이고, 다른 하나는 등반 루트를 찾는 일이다. 그리고 루트를 찾는 일이 산을 오르는 일보다 더 힘들 때도 있다.

지는 해가 라타반을 비추었다. 나는 망원경으로 흥미롭게 라타반을 관찰했다. 그 눈 덮인 안부에서 뻗어 올라간 북릉은 능선 아래쪽에서 등반을 시작하는 것이 불가능하지는 않겠지만 만만치 않아 보였다. 또 안부 위쪽 250미터 지점에 오버행 돌출부가 있어서 정면으로 오르는 것도 불가능해 보였다. 산의 동쪽 면은 보이지 않았고, 그 위쪽으로 루트가 없을 경우에 가장 가능성 높은 대안 루트는 북서 사면 위쪽이었다. 두세 개의 작은 바위 능선이 있고 사면이 대체로 가파르고 복잡하긴 했지만, 주위 상황만 좋으면 오버행 돌출부 위쪽 북쪽 능선 위의 한 지점까지 등반할 수 있을 것 같았으며, 일단 눈 덮인 능선의 꼭대기에 도달하면 정상에 오를 수 있을 것 같았다. 이 거대한 산을 바라보고 있을 때조차 햇빛이 빠르게 산 위로 이동하고 있었으며, 동시에 차가운 밤 그림자가 그 햇빛을 뒤쫓아 가고 있었다.

짐꾼들이 맛있는 저녁을 마련했지만 미처 먹기도 전에 바람이 격렬히 일었다. 저녁을 먹고 나서는 심하게 펄럭이는 텐트 소리에 잠을 이루기가 어려웠지만 무슨 신호처럼 달이 떠올랐다. 자연의 이 덧없는 분노는 시작할 때만큼이나 갑자기 끝났는데, 이런 예측불허의 현상이 고산에서는 흔하다.

파상은 다음 날 6시가 넘어서 나를 깨웠다. 나는 이런 춥고 서글픈 때에 티베트인 특유의 발랄함과 명랑함을 내게서도 찾을 수 있었으면 좋겠다고 생각했다. 파상이 내 시중을 들 때는 늘 서툴렀고 싫으면 그만두라는 식이었지만, 의도적으로 그런 것이 아니라 그저 그의 나쁜 버릇일 뿐이었다.

가야 할 길은 설사면과 두 개의 작은 협곡을 가로질러 위쪽으로 비스듬히 나 있었다. 눈이 얼어 있어 미끄러지면 절벽 아래로 처박히게 되기 때문에 캠프에서 서로 로프를 묶었다. 눈이 너무 굳어서 여러 곳에서 스텝 커팅을 해야 했지만 일딘이 지역을 벗어나자 별 어려움은 없었다. 너덜바위로 된 능선에 도착해서 몸에 맨 로프를 풀고 나아갔다. 그 너덜바위 능선은 분다르 고개 조금 못 미쳐서 끝이 났고, 우리는 아이스 폴 위쪽 설원을 횡단하기 위해 다시 로프를 묶었다. 잠시 후 안부로 이르는 마지막 비탈면 발치에서 멈추었다. 날씨는 이제 예측할 수 없었고 안개가 끼고 있었다. 앞을 제대로 볼 수 없어서 p.451세락과 안부 북서쪽 작은 봉우리의 비탈면 사이에 있는 눈 덮인 회랑지대를 조사해 볼 마음이 생기지 않았다. 그때, 사태 부스러기들이 그 회랑지대로 떨어지고 있었다. 떨어지는 것이 눈인지 얼음인지는 알 수 없었지만, 얼음이라면 그곳을 피하라는 경고를 받은 것이나 마찬가지였다.

또 다른 대안 루트는 ─ 내가 결정했는데 ─ 첫 번째 것보다 안전했으며, 세락들을 가로질러 곧바로 위쪽으로 뻗어 있어서 우리에게 즐거운 얼음 작업 기회를 제공해 주었다. 어떤 곳에서는 스노브리지가 잘 놓인 넓은 크레바스 속으로 내려갔다가 다시 기어 올라가야 했다. 크레바스 건너편 벽은 높이가 12미터나 되었다. 이 지역을 통과하기 위한 작업은 고되었다. 특히 짐을 진 짐꾼들에겐 더욱 그랬는데, 크레바스가 없는 온전한 비탈면에 도착하자 모두들 크게 기뻐했다. 이후로는 짙은 안개를 뚫고 꾸준히 힘을 써 가며 안부까지 가파른 비탈면을 단조롭게 오르는 일뿐이었다.

안부의 돌, 눈과 얼음 위에 두 동의 텐트를 쳤다. 등반은 짧았고 별로 힘들지 않았다. 점심을 먹고 나니 호전된 날씨가 안부 서쪽 5,800미터의 작은 봉우리를 오르며 남은 힘을 소진하도록 나를 유혹했다. 처음에는 부서진 바위 능선이, 그 후에는 눈 덮인 능선이 정상으로 이어졌다. 등반하기에 별다른 어려움이나 위험이 있을 것 같지 않아서 나는 혼자 캠프를 떠났고 1시간 만에 정상에 섰다.

안부를 통한 라타반까지의 모습은 이미 내린 결론을 재확인시켜 주었다. 안부에서 곧바로 북릉을 통한 시도는 헛수고일 뿐이었다. 왜냐하면 정상 부근 비탈면에 걸린 현수빙하懸垂氷 p.452 河의 얼음 사태에 노출된 가파른 절벽들 때문에 동쪽 면은 등반이 불가능했다. 그러나 북서쪽 면은 다소 희망적이어서, 그 위로 난 루트의 2/3 지점에 있는 가파른 바위지대를 오를 수 있으면 북릉에 도달해서 눈 덮인 능선을 따라 정상으로 오르는 것이 가능했다.

다른 방향의 모습은 부분적으로 구름에 가려 있었지만, 북동쪽으로 1,500미터 아래 반케 빙하와 그 너머로 뒤엉킨 바위 봉우리들의 모습을 볼 수 있었다. 북쪽과 북서쪽 모습은 완전히 가려져 있었고, 마나피크와 카메트를 볼 수 없어 실망했다. 정상은 쾌적하고 따뜻했지만 대기 속에는 마음에 들지 않는 무엇인가가 있었다. 폭풍이 임박한 것 같은, 뭐라고 설명할 수 없는 느낌이었다.

즐겁게 캠프로 하산하니 왕디가 차를 준비해 놓고 기다리고 있었다. 이미 말한 그 현수빙하로부터 가끔 얼음 사태가 나서 천둥 같은 소리를 내며 북동쪽의 절벽 아래로 떨어지는 것을 제외하고 그날은 별일 없이 지나갔다. 해질 무렵 찬바람이 일었고 하늘을 보니 폭풍이 닥칠 것 같았다. 서쪽 하늘은 격동하는 구름으로 가득 차 있었지만, 북동쪽은 눈이 덮여 희끗희끗한 산봉우리들의 산맥 너머 멀리 티베트의 잿빛 고원지대가 보였다. 좀 더 멀리 동쪽으로는 네팔 국경 지역 위쪽에 폭풍의 중심이 놓여 있었다. 싸락눈과 눈이 섞여 희끗희끗한 암청색 빗줄기가 거대한 모루 모양의 구름과 땅을 이어주었고, 또 다른 구름들이 히말라야 산맥을 따라서 타다 남은 잉걸불 같이 붉은 모양으로 흩어져 있었다.

장엄하면서도 황량한 광경이었다. 살을 에는 추위 때문에 우리는 서둘러 각자의 침낭 속으로 들어갔다. 나는 선잠이긴 해도 꽤 기분 좋게 잤지만, 임박한 위험에 신경이 예민해져 새벽 3시에 깼다. 어떤 위험이 느껴질 만한 구체적인 근거는 없었지만, 거미줄이 얼굴을 덮고 있는 듯한 이상한 느낌을 곧 알아차릴 수 있었다. 처음에는 잠이 덜 깨어 거미줄이라고 생각했고 그래서 여러 번 손으로 거미줄을 걷어치우려 했다. 그러나 잠이 완전히 깨자, 알프스에서 이와 똑같은 경험을 수차례 했기에, 그것이 번개 폭풍 때문이라는 것을 곧 깨달았다. 번개 폭풍이 일고 있는 것을 알면서 능선 정상 부근 텐트에 계속 누워 있을 정도로 여유로운 상황이 아니었다. 나는 쉬렉호른Schreckhorn에서 번개를 맞은 이래로 번개가 무서웠고, 산에서 자연의 힘 중에 번개가 가장 대처하기 어렵다는 것을 알고 있었다.

이어지는 1~2분 동안 긴장감이 급속히 고조되었고, 곧이어 보라색 섬광이 갑자기 번쩍이더니 채 1초도 안 되어 지하 폭발이 발생한 것처럼 천둥이 우르릉거리는 낮은 울림이 사방에서 들렸다. 그리고 텐트를 찢어서 벼랑 아래로 내팽개칠 것 같은 기세로 능선을 가로질러 바람이 몰아쳤다. 그러나 텐트는 견고하게 잘 쳐져 있었다. 우리는 히말라야의 강풍이 에베레스트에서 저질러 놓은 짓을 떠올리고 텐트는 견고하게 설치해야 한다는 중요한 사항을 간과하지 않았다.

다행히 더 이상 번개가 치지는 않았지만 눈이 심하게 내려 새벽 5시쯤에는 라타반 등정 시도를 연기해야 할 뿐만 아니라 안부 아래쪽 비탈면이 눈사태로 위험해지기 전에 후퇴해야 한다는 것이 분명해졌다. 그래서 짐꾼들에게 소리를 질러 그들을 깨우는 데 성공했다. 티베트인들은 등산을 잘 하지만, 등산의 섬세한 사항에 대해서는 잘 알지 못해서 실제 위험한 상황이 발생할 때까지는 그 위험성을 예상하지 못한다. 그러니 눈보라가 멈출 때까지 기다리지 않는다고 틀림없이 나를 바보로 생각했을 것이다. 그러나 최선을 다해서 상황을 설명하자 그들은 민첩하게 짐을 꾸렸다.

순전히 불쾌감에 관한 문제만을 따져 보면, 새벽 5시에 몰아치는 눈보라를 맞으며 피할 곳도 없는 히말라야의 능선에서 캠프를 철수하는 것보다 더 하기 싫은 일은 분명 없을 것이다. 이런 상황에서 왕디는 항상 최선을 다했다. 그는 곧바로 여기저기에서 사자처럼 힘 있게 그리고 치타처럼 재빠르게 움직였고,

안 그래도 험상궂은 조그마한 얼굴이 더욱 사나워졌다. 그는 할 일이 있으면 하기 싫은 일도 꾸물거리지 않고 해치웠다. 그래서 아주 짧은 시간에 심하게 펄럭이는 얼어붙은 텐트를 제압하여 접고, 침낭과 식기, 음식을 배낭 속에 쑤셔 넣을 수 있었다.

눈보라 속에서는 1~2미터 앞도 볼 수 없었다. 우리 위쪽 길은 15센티미터 두께의 눈에 덮여 사라져버렸고, 우리는 신중하게 크레바스를 피해 가며 길을 찾으려고 이성적 판단보다는 요행에 더 의지했다. 내려가면서 시야가 좋아졌고, 우리는 위쪽 루트를 포기하고 이전에는 의심스러웠지만 이젠 완전히 안전하다는 것을 알게 된 그 회랑지대를 택해서 내려가기 쉬운 비탈면을 서둘러 미끄러져 내려가 설원에 도착했다.

이후로는 하산 중에 야영지 위쪽 설사면에서 파상이 두 번 미끄러져 넘어진 것을 빼고는 별 문제가 없었다. 그가 두 번째 넘어졌을 때 나는 눈 위로 돌출된 바위 옆을 지나가고 있었는데, 바위에 로프를 감아서 그를 확보하기 위해 그 바위 위로 뛰어오르다가 그만 튀어나온 바위모서리에 정강이를 심하게 부딪쳤다. 나는 아파서 소리를 질렀고, 불쌍한 파상은 하산 길 내내 특별히 신경을 써야 했다.

우리는 캠프에서 비를 맞으며 아침을 먹었다. 캠프 위쪽에는 여전히 심하게 눈이 왔고, 폭풍이 우기雨期를 알리는 징조가 아닐까 하는 생각이 들었다.

우리는 낮 동안 즐겁게 하산했고, 나는 식물을 좀 더 채집할 기회를 가졌다. 모레인 쪽으로 가려고 눈 덮인 빙하를 벗어난 지 얼마 안 돼 꽃으로 덮인 비탈에 도착했을 때, 가르왈에서의 등반이 어떻게 이렇게 유쾌할 수 있는지 똑똑히 알게 되었다. 에베레스트에서는 등산가가 몇 주 동안 식물의 생존 한계선 위쪽에서 생활해야 하기 때문에 풀과 나무가 보고 싶어서 작은 풀과 황량한 돌뿐인 롱북Rongbuk 계곡조차 가고 싶은 곳이 되지만, 가르왈에서의 등반은 이와는 전혀 다르다. 이곳에서는 등반하는 사람이 연두색 계곡과 결코 멀리 떨어져 있지 않으며, 눈 위에서 아침을 보내고 오후에는 꽃 속에서 지낼 수 있어서 알프스를 등반하는 것과 거의 마찬가지다. 이런 대조 속에, 즉 얼음 비탈면과 벼랑에서 격한 투쟁을 하고 나서 꽃으로 덮인 풀밭에서 누리는 팽팽한 근육의 완벽한 휴식 속에, 그리고 고지의 매섭고 살을 에는 공기와 계곡의 부드럽고 향기로운 공기 속에 등산 본연의 정신적인 모습이 있다. 에베레스트, 칸첸중가, 낭가파르바트는 '의무'이지만, 가르왈에서의 등반은 즐거움이다. 아, 고맙게도….

우리가 위쪽 양치기들의 임시 오두막에 도착하기 전에, 사나운 구름 지붕이 깨지고 햇빛이 비 젖은 풀밭을 비추며 계곡으로 쏟아져 내리면서 모두 꽃과 풀잎이 너무나도 순결하게 빛났다.

우리는 정상에 오르지는 못했지만 즐겁게 베이스캠프로 돌아왔다.

제8장

무위에 대하여
無爲

라타반 등반이 실패한 다음 날은 날씨가 아주 좋았다. 나는 아무 것도 하고 싶지 않았다. 피곤해서라기보다 게을러서였다. 난 원래 게으른 사람이지만, 먹고 살려고 일을 해야 하는 여느 가장처럼 게을러 볼 기회를 전혀 갖지 못했다. 이제 하늘이 내린 기회가 왔다. 게으름을 피울 수 있을 때에 왜 라타반의 안부까지 땀을 뻘뻘 흘리며 올라갔을까? 은빛 자작나무 위로 멀리 짙푸른 하늘을 배경 삼아 구름 한 점 없이 반짝이는 라타반의 곡선이 바라보였다. 이 물음 속에 "왜 산에 오르는가?"의 답 또한 들어 있다. 이 답은 분명 산을 오르려는 열망일 것이나 이 열망 — 이것을 섹스라고 부르든, 격세유전의 승화라고 부르든, 또는 그 무엇이라 부르든 — 을 뿌리째 뽑아버릴 수 없다면, 우리는 어떻게 해야 등산을 가장 즐겁게 할 수 있을까?

모순되는 철학들의 혼동 속에서 나는 항상 한 가지 생각에 천착해 왔다. 즉 인간이 삶에서 자극을 끌어내기 위해서는 삶과 정반대되는 것을 맛보아야 한다는 것이다. 그리고 그것은 등산에 있어서도 마찬가지다. 긍정은 부정이 없을 때 존재하지 않는다. 활동은 활동하지 않는 상태를 고려할 때에만 평가될 수 있다. 그러므로 활동의 즐거움을 제대로 맛보기 위해서는 당연히 아무것도 하지 않고 가만히 있어 보아야 한다. 그래서 휴식이 필요하다. 이제 휴식은 할 수 없어서 하는 것이 아니라, 등산의 빠뜨릴 수 없는 당연한 부분이며 '활동하는 날'의 없어서는 안 될 보충물이다. 짧은 휴가를 얻어 그 기간에 오를 수 있는 모든 산봉우리를 오르려는 사람들의 마음을 이해할 수 없는 것은 아니지만, 만일 휴식을 게을리한다면 사색을 게을리하는 것이고, 결국 자연의 진면목을 알 수 없게 된다.

　　운동을 하려고, 신선한 공기를 마시려고, 앉아서 일하는 생활로부터 건강을 유지하고 휴식을 얻으려고 많은 사람들이 등산을 즐긴다. 그러나 자연은 육체적인 운동을 통해서는 부분적으로밖에 알 수 없다. 아마도 초인은 자신의 육체적 구성물로부터 언제든 정신적 의식을 분리해낼 수 있겠지만, 우리들 대부분이 창조의 진실을 깨닫기 위해서는 육체적·정신적으로 함께 노력해야 한다.

　　서양이 주로 기계적인 면에 있어서 더 진보했기 때문에 동양보다 우월하다고 생각하는데 이는 말도 안 되는 소리며, 서

양은 기계적인 발전과 정신적 진보를 지속적으로 결합해야 한다. 가르왈에서 나는 참된 문명과 만났다. 만족과 행복을 발견했다. 시간이라는 요소에 얽매이지 않는, 행복이 돈이나 물질에 좌우된다는 관념에 시달리지 않는 삶을 보았다. 꽃의 계곡에서 캠프를 치기 전까지는 어떻게 해서 이런 단순한 삶과 단순한 것들 속에 행복이 있을 수 있는지 전혀 알지 못했다.

서양식으로 생각하면 불편한 생활을 했던 것이고, 솔직히 말해 영국에서라면 이런 생활을 하고 싶지 않을 것이다. 사람이란 주어진 환경의 기준에 맞추어 사는 것이 당연하기 때문이다. 대다수 사람은 이런 기준에 맞추어 살아가는 것이 얼마만큼 당연한 것인지 깨닫지 못하며, 그래서 탐험가가 겪어야 하는 '불편함들'에 대해 깜짝 놀란다. 피로, 더위와 추위 같은 본질적인 곤란은 등산이나 탐험에서는 일상적인 일이지만, 또 다른 기준이나 환경을 고려해 보면 소위 '곤란'의 가장 큰 부분조차도 결코 곤란한 것이 아니다.

내 생각으로는, 꽃의 계곡에 있으면서 호화판 호텔에서 자고 먹는다면 이것은 마음과 영혼에 최고의 고통이 될 것이다. 우리는 주위 환경에 잘 적응함으로써 행복을 얻을 수 있다. 이런 관점에서 보면 괴짜니 극단론자는 본질적으로 불행한 사람이며 자신의 생활환경에 어울리지 않는, 사회적으로나 조직적으로 너무나 얽히고설킨 삶을 살고 있는 것이다. 나는 가르왈에서 붉은색, 연두색, 검정색 셔츠는 물론이고 어떤 깃발이나 문장, 기계 장치, 자동차, 비행기를 전혀 볼 수 없었지만 삶에 만족해하고 저마다 행복하게 살고 있는 사람들을 보았다. 한 티베트인의 말 속에 히말라야에 사는 사람들이 서양의 진보를 어떻게 생각하고 있는지 잘 나타나 있다. 그들은 정신문화에 있어서 유럽인보다 우월하다고 생각하고 있다. "우리는 티베트에서 당신들 문화를 원치 않습니다. 당신들의 문화가 있는 곳은 어디나 전쟁과 불행이 찾아오니까요." 이는 무시무시한 경고이긴 하지만 사실이다.

아침에 캠프 주위를 어슬렁거렸다. 조용했고 산들바람조차 없었다. 꽃에 이슬이 가득했고, 숲에서는 새가 노래했으며, 공기가 달콤하고 향기로웠다.

나는 캠프 아래 둑에 누웠다. 이내 나쁜 손버릇인양 꽃을 건드리면서 산들바람이 불기 시작했다. 현호색 속 푸른색 코리달리스를 닮은 작은 꽃들이 나부꼈고, 이보다 더 큰 바람꽃 속 흰색 아네모네와 황금색 노모카리스가 느리게 흔들렸다. 마치 자신의 우아함과 위엄을 알고 있는 듯.

오후 내내 구름이 모여들더니 차차 커져서 거대한 구름덩이를 만들었다. 손가락 모양의 타는 듯 붉은 빛이 광란하는 일몰이었지만, 늘 그렇듯 저녁은 대기 속에 평정을 유지했다. 라타반의 잿빛 설원 뒤쪽에 어둠이 퍼지자 수천 개의 별이 모습을 드러내며 반짝였다.

우리는 기분이 아주 좋았다. 짐꾼들은 가끔 단순한 가락의 티베트 노래를 불렀다. 왕디가 산비탈을 오르며 자주 부르고 좋아했던 노래인데, 아래 악보를 내가 기억할 정도다.

나는 이루 말할 수 없이 만족해하며 모닥불 옆에 앉아 있었다.

제9장

눈 덮인 산봉우리

라타반 등정을 시도하면서 분다르 계곡 남쪽에 있는, 눈 덮인 아름다운 산봉우리가 마음에 들어 등반해야겠다고 생각했다. 이 봉우리는 주 계곡 빙하의 가장 남쪽 지류에서 어프로치가 가능해 보였지만, 이 루트를 이용할 경우 적어도 두 개의 캠프를 설치해야 할 것 같았다. 당시 나는 긴 원정을 하고 싶지 않았다. 분다르 계곡에서 이 봉우리로 어프로치가 가능할까? 이 계곡 북쪽으로 어느 정도 올라가면 가능성을 알 수 있겠고, 이런 정찰은 식물학적인 작업도 겸할 수 있는 장점이 있었다. 그래서 라타반에서 물러난 이틀 후, 누르부와 나는 계곡 선너편 풀이 많은 비탈면으로, 잡을 것이라고는 노간주나무 뿌리밖에 없는 험하고 가파른 사면을 기어 올라갔다.

계곡 바닥에서 600미터를 쉼 없이 올라 자리를 잡고 망원경으로 그 산봉우리를 살폈다. 그 산봉우리는 눈에 덮였다기보다는 바위로 이루어져 있었고, 봉우리는 남쪽에서 북쪽으로 급격히 내려앉은, 세로 줄의 홈이 파인 절벽으로 이루어져 있었다. 우리가 본 눈 덮인 능선은 이 절벽의 세로 줄 홈들의 가장 위쪽 만년설이었다. 이 봉우리와 분다르 계곡을 내려다 볼 수 있는 북쪽 작은 바위 봉우리 사이에 넓은 협곡이 보였는데, 분다르 계곡과 직각으로 갈라진 작은 계곡을 통해 그곳으로 들어간다면 한두 개 이어지는 눈 덮인 시렁 모양의 비탈면을 올라 그 능선으로 접근할 수 있을 것 같았다. 협곡의 가장 아래쪽은 우리가 이미 올랐던 작은 바위 봉우리 정상 부근의 비탈면에 가려져 있었지만 그다지 어렵지는 않을 것 같았다.

이런 의문점들이 해결되자, 누르부와 함께 꽃을 찾아 이곳저곳을 기어오르며 두세 시간을 보냈다. 가파른 능선을 올라가고 있을 때 처음으로 푸른 양귀비(메코노프시스 속 메코노프시스 아쿨레아타Meconopsis aculeata) 꽃을 보았는데, 바위 보초막 속에서 외롭게 자라고 있었다. 뿌리와 잎은 햇볕으로부터 보호받고 있었고, 조금씩 흘러나오는 물이 적당히 영양을 보충해 주고 있었다.

홀스워드는 이 꽃 색을 새벽 하늘빛과 같다고 했는데 정말 그랬다. 가파른 비탈면을 기어올라 숨 가쁘게 바위 턱으로 다가가자, 채 1미터도 안 떨어진 곳에서 그 꽃이 뒤편 그늘진 바위를 밝게 비추며 나를 바라보고 있었다. 약간 처진 모습의 이

메코노프시스 아쿨레아타Meconopsis aculeata

꽃은 대부분의 다른 양귀비꽃과 마찬가지로 활짝 피어 있었는데, 꽃 심에는 황금빛 수술이 많았고 너무나 가냘파서 건드리기만 해도 꽃잎이 떨어졌다. 이 식물은 줄기와 잎에 돋은 날카로운 가시로 자신을 방어하는데, 미세한 창 모양의 엄청 많은 가시가 자신을 건드리는 물체의 표피를 뚫는다.

협곡을 건널 때 누르부가 손으로 위쪽을 가리켰다. 100미터 위쪽 눈 덮인 협곡 바닥에 십여 마리의 바랄 떼가 보였다. 그놈들은 우리를 보지 못했지만, 머리통이 멋지고 기품 있어 보이는 우두머리 격의 한 놈이 날카로운 소리를 내자 눈 위에서 허둥대다가 협곡의 가파른 벽을 가로질러 재빨리 도망쳤다.

난다데비 분지로 들어갔을 때, 십턴Shipton과 틸먼Tilman은 비교적 온순한 바랄 떼를 보았었다. 그곳에는 사람도 곰도 없기 때문일 것이다. 분다르 계곡에는 곰이 있어서 바랄은 매우 신중했다. 이것이 사냥꾼이 한 번도 오지 않은 이곳에서 그놈들이 왜 이렇게 소심한지를 설명해 주는 유일한 이유다. 내가 티베트에서 본 바랄은 거의가 온순했고, 1933년 에베레스트 원정 때는 베이스캠프 근처에서 풀을 뜯기도 했다. 롱북 계곡에는 곰이 없고, 티베트인은 야생동물을 사냥하지 않는다. 야생동물의 온순함과 소심함은 흥미 있는 연구대상이다. 사냥이 이루어지고, 크고 사나운 짐승이 작은 짐승을 잡아먹는 곳에서는 작은 짐승이 어쩔 수 없이 소심해지고 신중해지겠지만, 사냥이 이루어지지 않고, 포식자가 없는 곳에서는 소심해질 필요가 없는 것이 당연하다.

6월 26일 새벽이 밝았지만 하늘은 불길했다. 높은 산봉우리들 멀리 회색 구름 지붕이 있었고, 계곡에는 납빛 안개가 모여 있었다. 나는 이슬비가 내리는 지금 눈에 덮인 그 산으로 출발해야 할 특별한 이유가 있을까 하고 망설이고 있었는데, 짐꾼들이 내 텐트를 접음으로써 이 문제는 간단히 해결되었다. 파상이 우편물을 찾으러 조쉬마트로 내려가서 왕디와 누르부만이 같이 가게 됐고, 나도 가벼운 짐을 져야 했다.

우리는 계곡으로 내려가서 냇가 남쪽 둑을 따라 걸었다. 빽빽한 식물지대를 헤치면서 측면 계곡으로 들어섰다. 계곡을 오를 때 날씨가 좋아졌다. 대부분이 모레인인 작은 빙하의 마지막 구간을 터벅터벅 걸어서 올라갔다. 그때 안개가 흩어지며 우리가 오르려는 눈에 덮인 그 산 정상에 태양이 가득 비쳤다. 서둘러 모레인을 올랐고, 마지막 남은 안개가 사라질 때쯤 모레인 위쪽에 도착했다. 이제 전에는 몰랐던 사실을 알게 됐는데, 크레바스가 없는 평편한 빙하 위쪽 지역을 지나 별다른 어려움 없이 협곡 기슭에 접근할 수 있을 것 같았다.

걸리와 걸리 남쪽에 있는 또 다른 걸리 사이 능선에 캠프를 칠 수 있을 것 같았다. 그 걸리는 우리가 오르려는 비딜민 위쪽 멀리 뚝뚝이 보이는 현수빙하에서 낙하하는 얼음 덩어리들의 통로였다. 주 걸리가 낙석에 노출되어 있어서 걸리의 가장자리를 따라 올라가다가 폭이 좁아지는 곳에서 재빨리 걸리를 건넜다. 건너는 것 자체는 1~2분밖에 걸리지 않았지만, 딱딱하게 굳은 눈 위로 가끔 돌이 미끄러져 내려왔기에 왠지 꺼림칙했다.

우리는 능선 마루에 있는, 부엌으로 쓰기에 훌륭한 집채만 한 오버행 바위 옆에 캠프를 치기로 했다. 이 바위는 윗부분에 균열이 있어서 불안해 보였는데, 왕디는 내 걱정을 소심하다 웃어넘기고 바위 바로 위쪽에 내 텐트 자리를 평편하게 만들고 나서 그 바위 밑에 짐꾼들이 사용할 텐트를 치기 시작했다.

음식용 땔감은 올라오는 길에 모은 작은 로도덴드론이었다. 우선 불을 피우려고 돌로 작은 참호 모양의 아궁이를 만들고, 빈 담배 곽과 햇볕에 바짝 마른 건초 뭉치를 밑불로 아궁이 속에 집어넣었다. 그런 다음 로도덴드론을 그 위에 가지런히 올려놓고 왕디와 누르부가 아궁이 양끝에 엎드려서 연기 나는 땔감에 힘껏 공기를 불어넣기 시작했다. 이것은 몹시 지치는 일이고, 그들은 매운 연기로 인해 눈물을 흘렸다. '부엌'에서 숨이 막힐 정도로 자욱한 연기가 피어올랐으나 그들은 굴하지 않았고, 1시간 후에 승리의 미소를 지으며 왕디가 차 한 잔을 가져왔다. 그 차는 도저히 마실 수 없었지만 만드느라 그렇게 고생한 것을 알고 있는 나로서는 거절할 수도, 쏟아버릴 수도 없어서 결국 로도덴드론 땔감 연기가 액화된 듯한 그 차를 용기 내어 마셨다.

캠프 위쪽 30미터 지점에 버트레스 모양을 한 가파른 바위 벼랑이 돌출해 있었다. 이 벼랑 때문에 위쪽 오버행 빙하에서 떨어지는 얼음 파편이 우리가 있는 곳의 남쪽 걸리로 비켜 갔다. 올라올 때 앵초 속 프리뮬러 니발리스를 보았었다. 특이하고 곧 고통을 일으킬 것 같은 그 차의 해로운 효과를 땀을 흘리며 발산시킬 목적으로, 그러나 짐꾼들에게는 꽃을 찾아볼 생각이라며 등반을 시작했다. 얼마 가지 않아 내 위쪽 얇게 갈라진 바위틈에서 퍼져 나온, 연푸른 꽃들이 작은 무더기를 이루며 촘촘히 피어 있는 모습이 보였는데, 아침에 비가 내려서 아직도 그 꽃이 반짝이고 있었다. 이곳 바위들은 수직이어서 오르기 힘들었지만 결국 그 꽃에 다가갔다. 그 꽃은 1936년 에베레스트 원정 이전에 한번 보았던 파라크빌레기아 속 파라크빌레기아 그란디플로라Paraquilegia grandiflora였다. 이 꽃보다 더 진짜배기 바위식물을 찾아보기는 쉽지 않을 것이고, 이 험한 벼랑과는 너무나 대조적인 이런 즐거움을 줄 수 있는 다른 식물은 아마 없을 것이다. 단 한 번의 찬바람에 생기를 잃고 시들어 버릴 것 같고, 단 한 번의 서리에 잎이 변색될 것 같았지만, 그래도 이 식물은 자라고 있었다. 기적 같은 성장이었다. 폭풍에 강타 당하고 햇볕에 그을리고 우박과 폭풍, 눈보라에 시달렸을 텐데도 사는 것을 보면, 단언컨대 하늘만이 이 식물이 어떻게 자라는지 알 것이다.

날씨는 맑아졌지만 일정하지 않았고 해질 무렵이 되어서야 개선될 기미를 보였다. 서쪽에 긴 안개 띠를 뚫고 닐칸타가

파라크빌레기아 그란디플로라Paraquilegia grandiflora

날카롭게 솟아 있었다. 우리는 벅찬 장면을 볼 수 있었다. 내일 등반을 시작하면서 지나가야 할 넓은 걸리는 곳곳이 거대한 얼음덩이로 채워져 있었고, 그 얼음의 두께가 족히 100미터는 되었다. 낙빙은 없었지만 무수한 낙석이 있었고, 낙석 중에 1톤은 될 듯한 바위가 협곡을 부수며 내려와서 돌출한 벼랑과 충돌한 후 대기 속으로 날아올라 "윙!" 하고 굵고 낮은 소리를 내며 사라졌다.

어두워지기 직전에 그 집채만 한 바윗덩이에서 두세 번 기분 나쁘게 삐걱거리는 소리가 나자, 왕디와 누르부는 그 밑에서 야영할 생각을 고쳐먹고 서둘러 옆쪽으로 캠프 자리를 옮겼다. 나는 몬트모렌시 염소의 냉육과 몇 알의 감자, 비스킷, 잼, 오벌틴(곡물음료) 한 컵으로 저녁을 대신했다. 형편이 좋았더라면 취침 전에 마시는 오벌틴이 술 대신 훌륭한 역할을 했겠지만, 사방에 퍼져 있는 로도덴드론 연기가 오벌틴에 배어 있어서 맛이 영 엉망이었다. 나는 짐꾼들 몰래 그것을 쏟아버렸지만 왕디를 칭찬하지 않을 수 없었다. 불쌍한 사람들 같으니! 이것을 만드느라 1시간 이상 땅에 코를 박고 힘껏 공기를 불어대야 했을 텐데….

밤은 석막했다. 4,700미터가 넘을 텐데노 고노에 비해 쏘근했다. 당초 새벽 4시 30분에 아침을 먹기로 했지만 모든 사람들이 늦잠을 자서 5시 30분에야 식사를 했다. 나는 차는 못마시고 가까스로 죽을 조금 먹었다. 그렇지만 이 때문에 하루

일정을 서두르게 돼 6시에 출발했다.

눈이 조금 얼기는 했어도 굳어 있어서 스텝 커팅이나 킥스텝을 해야 했고, 낙석을 피하려고 걸리 가장자리에 바짝 붙어서 움직였다. 어떤 곳에서는 돌출한 바위 모퉁이를 돌아서 가야 했지만, 그렇게 하는 것이 위험을 최소화할 수 있는 방법이었다. 조용한 아침이었다. 주위에는 커다란 모루 모양의 새털구름이 많았으나 남쪽 하늘은 짙은 뭉게구름으로 덮여 찌푸린 모습이었다. 아마 몬순이 아래쪽 평원과 산자락을 흠뻑 적시고 있는 듯했다.

캠프 위쪽 가파른 바위지대를 지나서는 협곡을 포기하고, 그 대신 상부의 입상빙설粒狀氷雪을 향해 급경사의 눈 시렁을 택했다. 이 눈 시렁을 올라가는 도중에 눈부시게 아름다운 앵초 속 프리뮬러 니발리스가 바위 턱에 수천 송이 피어 있는 게 보였다. 눈이 녹은 물이 이 바위 턱에 흘러 들어갔다. 이런 상황에서라면 흙이 거의 혹은 전혀 없을 텐데도 척박한 바위의 굵고 거친 모래를 즐기면서 자라는 것을 보면 앵초 중에서 가장 생명력이 강한 종류임에 틀림없었다.

우리는 중간에 멈추지 않고 계속 올라가서 눈 시렁을 따라 오버행 빙하를 통과했다. 내 몸 상태는 이제 최상이어서 등반은 더 이상 피로가 아니라 즐거움이었다. 이런 몸 상태는 근육이 완벽하게 제어되고 산을 즐기기 위해 없어서는 안 될 리듬을 갖게 될 때에 비로소 얻게 된다. 두세 걸음마다 반복되는 단

154

조롭고 짧은 노래를 쉼 없이 부르는 왕디 또한 몸 상태가 좋았다.

비탈면은 곧 얼음이 부푼 곳으로 가파르게 올라갔고, 이를 피하기 위해서 그 눈 시렁의 가장 위쪽 부분과 경계인 바위벽 쪽으로 접근하며 올라갔다. 이 얼음이 부푼 곳 위쪽을 보니, 입상빙설 쪽으로 이어지는 설사면에 도달하기 위해서는 아이스 폴을 통과한 후 나중에 틀림없이 위험하게 될 비탈면을 오르든지, 아니면 능선 마루 쪽으로 통하는 우리 바로 위쪽 바위벽을 올라가야 했다. 이 바위벽 한쪽이 특별히 어렵지 않은 한, 걸리에 의해 부서져 있는 후자를 택해야 했다. 이 걸리 시작 지점에서 크레바스가 진로를 가로막고 있긴 했지만, 떨어진 파편으로 크레바스에 다리가 놓여 있어 별 어려움 없이 위쪽 설사면을 지나갈 수 있었다. 눈 상태는 좋았고 바위 아래 걸리가 끝나는 지점까지 빨리 올라갔다. 바위가 흔들거리기는 했지만 오르기에 어렵지 않아서 몇 분 후에 능선 위 햇볕 속에 앉았다.

고된 등반을 하고 있어서 휴식과 음식물 섭취를 위한 시간이 필요했다. 우리가 있는 곳에서 오르기 쉬운 거의 수평의 능선을 훑어보니, 그 능선은 위쪽 눈 마루로 오르려면 올라야 하는, 빙하로 뒤덮인 사면의 빌지에서 끝나 있었다. 능선과 사면이 만나는 곳을 제외하고 루트는 똑바로 뻗어 있었다. 이곳에서 정상 능선으로 뻗은, 오르기 쉬운 비탈면에 도달하려면 15미터의 빙벽을 올라가야 할 것 같았다.

20분 후에 다시 출발해서 능선의 부서진 바위들을 기어올랐다. 바위를 오르며 로프 한쪽 끝에 있는 왕디에게 괜히 힘든 루트로 등반하지 말라는 주의를 줬다. 그는 남을 의식하지 않는 독자적인 성격이어서 늘 모르는 게 없다는 식으로 행동했다. 물론 때로는 그렇기도 했지만 보통은 그렇지 못했고, 좀 색다르다는 이유만으로 루트를 선택해서 작은 바위를 오르는 데에 아까운 시간을 낭비하곤 했다.

빙벽은 보기보다 험하지 않았지만 부서져 나간 모퉁이 위로 발판을 만들려면 상당한 어려움이 예상됐다. 나는 얼음 작업을 좋아하고 내 힘으로 이 작업을 해냈을 때 등반의 보람을 느끼곤 한다. 이곳은 굉장했다. 모퉁이는 오버행이어서 순수한 낙하거리만 70~80미터였고, 이 모퉁이의 빙하는 왼쪽이 잘려 나가고 없었다. 얼음 작업을 좋아하는 사람들은 피켈 피크가 얼음에 부딪치면서 내는 깨끗한 소리에서 특별한 희열을 느끼며, 얼음 발판을 만드는 과정에서 조각가가 조각용 끌을 사용하면서 느끼는 감정과 비슷한 만족을 느낀다. 발판을 만드는 작업은 힘으로 밀어붙일 일이 아니고, 최소한의 노력으로 최대한의 기쁨을 느끼며 해야 하는 예술 같은 것이다. 훌륭한 피켈은 단지 손잡이가 있고 반대편 끝에 금속 헤드가 있는 단순한 장비가 아니라 살아 있는 그 무엇이며, 요즘에는 등반할 때에 없어서는 안 될 필수 장비다. 피켈의 촉감, 피켈의 균형 잡힌 모습은 미묘해서 포착하기 쉽진 않지만 등산가에게 즐거움을 준다. 피켈에서 최고의 그 무엇을 끌어내려면 부드럽고 율동적으로 다루어야지 무턱대고 힘을 써서는 안 된다. 초보자에게는 이런 말이 쓸데없이 감상적이라 느껴지고 우습기조차 할 것이다. 따라서 "얼음에 발판을 내는 게 뭐 대단하다고?"라며 질문할지도 모른다. 이에 대한 답을 얻으려면 스위스 오버란트 Oberland 지역의 가이드들이 작업하는 모습을 관찰해 보기 바란다. "쉽군!"이라고 할 수도 있겠지만 자신이 직접 해 보면 다르다. 소냐 헤니Sonja Henie가 스케이트를 타는 모습은 쉬워 보이^{p.452}지만 타 보면 정말 그렇게 쉬울까?

곧 우리는 위쪽 능선에 도착했다. 처음에는 크레바스 사이로 꾸불꾸불 길을 열어 갔지만, 크레바스를 통과하자 비탈면이 단절 없이 정상 능선으로 이어졌다. 등반은 빙벽에서의 작업과는 정반대였다. 지루하게 터벅터벅 걷는 일뿐이었다. 엷은 안개를 뚫고 태양이 질식시킬 듯 강렬한 힘으로 우리의 기력을 빼앗았다. 나는 눈 위에서 전혀 즐겁지 않았다. 최근 날씨가 나빠지며 내린 눈이 아직 완전히 굳지 않아서 비탈면에 눈사태를 일으킬 것 같았다. 그래서 눈이 응결된 정도를 살펴보려고 발로 눈을 차보기도 하고 피켈로 찔러보기도 했다. 신설新雪의 표층은 15센티미터 정도였으며, 그 아래에 무서실 듯한 또 나른 눈이 살짝 얼어 있었고, 또 그 밑에 과립 상태의 눈이 있었다. 위험은 표층에 있었다. 표층은 그 밑의 크러스트 된 눈에 확실^{p.452}히 붙어 있었지만, 나중에 햇볕이 뜨거워지면 아래로 미끄러질 것이다. 그러므로 가능한 한 서둘러 정상에 갔다가 곧바로 되돌아서는 것이 무엇보다 중요했다.

걸음은 비탈면 마지막 부분에서 눈에 띄게 느려졌다. 햇볕은 거의 참을 수 없을 정도였고 게다가 눈이 너무 부드러웠다. 정상으로 난 능선에 도착해서야 비로소 한숨을 돌릴 수 있었다. 정상은 멀지 않아 보였고, 우리는 그렇게 생각했다. 눈 덮인 칼날 능선이 우리와 정상 사이에 놓여 있었다. 눈 덮인 비탈면을 터벅터벅 올라온 뒤라서 이 능선을 걸으니 기분이 아주 좋았다. 우리는 새로운 힘이 솟아나서 서둘러 나갔고, 20분 후에 우리가 보았던 그 지점을 밟을 수 있었다. 그런데 그곳은 정상이 아니었다. 그 뒤로 능선이 또 있었다. 능선이 처음에는 수평이었지만 이어 가파르게 솟아올라 안개 속으로 모습을 감추었다. 누르부의 신음 소리가 들렸다. 나도 그의 탄식에 공감이 갔다. 우리는 3시간 30분 동안 1,200미터를 올랐고, 나도 이제 많이 지쳤기 때문이다. 너무 지친 것이 유감이었다. 지치지 않았더라면 이 아름다운 능선을 즐길 수 있었을 텐데…. 분다르 계곡 아래 캠프에서 보았을 때 이 능선은 눈부시게 아름다웠는데 실제로도 그랬다. 완만하지도 험하지도 않은, 바람과 폭풍우가 만든 눈 덮인 칼날 능선의 완전무결한 극치의 모습이었다.

얼마 전진하지 못해 찬바람이 몰아쳐서 우리는 여벌의 옷을 꺼내 입고 바라클라바를 쓰려고 멈추어야 했다. 이 찬바람만이 아래쪽 눈 덮인 비탈면이 위험해지는 것을 막아 줄, 도움이 되는 유일한 것이었다. 쉬는 동안 날씨는 무섭게 추웠다. 이 추위는 냉정한 왕디에게는 아무런 영향도 주지 못했지만, 누르부는 꼼짝 못할 정도로 혼이 나고 있었다.

안개가 외관상의 능선 길이를 계속 늘여 주고 있어서 능선이 끝날 것 같지 않았다. 나는 능선이 중간에서 끊이지 않고 정상으로 이어질 것으로 생각했는데 그렇지 않았다. 끊긴 곳이 있었다. 신기하게도 높이가 7미터 정도 되는 수직의 벽을 남겨 놓고 있었다. 끊긴 곳 아랫부분은 위쪽 부분과 분리된 채로 푹 꺼져 있었다. 분명 안개와 피로 때문에 이 벽이 높아 보였을 것이다. 누르부가 오르기에는 벽이 너무 컸다. "티크 네이, 사힙! 티크 네이!(좋지 않아요. 나리! 좋지 않아요!)"하고 그가 소리쳤다. 그러나 이상하게도 이 예기치 못한 어려움이 왕디와 내게는 정반대의 효과를 가져와서, 사라져 가던 힘이 다시 솟아났다. 나는 영어와 우르두어를 섞어서 몰아치는 바람을 뚫고 누르부에게 소리쳤다. "이제 와서 정상을 놓칠 순 없다." 바로 그때, 얼음으로 뒤덮인 달걀 모양의 바라클라바 속에서 왕디가 일순간 미소 짓는 게 보였다. 그는 산악인답게 피켈을 내려쳐 박더니 로프를 피켈에 감고 내가 전진할 수 있도록 준비를 했다.

벽은 딱딱하고 순수한 얼음이 아닌 과립 상태로 얼어붙은 눈이었고, 피켈로 몇 번 내리치는 것만으로도 충분히 발판을 만들 수 있었다. 몇 분 후 우리는 벽 위쪽에 이르렀다. 정상은 멀지 않았다. 소용돌이와 함께 안개가 갑자기 흩어졌다. 우리 앞에 더할 나위 없이 아름다운 곡선을 그리며 뻗어 나간 눈 덮인 능선이 짙푸른 하늘을 배경으로, 햇빛이 든 무한히 아름다운 완벽한 한 지점에서 끝나 있었다.

15분 후인 10시 15분에 우리는 그곳에 도착했다. 신기하게도 아래쪽 등성이에는 바람이 찢어질 듯 불어댔지만 이곳의 대기는 고요했다. 이런 현상이 산에서는 흔한 일이긴 하다. 내가 주로 기억하는 것은 내 발에 관한 것인데, 발이 심하게 얼어 있었다. 아래쪽 비탈면에서 질척한 눈이 등산화에 스며들었고, 정상으로 이어진 능선에서는 찬바람이 정신을 못 차리게 만들었다. 그래서 정상에 머문 많은 시간을 혈액순환을 회복시키려고 젖은 양말 속 발가락을 움직거리는 데 허비했다. 이를 제외하고 사진을 찍으려고 — 아니 더 정확히 말하면 — 기념사진에 셋이 모두 담기도록 셔터의 지연 장치를 조작하는 데에 필요한 힘을 다시 모아야 했다. 현상된 사진 속 왕디는 자신의 장기長技를 막 보여 주려는 그리스 운동선수 같은 포즈를 취하고 있었고, 기다란 대나무 담뱃대를 입에 문 방약무인한 모습은 강인함과 냉정함 그 자체였다. 누르부 또한 피로를 잊은 듯 담배를 피우고 있었으며, 나는 머리에 쓴 장비가 볼 만했는데, 찬바람에 얼굴과 귀를 보호하려고 쓴 바라클라바와 햇볕으로부터 머리를 보호하려고 정상에 머무는 동안 쓴 펠트 모자가 그 것으로, 이런 어처구니없는 모습은 고산에서만 볼 수 있는 모

p.453

습이다.

우리가 오른 봉우리는 6,000미터 정도였을 것이다. 우리 캠프가 4,400~4,600미터에 있으니까 1,400~1,600미터를 오른 셈이었다. 멈춘 것을 포함해서 등반 소요 시간이 5시간 30분 정도 되는데, 이런 고도에서는 분명 빠른 속도였다.

아래쪽 설사면이 위험해지지 않았을까 하는 우려로 정상에서 10분만 머물고 내려왔다. 히말라야의 이 엄청난 고도에도 불구하고 알프스에서의 하산 속도로 빠르게 내려가는 것이 가능했고, 30분 만에 눈 덮인 능선을 벗어났다. 아래쪽 비탈면은 두드러진 변화 없이 안전했고 빙벽까지 비탈면을 달리듯 내려갔다. 그곳에서 즐겁지 않은 일이 생겼다. 왕디가 앞섰고, 그 다음 누르부, 다음이 나였다. 내가 미끄럼을 제동할 수 있는 상당히 좋은 위치에 있기는 했지만, 누르부가 내게 한 마디 말도 없이 자기 마음대로 설사면 마지막 부분 2~3미터를 펄쩍 뛰어내렸다. 우리는 로프를 서로 묶고 있었기 때문에 이런 행동은 나를 자기 쪽으로 갑자기 잡아당기는 것과 마찬가지였다. 이런 짓을 다시 하지 않을까 매우 당황스러웠고, 내려가서 가슴에 사무치도록 그를 나무랐다. 우리는 2시간을 내려와서 오후 1시에 다시 캠프에 도작했고, 로노덴느톤 넌기가 배어든 사글 조금 마시고 1시간 후 다시 베이스캠프로 출발했다.

강바닥을 지나가면서 포개진 두 개의 돌 사이에서 새둥지를 보았는데 잿빛이 도는 푸른색 알 네 개가 들어 있었다. 그곳은 둥지가 있기에는 어이없는 곳이었다. 둥지의 위치가 수면에서 3~5센티미터밖에 되지 않아서 몬순이 시작되면 틀림없이 물에 잠길 것이다. 몬순이 곧 시작되리라는 것은 분명했다. 하늘은 임박한 폭풍우로 컴컴했고, 베이스캠프에 도착하기 직전에 따뜻한 비가 엄청나게 내리기 시작했다.

저녁 6시에 비가 심하게 내렸고, 어스름이 내린 후에는 억수같이 쏟아졌다. 촛불 아래에서 일기를 자세히 쓰면서 침낭 안에 누워 있는데 번개가 치기 시작했다. 텐트를 내리치는 비의 포격 너머로 산봉우리에서 우르릉거리는 천둥소리가 들렸다. 급류가 굉음을 일으켰고, 나는 그 새둥지를 생각했다. 이제는 아마 그 새둥지가 없어졌을 것이다. 억수 같은 비가 나를 망각 속으로 이끌어 마침내 잠이 들었다.

제10장

두 번째 베이스캠프

몬순이 시작됐다. 6월 28일 아침에 일어나니 비가 계속 내리고 있었다. 그래도 아침식사는 평소처럼 나왔다. 언뜻 보아서는 이겨내지 못 할 것 같은 어려움도 결국 극복해 내는 재능을 발휘하여 왕디와 그의 동료들이 움푹 들어간 구덩이에 포대 천을 씌워 달집 모양으로 대충 부엌을 만들었고, 간밤에 텐트에 보관해서 젖지 않은 땔감으로 불을 피웠다. 나는 그들을 도우려고 내 침낭의 무명 외피를 부엌 덮개로 사용토록 했는데, 잘라 펴니까 1.8제곱미터의 훌륭한 방수 덮개가 되었다. 이것과 포대를 잘라 만든 천 조각 아래에서 부엌일이 이루어졌다.

나는 눈에 덮인 산봉우리를 등반하기 전에 두 가지 이유로 베이스캠프를 계곡 바닥으로 옮기려고 생각했다. 식물과 관련된 이유가 첫 번째고, 캠프 아래쪽 스노브리지가 급속히 사라지고 있는 것이 두 번째 이유였다. 정확히 말하자면 새로 옮길 캠프 자리 근처에도 두 주간은 견딜 것 같은 스노브리지가 있긴 했지만, 그래도 강의 북쪽으로 옮기는 것이 훨씬 활동하기 편할 것 같았다.

10시쯤 되어 비가 그쳤지만 햇빛은 약했다. 일단 가까운 숲에서 식물을 찾아볼 요량으로 다음 날 아침까지 캠프 이동을 미루었다. 그리고 현지 일꾼 한 명과 파상이 35킬로그램의 짐꾼용 식량과 우편물을 가지고 돌아올 때까지 숲을 둘러보는 일도 미루었다. 우편물에는 대관식戴冠式과 관련된 『타임』 부록이 있었는데, 짐꾼들은 이 부록의 사진에 큰 관심을 가졌다.

"이것이 나리님네 포탈라 아닌가요?" 하며 웨스터민스터 사원을 가리켰다. "이 분이 왕이고, 달라이 라마께서 왕에게 왕관을 씌워 주려는 참이지요?"

나는 캔터베리 대주교가 실제 우리의 달라이 라마라는 데 동의했다.

왕디는 예전에 에드워드 8세의 퇴위에 관해서 내게 말한 적이 있다. 비록 내 우르두어 실력이 형편없긴 했지만, 왕이 정말로 왕이라면 왕 노릇을 잘 하든 못 하든 어떻게 자신이 선택한 여자와 혼인을 하지 못하느냐고 그가 말했을 때, 그가 무슨 말을 하려는지 그 말뜻을 이해할 수 있었다. 왕이 누구와 혼인을 하느냐 하는 것은 자기 자신이 알아서 할 일이며 스스로 결정해야 할 일인 것이다. 도대체 어떻게 여자가 왕이 될 수 있단 말인가? 이와 같은 말들이 퇴위退位에 대한 인도인의 느낌을 잘 대변하고 있다고 나는 생각한다.

아침 늦게 검은 곰 한 마리가 계곡 건너편 풀밭에 나타난 것을 짐꾼들이 보았다. 왕디가 손가락으로 그놈이 있는 곳을 가리켰지만 처음에는 찾을 수 없었고, 찾았을 때에도 그 검은 점이 곰인지를 확인하자니 망원경이 필요했다. 티베트인의 눈은 매와 같이 예리했다.

내가 분다르 계곡에 도착한 지 12일밖에 되지 않았지만, 이 시간의 흐름과 몬순의 따뜻한 산들바람이 꽃에 기적을 만들고 있었다. 텐트 주변에서는 종 모양의 패모 속 프리틸라리아 로일레이 꽃이 온통 나부꼈고, 흰 꽃이 핀 부추 속 알리움 후밀레Allium humile가 무리지어 있었으며, 캠프 위쪽 바위 비탈에는 엄청나게 큰 메가카르페아 폴리안드라Megacarpea polyandra 한 송이가 꼿꼿한 첨탑 모양의 노란 꽃을 피운 채 사향 냄새를 풍기고 있었다. 숲속에는 흰색 씨눈난초 속 헤르미니움herminium이 많았고, 연보라색 꽃을 한 송이 피운 프리뮬러는 바위 아래 이끼가 많고 서늘한 그늘을 좋아하는 듯했다. 아직 꽃이 피지 않은 참으아리 속 클레마티스 그라타Clematis grata는 로도덴드론 수풀 위에 사방으로 덩굴을 펼치고 있었다. 한편 텐트 근처 둑에는 매력적인 종 모양의 연분홍 꽃이 핀 관목이 있었는데, 나중에 그 식물 이름이 가울테리아gaultheria라는 것을 알게 됐다. 그 p.453 리고 또 다른 기다란 수상화서穗狀花序 관목도 있었다. 하지만 지금까지 그 관목의 이름은커녕 무슨 과의 식물인지조차 모르겠다. 정말이지 내 지식은 애처로울 정도로 형편없다. 값나가는 보물이 보관된 박물관에서 열심히 지식만을 얻고자 했을 뿐, 주변의 아름다운 장관壯觀에 대해서는 그저 당황스러워 하고 주눅이 들어서 이에 대한 탐구를 시작할 장소나 방법도 모르겠다. 내가 마지막으로 믿고 의지한 것은 에설버트 블래터 ^{p.453}Ethelbert Blatter 박사가 쓴 『카슈미르Kashmir의 아름다운 꽃』이란 책이다. 이 책은 G. P. 베이커Baker라는 훌륭한 원예가가 내게 줬고, 채집한 식물의 이름을 확인하는 데 큰 도움이 되었다. 물론 여전히 어떤 꽃을 무슨 과로 분류해야 할지 알 수 없는 경우도 많았다. 그럴 경우에는 항상 압화로 표본을 만들어 나중에 전문가에게 이름을 붙이게 할 수 있어 다행이었다.

오후에는 숲속을 이리저리 돌아다니다 토끼고사리, 공작고사리같이 흔한 식물을 포함해서 다양한 양치식물을 발견했다. 자작나무가 우거진 곳에는 유쾌하고 즐거운 기분이 들게 하는 그 무엇이 있다. 이 숲속에는 햇빛에 대한 시샘이 없었고, 썩어가는 식물들의 구중중함도 없었다. 둑 위에 있는 집채만 한 크기의 이끼 낀 바윗덩이에 등을 대고 잠시 시간을 보냈다. 너무나 조용한 오후였고, 몬순의 더운 실바람이 핑소의 신들바람을 억누르고 있는 듯했다. 나무 꼭대기에 걸린 양털구름 사이로 신설이 덮인 봉우리들이 보였고, 사방에서 새소리가 났으며, 아주 가까운 곳에서 들려오는 새들의 지저귐은 제각각 구별이 되었다. 초원지대에서는 '지더지 새'의 떨리는 소리가 꼭 강판에 뭘 갈고 있는 것처럼 들렸다. 그러나 더 먼 곳의 새소리는 큰 성당에서 부드럽게 연주되는 합창음악과 거의 같아서 제각각 구별이 안 됐다.

숲을 벗어나자 바위 시렁 아래쪽 비탈면에 검고 흰 점들이 흩어져 있는 게 보였다. 내가 지난 며칠 동안 걱정하던 양과 염소가 도착한 것이다. 꽃을 모두 먹어치울까 봐 그놈들이 반갑지 않았지만, 분다르 계곡은 굉장히 넓어서 해를 끼친다 해도 미미할 것이라고 생각하니 위안이 되었다.

그날 저녁 양치기 두 명이 찾아왔고, 티베트인들이 그들을 반겨 맞았다. 그들은 우중충한 양모羊毛로 된 옷에 격자무늬 삼베 망토를 어깨에 걸치고 있었다. 용모는 매부리코의 셈족 모습이고, 대부분의 가르왈 사람처럼 길게 기른 머리카락을 멋지게 움직였다.

밤새 내린 비는 다음 날 아침을 먹고 나서야 그쳤다. 우리는 짐을 꾸려서 강 위쪽 평편한 풀밭으로 캠프를 옮겼고, 이곳에서 강바닥이 깊어지기 시작했다. 캠프에서 얼마 떨어지지 않은 곳에 아직도 일부가 얼음인 거대한 사태 더미가 있었다. 이 사태 더미는 계곡 북쪽 산봉우리 벽에서 떨어져서, 경사가 완만한 계곡 아래쪽의 협곡을 타고 내려가 15미터 깊이의 강을 건너 퍼져 나갔다. 이 사태가 원래 방향에서 직각으로 꺾이고 나서도 강 아래쪽으로 300미터나 더 퍼져 나간 것을 감안하면,

지난 몇 주 동안 사태 더미가 상당히 줄어든 모양이었다. 이 사태는 당초에는 분명히 수만 톤은 되었을 것이며, 이 사태가 일으킨 바람이 풀밭 가장자리를 따라서 많은 자작나무를 일순간 잡아채어 쓰러뜨렸을 것이다. 땔감으로 쓸 자작나무와 노간주나무는 충분했고, 수정같이 맑은 물줄기가 캠프에서 몇 발짝 되지 않는 거리에서 완만한 비탈면을 꾸불꾸불 내려가, 물을 튀기며 바위 몇 개를 타고 넘어 꽃으로 가득한 계곡 속으로 흘러들었다.

이곳은 아름다운 캠핑 장소였으며, 꽃도 처음의 베이스 캠프보다 더 흥미로웠다. 꽃이 피어 있는 한가운데 텐트를 쳤고, 꽃 중에는 바람꽃 속 아네모네 폴리안테스가 돋보였다. 캠핑 장소 내에 백합꽃 모양의 노란 노모카리스 옥시페탈라가 수천 송이 있었고 곳곳에 푸른 노모카리스 나나가 있었다. 쥐손이풀 속 게라니움과 푸른 제비고깔 속 델피니움 브룬니아눔 Delphinium brunnianum도 있었으며, 이들보다 키가 큰 식물 중에서 가장 귀여운 꽃인 꽃고비 속 폴레모니움 캐룰레움 Polemonium caeruleum은 자수정 빛깔의 넓고 평편한 꽃을 피우고 있었다. 종 모양의 꽃이 피는 패모 속 식물은 단명해서 사라졌고, 그 사라진 자리에 양지꽃 속 포텐틸라 수백만 포기가 자라고 있었다. 여름이 지나가고 있는데 어떻게 한 식물이 또 다른 식물을 대체할 수 있는지 놀랄 일이었다. 너무나 촘촘하여 종 모양의 꽃이 피는 패모 속 식물이 자라고 있는 동안에는 다른 식물이 자라지 못할 것 같아 보였지만, 포렌틸라 또한 똑같이 촘촘히 자라고 있었다. 오로지 중단 없는 성장의 순환만이 이런 완벽한 균형을 유지할 수 있는 것이다. 우리의 정원에서도 이런 완벽한 순환이 가능할까? 끊임없이 씨를 뿌리고 잡초를 솎아내서 인위적으로 균형을 조절하는 정원에서는 불가능하겠지만, 한 식물과 다른 식물의 상호관계나 성장의 순환이 과학적으로 연구되어 규명되면 적어도 야외 정원에서는 가능할 것이다. 나는

루돌프 스타이너Rudolph Steiner가 이 문제의 권위자라고 믿고 있다. 그는 자연의 리듬에 대한 연구에 일생을 바쳐 왔다. 우리는 리듬을 통해서만 꽃의 정원에서든 우리 마음의 정원에서든 조화와 아름다움을 얻을 수 있다. ^{p.453}

　　나는 캠프 주변을 어슬렁거리며 오후를 보냈다. 작은 계곡과 캠프 근처의 작고 둥근 언덕에 많은 식물이 있었지만, 꽃이 피기까지 보름 정도는 기다려야 할 것 같았다. 냇가에는 푸른 섬꽃마리 속 치노그로숨이 한 무더기 있었고, 비탈면 위쪽에는 연분홍 꽃이 핀 — 엉겅퀴 같은 — 줄기가 가늘고 길어 당당해 보이는 식물이 있었는데, 나중에 모리나 속 모리나 롱기폴리아 Morina longifolia라는 것을 알았다. 작은 계곡 위쪽의 몸부림치며 흐르는 물줄기 한쪽, 오버행 바위 아래에 푸른 꽃이 핀 양귀비 한 포기가 있었고, 강 위쪽의 가파른 둑에는 관목이 있었다. 심홍색 꽃으로 풀밭 가장자리를 두르고 있는, 키가 채 1.5미터가 되지 않는 진달래 속 관목 덩굴과 연분홍 장미가 이들 주인공

이었다. 건조하고 햇볕이 잘 드는 둑 가장자리 큰 바위에는 풍부한 색채를 전혀 잃지 않은 한 무더기의 봄맞이 속 안드로사체 프리뮬로이데스가 늘어져 있었다. 또한 노란색 꽃이 핀 범의귀 속 삭시프라가 플라겔라리스Saxifraga flagellaris와 노란색 꽃이 피는 작은 양지꽃 속 포텐틸라 에리오카르파Potentilla eriocarpa 등 사방으로 덩굴손을 펼친 다양한 바위식물이 그 바위에 살고 있었다.

그날 저녁 짐꾼들은 땔감을 많이 모았고, 누르부는 그것을 공들여 쌓았다. 그는 캠프에서 불을 피우는 전문가였다. 몬순 전에는 저녁이면 오리털 상의가 필요했지만, 이젠 영국의 6월처럼 따뜻하고 온화해서 더 이상 필요 없었다. 나는 왕디가 솜씨를 발휘해서 안 부서지도록 기막히게 수리한 캠핑용 흔들의자에 앉아 셰익스피어의 소네트를 읽었다. 셰익스피어가 그날 저녁 그곳에 있었다면 그는 무엇을 썼을까? 꽃이 가득한 초원지대와 어둠이 내린 숲에서 어떤 메시지를 얻었을까? 또한 창백해진 설원에서는 어떤 표현을 찾았을까?

어두워지자 책 읽기를 그만두고 그냥 앉아 있었다. 아네모네의 창백한 얼굴이 나를 가만히 바라보았다. 어둠 속에서….

밤에는 비가 내렸고 다음 날은 맑았다. 아침 8시에 누르부를 데리고 출발했다. 그는 주로 식물탐사에 나와 동행했고, 압화를 만들고 카메라를 준비하는 데 전문가가 됐다. 게다가 이런 일에 진심으로 흥미가 있어서 자기가 생각하기에 내가 관심을 가질 만한 꽃도 종종 일러주곤 했다.

우거진 식물은 젖어 있었고 곧 우리도 엉덩이까지 젖었다. 계곡 바닥에서 미나리아재비 속 라눈쿨루스ranunculus를 제외하고 전에 못 본 것은 없었지만 버트레스에서는 이야기가 달랐다. 특별히 흥미를 끌 만한 것을 발견하지 못하고 150미터쯤 올라가서 개불알꽃 속 장밋빛 키프리페디움cypripedium과 마주쳤는데, 다름 아닌 홀스워드가 말한 개불알꽃 속 키프리페디움 히말라이쿰Cypripedium himalaicum인지도 모를 터였다. 이 작은 꽃은 흔히 "여인의 슬리퍼"라고 불리지만, 이 슬리퍼가 발에 맞자면 아주 작은 여인이어야 할 것이다. 이 식물은 키가 6센티미터도 되지 않는다. 하지만 그 수가 매우 많아서 비탈면을 새빨갛게 물들이고 있었다. 내 바로 옆에는 가운데가 금색인 흰 꽃이 외줄기 끝에 피어 있었다. 그 꽃은 개감채 속 로이디아 세로티나Lloydia serotina로 확인되었는데, 홀스워드 또한 그 꽃을 발견했었다. 그 꽃은 나중에 베이스캠프 주변을 덮은 수백만 송이의 전위병인 셈이었다. 이제 양지꽃 속 붉은 포텐틸라가 한창이었고 꽃이 큰 것은 반 크라운의 동전 크기였으며, 그 사이사이에 보랏빛 나비난초 속 오르키스가 늘 그렇듯 엉겅퀴와 어울려 자라고 있었다. 우리는 좀 더 위쪽으로 몇몇 가파른 바위를 기어 올라갔다. 작고 깨끗한 모습의 꽃다지 속 드리바가 바위 틈새와 바위 턱을 장식하고 있었고, 담쟁이처럼 기는 마디풀이 풍화된 비탈면 위로 퍼져 나가고 있었다. 범꼬리 속 폴리고눔

폴리고눔 박치니폴리움Polygonum vacciniifolium

박치니폴리움Polygonum vacciniifolium은 몇몇 잔가지에만 겨우 꽃이 피어 있었다. 나중에 이 꽃을 여러 곳에서 보았으며, 히말라야에서 가장 아름다운 꽃 중의 하나라는 결론을 내렸다. 이 꽃이 활짝 펴 장밋빛 꽃의 불을 이뤄 바위를 타고 폭포처럼 흘러내리는 모습을 멀리서도 볼 수 있었다.

우리는 향나무 속 식물로 덮인 바위 턱 위에서 점심을 먹었다. 450미터 아래에 작은 텐트 몇 개로 이루어진 캠프가 있었으며, 그 캠프 너머로 시냇물이 반짝이는 선을 그리며 구불구불 흘렀다. 전형적인 몬순의 날씨였다. 습한 구름이 산정山頂에 매달려 있거나 물먹은 푸른 하늘에서 떠돌았고, 그 그림자가 녹색 계곡 바닥에 거의 멈춰 있었다. 잿빛 비구름이 남쪽에서 몰려왔고, 우리가 식사를 할 때는 짙은 안개가 협곡을 통해 계곡 위쪽으로 모여들어 산비탈 위와 아래는 구름으로 가득했다.

우리는 바로 돌아섰지만 억수로 쏟아지는 비를 피할 수 없었다. 젖은 풀밭과 꽃으로 향긋해진 대기 속에서 별이 빛나기 시작할 무렵인 저녁 8시 30분에 비가 그치긴 했지만, 일시적으로 날씨가 한차례 좋아졌을 뿐 다시 내리기 시작했다. 비는 다음 날 오후 늦게까지 쉴 없이 내렸다.

침낭 속에 누워서 식물에 관해 메모를 하거나, 책을 읽거나, 이따금 초콜릿을 먹을 뿐 별달리 할 일이 없었다. 초콜릿은 특이했다. 초콜릿 꾸러미마다 유명한 영화배우 사진이 여섯

장씩 딸려 있었다. 판매를 촉진시킬 목적이었을 것이나 불행히도 인도의 더운 날씨에 초콜릿이 녹았다. 그레타 가르보Greta Garbo, 베티 데이비스Bette Davis, 찰스 로턴Charles Laughton, 알 졸슨Al Jolson 같은 미인들은 매우 고혹적이었다.

우편으로 받은 신문 사이에 『스펙테이터』와 『타임』이 있었다. 그날 뉴스는 보통 때처럼 우울한 소식뿐이었지만, 문학 평론 부분에 조금 흥미 있는 기사가 있었다. 『타임』은 극찬하고 『스펙테이터』는 매섭게 비난한 어떤 책에 관한 기사였다. 이렇게 서로 싸우기를 좋아하는 것이 저 멀리 경쟁을 좋아하는 세상의 특징처럼 느껴졌다. 매주 한 번씩 삽화를 싣는 또 다른 신문은 아주 다양하고 상세한 그림까지 곁들여서 집에 가스가 스며들지 못하게 하는 방법에 관한 정보를 제공해 주고 있었지만, 텐트에 관해서는 단 한 마디도 없었다. 꽃의 계곡에서 생각해 보면 이 모든 것들이 매우 별나고 기괴해 보였다. 마치 완전히 미친 듯 뻗어 나가는 개미탑을 내려다보고 있는 것 같았다. 사람들이 이웃과 평화롭고 다정하게 지내기에 앞서서 집에 가스가 스며들지 못하도록 하는 방법을 알아야 한다는 것은 농담한 사람을 수용소에 가두는 것만큼이나 기괴해 보였다. 나의 이런 생각을 왕기에게 설명해 보려 했지만, 그가 아주 이상한 듯 나를 쳐다봐서 그만두고 말았다.

제11장

전망대

7월 2일 아침, 날씨가 음산하고 흐려서 별달리 무엇을 한다기 보다 운동 삼아 칸타칼 고개 방향 위쪽에 캠프 한 동을 치기로 했다. 이 고개로부터 계곡이 어느 정도 거리를 완만하게 퍼져 나가다가 급격히 분다르 계곡으로 떨어지고, 이 고개 너머에서 는 알라크난다 계곡 안쪽 하누만차티Hanuman Chatti 마을로 이어 진다. 이 완경사 계곡에는 양과 염소를 먹일 수 있는 훌륭한 목 초지가 있고, 뚜렷한 오솔길이 폭포 근처 가파른 아래쪽 구간 에서는 지그재그로 올라간다. 1931년 홀스워드가 이곳에서 많 은 꽃을 발견했기 때문에 이 계곡을 살 기억하고 있다.

우선, 자작나무 숲 가장자리에는 섬꽃마리 속 치노글로숨 푸른 꽃이 있을 뿐 별달리 흥미 있는 꽃이 없었지만, 올라갈수 록 길이 계곡 상부의 시야가 좋은 장소로 이어졌고, 비탈면은 꽃으로 눈이 부셨다. 뱀무 속 게움 엘라툼Geum elatum이 보였고, 영국의 실잔대처럼 꽃이 작은 초롱꽃 속 캄파눌라 카쉬메리아나Campanula cashmeriana가 처음으로 보였다. 그리고 집채같이 큰 바윗덩이가 모여 있는 곳에서 푸른 양귀비꽃이 아름다운 모습을 뽐내고 있었다. 양귀비 한 포기 한 포기가 바윗덩이 하나하나에 자리했고, 간혹 두 포기가 한 덩이에 있기도 했다. 이 양귀비꽃은 아침이었는데도 이틀 전의 햇빛과 푸른 하늘을 지금도 머금은 듯 반짝였다. 나는 칸타칼 고개 북쪽 6,000미터 높이의 한 봉우리를 등반해 볼까 생각했지만, 최근 날씨가 안 좋고 신설이 내려서 여건이 좋아질 때까지 등반을 미루어야 했다. 그 대신 계곡 남쪽 능선에 캠프를 치고, 내일은 분다르 계곡의 협곡을 조망할 수 있는 5,100미터의 바위 봉우리를 등반해 보기로 했다. 그래서 바람이 만든 근처의 눈 더미를 통해 개울을 건너 로도덴드론의 크림색 꽃이 핀 환한 산비탈을 올라갔지만 멀리 못 가서 비가 많이 내렸다. 우리가 가던 능선은 자작나무와 로도덴드론으로 덮인 작은 둔덕에서 끝났고, 그곳에서 분다르 계곡이 잘 내려다보였다. 그곳은 완벽한 전망대여서 캠프를 치기로 했다. 근처에 눈이 있었고, 불 피우는 일이 걱정되는 곳에서 기적처럼 불을 피워 내는 짐꾼들이 근처 오버행 바위 밑에서 젖은 로도덴드론에 어떻게든 불을 붙이려고 안간힘을 썼다.

차를 마실 즈음 불기운이 세서 옷을 말릴 수 있었지만, 날씨가 다시 나빠져서 6시에 비가 퍼부었다. 비는 계속 내렸고 어두워지자 폭우로 변했다. 이런 빗속에서 캠프를 해 보기는 난생처음이었다. 폭포처럼 끊임없이 쏟아지는 비가 텐트를 무너뜨리지 않을까 하는 걱정 때문에 침낭 안에서 잠을 이룰 수 없었지만, 자정 무렵 비가 그쳤다. 대기는 고요했고, 그 고요함 속으로 들려오는, 불어난 급류가 울부짖는 소리는 장중한 합창이었다. 그런데 바위 봉우리에 걸린 큰 폭포에서 계곡 북쪽으로 이어지는, 무엇인가가 돌진하며 내는 찢는 듯한 기이한 소리가 난 후 이 합창이 갑자기 중단됐다.

다음 날 잠을 깨니 비는 그쳤지만 하늘은 습한 안개로 가득 차 있었다. 짐꾼들은 불편한 밤을 지새웠다. 그들은 텐트 칠 장소를 찾는 데 일가견이 있었지만, 이번에는 구덩이를 텐트 자리로 택하는 바람에 비에 흠뻑 젖고 말았다. 그들이 불을 피우는 데 시간이 좀 걸렸고, 아침 식사는 이것저것 긁어모아서 대충 때웠다. 이런 날씨에는 힘든 등반을 삼가는 게 좋다. 그래서 문제가 생기면 언제든 돌아올 생각을 하고 꽃을 찾아 캠프에서 이어지는 능선을 따라 올라가 보기로 했다. 우리는 7시 전에 출발해서 로도덴드론 덤불을 가로질러 큰 바위를 넘어 능선을 기어 올라갔다. 이끼의 분량으로 판단해 보니 분나르 계곡 이쪽은 위쪽보다 비가 많이 온 것 같았다. 분나르 계곡이 알라크난다 계곡 가까이에 위치해 있는 것이 이와 어떤 관련이 있는 것이 분명했다. 어쨌든 계곡 위쪽의 식물과 비교해 볼 때

확연히 차이가 있었다. 우리는 짙은 푸른색 니발리스 아속亞屬의 프리뮬러 한 무리를 보았는데, 비가 온 뒤라서 그 신선함과 깨끗함이 황홀할 지경이었다. 또한 더덕 속 코도노프시스 로툰디폴리아Codonopsis rotundifolia, 바위에 둘러싸인 습한 곳을 좋아하는 수많은 베르게니아bergenia, 그리고 곳곳에 뱀무 속 게움geum이 있었다.

이끼 덮인 비탈면을 기어서 작은 봉우리 정상에 도착했다. 이 정상 너머 능선 마루는 양쪽으로 까마득히 떨어지는 거대한 층층 바위들로 이루어져 있었다. 우리는 조심조심 전진했고 몇 분 후에 조금 더 높은 곳에 도달했다. 그곳이 우리 등반의 끝 지점이었다. 높이가 족히 15미터는 됐고 수직이거나 오버행인, 이끼로 덮인 질척한 벽 모양의 협곡이 더 이상의 전진을 가로막고 있었다. 어쨌든 다시 한 번 날씨가 나빠졌고, 짙은 안개가 주위를 둘러싸는 바람에 더 이상 전진할 수 없었다. 이 작은 봉우리 꼭대기에는 눈길을 끄는 것이 있었는데, 불에 탄 작고 둥근 풀밭이었다. 번개가 아니면 이런 일이 발생할 수 없을 것이고, 실제 근처 바위는 이런 일을 빈번히 당하는 듯했다. 머리카락과 턱수염에 전기가 통하는 느낌이 왔다. 그래도 위협적이진 않았다. 우리는 번개의 전도체가 되고 싶지 않아서 캠프로 내려왔다.

습기가 많은 지역에서 머무는 것은 아무 소득도 없는 일이어서 흠뻑 젖은 텐트를 걷어서 내려왔다. 내려올 때 산속 특유의 날씨가 심술을 부려서 날이 갑자기 개었다. 태양이 자작나무 숲을 비추며 모습을 드러내더니 30분도 안 되어 구름 한 점 없이 눈부신 푸른 하늘로 바뀌었다.

사진작가라면 군침을 흘릴 만한 날씨였다. 위쪽 산봉우리는 신설로 눈부신 흰 빛이고, 아래쪽 밝고 산뜻한 녹색 계곡은 봄철 아일랜드 풍경 속의 연둣빛이었다. 그리고 우리 바로 옆의 잎이 젖은 자작나무 숲은 햇빛을 반사하며 하늘하늘 춤을 췄다. 꽃은 비 온 뒤에 가장 아름답다. 나는 황홀한 상태에서 섬꽃마리 속 푸른 치노글로숨 무더기와 무수한 분홍색 마디풀 수풀을 가로질러 언덕을 내려오는 도중에 숲과 산비탈, 그리고 산봉우리를 여러 구도로 사진에 담느라 2~3분에 한 번꼴로 멈춰서야 했다.

제12장

벽

앞서 말했듯이 분다르 계곡 북쪽은 최고 6,000미터로 우뚝 솟은 바위 봉우리들이 커다란 벽을 이루고 있다. 나는 이들 중 하나를 정상까지 오르겠다는 생각을 하고 이 벽을 바라보곤 했다. 분명 대단히 어려울 것이다. 이 벽은 가파르고 복잡했으며, 게다가 바위 버트레스로 이루어져 있었고, 동쪽 이외에는 벽 중간 중간 바위 턱에 깎아지른 작은 빙하가 걸려 있었다. 왕디는 이 벽이 양치기가 마나 마을로 가면서 가끔 넘는 길이며, 5,000미터 빙하 고개에 의해서 중간 부분이 무너져 있다고 말했다. 그렇다면 등반이 어려울 것이고, 그래서 나는 오히려 관심을 더 갖게 되었다.

우리가 베이스캠프로 내려온 다음 날, 누르부는 내 우편물과 짐꾼들을 위한 식량을 좀 더 가지러 조쉬마트로 출발했다. 교대로 이 일을 수행하는 짐꾼들은 단조로운 이곳 생활을 잠시나마 잊을 수 있을 것이다. 결국 왕디, 파상, 테왕이 나와 함께 남게 되었다. 그날, 파상과 나는 꽃 채집도 하고 이 벽의 등반 루트를 조사할 목적으로 베이스캠프에서 계곡 측면으로 가벼운 원정을 했다. 꽃 채집에는 특별한 성과가 없었다. 앞서 핀 꽃은 다 졌고, 앞으로 필 꽃은 아직 피지 않아 식물이 성장을 멈춘 듯했다.

풀이 우거진 버트레스를 올라갈 때 둥지의 어린 꿩들이 놀라 사방으로 흩어졌다. 그놈들은 가까스로 날았지만 내려앉을 때는 상당히 기술적이었다. 비록 날고 내려앉는 기술 자체는 형편없었지만, 그 모습을 보니 공군 시절 내 첫 단독 비행의 기억이 떠올랐다. 파상은 그놈들이 쉽게 도망치게 내버려두지 않았다. 그는 징그러운 표정을 나한테 지어 보이며, 그놈들은 잡아먹기에 안성맞춤이라는 사실을 전하려는 마음에서 가파르지만 표면이 평편한 산자락을 마구 고함을 지르며 내려갔다. 그는 그놈들을 겨냥해 돌을 많이 던졌지만 정확성은 없었고, 그러자 이를 비웃기라도 하듯 꿩들이 날카롭게 꽥꽥 소리를 지르며 계곡 깊숙이 사라졌다.

등반 루트를 조사한 결과, 최상의 루트는 풀이 무성한 능선을 지나 이어지는 바위 버트레스를 따라가서 작은 빙하에 도달 후 거기에서 경사진 능선과 눈이 쌓여 있는 걸리를 통해 그 벽의 정상으로 올라서는 것이었다.

우리는 다음 날 등반을 시작했다. 태왕이 좀 움직여야 해서 왕디, 파상과 함께 그를 데리고 갔다. 30미터도 채 못 올라가서 태왕이 비에 젖어 미끄러운 풀밭에서 자꾸 넘어졌다. 그의 등산화에는 징이 박혀 있지 않았다. 지급받은 등산화를 비싸게 팔 수 있는 다르질링까지 새것으로 갖고 갈 심산으로, 거지도 신지 않을 낡아빠진 등산화를 신고 온 것이었다.

나는 당장 캠프로 내려가 등산화를 갈아 신고 올라오라고 말했지만, 그는 피곤해 보였고 다리에 난 상처가 아직 완쾌되지 않아 비탈길을 고통스럽게 천천히 내려가는 모습이 안쓰러워 베이스캠프에 그냥 남아 있으라고 다시 지시했다.

오버행 바위가 낙석을 막아주는, 좁은 협곡 한편의 첫 바위 버트레스 발치에 캠프를 쳤다. 협곡의 벽 위에 새둥지가 있었다. 왕디는 체조 선수같이 굉장히 부드러운 몸놀림으로 둥지로 오르더니, 이번에는 훨씬 더 부드럽게 몸을 놀려 바닥으로 뛰어내렸다. 그는 둥지에 새끼들이 있다고 말했지만, 내가 어미 새를 직접 본 것이 아니어서 무슨 새인지는 알 수 없었다.

왕디와 파상이 텐트를 치는 동안, 나는 협곡의 오르기 쉬운 두 피치를 기어올라 버트레스의 경사진 마루에 이르렀다.

버트레스의 마루는 또 다른 버트레스의 발치로 이어졌고, 그곳에서 바위는 더욱 가팔라졌다. 언뜻 보기에 이 버트레스 동쪽 바위 위로 루트가 있을 것 같아서 오르려는데, 바위가 느슨하면서도 가파르다는 것을 곧 알게 되었다.

대안은 이 버트레스의 돌출부 위로 똑바로 올라가는 것이었고, 이로 인해 — 순전히 내 실수이기는 했지만 — 이곳에서 곤경에 빠지고 말았다. 매우 힘들게 등반을 해서 노간주나무로 덮인 바위 턱에 도달했지만 더 이상 전진할 수 없었고, 설령 더 전진한다 해도 죽도록 힘들 것이라는 것을 알았다.

돌아설 수밖에 달리 방법이 없었고, 예상치 못한 어려움은 내려갈 때 생겼다. 나는 삼점지지三點支持^{p.454} 이론을 확실히 믿고 있기는 하지만 좋은 홀드가 있으면 어느 것이나 가리지 않고 서슴없이 사용한다.

올라올 때에 슬랩 중간에서 분명히 든든해 보이는 손 홀드를 이용했는데, 내려갈 때에 지지할 곳을 찾아 더듬는 내 발에 이 홀드가 그만 부서져 버리고 말았다. 이 홀드 없이도 슬랩을 내려갈 수 있었으나 매우 어려웠고, 그래서 손 홀드의 올바른 순번을 찾는 데 30분이나 걸렸다. 이러다 보니 혼자 등반을 한 것은 너무 기분을 낸 것이었다.

무사히 버트레스 발치에 다시 돌아와서 버트레스 서쪽을 살펴보니 쉽지는 않겠지만 루트가 있을 것 같았다. 마지막 대안으로, 처음에 계획했던 루트 동쪽에서 그 빙하로 갈 수 있는지 알아보기 위해 산 중턱을 가로질러 갔다. 산 중턱 아래로 떨어진 다양한 크기의 돌들이 빙하의 맨 아래쪽에 쌓여 있는 것으로 보아서 이곳에 루트가 있더라도 옳은 루트는 아닌 듯싶었다. 그래서 더 이상의 정찰은 하지 않기로 했다.

돌아올 때에 갑자기 큰 충돌이 있었다. 내 오른쪽 벼랑 위에서 푸른 하늘을 배경으로 그랜드피아노만 한 바윗덩이가 빙글빙글 돌면서 나타났다. 이 바윗덩이는 100여 미터를 아무 것도 건드리지 않고 포탄이 날아가는 소리를 내며 떨어져서 아래쪽 바위와 충돌하여 산산조각이 났고, 파편이 공중으로 총알처럼 "쓩!" 하고 날아올랐다.

왕디와 나는 캠프에서 점심을 먹고 위쪽 능선으로 출발했다. 등반은 홀드를 아래에서 위로 올려 잡아야 하는 가파른 구간에서 시작됐다. 그리고 6미터 높이의 벽까지는 쉬웠지만, 그 위쪽에 왼쪽 대각선으로 이동해야 하는 어려운 곳이 있었다. 그런대로 괜찮은 홀드가 하나 있긴 했는데, 오버행 구간이라 벽 표면이 당기는 쪽으로 흘러서 그 홀드를 잡기가 쉽지 않았으며, 결국 균형이 성공의 중요한 관건이었다.

가까스로 그 홀드를 잡았을 때에는 추락에 대비해서 왕디가 아래쪽에서 확보를 보고 있었다. 이것이 단 한 번의 심각한 어려움이었고, 그 위쪽으로 이어지는 쉬운 피치와 풀이 자란 바위 턱을 지나 버트레스 꼭대기에 도착했다.

늘 그렇듯 오후에는 안개가 끼어서, 잠시 걷히길 기다렸다. 안개가 걷히자 빙하 왼쪽으로 뻗어 올라가는, 슬랩이 쭉 이어지는 능선을 정면으로 바라볼 수 있었다. 우리의 목적은 정찰이어서 슬랩이 끝나는 곳까지만 능선을 따라간 후 능선을 벗어나 설사면지대로 횡단했다. 슬랩을 오르기 어려울 경우 이 설사면이 대안 루트로 이용될지도 모를 일이었다. 우리는 정찰에 만족하고 캠프로 돌아왔다.

불 피우는 데 곧바로 쓸 수 있는 노간주나무가 많아서 저녁의 한기를 이겨내려고 불을 크게 피웠다. 베이스캠프 생활이 문명과 많이 동떨어져 있다면, 비박 캠프의 삶은 더더욱 그렇다. 바람 한 점 없었고, 모닥불 연기가 절벽 위쪽으로 느긋하게 피어올라 푸른 저녁 하늘 속으로 사라졌다. 베이스캠프에서 위쪽으로 750미터쯤 되는 이 캠프에서 우리는 분다르 계곡 아래쪽 지역과 조쉬마트, 쿠아리 고개의 산들을 내려다보았다. 산자락에 비스듬히 걸려 있는 거대한 우윳빛 구름은 우리 가까이의 그늘진 산비탈이 그 우윳빛을 희미하게 반사할 정도로 찬란하게 빛나고 있었다. 그러나 이 구름의 성채가 보여주는 장관은 그리 오래 가지 못했고, 해가 지자 30분 만에 어둠이 찾아왔다.

모닥불보다 영혼에 더 가깝게 다가가도록 해주는 것은 없다. 춤추는 불이 만드는 따뜻한 원 속에서 우애를 느끼지 못하는 사람은 신경이 무디고 상상력이 없는 사람이다.

왕디는 나에게 낭가파르바트에 대해 이야기를 했고, 내 우르두어 실력이 형편없긴 했지만 그가 말하는 내용을 잘 이해했다.

언어가 서로를 이해하는 데 장애가 되지 않는 경우도 있는 법이다. 왕디는 1934년 원정에 참가했고, 독일인 세 명과 여섯 명의 짐꾼이 눈보라 속에서 생명을 잃는 것으로 그 원정은 끝이 났다. 이 사고에 대해 그는 다음과 같이 말을 이어갔다.

"낭가파르바트는 다른 산과는 다르다고 생각해 왔어요. 낭가파르바트는 마음만 먹으면 언제든 등반하는 사람을 죽일 수 있는 그 뭔가를 갖고 있어요. 그 산은 저주받은 산입니다. 금년에 다시 가자는 걸 싫다 하고 나리와 이곳에 온 겁니다. 거기에서 또 사고가 날 거고 많은 사람이 목숨을 잃게 될 겁니다. 저는 이걸 확신해요."

나는 그때 그를 바라봤다. 땅바닥에 책상다리를 한 그의 굳은 얼굴에는 붉은 불빛이 어려 있었으며 항상 갖고 다니는 궐련 물부리를 악물고 있었다.

파상은 다음 날 새벽 4시 30분에 나를 깨웠고, 5시 15분에 왕디와 나는 파상을 캠프에 남겨두고 출발했다. 루트를 알고 있어서 전진은 빨랐다. 우리는 비탈진 능선으로 등반했고,

능선은 고도가 4,800미터 이상인데도 프리뮬러가 많이 자란 어떤 모레인으로 이어지면서 끝이 났다.

비탈진 바위 턱이 빙하 너머 설원으로 이어졌고, 거기에서부터 벽이 900미터나 가파르게 솟아 있었다. 힘에 부치는 과도한 어려움과 빙하 위에 떨어진 낙석의 양으로 판단해 볼 때, 모험을 하지 않고 이 벽을 올라갈 수 있는 곳은 단 한 곳뿐이었다. 바로 이곳에서, 이미 말했던 그 능선이 벽의 정상으로 급경사를 이루고 있었다.

아뿔싸! 무시무시한 벽이 그 능선을 막고 있었다. 처음에는 이 벽을 오르려고 했지만, 흘러내릴 것 같은 걸리, 그리고 그 위쪽의 느슨한 바위와 씨름을 한 후 물러나서 대안 루트를 찾지 않을 수 없었다.

바위 사이를 지나서 그 능선 마루에 이르는, 눈이 채워진 걸리를 발견하고는 대안이 분명해졌다. 마음에 영 내키지 않는 이 걸리의 특징은 스노브리지를 통해서 건너야 하는 넓은 크레바스가 그 걸리의 발치에 버티고 있다는 것이다. 크레바스는 넓고 끝없이 깊어서, 우리 둘은 로프를 묶고 크레바스에 놓인 무너질 듯한 스노브리지를 무척 조심조심 건너야 했다.

왕디는 크레바스를 지독히 싫어했다. 칸첸중가의 크레바스 안에서 3시간을 버텨야 했던 그는 쉬운 크레바스에서도 트라우마를 갖고 있었다.

능선 마루에 올라서니 루트는 잠시 부서진 바위와 그 위쪽의 예리한 눈 덮인 능선으로 곧장 뻗어 나갔지만, 반면에 등반 각도가 차츰 심해져서 그만큼 어려움도 커졌다. 더구나 눈이 보슬비처럼 흩뿌려 이제는 날씨에도 주의해야 했다.

그 벽 마루는 이제 우리 위쪽으로 멀지 않았지만, 그곳으로 이어지는 바위는 예상보다 훨씬 경사가 심했다. 사실 작은 버트레스가 끝나는 지점의 바위는 거의 수직으로 솟아 있었으며, 그 벽 위에는 최근의 나쁜 날씨로 많은 눈이 쌓여 있었다.

우리의 목표는 눈이 채워진 걸리의 서쪽에서 가까운, 또렷이 보이는 바위 봉우리였다. 앞서 말한 그 걸리는 이곳에서 아래로 뚝 떨어져 내려갔고, 성공할 유일한 방법은 그 걸리를 건너 곧바로 정상의 가파른 벽 위로 올라서는 것뿐이었다. 이곳은 매우 위압적이었고 분명 극한의 어려움이 예상되는 곳이었다. 왕디는 이곳의 겉모습이 썩 내키지 않는 듯했고, 나도 그 걸리로 들어가려면 횡단해야 하는 눈 덮인 슬랩이 마음에 안 들었다. 다행히 안전을 확보할 수 있도록 로프를 감기에 안성맞춤인 바위가 있었다. 이에 나는 용기를 얻어 횡단을 시작했다. 횡단하다 보니 에베레스트 그레이트 쿨르와르 너머의 슬랩이 떠올랐다. 솔직히 경사는 거기보다 더 심했고, 눈은 가루 같이 점착성이 없고 젖어 있었다. 게다가 눈의 양이 많아 안전이 보장되지 않는다는 느낌은 두 곳 모두의 공통점이었다.

마침내 그 걸리에 이르자 그곳의 상황은 우려했던 그대로였다. 경사가 심했으며 눈이 부드러워서 발을 옮길 때마다 무릎까지 빠졌다. 사실 간밤의 추위로 눈 표면이 살짝 얼어 있어서, 그 걸리를 건너간다 하더라도 돌아올 때 상태가 어떨지 알 수 없었다. 틀림없이 표면에서 사태가 날 것이고 안전하지 못할 것이다. 또 걸리가 너무 넓어서 한 사람이 걸리를 건너는 동안 다른 사람이 바위에 자신을 확보해야 하는데, 그럴 수 있을 정도로 로프가 충분히 길지도 않았다. 설상가상으로 갑자기 눈이 많이 내리기 시작했고, 이미 눈이 더덕더덕 붙어 있는 벼랑 위로 눈보라가 치며 바람이 불었다.

"안 좋아요. 내려가시지요!"

왕디의 음성이 다급했다. 그의 판단이 옳았다. 더 이상의 정찰을 통해 얻을 것은 아무 것도 없었다.

나는 왕디와 다시 합류해서 로프를 묶었고, 폭풍설을 뚫고 가능한 한 빨리 내려갔다. 아래쪽에는 비가 내리고 있었다. 우리는 흠뻑 젖은 채 캠프에 도착했다.

그러나 고맙게도 파상이 미리 준비해 놓은 뜨거운 차를 마시자 비참한 처지나 실패의 감정이 곧 사라졌다. 알프스 등반과 비교해 보면 어려웠다고 할 수 있는 등반이 어쨌든 이렇게 끝났다. 우리가 도달한 최고점은 캠프에서 1,200미터를 올라간 5,600미터였다.

1시간 후 베이스캠프로 내려온 뒤에도 여전히 비가 내렸다. 내가 먼저 캠프 근처쯤 내려왔을 때, 모닥불 옆에 앉아 있던 테왕이 급히 짐꾼용 텐트 속으로 뛰어 들어가는 모습이 보였다. 캠프에 도착하기 직전에 그가 다시 나타나더니 몇 미터를 걸어와 나를 맞았다. 그는 우리가 지급한 등산화를 신고 정직해 보이려고 펑퍼짐한 얼굴에 애써 선웃음을 짓고 있었다.

제13장

바위 봉우리 등반

벽 등반에 실패한 다음 날, 누르부는 우편물과 함께 등반 역사 상 최악의 재앙인 낭가파르바트의 끔찍한 사고에 관한 뉴스도 갖고 왔다. 6월 15일 밤, 눈사태가 캠프를 휩쓸면서 독일인 일곱 명과 셰르파 아홉 명이 목숨을 잃는 재앙이 발생했고, 이 비보가 우리의 작은 캠프를 우울하게 만들었다. 짐꾼들은 동료들을 모두 잃었다. 나는 그 원정대의 대장인 카를 빈Karl Wien 박사를 알고 있었고, 그가 원정대를 성공적으로 이끌 것이라고 확신하고 있던 터였다. 신문은 처음에 그가 살아 남았다고 전했지만 그것은 오보였다. 1934년 원정대의 대장인 빌리 메르클Willy Merkl처럼 그도 히말라야 고봉의 죽음을 부르는 무서운 눈 속에서 생을 마감했다.

날씨가 좋지 않았지만 꽃 채집을 못할 정도는 아니었다.

지난 며칠간 비가 많이 내리고 따뜻해서 꽃이 많이 피었다. 캠프 위쪽 1.5킬로미터 지점, 돌투성이의 넓은 강바닥에서 바늘꽃 속 에필로비움 라티폴리움Epilobium latifolium이 눈부시도록 짙붉게 빛났다. 이 식물은 물이 흘러 만든 강바닥 모래 위에서 빽빽이 자라고 있었다. 그리고 바로 그곳에 두 종류의 알라르디아 속 알라르디아 글라브라Allardia glabra와 알라르디아 토멘토사Allardia tomentosa가 있었다. 알라르디아 토멘토사는 키가 15~20센티미터 정도로 데이지의 일종인 작은 마거리트를 닮았으며, 꽃 색은 엷은 분홍이었고 꽃만큼이나 은색 잎사귀가 아름다웠다. 알라르디아 글라브라는 알라르디아 토멘토사보다 키가 훨씬 작았고, 줄기가 거의 없이 모래 바닥에 바싹 붙어 꽃이 피어 있었다. 이런 꽃을 보면 때때로 절망에 가까운 느낌이 든다. 도대체 어떻게 이런 꽃이 여기서처럼 영국에서도 잘 자라길 바랄 수 있겠는가? 도대체 어떻게 습한 영국의 기후에서 조잡하게 키만 껑충 크지 않고 이런 우아함을 잃지 않기를 바랄 수 있단 말인가!

엄청나게 많은 국화 과의 식물을 대표해서 알라르디아만이 꽃을 피우고 있었다. 그리고 돌이 많은 곳과 특히 둑 위에 흰 거품 모양의 다북떡쑥 속 아나팔리스가 있었다. 카메트 원정을 마치고 대원들이 만찬을 하려고 모였을 때, 레이먼드 그린이 그 꽃을 많이 가져와 꽃다발을 만들어 대원 한 사람 한 사람에게 선물했던 기억이 났는데, 참 행복했던 순간이었다.

그 계곡 아래 비탈면 곳곳에 작은 솜방망이 속 세네치오 senecio가 보였다. 영국의 시골에서라면 성가시기만 했을 것이고, 이보다 키가 좀 더 큰 개쑥갓 속 식물이 떠올라서 기분이 언짢았다. 영국 우리 집 근처에는 개쑥갓 들판이 있어서 매년 수백만 개의 씨앗이 내 꽃밭에 날아들어 씨앗의 상당수가 싹을 틔운다. 그리고 이 비탈면에는 데이지와 미나리아재비 과 식물을 제외하고 세계에서 가장 널리 분포해 있는 쑥 속 아르테미시아 록스부르기아나Artemisia roxburghiana도 있었다. 그리고 작은 해바라기를 닮은 금불초 속 이눌라 그란디포라Inula grandifora, 영국의 꽃밭에서도 볼 수 있는 아론의 지팡이 혹은 미역취 속으로 키가 큰 솔리다고 비르가우레아Solidago virgaurea도 있었으며, 아름다운 보라색 데이지인 에리게론 물티라디아투스Erigeron multiradiatus가 망초 속erigeron 식물을 대표해서 피어 있었다.

몬트모렌시는 죽었지만 계곡에 양과 염소가 있어서 고기를 구하는 데는 별 어려움이 없었다. 베이스캠프에서 1.5킬로미터 거리에 길고 가느다란 자작나무 껍질로 솜씨 좋게 지붕을 이은 돌 오두막이 있었다. 나는 그곳에 사는 늙은 양치기에게 5루피를 주고 양 한 마리를 샀다. 그 사람은 풍채가 좋았고 눈꼬리에 잔주름이 엄청 많았으며 움푹 들어간 눈은 사주 민 지평선을 살피는 버릇이 있었다. 그의 옷과 신발은 커머셜 로드 Commercial Road(런던의 유명한 거리)에서라면 단돈 몇 푼도 못 받겠지만, 영국의 수많은 사람은 사지도 못 하는 것을 그는 갖고 있었다. 평화와 행복!

그는 매일 작은 놋쇠 사발에 양 젖을 담아서 내게 갖다 줬다. 그 대가로 아무것도 요구하거나 바라지 않았지만, 왕디가 빈 깡통을 주면 고마워할 것이라고 말하기에 비스킷 깡통을 선물로 주었는데, 그 깡통이 값비싼 보석이 꽉 찬 황금 상자나 되는 듯 몹시 기뻐했다.

7월 9일 저녁, 날씨가 좋아졌고 다음 날은 청명했다. 나는 별다른 생각 없이 그 빙하 고개 아래에 캠프를 치기로 했다. 이미 말한 것처럼, 빙하 고개는 연이은 봉우리를 넘어서, 앞 장章에서 말한 루트에서 동쪽으로 3킬로미터 거리인 계곡 북쪽으로 통했다.

계곡 위 1.5킬로미터 지점에는 꽃이 한창이었다. 맑은 냇물이 완만히 굽이치며 흘러내리면서 빙하의 탁한 격류와 합쳐지는 광경을 나는 결코 잊지 못한다. 수백, 수천만의 마디풀과 범꼬리 속 폴리고눔 아피네가 그 땅을 빽빽이 덮고 있어서 장밋빛 꽃들의 융단은 끝이 없었다. 또한 이에 못지않게 많은 하얀 떡쑥이 산봉우리들 주변으로 모여드는 양털 구름과 그 비길 데 없는 순수함을 다투고 있었다. 산자락은 양지꽃 속 포텐틸라 아르기로필라로 붉고, 섬꽃마리 속 치노글로숨으로 푸르렀으며, 쥐손이풀 속 게라니움으로 보랏빛이었다. 그리고 돌이 많은 평편한 강바닥은 암갈색 분홍바늘꽃이 넓은 밭을 이루고 있었다.

좀 더 멀리 나아가서 점점 가팔라지는, 꽃이 덮인 비탈면을 오르자 꽃잎 간격이 널찍하고 보라색인 커다란 애스터가 있었는데, 홀스워드의 묘사를 통해 그 식물이 개미취 속 아스테르 디플로스테피오이데스Aster diplostephioides라는 것을 알았다. 무리지어 피지 않고 산비탈에 흩어져서 한 송이씩만 피는 고귀한 꽃이라는 것을…. 이런 종류의 고고한 꽃과는 대조적으로 작고 푸른 물망초 같은 꽃이 큰 식물은 잘 자라지 못하는 움푹한 모래 비탈에 있었다. 굳이 비교하라면, 이 모든 것 중에 가장 아름다운 것은 크레만토디움 속 크레만토디움 데카이스네이Cremanthodium decaisnei이다. 고산성 식물에게는 비교적 낮은 고도인 4,800미터의 바위틈에서 이 식물을 발견했다. 황금색 작은 꽃이 알프스의 솔다넬라Soldanella를 연상시켰는데, 키가 거의 비슷했고 고개 숙인 모습 또한 똑같았다. 이 식물은 수줍어하듯 핀 고산의 작은 보석이었다.

피켈의 피크를 이용해야 할 정도로 미끄럽고 비탈진 풀밭을 올라가 우리는 완경사의 능선에 이르렀다. 이 능선의 조금 위쪽에 밑이 굴인 큰 바위가 있었는데, 양의 배설물이 있는 것으로 보아 양치기나 그들의 짐승이 좋아할 만한 쉼터였다. 짐꾼들은 거길 좋아했다. 티베트인의 야영지처럼 생겼기 때문이다. 그들이 딱딱하게 굳은 배설물 덩어리 위에 내 캠프를 치려고 할 때 내가 그만두라고 하자 매우 의아해 했다. 배설물만 없었더라면 매력적인 장소였다. 그곳 근처에 작은 개울이 있었는

크레만토디움 데카이스네이Cremanthodium decaisnei

데, 메리골드가 가장자리를 장식하고 있는 바위 슬랩 아래로 물이 폭포처럼 떨어졌고, 주변 풀밭은 셀 수 없이 많은 작은 식물로 꽉 차 있었다.

캠프 설치가 끝나자 비가 심하게 내렸고, 나중에는 찬란한 저녁놀을 만들면서 비가 그쳤다. 히말라야의 저녁놀은 알프스의 것만큼 색채가 풍부하지 않고 대기의 아름다움 또한 영국의 것과 비할 바가 못 되지만, 이번에는 예외였는데 대기 중에 수증기가 많았기 때문이다. 가우리파르바트는 용광로에서 막 끄집어낸 붉은 쇳덩이처럼 보였는데, 첫 별이 나온 다음에도 오랫동안 그 빛을 잃지 않았다.

침낭 속에 누워 텐트 문으로 보랏빛 그림자가 밀물처럼 위쪽으로 기어 올라가는 모습을 바라봤다. 그 그림자의 가장자리는 각도에 따라 색이 달리 보이는 오팔 빛이었으며, 붉게 빛나는 절벽을 서서히 빨아들이다가 마지막 봉우리에만 햇빛이 남았다. 그 마지막 봉우리가 희미해지자 보랏빛은 더욱 짙어졌는데 뜻밖의 현상이었다. 높고 멀리 떨어진 구름에 반사되어서 이글거리는 붉은 빛이 다시 나타났다. 그 빛은 이전처럼 밝지는 않았지만, 몇 분 동안 무어라 형언할 수 없으리만치 아름다운 모습이었으며 어둠으로부터 이 거대한 산을 다시 들어 올릴 정도의 충분한 에너지를 갖고 있었다.

이것이 그날의 마지막 모습이었다. 그 후 저녁놀이 급속히 희미해지면서 차가운 빛이 눈에 덮인 높은 산을 덮었는데, 마치 어두운 바다에 떠 있는 빙산 같았다.

밤중에 둔탁한 굉음이 나고 뒤이어 날카롭게 충돌하는 소리를 듣고 나는 놀라 잠에서 깼다. 옆 계곡에서 돌이 굴러 떨어지고 있었다. 텐트 안에서 내다보니, 큰 바윗덩이들이 서로 부딪치거나 박혀 있는 바위와 충돌하면서 기다란 선 모양의 불꽃이 일었는데, 전에도 한 번밖에 못 본 드문 광경이었다.

파상이 새벽 4시에 나를 깨웠다. 높은 곳의 안개로 인해 새벽빛이 분산된 것을 제외하면 맑은 아침이었다. 풀이 많고 커다란 바윗덩이들이 흩어져 있는 능선을 지나가니, 캠프 쪽에서 고개 마루 방향으로 비탈진 작은 설원으로 쉽게 나갈 수 있었다. 캠프에서 설원까지는 2시간밖에 걸리지 않았다. 이 고개의 북쪽 비탈면은 가파르고 크레바스가 많은 빙하로 이루어져서 양치기들이 이 고개를 넘어 마나 마을까지 도달하려면 상당히 위험할 것 같았다. 이 빙하는 마나 마을 쪽으로 내려가는 계곡에서 훨씬 더 큰 빙하의 지류를 이룬다.

심상치 않은 날씨였다. 이른 아침 옅은 안개가 짙어지면서 장막을 친 듯 앞이 안 보였고, 안개 아래 봉우리와 능선은 황량하고 으스스해 보였다. 우리는 별다른 목적 없이 운동 삼아 고개 동쪽, 조그마한 바위로 이루어진 꼭대기로 기어 올라갔다. 마나피크를 볼 수 있으리라 기대했지만 이보다 더 가까운 능선들도 구름에 가려 있었다. 우리는 가능하면 어떤 곳이든 가 볼 생각이었고, 이윽고 고개 동쪽의 닐기리파르바트 전위봉前衛峰

p.455

202

인 5,700미터의 굉장한 바위 봉우리가 내 주의를 끌었다. 고개에서 그 봉우리로 오르려면 상당히 어려울 터였지만, 그 산의 생김새를 보니 고개와 닐기리파르바트 사이의 능선 위로 올라서면 정상에 다다를 수 있을 것 같았다. 그러려면 빙하의 가파른 비탈면을 횡단해서 곧장 위로 올라가야 했으며, 그와 동시에 날씨 변화에도 주의해서 폭풍이 일 경우 신속히 철수할 수 있도록 대비해야 했다.

알프스에서는 대개 산자락의 경사가 보기보다 덜하지만, 히말라야에서는 그 반대다. 우리는 고개에서 봤던 것보다 훨씬 더 가파른 비탈면에 서게 됐다. 다행히 눈의 상태는 좋았지만 깊이가 10센티미터밖에 안 돼서 딱딱한 얼음 위에서 쉬어야 했다. 이런 비탈면에서의 추락은 곧바로 제동되어야만 하는데, 로프를 걸어 안전을 확보할 수 있도록 피켈을 깊이 박아 넣는 것이 불가능하기 때문이다. 그래서 파상을 계속 주시했다. 그는 평소보다 잘 걸었는데 아마 짐을 지지 않고 있어서 그런 듯했고, 그런 대로 그 관문을 잘 통과했다. 이어서 설사면이 나왔다. 바위 몇 개를 오르면 목표로 하고 있는, 능선 바로 아래 평편한 설원으로 나아갈 수 있을 것 같았다. 능선을 눈앞에서 바로 보게 되자, 쉽게 능선에 도달하리라 예상했던 우리의 기대가 산산이 부서졌다. ^{p.455} 베르크슈룬트가 아랫부분을 방어하고 있는, 300미터 높이의 사면이 우리와 능선을 갈라놓고 있었다. 비록 왼쪽으로 오버행 슬랩지대가 있기는 했지만, 오른쪽으로 정상에서 400미터 떨어진 능선으로 이어지는, 엄청 가파른 비탈면을 오를 방법이 있었다. 그곳에는 여러 사람이 오를 공간이 없어서 파상과 누르부는 설원에 남겨두고, 왕디와 나만 정상을 향해 출발했다.

베르크슈룬트는 곳곳이 눈으로 채워져 있어서 쉽게 건널 수 있었다. 설원에서 봤을 때도 그 비탈면이 가파르게 보였지만 실제로는 경사가 훨씬 더 심했다. 가장 최근에 눈이 내리기 전에는 얼음으로 살짝 덮여 있었는데, 이제는 눈이 15센티미터나 얼음에 단단히 붙어 있었고 또 결빙되어 있어서 스텝 커팅이 불가피했다. 해가 나타나고서도 그리 멀리 나아가진 못했다. 날씨가 좋아지고 있었지만 이를 반길 수만은 없는 것이, 그렇게 되면 곧이어 얼음 위의 눈이 부드러워지기 때문이다. 그래서 우리는 신속하게 움직였다. 첫 바위 슬랩에 도착할 때까지 멈추지 않고 계속 나아갔다. 이 슬랩은 표면이 매끈매끈해 로프를 걸어 확보할 곳이 없어서 오르기가 만만치 않았다. 나는 왕디가 아니라면 어떤 짐꾼하고도 이 슬랩을 시도하지 않았을 것이다. 왕디는 어려운 곳에서도 안전하고 침착하게 등반할 수 있는 능력을 이미 여러 번 입증해 보여주었다.

능선에 도달하자 새소리가 갑자기 한꺼번에 들려왔다. 왼쪽을 보니 서너 마리의 갈색 새가 큰 바위에 앉아 즐거운 듯 우렁차게 지저귀고 있었다. 해발 5,700미터의 이 외진 능선은 우짖는 새를 볼 수 있는 특별한 곳이었다. 이곳에서 무얼 하고 있었을까? 우리들처럼 산의 기운이 그놈들을 이 높고 외로운 곳으로 오게 했을까?

높이가 30미터는 족히 됨직한 바위 밑까지 능선은 거의 수평으로 뻗어 있었다. 좌우를 살펴봐도 이 바위를 피해 갈 길이 없었다. 이 바위를 등반하려면 크랙을 이용해서, 오를수록 넓어지는 침니를 정면으로 올라가는 수밖에 달리 방법이 없었다. 바위는 멋있었다. 거칠면서도 깨끗한 화강암이어서 샤모니의 뾰족한 봉우리가 떠올랐다.

왕디는 암각에 안전하게 확보되어 있었다. 그래서 나는 크랙으로 올라갔다. 이 크랙을 오르는 것은 기술적으로 어렵다기보다는 힘이 많이 들어서 쉽지 않았다. 팔을 이용해 몸을 당겨 올리는 일상적인 행위로도 곧 지치는 고산에서 힘을 요하는 등반은 몹시 어렵다. 실제로 에베레스트에서 정상으로 접근하는 등반자가 바위 ― 설사 그 높이가 기껏 2.5미터밖에 안 된다 해도 ― 를 만나, 팔 힘으로써 자신의 몸을 그 위로 끌어올려야 한다면, 그리고 그것밖에 달리 방법이 없다면 정상 등정은 할 수 없다.

크랙에서 옆의 슬랩으로 올라서려면 쉽지 않은 한 번의 동작이 필요했다. 멈춰서 한 번 쉬지 않고서는 실고 이루이 낼 수 없는, 몸의 균형을 잃지 않는 단 한 번의 동작이 필요했다. 크랙 위쪽 침니는 등과 무릎을 크랙의 양쪽 벽에 붙인 상태에서 발과 팔을 이용해 몸을 위쪽으로 밀어 올릴 때마다 근육의 긴

장을 풀려면 잠시 멈춰 쉬면서 오르는 수밖에 달리 방법이 없었다. 게다가 침니는 오버행이고 위쪽은 천장이어서, 침니를 포기하고 오른쪽 벽을 오르려고 했지만, 그러려면 조그마한 홀드에 의지해서 균형을 유지하고 모퉁이를 돌아가야 했다. 나는 그때서야 내 위쪽에 오르기 쉬운 바위가 있는 곳으로 이어지는 5미터 높이의 슬랩이 있다는 것을 알았다. 이 슬랩 위로 오르려면 단 한 번 팔의 힘으로 몸을 위쪽으로 끌어올리기만 하면 되겠지만, 과도하게 팔 힘만으로 몸을 끌어올리는 동작은 어떤 경우에도 피해야 한다는 것을 나는 잘 알고 있었다. 대안은 왼쪽 루트였다. 그 루트는 그다지 팔 힘이 필요하지 않았지만 훨씬 더 까다로웠다. 침니 안에서 오르려고 발버둥치는 과정에서 지치기는 하겠지만, 여기를 오르는 수밖에 달리 방법이 없었다. 내가 두 번 발을 옮기고 세 번째 옮기려는 순간, 무엇인가가 허리를 당기는 듯한 느낌과 동시에 25미터 로프가 다 됐다고 왕디가 소리쳤다. 슬랩 위로 거의 다 올라서려는 순간이었지만 다시 내려와 동료를 침니 발치까지 끌어올려야 했다. 로프를 확보 지점에 걸어 내 자신을 확보하지 못하고 2.5센티미터 크기의 스탠스에 서 있었기 때문에, 한 손으로는 홀드를 잡고 다른 손으로는 손짓을 하면서 아래쪽에 있는 왕디에게 절대로 로프를 당겨서는 안 되며, 더욱 중요한 것은 미끄러져도 잡아 줄 수 없으니 절대로 미끄러져서는 안 된다고 내 뜻을 분명히 전달했다. 왕디는 위기에 직면해도 이를 늘 잘 헤쳐 나가는 보기 드문 사람이다. 곧 침니가 시작되는 곳에서 왕디의 헉헉거리는 숨소리가 들렸다. 이제 사용할 수 있는 여분의 로프가 10미터가 더 생긴 셈이며, 이 정도면 바위 위로 올라서기에 충분했다. 나는 뒤이어 바위 위로 올라선 그를 안전하게 확보했고, 우리는 하나가 되었다. 이것이 이 바위 등반의 힘든 부분이었고, 이런 고도에서 지금까지 경험한 중에 가장 힘이 들었다.

우리는 가능하면 힘이 드는 등반을 피하고 싶었고, 우리 바로 위쪽 능선은 상당히 어려워 보여서 산의 동쪽 사면을 가로질러 쉬운 루트를 따라 나갔다. 가파르고 부서지긴 했어도 오르기에 그다지 어렵지 않은 바위 위로 곧바로 올라서서 힘겹게 한 지점에 이르렀다. 정상은 이제 단지 몇 미터 거리에 있었고, 슬랩과는 떨어져 있었지만 실제로는 정상 격이 되는 큰 바윗덩이에 등을 대고 드디어 슬랩 위에 앉았다.

오전 10시 30분, 캠프를 출발한 지 5시간 만이었다. 왕디는 기뻐서 이를 드러내고 활짝 웃었다. 정상에 도착해서 먼저 한 일은 등산화를 벗고 발을 문지르는 것이었다. 설사면을 오르는 동안에 젖은 발이 얼어서 무감각했기 때문이다. 열정적인 왕디는 나의 이런 행위가 성에 안 차는지 눈을 조금 집더니 발마사지를 시작했다. 등산가의 악몽에는 등산화를 잃어버리는 꿈이 월등히 많을 것이다. 내 등산화의 위치가 안전치 못하다는 판단을 내린 왕디가 갑자기 내 머리 위로 등산화를 집어 올리더니 그의 뒤편 움푹 파인 곳에 내려놓았다. 그런데 그 동작이 어찌나 재빨랐던지, 순간 나는 그가 혹시 등산화를 아래로 떨어트리지는 않을지 걱정했다.

안개로 주변 전망이 거의 보이지 않았지만, 우리는 450미터 아래쪽에서 누르부와 파상이 끈질기게 기다리고 있는 모습을 볼 수 있었다. 이미 우렁차게 그들에게 고함을 쳤던 왕디가 등반 성공의 표시로 돌멩이 몇 개를 떨어뜨리자, 그 돌멩이들은 슬랩의 표면과 얼음이 덮인 경사면을 쏜살같이 내려가 베르크슈룬트에서 튀어 오르더니 급기야 동료들이 기다리는 곳 몇미터 근처에서 멈췄다. 그들은 벌떡 일어나서 크게 기뻐했다.

바람도 없고 햇볕도 따뜻했다. 우리는 곧바로 이런 상황을 이용했다. 왕디가 발을 비벼 주어서 혈액순환이 회복됐고, 흠뻑 젖은 양말을 짜서 조금 말린 후 왕디가 등반 기념으로 케른을 쌓는 데 열중하는 동안 등산화를 다시 신었다. 그리고 하산을 시작했다. ^{p.456}

히말라야에서는 오르기 힘든 바위를 다시 내려가는 것이 오르는 것보다 쉽다는 것을 경험으로 잘 알고 있기는 했지만, 솔직히 30미터나 되는 그 바위를 다시 내려가기가 정말 싫었다고 고백해야겠다. 그래서 그 바위에 도착했을 때 다른 대안이 없는지 둘러보았다. 한 가지 방법이 있었다. 그것은 사면을 대각선으로 내려가서 그 사면 전체 높이의 2/3 지점에 있는 우리가 올라온 루트로 가는 것이었다. 그러나 이것은 나의 어리석은 결정이었다.

설사면에 도달하기 위해서는 30미터의 바위 슬랩을 내려가야 했다. 경사가 심하고 홀드가 하나도 없는 곳이었다. 왕디가 앞장섰고 나는 능선에서 확실하게 왕디의 확보를 보았다. 로프의 전체 길이가 끝나자 왕디는 따라오라고 소리쳤다. 나는 그가 안전한 위치에 있으리라는 간절한 기대를 갖고서 뒤따랐다. 그러나 그는 안전한 위치에 있지 못했다. 나는 조심조심 내려가서 그가 있는 곳에 도착한 후에야 그가 조그마한 바위 턱에 한 손으로 자신을 지탱하면서 다른 손으로 로프를 잡고 있다는 것을 알았다. 딱하기 그지없는 자세였으며 거의 자기 확보가 되지 않은 상태여서, 나는 왕디에게 제발 천천히 조심해서 하산하라고 애원했다. 그는 그렇게 했고, 마침내 슬랩 기슭에 도착하자 나는 안도의 숨을 내쉬었다. 그러나 나의 안도감은 얼마 가지 못했다. 다음 순간 그는 발판을 잘라 만들고 있었는데, 타격 소리를 들어 보니 예상했던 눈이 아니라 얼음 위에 발판을 만들고 있었다. 힘이 들어서 작업 속도는 느렸고, 나는 작은 스탠스 위에 서 있었기 때문에 왕디가 미끄러지더라도 확보해줄 능력이 없었다. 그는 확실히 발을 디디고 작업을 해야 하는 이중으로 어려운 처지에 있어서 내 걱정은 매순간 커졌다.

다시 한 번 로프가 다 되자 왕디가 따라오라고 소리쳤다. 나는 그에게 피켈을 박아 넣고 피켈에 로프를 감으라고 소리쳤지만 그렇게 할 수 없는 상황인 듯했다. 내려가 보니 그 이유가 분명했는데, 끝이 난 듯이 보였던 슬랩이 끝나지 않았던 것이다. 2.5센티미터 두께의 얼음에 덮인 채, 게다가 간혹 2.5센티미터 두께의 분설에 덮인 채 슬랩이 계속되었다. 왕디가 할 수 있는 일이라고는 얼음에다 등산화 앞쪽 끝을 간신히 올려놓을 수 있는 턱을 만드는 정도의 일뿐이었다. 그곳은 내가 지금까지 등반해 본 중에 가장 고약한 곳이었으며 언제든 재앙이 발생할 수 있는 곳이었다.

나는 능선을 떠나면서 내가 어떤 실수를 저질렀는지 그제야 깨닫게 되었다. 그러나 계속 전진하면서 몇 미터 못 가 좀 더 좋은 상태의 눈을 만나게 되기를 바랄 뿐 다른 도리가 없었다. 나는 되도록이면 피켈을 잘 박아 넣고 등산화 끝이 작은 스탠스에서 미끄러지지 않기를 기대하며 왕디가 있는 쪽으로 내려갔다.

왕디는 특별히 스탠스가 될 만한 것은 아무것도 디디지 못하고 있었다. 그는 또다시 내려갔고, 이번에는 특별히 주의하라는 당부도 포기했다. 우리가 등반하고 있는 곳이 얼마나 위험한지 알고 있기는 할까? 그렇지만 그는 타고난 기술과 주의력의 소유자였다. 크누벨Knubel이나 로흐마터Lochmatter 같은 등산가도 그보다 더 확신에 차서 내려가지는 못했을 것이다. 12미터도 넘게 떨어진 곳에서 나를 안심시키는 외침 소리가 들려왔다. 그는 좋은 눈 위에 있었다. 눈은 이전의 눈만큼 굳어 있지는 않았지만 유리한 점이 있었다. 우리는 비탈면을 바라보면서 킥스텝을 할 수 있었다. 쉬지 않고 계속 이동해서 곧이어 우리 위쪽의 길을 다시 만날 수 있었다. 그리고 30분 후에 파상과 누르부를 만났는데, 그들은 우리가 내려오는 모든 과정을 흥미롭게 지켜보기는 했어도 우리가 겪어야 했던 어려움이나 위험을 세세히 이해하지는 못했을 것이다.

그 횡단 구간의 눈 상태는 좋았고, 그래서 우리는 곧 고개로 다시 돌아왔다. 그곳에서부터는 몇 번 글리세이딩을 했고, 산자락을 뛰듯이 내려가서 30분도 채 안 되어 캠프에 도착했다. 캠프에서 우리는 오랫동안 휴식을 취하며 식사를 했다.

한두 시간 후에 우리가 분다르 계곡을 따라 어슬렁거릴 때 나는 가르왈에서 한 등반의 기쁨을 다시 한 번 만끽할 수 있었다. 잠시 전만 해도 히말라야에서 이제껏 등반했던 그 어떤 봉우리보다 더 험하고 어려운 봉우리에서 온몸의 근육을 긴장시키고 있었는데, 이제는 꽃들 한가운데에 있었다. 이 얼마나 대조적이면서도 조화로운 모습인가. 멋진 하루의 등반이었다.

제14장

낮은 초원지대

지금까지 꽃 채집은 해발 3,500미터 이상의 계곡 위쪽에서만 했었다. 이제는 협곡 아래쪽에 캠프를 치고 그곳의 초원지대를 탐사하기로 했다.

바위 봉우리 등반을 한 다음 날 나는 쉬면서 편지 쓰기에 열중했다. 나는 가르왈의 부판무관인 P. 메이슨Mason 부부의 방문을 기다리고 있었다. 심부름꾼이 가져온 메모에 의하면 바드리나트에서 메이슨 여사의 건강이 나빠져 방문이 취소되어야 할 것 같다고 했다. 그들이 심부름꾼을 통해서 사과와 계란, 양파를 선물로 보내 주었다. 특히 반가웠던 것은 계란이있다. p.456
라니케트를 떠난 후 단 한 개도 구입할 수 없었는데, 이는 브라만이 닭을 부정한 동물로 여기고 있기 때문이다.

다음 날인 7월 13일, 왕디, 누르부와 함께 계곡으로 내려가서 협곡 아래 초원지대에 캠프를 쳤다. 계곡 위쪽만큼은 아니어도 탐사해 볼 만한 정도의 꽃이 있었다. 자주색 나비난초 속 오르키스와 전에는 못 본 작은 아룸 속 식물을 볼 수 있었고, 흰색 바람꽃 속 아네모네 오브투실로바와 그 수를 헤아릴 수 없을 만치 많은 딸기가 캠프 주변을 둘러싸고 있었다. 딸기가 어찌나 많았던지 밟아 뭉개지 않고서는 한 발짝도 옮길 수 없었다. 누르부가 모자 가득히 딸기를 땄고 나는 그것을 으깬 다음 양의 젖에 넣어 간식으로 먹었는데, 소화가 안 되는 것은 아니었지만 유감스럽게도 맛은 별로였다.

점심을 먹고 나서 계곡의 측면을 혼자서 돌아다녔다. 무리지어 자라는 바곳류의 식물은 벌써 열매가 달려 있었다. 관심을 끌 만한 식물이 있으리라고는 기대하지 않았고, 그래서 막 돌아서려는 참이었는데 반짝이는 순백의 빛이 보였다. 나는 비탈면을 기어 올라갔다. 그곳에서 지금까지 본 꽃 중에 가장 아름다운 앵초 속 프리뮬러 위그라미아나 Primula wigramiana 를 마주했다. 쿠션 모양의 연녹색 이끼 사이에 열댓 포기가 무리지어 있었는데, 꽃은 희고 꽃잎에는 나비같이 부드러운 꽃가루가 있었으며 마치 땅에 떨어진 별처럼 그늘진 장소에서 반짝이고 있었다. 나는 이전에 이런 프리뮬러를 본 적이 없었고 그 후로도 다시는 보지 못했다.

신이 나서 협곡 위쪽 숲속으로 올라갔다. 이 숲은 대부분 활엽수였지만, 부분적으로는 침엽수도 있었고 라일락 같은 꽃

프리뮬러 위그라미아나Primula wigramiana

이 피는 관목도 있었다. 이 협곡의 입구인 커다란 절벽 발치가 가까워질 때까지 가끔 덤불을 헤치고 길을 열어 올라가야 했다. 그리고 멈춰 섰다. 왜 멈췄는지 정확히 설명할 수는 없지만 즉시 멈추었고, 나뭇잎 한 장 미동치 않는 정적을 인식하게 되었다. 들리는 소리는 한 가지뿐이었다. 멀리 떨어져 있는 제재소에서 들리는 소리처럼 오르내리는 단 하나의 단조로운 음조로 나무귀뚜라미가 울었고, 갑자기 그 소리마저 그치자 고요가 엄습했다. 이 고요와 함께 이상하고도 도저히 이해할 수 없는 두려움이 밀려왔다. 무엇에 대한 두려움일까? 내가 상상력이 있긴 해도 겁이 많다고는 생각하지 않는데, 한 발짝을 내딛자 발밑에서 나뭇가지가 부러지며 권총이 발사된 듯 날카로운 소리를 냈고, 그 순간 깜짝 놀라서 펄쩍 뛰었는데, 왜 그랬는지 모르겠다.

그 높다란 절벽 발치에서 50보 정도의 거리까지 몇 분을 더 올라가자, 우리 위쪽 절벽에 이어 숲 위쪽 절벽의 모습이 어렴풋이 드러났다. 절벽 곳곳에 진흙투성이 검은 돌출부에서 물방울이 은밀하게 숲으로 떨어지고 있었다. 이 절벽은 그 모습 자체가 강력하면서도 가차 없는 어떤 힘을 갖고 있어서 깊은 인상을 주었다. 절벽 밑에는 동굴이 하나 있고, 동굴 주변 습한 땅에는 온통 큰 짐승이 밟아 뭉갠 흔적이 있었다. 동굴의 어두운 입구를 바라보았다. 아무것도 안 보였지만 무엇인가가 그 안에서 나를 노려보고 있는 듯한 느낌이었다. 나를 해칠 것 같은 그 무엇이…. 곰의 굴인가? 그렇다면 더 이상의 조사 작업은 그만두는 것이 좋을 것 같았다. 나는 혼자이고 피켈이 총을 대신하기에는 무리이니까.

그래서 그곳에서 물러났다. 어깨 너머로 뒤돌아보기조차 싫었다. 아무것도 못 봤고 아무 소리도 못 들었지만, 원초적인 본능이 내가 위험에 처해 있다는 것을 일깨워 주었다. 단지 내 상상이었을까? 그렇다면 왜 위대한 등산가인 C. F. 미드Meade^{p.456}는 "여행의 신비와 떨림은 히말라야에서는 누구에게나 항상 있지만, 신비는 두렵고 떨림은 때때로 몸서리쳐지는 전율이기도 하다." 라고 기록했을까?

밤에는 심하게 비가 내렸고, 다음 날은 맑고 화창했다. 대기는 수증기를 씻어냈고, 멀리 보이는 경치는 좋지 않은 날씨가 끝난 다음의 산악 지역에서 흔히 볼 수 있는 눈부시도록 자극적인 푸른 색조를 띠고 있었다. 풀밭은 파릇파릇한 연둣빛이고, 숲은 대조적으로 검은 빛이었으며, 푸른 산봉우리들은 더욱 파란 하늘을 배경으로 외따로 떨어져 있었다.

일찍 일어나 아침을 먹고, 누르부와 꽃을 찾아 계곡을 내려갔다. 초원지대 아래에는 급하게 흘러내려서 큰 급류와 만나게 되는 여울이 있었으며, 양치기들이 그 위에 통나무와 장작 다발, 그리고 돌을 이용해서 다리를 만들어 놓았다. 그 여울 건너편에는 비탈면이 있었는데, 지금껏 본 중에서 가장 큰 산딸기로 붉은 반점이 찍혀 있었고 그 너머에는 솔숲이 있었다. 비가 온 후의 맑은 아침에는 숲이 매우 아름다웠다. 칙칙한 나무 그림자 때문에 강렬한 햇빛으로 생긴 빛의 연못이 더욱 두드러지게 보였다. 이슬이 내려서 희고, 한 줄기 빛이 비친, 이끼 낀 곳이 이곳에 있었으며, 또한 나무 그림자에 대비되어 뚜렷하고 선명한 양치식물의 잎이 우아했다. 이런 숲은 아무리 음울해 보여도 아침에는 밝은 웃음과 떨어지는 물방울의 속삭임, 나무 끝에서 살랑거리는 바람소리, 그리고 작은 여울의 운율로 가득 차 있다. 그 운율은 햇빛이 어른어른 반점을 찍고 있는 어둑한 샛길을 따라 들려 내려오는 목신牧神의 달콤한 피리 소리 같았다.

꽃은 거의 없고 양치식물이 많기는 했지만, 숲에서 낮은 초원지대로 연결되는 길에 노란빛을 띤 연두색의 키 크고 평범한 대극 속 오이포르비아 필로사Euphorbia pilosa와 한 몸에 진홍색 꽃이 여러 개인 데이지가 있었다. 낮은 초원지대에는 희귀한 꽃은 없었지만 양지꽃 속 포텐틸라와 바람꽃 속 아네모네가 빛났다. 초원지대 아래쪽 끝에서 행운이 찾아왔다. 가르왈에서는 처음 보는 매발톱 속 아크빌레기아 불가리스Aquilegia vulgaris였는데, 한 송이 푸른색 꽃이 18평방미터도 채 안 되는 곳에서 자라고 있었다. 그 후 다시는 그 식물을 보지 못했다. 가을에 씨를 받으려고 돌아왔을 때 양들이 모두 먹어치워 버렸다는 것을 알았다.

우리는 급류로 내려갔다. 그곳 두 개의 큰 바위가 만든 우

아크빌레기아 불가리스Aquilegia vulgaris

묵한 곳에서 푸른 색 양귀비를 발견했다. 고도가 2,700미터밖에 안 되어, 이 식물이 자라기에는 보기 드물게 낮은 곳이었다. 그리고 큰 바위 위에 장밋빛 봄맞이 속 안드로사체 프리뮬로이데스가 무리지어 있었고, 푸른빛 연리초 속 라티루스lathyrus, 보라색 익모초leonurus가 있었으며, 유별나게 길고 날카로운 가시가 달린 흰 꽃이 핀 관목도 있었다. 그렇지만 가장 눈에 띄는 식물은 밝은 분홍색 산지치 속 에리트리키움 스트릭툼이었다. 이 꽃이 보통은 푸른색인 것을 감안하면 변종임에 틀림없었다. 어떻게 이런 변종이 나타날 수 있을까? 토양의 화학적 변화나 비정상적 이화수분異花受粉이 원인이 아닐까? 이 꽃 색이 1~2미터 간격으로 수천 송이씩 무리를 지어 있는 봄맞이 속 안드로사체 프리뮬로이데스 꽃 색과 매우 비슷하다는 것을 감안하면, 이는 흥미로운 일이다. 몬순의 따뜻한 기온과 비, 특히 지난밤에 심하게 내린 비가 급류를 요동치게 만들었다. 급류가 흐르는 곳에서는 말소리조차 들리지 않았다. 누르부와 내가 급류 가까이에 있을 때, 요동치는 물이 1킬로그램 정도의 돌덩이를 물 위로 솟구치게 만들어서 그 돌덩이가 내 머리 바로 옆으로 날아왔는데, 이전에는 이런 현상을 결코 경험하지 못했다. 말투로 보건대 누르부가 여기에 뭔가 주술적인 해석을 달고 있는 듯했다. 분노한 강의 신이 나를 겨냥했다는 게 그의 뻔한 주장이었다.

  캠프로 돌아오는 길에 산딸기를 많이 따 왔는데, 테왕이 갖다 준 구더기가 버글거리는 고깃덩어리에 대한 약간의 보상이 되었다. 점심을 먹고 우리는 천천히 베이스캠프로 돌아왔다. 캠프에 도착하자 폭우가 쏟아졌지만 곧 그쳤고, 평소처럼 나는 모닥불 옆에서 평화롭고 만족스럽게 저녁을 먹었다.

제15장

무시무시한 설인雪人

인도 측량국 소속의 R. A. 가디너Gardiner 대위가 이름 붙인
6,440미터의 웅장한 닐기리파르바트를 처음 본 이후로 기회
가 있을 때마다 이 산의 등반 가능성에 대해서 곰곰이 생각해
봤다. 동, 서, 남쪽으로 조사했지만 가능성을 찾을 수 없었다.
결국 북쪽과 북서쪽 루트를 이용하는 방법뿐이었다. 접근할 수
있는 루트가 두 곳에 있었다. 하나는 분다르 고개와 반케 빙하
를 경유하는 것이고, 다른 하나는 내가 직접 가 보았던 눈 덮인
고개를 거쳐서 분다르 계곡과 평행하게 이 산의 가장 꼭대기까
지 이어지는 빙하 계곡을 경유하는 것이었다. 나는 두 번째 루
트를 택했다. 왜냐하면 이는 어쨌든 계곡을 탐험한다는 의미가
있었는데, 내가 아는 바로는 계곡의 맨 위쪽은 아직 유럽인이
한 번도 발을 디뎌 보지 못한 지역이었다.

페디쿨라리스 시포난타Pedicularis siphonantha

7월 16일, 닷새 분의 식량과 가벼운 장비를 챙겨서 왕디, 파상, 누르부와 함께 캠프를 출발했다. 지난주에는 많은 꽃이 피었다. 송이풀 속 페디쿨라리스pedicularis가 가장 두드러졌다. 이 식물은 라틴어로 이蝨를 의미하는 페디쿨루스pediculus에서 이름을 따왔기 때문에 '이풀'이란 유쾌하지 못한 이름을 얻게 되었고, 이러한 종의 하나인 송이풀 속 페디쿨라리스 팔루스트리스Pedicularis palustris가 이를 매개로 양에게 질병을 옮긴다고 했다. 그러나 분다르 계곡의 아름다운 꽃인 송이풀 속 페디쿨라리스와 질병을 연관시켜서 생각하기는 어렵고, 특히 밝은 보라색 꽃이 피는 페디쿨라리스 시포난타Pedicularis siphonantha의 경우에는 더욱 그랬다.

또한 키 작은 쥐손이풀 속 게라니움과 취나물 속 사우수레아saussurea가 많았는데, 이 사우수레아는 모양이 놀랄 만큼 다양했다. 수레국화꽃 같은, 줄기가 거의 없는 보라색 꽃이 넓고 평편한 잎 중앙에 피어 있었다. 풍선 모양의 진기한 식물과 설선 위쪽에서만 사는 작은 공 모양의 은회색 식물도 있었다.

p.457

도처에 산재한 용담 속 겐티아나 아프리카Gentiana aprica는 말할 것도 없고, 아주 희귀해서 일전에 확연히 눈에 띄었던 용담 또한 꽃이 피어 있었다. 유명한 알프스의 기화식물인 용담 속 겐티아나 아카울리스Gentiana acaulis를 꼭 닮은 조그마한 용담 속 겐티아나 베누스타Gentiana venusta를 우연히 발견했는데, 줄기가 거의 없는 자그마한 그 꽃은 꽃잎을 열기가 부끄러운 듯

겐티아나 베누스타Gentiana venusta

했다. 그리고 바위 사이 습한 곳에 앵초 속 프리뮬러 레프탄스 Primula reptans가 있었는데, 그 우아함이 앵초 속 프리뮬러 미누티시마에 버금갔다. 오르막길을 걸으며 본 너무나 아름답고 흥분되는 광경에 산을 올라가고 있다는 사실도 거의 잊었다.

몇몇 커다란 바윗덩이 근처를 지나고 있을 때, 일고여덟 마리의 어린 꿩이 놀란 듯 급작스레 꽥꽥거리며 조그마한 동굴에서 날아올라 도망쳤다. 이 광경에 크게 흥분한 왕디는 이놈들이 다시 둥지로 돌아올 것이라고 했다. 솔직히 양과 염소 대용으로 꿩 구이 생각을 하니 군침이 돌았고 그래서 그만 그 자리에서 사악한 사냥에 동의하고 말았는데, 그 사냥은 어두워진 후에 하기로 했다.

우리는 아침 행군을 줄이려고 전에 캠프를 쳤던 곳보다 100미터 위쪽, 바람이 만든 눈 더미 가장자리의, 아직은 대부분이 어린 수백 본의 앵초 속 프리뮬러 덴티쿨라타가 있는 곳 한가운데에 캠프를 쳤다. 5주 전에 씨를 맺은 똑같은 종류의 앵초 속 프리뮬러를 보았기 때문에 내겐 이런 현상이 매우 놀라웠다. 10월 7일이었는데도 눈사태 더미가 녹고 있는 땅에서 꽃을 피운 식물을 본 적이 있었다. 눈사태 더미 안에 일 년 이상 묻힌 식물의 내부에 무슨 일이 일어나고 있는지 아는 것은 매우 흥미로운 일이고, 이런 현상은 이 지역에서는 분명 흔한 일이다. 계속해서 살 수 있을까? 아마도 살 것이다. 단단한 눈 속에도 어느 정도 공기가 있기 때문이다. 원예가가 알프스의

프리뮬러 레프탄스Primula reptans

고산이나 히말라야의 식물을 영국에서 기르면서 겪는 어려움은 놀랄 일이 아니다. 이런 식물은 겉보기에는 강인해 보이지만, 실제로는 일 년 내내 기후 변화에 노출된 저지대의 식물보다 강인하지 않다. 연중 반은 눈 속에 묻혀서 발육을 못 한 식물이 황송하게도 영국의 변덕스러운 날씨에도 불구하고 자라 준다면 이것이야 말로 기적이 아니고 무엇이겠는가?

거의 어두워졌을 때 왕디가 내 텐트 안으로 고개를 들이밀더니 사악한 미소를 지으며 죄 없는 어린 꿩을 잡을 준비가 다 되었다고 말했다. 담요를 든 누르부, 파상과 함께 우리는 큰 바위들이 흩어져 있는 산비탈을 내려갔다. 동굴 몇 미터를 남겨두고 왕디가 내게 기다리라고 귓속말을 하고서 다른 두 공모자와 함께 고양이처럼 민첩하게 동굴을 향해 기어갔다. 그리고 동시에 동굴 안으로 뛰어 들어가 그 입구를 담요로 막았다. 곧 놀란 새들이 허둥대며 소동이 일줄 알았다. 그런데 아무 소동도 없었다. 왕디는 담요 밑으로 기어 들어가 손으로 그 안쪽을 더듬었지만, 그곳에 잠자리를 마련한 꿩은 한 마리도 없었다. 왕디는 빈손으로 동굴을 나오면서 티베트어로 무어라 중얼거렸는데, 분명히 티베트어 같았지만 무슨 의미인지는 추측만 할 수 있을 뿐 정확히 알 수 없었다. 나도 잠시 왕디처럼 실망했지만, 모의한 꿩 사냥 계획이 실패로 끝났다는 생각이 들어서 우리 둘은 한바탕 크게 웃었다.

다음 날 아침 출발할 때는 날씨가 아주 좋았다. 짐을 가볍게 멘 나는 짐꾼들보다 상당히 앞서 나갔는데, 고개에 도착해서 눈에 난 발자국을 보고 깜짝 놀랐다. 이곳으로 오는 동안 양치기의 발자국을 전혀 보지 못했지만 처음에는 사람 발자국이라고 생각했다. 그러나 가까이 가 보니 분명 커다란 두 발로 걷지만 맨발의 발자국이라는 것을 알 수 있었다. 보폭은 사람과 비슷했다. 과연 무엇일까? 나는 정말 흥분했고, 그래서 곧 사진을 찍기 시작했으며, 짐꾼들이 합류했을 때에도 사진 찍기에 여념이 없었다. 짐꾼들은 발자국을 보고 겁을 먹은 게 분명했다. 왕디가 먼저 입을 열었다.

"나쁜 만쉬Manshi!", "미르카Mirka!" 하지만 나는 그 뜻을 알지 못했다. 그는 다시 "캉 아드미Kang Admi(설인)!"라고 말했다.

이런 반응이 있으리라 추측은 했지만, 우선 왕디와 짐꾼들을 안심시켜야 했다. 나는 원정을 중도에 포기하고 싶지 않기 때문에 그것은 곰이나, 아니면 눈에서 사는 표범 발자국이 틀림없다고 말했다. 그러나 왕디는 전혀 그렇게 생각하지 않았고, 어째서 그 발자국이 곰이나 표범, 늑대, 혹은 그 밖의 다른 짐승의 발자국이 아닌지 상세히 설명해 주었다. 그는 이런 발자국을 과거에도 많이 보지 않았을까? 그것은 '설인'이었다. 그는 불안한 듯 주위를 두리번거렸다.

나는 미신을 믿지 않는다. 13일의 금요일도 내겐 아무 의미가 없다. 페인트 통이 머리 위로 떨어질 위험이 없는 한 사다리 밑으로 걸어가는 것을 망설이지 않는다. 엇갈리게 놓은 칼,

쏟아진 소금, 유리 제품이 울리면 선원이 익사한다는 이야기, 검은 고양이, 거울에 비친 초승달, 굴뚝 청소부 등 이와 유사한 어떤 이야기에도 내 마음은 조금도 동요하지 않았다. 그러나 이번에는 좀 다른 것이, 왕디의 주장과 그의 두려움에는 나름대로 어떤 이유가 있다는 것을 인정해야 했다. 이 문제는 조사가 이루어져야 했다. 그래서 배낭에서 먹지를 한 장 꺼내서 연필로 발자국의 크기와 보폭을 재기 시작했다. 그러는 동안 짐꾼들은 티베트인들이 공포를 느끼면 으레 그렇듯 잔뜩 시무룩한 얼굴을 하고 있었다.

10센티미터의 눈이 최근에 내렸으므로, 발자국은 해가 기운을 잃은 간밤에 만들어져서 얼어붙은 것이 분명했다. 왜냐하면 세세한 부분까지 뚜렷하게 모습을 드러내고 있었기 때문이다. 평편한 곳에서의 발자국은 길이가 32센티미터 폭이 15센티미터였다. 오르막에서는 폭이 평지의 것과 같았으나 길이가 평균적으로 겨우 20센티미터밖에 되지 않았다. 보폭은 평지에서는 45센티미터에서 60센티미터 정도였지만 오르막에서는 상당히 줄어들었으며, 발자국은 사람과 똑같은 각을 이루었고 발끝이 바깥쪽으로 향해 있었다. 발가락 자국은 길이가 3.7센티미터에서 4.5센티미터, 폭이 1.8센티미터로 뚜렷했고, 사람의 발가락과 다른 것은 좌우 대칭을 이루고 있다는 것이었다. 마지막으로 언뜻 보기에는 뒤꿈치 자국처럼 보이는 것이 있었는데, 양쪽 측면에 두 개의 발가락 같은 기묘한 자국이 있었다.

곧 짐꾼들이 다시 용기를 내어 내 설명을 지지해 주었다. 설인은 발가락을 사용해서 뒤로 걷기 때문에 뒤꿈치 부분의 자국은 실제로는 앞발가락이라는 데에 그들의 의견이 일치했다. 그 짐승이 어떤 바위로부터 아래로 뛰어 내리면서 만든 깊이 파인 자국과 눈에 약간 미끄러진 곳을 발견하고서, 나는 곧 스스로 생각해도 만족스럽게 짐꾼들의 생각이 틀리다는 것을 증명할 수 있었다. 그러나 미신은 논리로 따질 일이 아니었다. 내 설명은 왕디에게 아무 효과가 없었다. 고개에서 원하는 사진을 모두 찍고 나서 짐꾼들에게 발자국을 따라 올라가 보자고 했다. 그들은 처음에는 완강히 거부했지만, 그들의 주장대로 설인은 그쪽으로 가 버린 것이 아니라 그쪽에서 내려왔다는 그들 나름의 논리를 따라서 결국 내 제의에 동의했다. 발자국은 고개에서부터 넓고 약간 오르막인 눈 덮인 능선을 따라갔고, 한 곳을 제외하고 거의 똑바르게 나아가고 있었다. 270미터를 지나자, 발자국은 능선을 벗어나서 눈 덮인 작은 협곡들로 인해 주름져 보이는, 300미터의 가파른 절벽을 따라 내려갔다. 망원경으로 살펴보니 발자국은 분다르 계곡으로 내려가는, 규모는 작지만 크레바스가 상당히 많은 빙하를 따라가서 신설이 내린 아래쪽 경계 지점까지 다시 내려갔다. 그 짐승이 극복해 낸 난제들과 이를 극복하기 위해 발휘한 지혜에 나는 크게 감명 받았다. 그 짐승은 그 벽을 내려가려고 복잡한 횡단을 연이어 했고, 이어지는 능선과 협곡을 지그재그로 내려갔다. 빙하 아래로 내려간 그 루트는 그 짐승이 대가다운 등반 솜씨를 갖고 있다는 것을 보여 주었고, 우리가 있는 높은 위치에서 보니 그 짐승이 얼마나 주도면밀하게 눈 속에 숨어 있는 크레바스를 피해 갔는지 알 수 있었다. 전문 등산가라도 더 이상 좋은 루트를 찾지는 못했을 것이며, 피켈도 없이 루트를 찾아간다는 것은 어렵고도 위험한 일이었을 것이다. 로프 없이 눈 속에 숨겨진 크레바스가 있는 빙하를 내려간다는 것은 분명 이치에 맞는 일이 아니다. 그 설인에게 히말라얀 클럽의 회원이 될 자격이 충분히 있음은 말할 필요도 없다.

이 방향의 조사가 끝나자 우리는 고개로 돌아왔고, 나는 다시 역방향으로 발자국을 따라가 보기로 했다. 그러나 짐꾼들의 말로는 이 방향은 설인이 가 버린 방향이고, 우리가 그놈을 따라잡거나 혹은 그놈을 보기만 해도 선 채로 죽게 되며, 설사 그렇지 않더라도 좋지 않은 결과를 초래할 것이라고 했다. 이런 생각 때문에 그들은 겁에 질려 있었고, 내가 같이 가 보자고 한 것은 무리한 요구였다. 적어도 왕디는 내가 요구하면 동행해 주리라 믿고 있긴 했지만….

발자국은 우리가 처음 그 고개를 찾아갔을 때에 올랐던 그 작은 돌출 지점 아래쪽의 험한 바위 능선 측면을 따라서 횡단하기 시작했다. 나는 얼마 되지 않는 거리를 눈 속에 난 발자국을 따라 이동해서 바위 측면에 도달했고, 발자국은 비탈 아래 작은 동굴 입구 쪽으로 방향을 바꾸었다. 발자국은 동굴에서 나온 것이 분명했기 때문에 동굴 속으로 들어간 것은 아무것도 없다는 사실을 짐꾼들에게 설명하자니 적잖이 당혹스러웠다. 이미 나는 내 스스로 생각해 봐도 만족스러울 만큼 짐꾼들의 주장, 즉 설인은 발끝으로 뒤로 걷는다는 것의 불합리성을 증명했었다. 그렇지만 이제는 혼자였으며, 갑자기 안개가 끼는 바람에 짐꾼들이 보이지도 않았고, 그래서 아마 그들의 의견이 결국 옳을지도 모른다는 우스꽝스러운 느낌을 완전히 지울 수가 없었다. 그 이유는 외따로 떨어진 히말라야의 고지에서 미신이 갖고 있는 힘에 기인한 것이었다. 동굴에서 얼마 안 되는 곳에 서서, 더 나아가기 전에 동굴 속으로 돌을 던졌다는 것을 부끄럽지만 고백해야겠다. 아무 일도 일어나지 않았다. 그래서 동굴 입구 쪽으로 올라가서 안쪽을 들여다보았는데, 당연히 그곳에는 아무것도 없었다. 가파른 바위를 올라간 그 짐승이 동굴 입구에 쌓인 눈으로 뛰어내렸기 때문에 발자국이 한쪽으로만 생긴 것이라는 것을 그때서야 알게 되었다. 바위 사이에서 발자국을 놓쳐서, 전에 올라갔던 그 작은 봉우리 꼭대기까지 올라갔다. 이제 안개가 짙어졌고, 안개가 사라지기를 꼬박 15분이나 기다렸다. 가시거리 안에 나 이외에 아무도 없이 혼자 앉아 있는 것은 이상한 경험이었고, 기묘한 생각이 떠올랐다. 실제로 설인이 있을까? 만일 그렇다면 설인을 만나게 되지 않을까? 만나게 되면 피켈은 총에 비해 너무나 형편없는 호신 장비이긴 하지만, 왕디는 설인을 보는 것만으로도 죽게 될 것이라고 했다. 분명 설인은 초자연적인 최면술로 나를 죽일 것이고, 그 후에 통째로 삼켜 버릴 것이다. 동화 같은 이 이야기는 너무나 생생했다.

마침내 안개가 걷혔다. 내가 앉았던 우뚝 솟은 바위에서 빠져나간 발자국을 처음에는 볼 수 없었다. 내가 처한 이 상황이 당황스럽고 혼란스러웠던 것은 뒤쪽 어디에선가 그 짐승이 숨어서 나를 기다리고 있지나 않을까 하는 생각 때문이었다. 그때 다시 발자국을 발견했다. 그 발자국은 폭이 좁아서 거의 숨겨진 능선을 가로질러 또 다른 바위 돌출부로 진출한 후에 이 돌출부 너머 고개 동쪽 빙하로 내려갔다. 그 짐승이 무엇이든 간에 분다르 계곡에 살고 있다는 의미였다. 그런데 왜 그 짐승은 살기 좋은 계곡을 떠나서 어렵고 위험한 1,000미터를 올라 이 황량한 곳을 찾아왔을까?

이 이상한 사건에 대한 생각에 골몰하면서 짐꾼들이 있는 곳으로 돌아왔는데, 짐꾼들이 진심으로 나를 환영해 맞았다. 그들은 내가 스스로 무덤을 파고 있다고 생각했을 것이다. 이제 이 이야기의 이어진 내력을 소개해야겠다.

베이스캠프로 돌아온 며칠 후 짐꾼들이 성명을 냈고, 올리버가 그것을 목격했는데 내용은 이렇다.

"F. S. 스마이드 나리가 고용한 우리, 즉 왕디 누르부, 누르부 보티아, 파상 우르겐 짐꾼들은 7월 17일 분다르 계곡 북쪽 빙하 고개를 함께 넘고 있었다. 그때 우리는 그 고개 위에서 발자국을 보았고, 그 발자국을 미르카 또는 중글리 아드미Jungli Admi(야만인)의 것이라고 생각했다. 곰이나 산 위쪽에서 사는 표범, 또는 다른 동물의 발자국을 자주 봐 와서 아는데, 맹세코 이들의 것이 아니라 미르카의 발자국이었다. 우리는 스마이드 나리에게 미르카의 발자국이라고 했고, 그분이 사진을 찍고 크기를 재는 것을 봤다. 우리는 미르카를 한 번도 본 적이 없다. 왜냐하면 미르카를 본 사람은 모두 죽거나 죽임을 당하기 때문이다. 그 발자국은 티베트의 수도원에서 우리가 보았던 것과 판에 박은 듯 너무나 똑같았다."

내 사진은 이후에 일어날지도 모르는, 날조되었다는 비난을 막아 준다는 조건으로 봄베이의 코닥사에서 현상된 후 내가 관찰한 내용, 잰 치수와 함께 내 문학 분야의 대리인인 레너드Leonard P. 무어Moore에게 보내졌다. 그는 동물학회의 비서인 줄리안 헉슬리Julian Huxley 교수와 자연사박물관의 동물학 책임관인 마틴Martin A. C. 힌턴Hinton, 그리고 R. I. 포콕Pocock이 그것들을 조사하는 데에 많은 도움을 주었다. 이들 전문가가 내린 결론은 곰 발자국이었다. 처음에는 발자국이 발견된 정확한 위치를 오인하여 이 곰이 우르수스 아르크토스 프루이노수스Ursus Arctos Pruinosus라고 알려졌지만, 얼마 안 가 히말라야 서부와 중부에 걸쳐서 분포하는 우르수스 아르크토스 이사벨리누스Ursus Arctos Isabellinus라는 결론이 났다. 발자국은 크기와 특징에 있어 후자와 일치했으며, 이 발자국이 후자 이외의 다른 동물 발자국이라고 생각할 만한 어떤 근거도 발견되지 않았다. 이 곰은 때때로 북미의 회색 곰만큼 자라거나 더 크게도 자라며, 영국의 자연사박물관에 다 자란 이 곰의 표본이 있다. 이 곰의 색깔은 갈색에서 은회색에 이르기까지 다양하다.

이 발자국이 두 발 달린 짐승의 것이라고 생각했던 이유는, 곰이 다 그렇듯, 뒷발을 앞발이 남긴 발자국 뒤쪽 끝에 놓기 때문이다. 그래서 단지 옆 발가락만이 보이는 것이고, 뒷발에 의해 겹쳐져서 생긴 기묘한 톱니 모양은 발끝을 이용해 뒤로 걷는다는 설인의 앞발가락이라는 그들의 믿음에 대한 해명이다. 또한 발자국의 크기 문제인데, 햇볕에 녹아서 발자국이 엄청 크게 보였던 것이다. 에릭 십턴이 가르왈의 난다쿤티 근처에서 본 발자국을 어린 코끼리의 발자국과 비슷하다고 기술한 적이 있었는데, 햇볕에 가장자리가 녹으면 아마도 내가 보았던 그 발자국도 코끼리 발자국을 닮게 될 것이다.

그 전설은 어떻게 생겨났을까? 그 전설은 히말라야 남쪽, 셰르파의 본거지인 솔루쿰부Solu Khumbu 계곡을 포함해서 시킴, 네팔의 일부와 티베트의 상당한 지역에 널리 알려져 있다. 그 이유는 산이 많은 히말라야 분수령 남쪽에서는 네팔의 셰르파나 시킴의 렙차와 같은 불교 신자에게만 알려져 있는 반면에, 티베트 평원에서는 비교적 통신이 용이했기 때문일 것이다. 설인은 크고 포악하며 육식성이라는 것으로 유명한데, 큰 놈은 야크를 잡아먹고 작은 놈은 사람을 잡아먹는다고 알려져 있다.

설인은 때로는 희고 때로는 검거나 갈색이다. 암컷 설인에 관해서 내가 들은 가장 분명한 설명은 수컷보다 덜 포악하지만 움직일 때 시계추처럼 흔들리는 젖가슴이 너무 커서 걷거나 달릴 때 몸놀림에 방해가 되어 반드시 끈으로 가슴을 묶어서 어깨 위로 매달아야 한다는 것이다.

근년에 만년설 하한선 위쪽 설원에서 두 발 달린 짐승의 발자국인 듯한 이상한 발자국을 종종 발견한 유럽인들이 이 전설에 상당한 힘을 보탰다. 이 발자국들은 대개 햇볕에 그 형태가 망가지거나 부분적으로 훼손되어 있었다. 그러나 설사 그것들을 곰이 만든 것이라고 하더라도 분명한 것은 곰은 결코 설원 위쪽까지 돌아다니지 않는다는 것이고, 만일 돌아다녔으면 여행자들이 햇볕에 녹지 않은 깨끗한 발자국을 발견했어야 한다는 것이다. 동물의 움직임은 예측할 수 없다. 곰이 왜 자신의 서식지인 숲이나 목초지에서 멀리 떨어진 곳으로 모험을 하는가에 대해서는 논리적인 설명을 할 수 없다. 이와 관련해서 우리가 본 발자국과 중요한 관계가 있을지도 모르는 한 가지 주안점이 있는데, 이번 기회에 말하려고 전에는 말하지 않았다. 지난번 베이스캠프에서 뷴다르 계곡으로 올라가는 도중에 180미터 정도 떨어진 계곡 북쪽 비탈면에서 곰 한 마리를 보았다. 그놈은 바로 도망쳤는데 어찌나 날쌔던지 언뜻 한 번밖에 보지 못했고, 오버행 절벽 아래 작은 굴속으로 사라져 버렸다. 뒤에 있던 짐꾼들이 다가왔을 때 사진을 찍을 수 있도록 그놈을 굴

밖으로 꾀어내자고 내가 제안했고, 카메라를 가지고 옆에 서 있는 동안 그들이 굴속으로 돌을 던졌다. 그러나 그렇게 해서는 쉽사리 곰을 굴 밖으로 몰아낼 수 없었고, 나는 총을 안 갖고 있었기 때문에 굴에 너무 가까이 접근하는 것은 현명한 일이 아니었다. 우리가 그 곰을 겁주어서 바로 그날 밤에 1,200미터의 산비탈을 올라 그 고개로 가도록 했다는 가정이 가능한 것일까? 이 이론에는 두 가지 문제점이 있다. 첫째는 그 곰은 보통의 조그마한 검은 곰으로 보였으며, 그렇다면 덩치가 너무 작아서 우리가 보았던 크기의 발자국을 만들 수 없다는 것이다. 둘째는 그 발자국이 우리가 그 곰을 보았던 지점 동쪽으로 1.5킬로미터의 빙하를 올라갔다는 것이다. 그러나 우리가 캠프로 올라가는 도중에 우리도 모르는 사이에 또 다른 더 큰 곰을 놀라게 했을지도 모른다. 어쨌든 동물은 분명한 이유 없이 위험을 무릅쓰고 자신이 사는 곳에서 멀리 돌아다니지 않는다는 것이 논리적이다. 마지막으로 무척 흥미로운 점이 있었다. 분다르 계곡에서 내가 만났던 그 시크교도 측량사가 분다르 계곡 근처에서 커다란 흰색 곰을 보았다고 조쉬마트 우체국장이 내게 말해 주었다.

설이에 대한 전설은 히말라야 고개를 넘으면서 곰을 본 성인들에 의해서 시작되어 티베트에 전해졌으며, 미신이 많은 티베트에서 이론상으로는 불교도지만 오래된 자연물이나 우상 숭배에서 결코 자유로울 수 없는 사람들이 이 이야기를 과장하고 왜곡시켰다. 히말라야의 티베트 지역에 곰이 존재하는지 여부에 대해서 내가 무어라고 말할 수는 없다. 곰이 에베레스트의 카르타Kharta, 카르마Kharma 계곡과 같은 비교적 저지대이면서 숲이 우거진 계곡에 존재한다는 것은 있을 법한 일이며, 현재 알려진 것보다 훨씬 더 광범위하게 퍼져 있을지도 모른다.

나는 영국으로 돌아와 기사를 썼고, 『타임』이 이를 게재했다. 이 기사를 통해서 나는 내 경험과 동물학 전문가들이 검증한 내용을 토대로 결론을 내놓았다.

이 기사가 독단적이라고는 말할 수 없어도 솔직히 자극적이라는 것은 인정한다. 그러나 이 무시무시한 설인이 대중적으로 많이 알려지면서 영국 국민에게 큰 바다뱀과 네스 호의 괴물만큼이나 사랑받게 되리라고는 기사가 게재되기 전까지는 미처 몰랐다. 관례화 된 것을 뒤엎는 과정에서 이 기사는 정말로 벌집을 쑤셔 놓은 것이나 마찬가지였다. 어떤 신사 한 분은 왕립 지리학회와 알파인 클럽이 합동으로 내가 관찰하고 결론 내린 내용을 증명하거나 반증할 수 있도록 합동원정대를 보내야 한다고까지 『타임』에 편지로 제안했다. 그 투고자는 원정대가 꾸려진다면 원정대가 내가 관찰하고 결론 내린 내용을 반증하거나, 무시무시한 설인의 존재를 증명해 줄 수 있기를 바라고 있음이 분명했다. 내 죄의 정상 참작을 기대하면서, 내가 말할 수 있는 것은 무시무시한 설인이 실제로 존재했으면 좋겠다는 것이다. 내가 본 그 발자국은 의심할 여지없이 곰의 발자국이지만, 다른 사람들이 본 발자국이 무시무시한 설인의 것인들 무슨 상관이 있겠는가? 나는 그 발자국이 설인의 것이기를 바란다. 이 우울한 물질문명의 시대에 인간은 낭만적인 것을 찾기 위해서 열심히 노력해야 하고, 무시무시한 암컷 설인과 함께 있는 수컷 설인보다 더 낭만적인 이야기가 또 어디에 있겠는가? 그리고 무시무시한 새끼 설인과 함께라면 무슨 말이 더 필요하겠는가?

제16장

닐기리파르바트

앞 장章에서 말한 사건으로 인해서 왕디와 짐꾼들은 마음의 동요를 크게 겪고 있었다. 눈 덮인 고개 북쪽을 느릿느릿 기어 내려가는 행렬은 말이 없었다. 우리는 잠시 쉬운 비탈면을, 이어서 곧추선 아이스 폴에서 깨져 나온 빙하를 내려갔다. 가끔은 얼음을 잘라내어 발판을 만들면서 조심조심 내려가야 했는데, 로프나 피켈, 이론적으로 정립된 등반기술에 대한 아무런 지식 없이 본능에 생명을 맡긴 채 이 고개를 드나들었을 목동들의 고생스러움을 생각하니 놀라지 않을 수 없었다. 한두 곳에서 파상을 유심히 지켜봤다. 틴달Tyndall 교수이 표현을 빌리면, 루트를 벗어난 사람을 크레바스는 발밑에서 기다리고 있기 때문이다.

크레바스를 지나자 아래로 꺼진 곳이 없는 설사면이 나왔다. 설사면은 가파르고 오목한 곡선을 그리며 주 빙하 쪽으로 내려가고 있었다. 그곳에서 우리는 글리세이딩이 더 좋을 것 같아 로프를 풀었다. 왕디는 능숙하게 내려갔고, 여하튼 누르부도 넘어지지 않고 가까스로 내려갔지만, 아니나 다를까 파상은 몇 발자국도 못 가서 미끄러져 넘어졌다. 그는 자신을 쉽게 제동시킬 수 있는 피켈을 평소처럼 놓쳤고, 모자는 벗겨지고 배낭이 목을 감았으며, 긴 사지를 불가사리같이 펼치고서 헐렁한 석탄 가방처럼 미끄러져 내려갔는데, 아래쪽의 사람들은 동정은커녕 크게 웃기만 했다. 파상에게는 힘든 곳이었다.

마음씨 좋은 누르부가 파상이 놓친 피켈과 모자를 집어왔고, 우리는 계속 나아갔다. 우리가 있는 계곡에 긴 빙하가 있는데, 중앙 히말라야 대부분의 빙하와 마찬가지로 한 해 중 이맘때는 눈이 벗겨지면서 빙하의 절반이 돌로 덮여 있어 얼음이 지저분하게 보였다. 모퉁이를 돌아서자 눈 덮인 고개에서 시작된 빙하가 주 빙하로 흘러들고 있었고, 빙하 위쪽으로 닐기리파르바트가 보였다. 닐기리파르바트는 남, 동, 서쪽으로 당당한 모습이었고, 북서쪽으로도 똑같이 멋있었다. 엄청난 절벽들 위에 있는 정상은 푸른 하늘 위로 날카롭게 솟아 있었다. 이런 절벽들을 올라갈 수 있는 가능성은 전혀 없었지만 북쪽 사면에 실낱같은 희망이 있었다. 북쪽 사면은 한쪽만 보였지만 어떤 산을 등반하려 할 때에 예견되는 곤란한 문제들을 미리 평가해볼 수 있는 최고의 각도로 측면 윤곽이 보였다. 그 경사각을 정확히 어림할 수는 없지만 분명 매우 가팔라서 평균 40도 미만이라고는 볼 수 없었다. 어떻게 그 위로 올라갈 수 있을까? 이 문제는 계곡 상층부에서 반원을 그리며 뒤엉켜 있는 아이스 폴을 가로질러 위쪽으로 전진한 후에 생각해야 할 것이다.

그날 가능한 한 멀리 전진하고 싶었지만 짐꾼들은 행군에 전혀 관심이 없었다. 그 설인이 등반 의욕을 완전히 빼앗아 갔기 때문이다. 짐꾼들은 큰 바위가 나타날 때마다 설인이 바위 뒤에서 덮칠 것이라고 확신하는 듯 맥이 빠져 시무룩해 하며 뒤에서 꾸물거렸다. 이런 상황에서는 보티아족과 셰르파족을 달리 다룰 방법이 없다. 높은 고도에 대한 두려움이 초창기 몽블랑을 등반했던 사람들에게 영향을 준 것처럼, 미신은 이곳 현지인에게 육체적으로 영향을 미친다. 나는 점점 골치가 아팠지만 앞서서 느릿느릿 한가롭게 걸었다. 이들이 쫓아오도록 1시간 이상 기다려야 했기에 생각하고 있던 바를 왕디에게 말했다. 그러나 아무런 소용이 없었다. 그와 짐꾼들은 피곤해 했고 그날의 무서운 사건으로 생각보다 일찍 지쳐버렸다. 근처의 초목으로 판단해 볼 때 4,500미터는 못 되고 아마 그 미만인 듯한, 당초 내가 생각했던 빙하 중앙의 아이스 폴 위쪽이 아니라 그 아래쪽 측면 모레인에 캠프를 쳤다.

차를 마시고 빙하 아래쪽 아이스 폴을 올려다 볼 수 있는 지점까지 바위를 기어 올라갔다. 내가 본 것은 장엄한 광경이었지만 결코 마음이 내키지는 않았다. 아이스 폴 위쪽은 빙하 플라토였으며, 그 위는 절벽과 아이스 폴이 반원을 그리고 있었다. 그곳은 황량하고 두려움을 느끼게 만드는 곳이어서 1930년에 루트를 개척해 보려고 헛되이 애썼던 칸첸중가의 소름끼치는 권곡圈谷^{p.457} 생각이 떠올랐다. 이제 닐기리파르바트 북쪽 사면 최상층부가 온통 빙하인 것을 알았고, 비탈면 곳곳이 빙벽으로 단절되어 있었지만 일단 그 위로 오르면 정상으로 어프로치가 가능할 것 같았다. 능선이 정상 아래 750미터 지점에서 5,790미터의 이웃한 봉우리와 연결되지만 절벽과 아이스 폴로 인해 접근이 불가능했다. 단 한 곳에 실낱같은 희망이 있었다. 그곳은 닐기리파르바트 북서쪽 사면에 접하면서 꼭대기가 눈으로 덮인 기다란 버트레스였다. 그 꼭대기에 올라서면 부서진 얼음지대를 통해 북서쪽 사면을 가로지르는 바위 턱을 횡단하여 높이와 이름이 알려지지 않은 한 봉우리와 닐기리파르바트를 잇는 능선 위에서 끝나는, 가파른 눈 덮인 협곡으로 진출이 가능할 것 같았다. 그곳은 지형적으로 매우 복잡해서 말로 설명하기가 어려웠다. 닐기리파르바트 북쪽 사면의 경우에는 그 위로 루트를 여는 것이 가능한지 아닌지조차 결정하기가 불가능할 정도로 지형이 매우 복잡했다. 과연 등반이 전혀 불가능할까? 캠프의 위치는 4,500미터 정도이거나 조금 못 미치겠지만 닐기리파르바트는 6,481미터나 되었다. 그 눈 덮인 걸리로 진출하기 위해서 북서쪽 사면을 횡단하려면 처음의 버트레스에서 약간 내려가야 했다. 60~90미터 정도 내려가는 것을 감

246

안하면 캠프에서 2,000미터 이상을 등반해야 하는 것을 의미했기에, 오르기 쉬운 곳에서도 하루 등반 거리로는 엄청난 거리였다. 하물며 히말라야에서는 더욱 그럴 것이고, 등반이 어렵게 되면 십중팔구 등반 거리로 인한 문제가 생길 것이다. 전망이 너무 암담해서 그날은 그냥 정찰만 하고, 더 높은 곳에 캠프를 한 동 더 치기 위해서는 식량과 장비를 준비해서 나중에 다시 올라오는 것이 최선의 방법 같았다.

어떤 문제가 마음을 억누르고 있을 때 나는 잠을 잘 이루지 못한다. 그리고 그날의 그칠 줄 모르고 선명하게 번쩍거리는 번개도 불면에 일조했다. 일어나서 텐트 밖을 내다봤다. 알라크난다 계곡 위에서 서쪽으로 번개를 동반한 폭풍우가 격동하고 있었다. 하늘에는 높이 솟은 구름이 층층이 쌓여 있고, 연보랏빛 번개가 이 구름들을 매 순간 비추었다. 폭풍우는 멀리 있지 않았고, 때때로 공허하게 우르릉거리는 천둥소리가 빙하에 부딪혀 반향이 되어 울렸다. 문제를 해결할 수 있는 무엇인가가 있다면 그것은 날씨였다. 동틀 녘에 번개가 사라지고 조용히 날이 밝았다. 그제야 닐기리파르바트를 시도해 봐도 되겠다는 확신이 들었고, 그래서 나는 5시에 짐꾼들을 깨워서 아침을 먹었다. 전날의 경험으로 인해 그들의 기분이 어떨지 몰라서 이 산을 시도해 보려는 내 뜻을 왕디에게 말하진 않았다. 파상을 캠프에, 즉 그 무시무시한 설인의 손아귀에 남겨두었다.

6시에 출발했다. 혓바닥 모양의 얼음이 아이스 폴로 편안하게 이끌었다. 곳곳에서 스텝 커팅이 필요했고 넓은 크레바스 몇 개는 돌아가야 했지만, 1~2분 이상 우리를 지체시키는 곳은 어디에도 없었다. 캠프를 출발한 지 30분이 안 되어 높고 평편한 지역으로 올라섰다.

꼭대기가 가파른 그 버트레스는 아래쪽 절벽으로 완만하게 펼쳐져 있었고, 설사면과 눈 덮인 능선을 통해서 측면으로 오를 수 있을 것 같았다. 플라토를 지나서, 무리지어 있는 불안정해 보이는 빙탑지대를 피하려고 대각선을 그리며 설사면을 올라갔다. 눈은 딱딱하게 굳어 있어서 스텝 커팅이 필요했다. 나는 늘 등산의 들머리에서 스텝 커팅을 기꺼이 즐기는데, 몸에 활기를 불어넣고 피의 순환을 원활하게 하려면 이보다 나은 방법이 없다. 왕디와 누르부가 어떻게 하고 있는지 돌아볼 필요도 없었다. 로프를 통해서 이심전심으로 그들을 느낄 수 있었다. 유쾌하지 못했던 경험을 잊고자 하는 동양인들의 의지와 하룻밤의 휴식이 결합되어 놀랄 만한 결과를 만들어냈다. 그들에게 열정과 활기와 힘이 되돌아와 있었다.

설사면이 능선으로 좁아졌다. 휘두르고 또 휘두르고, 휘두르고 또 휘두르고…. 딱딱하게 언 눈 속으로 피켈이 파고들면서 내는 소리는 아름다운 음악 같았다. 아침은 조용하고 추웠으며, 우리가 오르고 있는 고요하고 거대한 걸리에는 움직이는 것이 아무것도 없었다. 우리 위쪽에서 떨어지는 파편으로 인해 반질반질하게 윤이 나는 가파르고 좁은 걸리가 왼쪽에 있었다. 이 걸리 경계에 차갑고 거대한 연두색 세락지대가 있었는데, 계곡 아래쪽 눈 덮인 봉우리를 비추던 햇빛이 반사되어 세락들은 엷은 우윳빛을 띠고 있었다.

능선은 완경사의 눈 속으로 사라졌고 턱수염 모양의 고드름이 달린 크레바스가 바로 위에 있었는데, 그 위쪽으로는 가파른 설사면이 버트레스의 날카로운 능선 마루로 이어지고 있었다. 크레바스는 한 곳이 눈으로 채워져 있었고, 왕디의 로프 확보를 받으며 주의 깊게 스노브리지를 건너서 크레바스 입구 위로 발판을 깎아 만들었다. 위쪽 비탈면은 경사가 심했고 표면은 잘 언 눈으로 덮인 얼음이었다. 나중에 햇볕에 눈이 녹으면 스텝 커팅을 하지 않고 그곳을 내려가는 것이 불가능해 보였지만, 오른쪽에 있는 바위 지릉支稜이 피치 못할 경우 대안이 될 것 같았다. 발판을 깎아내고 모두 함께 움직여서 곧 비탈면 위쪽 능선에 도착했다. 그곳에서 태양이 우리를 반겨 주었고 휴식을 위해 잠시 멈추었다. 이제, 자기들이 가야 할 목적지도 모르는 채로 마냥 내버려둘 수 없어서, 가능하면 정상까지 올라갈 계획이라고 짐꾼들에게 말했다. 그들의 대답은 간결하면서도 독특했다. "타카이, 사힙!(좋습니다. 나리!)"

지금까지는 날씨가 좋았지만 이제 안개가 끼기 시작했다. 우리는 능선이 우리 위쪽으로 포물선을 그리며 바위로 된 툭 튀어나온 지점으로 이어진 모습을 바라봤다. 이어 또 다른 능선이 포물선을 그리고 있었는데, 그 위쪽 부분은 안개로 인해 보이지 않았다. 몇 분 쉬고 다시 등반을 시작했다. 눈의 상태가 좋아서 한 걸음을 걷기 위해서는 한 번 힘껏 눈 속으로 발을 차 넣기만 하면 됐다. 경사가 심해서 능선 곳곳에서 주의해야 했지만 특별히 어렵지는 않았다. 8시 30분, 그 버트레스의 뭉툭한 마루에 올라섰다. 그때 안개가 살짝 걷혔고, 우리 위쪽으로 일련의 거대한 빙벽들과 사각형 세락들이 보였다. 왼쪽에는 내가 이미 보았던 그 바위 턱이 있었다. 바위 턱은 폭이 상당히 넓어서 위험하게 세락 근처로 지나갈 필요가 없다는 것을 의미했지만, 반면에 아래로 기울어져 있어서 이를 따라 내려가면 고도를 족히 90미터는 잃는다는 것을 의미하기도 했다. 올라가야 할 거리가 1,000미터 이상 남은 상황에서 이 정도의 거리는 긴 것이 아니지만 우리의 등반 의욕을 꺾기에는 충분했다.

바위 턱 끝 지점이자, 이미 말했던, 한 쪽은 세락이고 맞은 편은 바위 절벽인 눈 덮인 120미터 높이의 걸리에 도착하는 데는 불과 몇 분밖에 걸리지 않았다. 눈 덮인 걸리의 시작 지점이 베르크슈룬트로 막혀 있었지만 눈으로 잘 채워져 있었고, 베르크슈룬트 건너편 위로 오르기 위해서는 약간의 스텝 커팅이 필요했으나 곧 위쪽 비탈면으로 올라설 수 있었다. 비탈면은 가파르고 얼음으로 덮여 있었다. 이 비탈면 전 구간에 발판을 깎아 만들어야 했으며, 발판을 한 개 만들 때마다 피켈로 여러 번 얼음을 찍어내야 했다. 힘든 작업이었지만 또한 유쾌한 작업이기도 했다. 왕디와 누르부는 훌륭하게 이 일을 해 나갔으며 재갈을 물린 듯 아무 말이 없었다. 나도 내 평생에 이보다 더 컨디션이 좋은 때가 없었고 예전같이 매 순간 멋진 설상 등반을 즐겼다. 이 걸리는 그늘이 져 있었지만 걸리가 끝나는 험하고 폭이 좁은 능선은 태양의 흰 광채를 받아서 밝게 빛이 났다. 나는 왕디의 로프 확보를 받으며 서서히 능선으로 접근해서, 능선에 커니스가 있는지 확인하려고 피켈을 깊이 박아 넣으며 앞서 나갔다. 커니스는 없었다. 우리는 면도날 같이 날이 선 능선을 따라 이동했다. 100미터를 지나자 능선은 그 산의 마지막 얼음 사면 아래 플라토에서 끝이 났고, 그곳에서 휴식을 취했다. 10시였고, 4시간 만에 1,200미터를 오른 셈이었다. 여러 어려움을 감안하면 상당한 전진이었다.

나는 입 안이 바짝 말라 무엇이든 마시고 싶었고, 눈으로 갈증을 달랬다. 히말라야에서 힘든 등반을 하는 동안에는 늘 그랬듯이 아무 것도 먹고 싶지 않았지만 초콜릿을 조금 먹었다. 왕디와 누르부는 먹기 싫다고 했지만, 나는 그들에게 먹지 않으면 정상에 못 간다고 했다. 그랬더니 왕디는 "아닙니다. 우리는 정상에 오를 수 있습니다!"라고 대꾸했다.

우리가 눈 위에 앉아 있을 때, 산의 사면이 보일 정도로 안개가 충분히 걷혔다. 이미 말했듯이 이 산이 750미터 사면은 입상빙설로 급경사를 이루고 있으며 우리가 있는 왼쪽에서 그 경사가 끝이 났다. 우리가 있는 곳과 같은 높이에 줄지어 선 빙벽들은 방케Banke 빙하로 곧장 떨어지는 900미터 높이의 절벽에 매달려 있었다. 이 사면의 경사가 1~2도만 더 심했어도 아마 사면은 이 산의 남쪽 사면 같은 바위가 되어 있어야 했을 것이다. 그러나 실제로는 입상빙설의 하강 운동으로 인해 사면이 부서지면서 세락을 만들었고, 세락들 중 큰 것은 30~60미터 크기의 빙벽을 형성하고 있었는데, 이 빙벽들이 사면 폭의 3/4을 가로지르고 있었다. 서쪽 끝 가장자리를 이용해서 사면을 오르려고 했지만 이 계획은 부서진 얼음으로 인해 실행이 불가능했다. 유일하게 남은 희망은 대각선을 그리며 사면을 가로질러 북동릉으로 루트를 열어 가는 것이었다. 처음에는 이 루트가 가능성이 있는 대안으로 보이지 않았다. 첫째는 이 방법을 선택할 경우 길고도 복잡한 등반을 해야 했기 때문이고, 둘째는 수없이 많은 세락과 위압적인 성벽 모양의 거대한 빙벽 밑을 지나가야 했기 때문이다. 최근에 눈이 내려 작은 빙벽 두 개가 생기기는 했지만, 세락과 빙벽의 윤곽이 뚜렷한 것을 보니 이곳은 눈사태가 드물다는 것을 짐작할 수 있었다. 마지막으로 고려해야 할 가장 중요한 점은 눈의 상태였다. 어떤 경우에도 눈사태의 위험을 피해야 했는데, 아래쪽이 절벽이기 때문에 눈사태가 일어나면 우리 일행은 순식간에 죽음을 맞이하게 될 것이다. 지금은 눈의 상태가 좋지만 어떤 위험한 상황이 발생한다면 그것은 햇볕이 비탈면에 영향을 미치는 늦은 오후가 될 것이며, 지금은 안개가 그 파멸을 초래할 요인을 어느 정도 감추고 있었다.

내 관찰로 결론이 나고 내가 결정을 내리자 등반이 시작되었다. 먼저 가파른 설사면이 나타났는데, 이를 왼쪽에서 대각선으로 올라갔다. 눈은 딱딱하게 얼어 있어 힘껏 발로 차면서 나아가야 했다. 신기하게도 눈을 발로 차면서 나아가는데도 발이 따뜻해지기는커녕 오히려 더 시려 왔다. 아마도 급격한 진동이 발가락을 무디게 만들었기 때문일 것이다. 스프링이 좋지 않은 오토바이의 떨리는 핸들을 잡고 있을 때 이와 똑같은 현상이 발생한다. 이런 이유 때문에, 그리고 딱딱하게 언 눈을 발로 차면서 올라가는 일이 힘들었기 때문에 피켈로 발판을 만들며 올라가는 방법으로 등반 방식을 바꾸었다.

얼마 못 가서 안개가 더 짙게 끼었다. 높은 고도에서는 짙은 안개보다 사람의 기력을 더 빼앗는 것이 없다. 태양을 거의 볼 수 없었지만 보이지 않는 태양의 열기로 숨이 막힐 지경이었고, 바람이 전혀 없어서 무력감이 점점 커졌다. 몽블랑Mont Blanc과 몬테로자Monte Rosa 같은 낮은 설산에서도 경험할 수 있겠지만, 히말라야와 관련해서 종종 언급되는, 빙하에서의 무력감을 우리는 여기서 경험하고 있었다. 대기 중에 습기가 과다한 물리적 원인도 있겠지만 정신적 요인 또한 더해지고 있었다. 왜냐하면 안개 속에서 긴 설사면을 올라가는 것보다 더 지루하고 피곤한 일이 없기 때문이다. 내 걸음은 점점 느려졌고, 숨소리는 점점 거칠어졌다. 발이 무뎌졌다. 캠프를 떠난 이래 계속해서 스텝 커팅과 킥스텝으로 비탈면을 올라왔기 때문에 피곤해서 제대로 걸을 수 없었다.

　이런 중대한 시점에 안개가 다시 걷히기 시작했다. 우리는 1시간 이상 등반을 하면서 동시에 왼쪽으로 횡단하고 있었다. 왼쪽으로 빙벽을 볼 수 있으리라 예상했지만 우리가 있는 곳 위쪽으로는 아무것도 보이지 않았다. 물론 빙벽도 보이지 않았다. 그러나 흐름이 느린 안개가 못 이기는 척 서서히 그 힘을 거두자, 좌우로 볼 수 있는 전 구간에 해벽海壁처럼 펼쳐진 거대한 빙벽이 드러났고, 여전히 길고 힘든 루트가 위쪽에 남아 있었다. 내가 이 비탈면의 규모를 과소평가했던 것이다. 이제 우리는 거의 녹초가 되어 있었다. 시간과 피로가 우리를 짓누르고 있었다. 어쩔 수 없이 돌아서서 왕디에게 철수 명령을 하려 했는데, 작지만 굽힐 줄 모르는 성격의 이 사내는 선 채로 조금도 동요하지 않았다. 마치 전 생애를 힘든 설사면을 오르는 데에 바치기라도 할 듯한 기세여서, 내 입술을 떠나는 말은 저절로 다음과 같이 바뀌었다.

　"앞으로 나아가자. 그리고 선두를 바꾸자." 내가 영어로 말하자 왕디가 알아들었다. 그는 로프의 한쪽 끝에 묶여 있었기 때문에 그저 앞장서기만 하면 됐다.

　왕디는 타고난 지도력을 갖춘 사람이어서 산에서 선두에 서는 것을 무엇보다 좋아했다. 움직임이 율동적이진 못했지만 그저 바라보기만 해도 기운이 나는 그 지칠 줄 모르는 힘으로 비탈면을 올라갔다. 좀 더 일찍 그를 선두로 세우지 않은 내가 어리석었다. 러셀을 하고 가는 것과 러셀이 된 길을 뒤따라가는 것과의 차이를 곧 깨달았다. 나는 금방 기운을 회복했고 동시에 희망적이면서도 낙천적인 생각이 다시 돌아왔다. 단지 피로가 빙벽이 멀리 있는 것처럼 보이게 만들었던 것이다. 실제로는 빙벽이 우리 위쪽 100미터도 채 안 되는 곳에 있었다. 우리는 곧 빙벽의 동쪽 끝 지점 아래에 도착했다. 그 빙벽의 측면을 오르기 위해서는 왼쪽으로 가파른 모퉁이를 돌아서서 올라가야 했고, 그곳으로의 접근로를 오르는 일은 등반의 전 과정에서 실제로 만났던 단 한 번의 위험한 등반을 수반하고 있었다. 이 모퉁이로부터 35미터 거리에 부분적으로 떨어져 있는 벽이 하나 있었다. 이 벽은 무게가 수백 톤은 될 듯한 30미터 높이의, 오버행인 얇은 얼음 조각이어서 35미터의 루트를 위협하고 있었다. 이 벽의 시작 지점 아래쪽에서 조금 거리를 두고 비탈면을 횡단한다면 위험지대에서 재빨리 벗어날 수 있을 것 같았다. 왜냐하면 횡단하는 곳은 벽 바로 아래보다는 경사가 덜 심했기 때문이다. 그러나 훌륭한 루트 개척자가 아닌 왕디는 얼음 층 들머리에서 발판을 깎아 가면서 올라야 하는, 보다 어려운 루트를 선택하고 말았다. 나는 로프 뒤에서 아직도 완전히 기운을 회복하지 못하고 있었기 때문에 그가 무슨 짓을 하고 있는지 알 수가 없었고, 알았을 때에는 이미 너무 늦은 상태였다. 이것이 그렇게 큰 차이를 만드는 것은 아니었지만 적어도 위험지대에 2~3분을 더 머물러 있어야 한다는 것을 의미했다. 그렇지만 성벽처럼 육중하고 거대한 벽에서 태양이 그 큰 얼음 조각을 분리시키려고 위협하고 있는 마당에 2~3분은 무한히 긴 시간이 될 수 있어서 그 지역을 벗어났을 때 내심 크게 기뻤다.

매우 가파르고, 얼음으로 덮여 있으며, 건너편 입구가 수직인 작은 크레바스가 그 모퉁이를 수평으로 절단하고 있었다. 그래서 내가 다시 선두에 섰고, 누르부의 피켈에 로프로 확보되어 왼쪽으로 돌아서 발판을 만들면서 똑바로 크레바스 쪽으로 올라갔다. 조금은 힘든 이 작업을 마치자 마침내 크레바스 위쪽으로 올라설 수 있었고, 조금 지나 동료들과 합류했다. 우리는 가장 어려운 등반이었던 그 빙벽을 마침내 횡단했다.

북동릉 꼭대기로 이어지는, 단절되진 않았지만 경사가 심한 눈 덮인 비탈면을 이제 등반해야 했다. 이곳의 눈은 빙벽 아래쪽보다 훨씬 더 부드러웠는데, 눈이 추위에 훨씬 심하게 노출되어 있었기 때문이다. 걸음마다 무릎 중간까지 눈에 빠졌다. 불굴의 의지를 가진 왕디조차도 두세 걸음마다 멈춰 서서 숨을 헐떡였다. 그러는 동안 나는 바람이 쓸고 간 비탈면을 빈틈없이 찬찬히 살폈고, 비탈면에서 눈사태가 일지는 않겠다는 결론을 내렸다. 전 구간에 걸쳐 눈의 밀도가 균등하지 않다는 사실이 그 주된 근거였다.

그럼에도 경사면이 가파르지만 눈이 잘 압축된 입상빙설의 표면으로 바뀌었을 때에야 나는 비로소 안심이 되었다. 스텝 커팅 작업이 힘들기는 하겠지만 적어도 눈사태는 일어나지 않겠다는 사실을 알게 되어 마음이 놓였다. 나는 눈사태에 대해서 지나치리만큼 신경을 썼다. 카메트 원정에서 많지 않은 습설과 함께 미끄러져 내려갔던 일 말고는 눈사태를 겪어보진 못했지만, 히말라야의 눈에 대해서는 지금도 깊은 관심을 갖고 있다. 히말라야의 눈이 알프스의 눈보다 훨씬 더 위험하고 예측이 어렵다는 것을 항상 염두에 두고 있다. 물론 히말라야의 눈 또한 알프스의 눈과 같이 자연법칙의 적용을 받지만 눈이 존재하는 여건이 극단적으로 다르고, 온도 변화도 알프스에서보다 훨씬 따가운 햇볕과 훨씬 추운 혹한의 밤으로 인해 무척 변화무쌍하다. 그러므로 등산가가 항상 각별히 주의를 해야 하는 것은 당연하고, 히말라야를 등반할 때에는 낙관론보다 비관론을 견지하는 것이 필요하다.

끝날 것 같지 않던 비탈면의 경사가 마침내 완만해졌고, 다행히 우리는 북동릉 마루에 섰다. 그 능선 마루는 꽤 넓었고 완경사였다. 너무 힘이 들어서 느릿느릿 움직이며 터벅터벅 걸었다. 능선은 우리 앞에서 뾰족한 한 지점으로 솟아 있었다. 더 높은 곳을 볼 수 없었다. 정상이 틀림없을까? 그렇지 않았다. 힘들게 그 위로 올라섰는데, 건너편으로 지루히게 기야 힐 긴 능선 너머에 또 다른 지점이 솟아 있었다.

우리는 욕지거리를 내뱉으며 눈 위에 주저앉아서 가쁜 호흡을 골랐다. 몇 분 후 내 어깨 위쪽 지역을 주의 깊게 살펴봤다. 정상은 우리가 예상했던 만큼 그렇게 멀리 있지 않았다. 고산에서는 거리와 피로의 관계를 떼어놓을 수 없다. 정상 300미터 아래에서 지친 등산가가 바라보는 에베레스트 정상보다 더 멀고 도달하기 힘든 곳은 없겠지만, 해발 8,400미터에 있는 등산가는 계속해서 지치게 될 뿐 휴식은 자신에게도, 거리 측정 능력에도 아무런 영향을 미치지 못한다.

우리는 무거운 몸을 일으켜 등반을 재개했지만 몇 미터 못 가서 갑자기 강풍이 일었다. 강풍은 매우 심했고 살을 도려내는 듯해서, 우리는 멈춰 서서 여분의 모든 옷과 장갑, 바라클라바를 서둘러 착용했다. 그런 다음 능선을 따라 천천히 나아갔다. 끝까지 가 본 경험이 없는 이 능선은 이제 악몽 속의 능선 그 자체였다.

이미 1시간 전에 닐기리파르바트 인근 지역에서 구름이 사라졌고, 우리는 사방으로 펼쳐진 눈부신 경관을 희미하게 알아볼 수 있었다. 바람에 떠밀리고 추위에 시달리며 전진했지만, 이 산은 우리를 놀라게 할 일을 하나 더 숨기고 있었다. 납덩이같은 다리를 끌고 우리가 봤던 그 정상으로 과감하게 올라섰는데, 다시 한 번 또 다른 정상이 우리 앞에 솟아 있었다. 그러나 이번에는 틀림없었다. 능선이 200미터는 거의 수평으로 뻗어 나간 후 갑자기 칼날같이 좁아졌는데, 이 칼날 능선은 반짝이는 곡선을 그리며 위쪽으로 솟아올라 더할 나위 없이 이상적인 한 지점에서 끝이 나 있었다.

우리는 한 번 더 쉬려고 눈 위에 주저앉았고, 다시 더 무거워진 몸을 일으켜 목표를 향해 전진을 계속했다. 그러나 이제는 전과는 다른 느낌 즉, 수학적으로 정확히 눈 덮인 삼각형을 그리며 푸른 하늘 속에 서 있는 그것이 확실히 정상이라는 느낌이 들었다.

능선이 좁아지며 경사가 가파른 곳에 이르렀다. 그 능선 마루는 매우 연약하고 얇았기 때문에 능선 위로 똑바로 가로질러 가기가 불가능했다. 그래서 능선의 측면을 이용했다. 걸을 때마다 피켈과 발끝을 눈 속에 잘 박아 넣으며 한 명씩 전진해갔다. 이렇게 해서 우리는 정상에 도달했다. 정상에는 우리 중 한 명만이 서 있을 공간밖에는 없었다. 나는 몇 분 동안 경이로운 파노라마를 내려다보면서 두 손을 양 눈에 대고 서 있었던 것을 지금도 잘 기억하고 있다. 내가 기억하고 있는 것은 이 산보다 훨씬 더 높은 산들과 비교해도 조금도 손색이 없는 이 산의 고도와 외떨어져 있는 것에 관한 것이다. 닐기리파르바트는 마터호른Matterhorn과 같이 외떨어져 있어서 5~6킬로미터 이내에 이를 능가하는 봉우리가 없다. 그날의 대기는 수증기 과다로 인해 푸르렀는데, 모든 것이 다 푸르렀다. 하늘이 한없이 푸르렀고 산자락도, 그림자도, 먼 풍경도 푸르렀다. 북쪽으로는 폭풍을 동반한 구름이 티베트 가장자리를 따라 층을 이루고 있었고, 그 구름 아래로 티베트 고원이 보였다. 그 고원은 하늘과 땅을 둘로 나누고 있는 흰 빛의 한 작은 점을 제외하고 바다처럼 푸른 지평선이었다. 똑같이 우스운 생각이 왕디와 내게 동시에 들었는데, 왕디가 먼저 말을 꺼냈다. "에베레스트!" 그런데 320킬로미터 이상 떨어져 있을 것 같지 않은 그 산봉우리는 이상하게도 실제 에베레스트와 아주 비슷했다.

바람이 정상 아래쪽 몇 미터 지점의 능선을 가로질러 심하게 불고 있었지만 정상에는 바람이 없었다. 이 고요의 오아시스에서 우리는 오래도록 머물고 싶었지만 이제는 아래쪽 눈의 상태가 나빠졌을 가능성과 함께 긴 하산길이 우리 앞에 놓여 있었다. 내가 지금까지 올라 본 산 중에서 가장 아름다운 정상, 그 연약하면서도 천상에 있는 듯한 정상에서 우리는 단 5분을 보내고서 하산을 시작했다.

지친 몸을 더 이상 비탈 위로 끌어 올릴 필요가 없어서 양쪽으로 펼쳐진 장관을 감상할 수 있었다. 남쪽은 거대한 절벽이고, 북쪽은 빙벽이 수천 미터 아래 반케 빙하로 오버행을 이루고 있었다. 바람은 더 이상 고통을 주지 못했다. 능선을 따라 걸어가고 있을 때 태양이 친절하게 미소를 지었다. 아름다운 하산 길 양쪽으로 봉우리들과 구름이 오후의 햇빛을 받아서 꿈을 꾸고 있는 듯 천상의 아름다움을 간직한 채 찬란히 빛나고 있었다. 우리는 하늘의 난간 위를 걷고 있었다.

이렇게 해서 마침내 설사면에 도착했다. 설사면 위쪽의 눈은 변하지 않았지만 아래쪽 눈은 이제 빙벽을 비추고 있는 햇볕에 부드러워져 있었다. 혹시 무너질까 두려운, 그 얇고 커다

란 얼음 조각이 있는 곳을 재빨리 통과해서 서둘러 플라토로
나왔다. 지친 누르부가 한 번 미끄러지기는 했지만, 왕디와 내
가 피켈을 눈 속에 박아서 몇 미터 더 미끄러지기 전에 제동했
다. 우리는 심한 갈증을 느끼고 있었다. 그때 플라토 가장자리
에서 물방울이 똑똑 떨어지는 바위 몇 개를 발견했고, 그 물을
받아 연거푸 몇 잔 들이켰다.

　　잠시 휴식을 취하고 능선을 횡단해서 협곡을 내려갔다.
그리고 그곳에서 아래쪽에 있을 때 예상했던 것을 다시 염두
에 두었다. 올라올 때에는 내내 스텝 커팅을 해야 했는데 이제
는 부드러운 눈 속으로 거의 무릎까지 빠졌다. 나는 마음속으
로 눈사태의 가능성을 염두에 두고 거듭 주의를 촉구했고, 우
리는 가능한 한 바위에 바짝 붙어서 한 번에 한 명씩 내려갔다.
아래쪽 비탈면의 눈 상태는 조심해서 걸으면 한두 발짝 정도는
견딜 수 있을 정도로 여전히 크러스트가 되어 있었지만 실제로
는 거의 부서진 것이나 마찬가지였으며, 무릎까지, 가끔은 허
리까지 눈 속에 빠지는 상태로 나아가야 했다. 그때까지는 우
리가 얼마나 지쳤는지 미처 깨닫지 못했다. 그러나 그 버트레
스의 마루 위로 이르는 100미터의 등반이 그날 가장 힘이 들었
다 왕디와 내가 교대로 선두를 섰지만 놀랄 민흔 힘을 가진 왕
디조차도 기력을 잃어 갔고, 물을 흠뻑 먹은 눈을 헤치며 몇 분
을 나간 후에 내게 선두를 넘겼는데 내가 그에게 선두를 넘겨
줬을 때처럼 기뻐했다. 버트레스 꼭대기에서 눈은 한층 더 부

드러워졌다. 정말로 심하게 부드러워서 더 이상 나빠질 수 없는 최악의 상태였다. 햇볕이 들어 따뜻한 바위에서 30분을 멈추었다. 그곳에서 왕디와 누르부는 마침내 부끄러움을 무릅쓰고 무엇인가를 먹었고, 그동안 나는 늘 그렇듯 물이 흥건히 떨어지는 양말을 짜서 말리려고 했다.

다시 출발할 무렵 태양은 빠른 속도로 기울고 있었다. 왕디는 우리가 베르크슈룬트에서 올랐던 그 비탈면으로 내려가려 했다. 내가 그곳의 위험성에 대해 경고했지만 내 말을 들으려 하지 않았다. 그래서 시험 삼아 공 크기만 한 눈 뭉치를 아래로 굴려 보았다. 그러자 1~2미터도 가지 않아 마차 바퀴 정도로 커지더니 그 무게로 인해 눈 위에 움직이는 쐐기 모양을 만들었다. 그런데 그 쐐기 모양이 점점 더 넓어져서 1~2초도 되지 않아 50미터 넓이의 비탈면 일부가 눈사태를 일으키며 베르크슈룬트 속으로 통째로 쓸려 들어갔고, 그 쓸려간 자리에 얼음이 드러났다. 왕디는 당연히 감동했다. 아니, 적어도 나는 그가 감동했다고 생각한다. 이런 일이 있고 나서, 이 비탈면 한쪽에 있는 바위 능선을 내려가는 것에 대해 그는 아무런 이의도 달지 않았다. 이 바위 능선은 베르크슈룬트에 도달할 때까지는 쉬웠지만 베르크슈룬트 위쪽에서 가파른 작은 바위가 능선을 차단하고 있었다. 그러나 그 바위는 보기보다 그렇게 어렵지 않았다. 이내 누르부와 내가 로프 전체를 풀어서 왕디를 아래쪽으로 내려 보냈고, 왕디는 그 바위벽의 갈라진 틈 위쪽으로 놓인 연결부를 찾아냈다. 그것이 마지막 어려움이었고, 빙하로 향하는 능선과 비탈면은 아주 쉬워서 그 구간의 절반을 글리세이딩 할 수 있었다.

아이스 폴 위쪽의 작은 플라토를 횡단하고 있을 때, 그림자는 아열대 지역의 밤도둑같이 서둘러 절벽과 세락 위로 기어오르고 있었다. 우리 주위와 위쪽은 햇볕의 성벽이었고, 우리가 올랐던 거대한 산봉우리는 얼음의 미로 위로 우뚝 서서 어두워지는 하늘에 번쩍이는 쐐기 모양을 하고 있었다.

저녁 7시에 파상이 우리를 맞이했다. 마음씨가 고운 그는 차를 준비하고 있었다. 우리는 계속해서 차를 마셨지만 누구도 음식을 먹지는 못했다. 너무 피곤해서 잠을 잘 수도 없었다. 나는 몇 시간 후에도 그날 있었던 일들을 마음속으로 되새기며 잠을 이루지 못했다. 거의 2,100미터 이상을 등반해서 아름다움과 흥미에 있어 내 기억 속에 특별하게 남아 있는, 눈과 얼음으로 된 산에 올랐다. 지금까지 등반했던 산 중 가장 아름다운 산이었고, 인생에 있어서 정말로 귀중한 많은 것이 이 산을 등반하며 보낸 13시간이라는 시간 속에 채워져 있었다. 단순하면서도 아름답고 햇볕을 받아 평화로운 그 산을, 등산가들이 꿈에 그리는 안벽한 정상을 나는 비로 이제 일같이 지금도 마음속에 그릴 수 있다.

제17장

라타반

닐기리파르바트에서 분투를 하고 우리는 지친 몸으로 7월 20일 캠프에 도착했다. 나는 캠프에서 12시간을 자고 나서 특별히 힘들었던 등반 후에 맨 먼저 찾아오는, 기운을 북돋우는 깊은 잠에서 차츰 깨어났다. 오늘은 피터 올리버Peter Oliver와 합류하기로 한 날인데 아마 하루는 늦어질 거라고 연락이 왔다. 그렇지만 혹 제때에 올지 몰라서 얼마 되지 않은 거리지만 계곡으로 내려가서 그를 맞이하기로 했다.

지난 며칠간 갖가지 꽃이 모습을 드러냈다. 개울가에는 흰 장구채 속 실레네 테누이스Silene tenuis기, 그리고 이 식물과 모습이 매우 비슷하며 가는 줄기에 종이 초롱 같은 꽃을 단 동자꽃 속 리크니스 아페탈라Lychnis apetala가 있었다. 또한 더덕 속 코도노프시스 로툰디폴리아Codonopsis rotundifolia가 덩굴을 뻗어

키 큰 식물들의 줄기를 감고 있었다.

바람꽃은 이미 절정이 지났지만 쥐손이풀 속 게라니움, 꽃고비 속 폴레모니움, 양지꽃 속 포텐틸라의 많은 무리들, 그리고 이보다 더 작은 꽃들이 전에 이곳에 왔을 때처럼 강렬한 색으로 내 정원을 가득 채우고 있었다.

누르부와 내가 초원을 한가로이 거닐고 있을 때는 더할 나위 없이 좋은 아침이었다. 우리는 협곡 아래쪽에 도착하여 빽빽한 덤불을 헤치고 협곡 오른쪽으로 기어올라서 계곡 아래쪽을 내려다볼 수 있는 홈이 파인 슬랩으로 올라갔다. 작은 능선 하나가 이상적인 전망대 역할을 하고 있었다. 우리는 구름이 흘러가면서 만드는, 빛과 그림자의 느린 변화를 지켜보며 한가롭게 햇볕을 쬐면서 즐겁게 3시간을 보냈다.

대황★黃이 근처에 있었다. 내가 근처 바위의 갈라진 틈에서 노란 관목 같은 양지꽃 속 포텐틸라 프루티코사Potentilla fruticosa를 사진에 담고 있을 때, 누르부는 대황을 와삭와삭 씹어 먹고 있었다. 시들어서 흔적만 남더라도 결국 뿌리에 의해 그 정체가 밝혀지는 것이 고산 식물의 경이로움 중 하나이다. 아마 새가 씨들을 퍼뜨렸겠지만, 계곡에서 불어 올라오는 강한 상승 기류가 식물들이 벼랑과 산중턱을 뒤덮는 데에 분명히 중요한 역할을 했을 것이고, 산록과 초원에서 멀리 떨어진 만년설 속에 꽃이 존재하는 이유 또한 이 기류와 관련이 있는 것이 틀림없을 것이다. 히말라야 기류와 식물 분포에 관한 연구는 앞으로 흥미 있는 사실을 많이 밝혀 줄 것이다.

피터의 모습이 보이지 않아서 캠프로 돌아왔다. 나는 압화 표본을 정리하며 남은 하루를 보냈고, 표본의 일부는 우기의 습기로 훼손되어 있었다. 많은 날을 유쾌하게 지내면서, 주위에 놀라운 화원이 한창일 때 그 속에서 결코 잊을 수 없는 큰 기쁨을 맛보았는데, 이제 이 꽃의 계곡을 떠나야 한다고 생각하니 기운이 나지 않았다. 히말라야를 돌아다니는 데는 여러 장점이 있지만, 내가 볼 때 이상적인 것은 캠프를 치고 주변에서 일어나는 모든 현상을 한마음으로 관찰할 수 있는 꽃이 가득한 곳에서의 생활이다. 식물학자에게는 산자락 600미터 안에 흥미 있고 탐사해 볼 만한 가치 있는 세계가 있다. 전에는 왜 이를 알지 못하고 흥미와 아름다움의 반을 두 발로 밟고 서서 시선을 산 정상에 고정시킨 채 계곡은 살펴보지도 않고 서둘기만 했는지 안타까운 생각이 든다.

피터는 라니케트를 출발해서 9일간의 행군을 마치고 다음 날 아침에 도착했다. 그는 자신의 무거운 짐을 진 도티알 짐꾼들과 두 명의 다르질링인을 데리고 왔다. 티베트인 체텐드룹Tse Tendrup과 셰르파 앙바오Ang Bao가 이들이었다. 나는 앙바오 — 그의 동료들은 그를 '바부'라고 불렀는데 — 를 잘 기억하고 있다. 1936년 에베레스트 원정대의 원정기간 동안 내 사진 장비를 운반했고, 일행 중 유일한 셰르파였다. 그런데 당시에 이 점이 그에게 불리하게 작용했다. 네팔 솔루쿰부 계곡의 셰르파는 티베트인과 밀접한 관계를 갖고 있다. 종교는 같은 불교지만 이들 사이에는 미묘한 차이가 있다. 셰르파는 원래 티베트에서 에베레스트 남쪽이자 네팔 북부인 비옥한 계곡으로 이주한 티베트인이다. 그들은 특별히 강인한 종족이고, 에베레스트나 그 외 다른 지역의 원정 등반에서 뛰어난 능력을 발휘하는 타고난 등산가이다. 그러나 살을 에는 바람이 부는 평원을 지금도 고집하고 있는 티베트인들은 따뜻하고 살기 좋은 곳으로 이주한 의리 없고 사악한 인간들이라고 그들을 비난하고 있다.

앙바오는 당시 소년이었고 타고난 의지력과 좋은 성격을 갖고 있었다. 아마 이런 젊음이 그를 원정대를 위해 장작을 패고 물을 긷는 일꾼으로 만들었을 것이다. 어쨌든 그와 티베트인과의 차이는 확연했고, 왕디가 파렴치하게 과분한 일을 시키지 못하도록 내가 간섭한 경우가 한두 번이 아니었다.

그는 둥글고 앳된 얼굴에 교활한 눈빛의 친구였지만 실제로는 전혀 교활하지 않았으며, 정면을 똑바로 바라보지 못하고 불안한 듯 주변을 경계하는 태도는 소심하고 수줍은 타고난 성격 탓이었다. 천성적으로 소심하고 되통스러운 성격이어서 앙바오는 훌륭한 등산가는 되지 못했지만 노력형인 데다 극도로 인내심이 강했다. 아마 라니케트에서 얻었을 것 같은 최신형 카키색 승마 바지를 갖고 있는 것으로 보아 어떤 의미에서는 동료들보다 훨씬 성공했다고 볼 수 있다. 옷은 무릎 부분이 꽉 끼어서 행군하거나 등반할 때 불필요한 힘이 들겠지만, 실제로 그랬더라도 전혀 내색하지 않았다. 맡겨진 일이 아무리 천하고 동료들의 골탕이 아무리 견뎌내기 벅차도, 동료들이 소유한 온갖 다른 옷보다 그의 바지가, 그의 바지의 우월성이 모진 멸시를 당할 때에도 크게 위안이 되었고, 동료들보다 자신의 능력이 뛰어나다는 생각을 마음속 깊이 간직하게 만들었다.

체텐드룹에 대해서는 무어라 말하기가 쉽지 않다. 그는 안팎으로 좀처럼 주제넘게 나서는 사람이 아니다. 한마디로 신중했다. 입방아거리가 되거나 술에 취해 횡설수설하는 등의 가장 사소한 일도 관례에서 벗어나는 경우는 상상조차 할 수 없다. 주어진 일을 잘 했지만, 어찌된 영문인지 누구도 그가 한 일에 대해서는 전혀 관심이 없었다. 나는 그가 자신의 일을 잘 처리했기 때문이라고 생각하고 있다. 그는 파상처럼 등반 실력이 형편없지도, 왕디 같이 뛰어나지도 않은 보통 수준의 등산가였다. 그가 한 모든 일은 보통이었다. 남에게 전혀 폐를 끼치지 않았고, 그렇다고 특별히 칭찬을 받지도 못했다. 만일 그가 유럽인이라면 교외에서 살 것이고, 매일 기차를 이용해 '도시'로 이동해서 똑같은 사무실에서 일을 하고, 똑같은 식당에서 점심을 먹고, 똑같은 핸디캡으로 골프를 치면서, 똑같은 장소에서 2주의 휴가를 보낼 것이다.

이런 식으로 티베트인에 관해서 기록하는 것은 흔한 일이 아니다. 왜냐하면 보통 사람들은 티베트인을 기묘하고 이상한 습관을 가진 사람이라고 생각하고 있으며, 기괴하다고까지는 할 수 없어도 아주 흥미 있는 사람들이라고 믿고 있기 때문이다. 그러나 영국에도 일상의 틀에서 좀처럼 벗어나지 않는 사람이 있듯이 티베트에도 일상의 틀 내에서 살기를 좋아하는 사람이 있다고 생각하는데, 체텐드룹은 그런 사람이다.

이 세상의 다른 어느 장르보다 훨씬 더 편협한 등산 문학의 관례는 산에서 만난 동료를 이름으로만 남기고, 정상에 올라갔다가 다시 내려온 보잘 것 없는 한 인간일 뿐이라고만 하기에, 나는 내 동료들에 대해서 무엇인가를 기술하는 것을 망설여 왔다. 그러나 이번에는 전통이라고까지 할 것도 없는 이 관례를 깨려고 한다.

나는 알프스와 에베레스트에서 피터 올리버와 함께 등반을 했고, 그의 뒤를 따라서 등반했던 때를 지금도 생생하게 기억하고 있다. 1936년 그는 노스 콜의 비탈면을 킥스텝과 스텝 커팅으로 올랐다. p.458 그때 조지 맬러리George Mallory와 같은 정신력과 체력을 가진 사람이 바로 여기에 있구나 하고 생각했던 적이 있다. 그는 전과 같이 지칠 줄 모르는 체력과 맡은 일을 완수하기 위해 감각 기능을 훌륭하게 조율할 줄 아는 능력을 갖고 있었고, 맹목적인 힘보다 등산과 탐험을 확실하게 성공으로 이끄는 상상력과 예술적 자질을 잘 발휘했다. 많은 사람들이 나처럼 야윈 그의 신체를 얕보았을 것이고, 에베레스트 등반을 위해서 왜 보다 우람하고 건장한 사람을 찾지 못했을까 하고 의아해 했을 것이다. 사람들의 오랜 편견은 쉽사리 깨지지 않는다. 등반 경험이 없는 사람들은 등산가를 마음이 너그럽고, 힘이 세고, 덩치가 크며, 샌도Sandow처럼 근육이 울퉁불퉁하다^{p.458}고 생각할 것이다. 물론 아시리아인의 턱수염같이 무성한 수염이 자연스레 나 있으면 더 좋겠지만 말이다. 사람들이 마음에 품고 있는 이런 고정관념을 굳이 깨고 싶지는 않지만, 실은 등산을 가장 잘하는 사람은 마르고 야윈 사람이다. 게다가 피터는 천성적으로 등반을 좋아하는데, 산은 이런 사람에게 자신이 간직한 가장 멋진 선물을 선사해 준다.

그날 저녁, 우리는 앞으로의 계획에 대해 의논했다. 우리의 주요 목표는 해발 7,272미터의 마나피크Mana Peak였다. 마나피크는 카메트와 바로 이웃해 있고, 카메트 원정기간 동안에 바라봤던 산들 중 가장 돋보였다. 난다데비가 영국계 미국인 원정대에 의해 등정되었기 때문에 카메트 산군의 일부분이자, 바라봐도 아무런 감흥이 일지 않고, 오히려 약간 추해 보이기까지 한 동東 아비가민Abi Gamin과 서西 아비가민을 제외하고 마나피크는 가르왈 히말라야에서 인간이 발을 딛지 않은 가장 높은 산이다. 그렇지만 높이만이 우리의 결정에 영향을 미친 것은 아니다. 마나피크는 어느 방향에서 올려다봐도 그 모습이 멋지고 빼어니게 아름다우며, 170킬로미터 떨어진 라니케트에서도 똑똑히 잘 보이는 거대한 피라미드 모양의 화강암 덩어리이다. 또한 이 산은 등반이 까다로운데, 그 이유는 가파르기뿐만이 아니라 산을 에워싼 빙하와 능선들의 뒤얽힌 자연 상황 때문이다. 카메트 동쪽 빙하에서 마나피크를 등반하려면 카메트 등반을 위해 필요했던 캠프보다 훨씬 많은 캠프가 필요할 것이라는 말이 1931년에 있었다. 이쪽으로부터의 등반은 힘이 들어 아마 불가능할 것이라는 것이 공통된 의견이었다. 남아 있는 접근 루트는 서, 남, 동쪽 루트였고, 이들 루트 중 사라스와티Saraswati 계곡에서 바드리나트와 마나 북쪽으로의 서쪽 루트는 확실히 가파르고 복잡했다. 게다가 이 산의 최남단, 반케 빙하 위쪽으로 상당한 거리까지 탐험했던 카메트 원정대원들의 보고는 도전하고 싶은 의욕을 조금도 일으키지 못했다.

그러나 몇 주 전에 인도 측량국 대위인 R. A. 가디너에게서 흥미 있는 편지를 한 통 받았다. 그는 그때 반케 빙하에서 측량을 하고 있었고 동 카메트와 반케 빙하 사이에서 고지도에는 나오지 않는 빙하 지역을 발견했는데, 그곳 가장 위쪽은 폭이 9킬로미터나 되는 플라토라는 것이었다. 그가 그 설원의 서쪽 끝까지 가 보진 못했지만 플라토와 동 카메트 빙하 사이 능선을 통해 6,100미터까지 올라갔고, 플라토에서 능선 위에 있는 6,522, 6,852, 6,977미터 세 봉우리를 측면으로 오를 수 있으면 마나피크 정상에 도달하는 것이 가능할 것 같다고 했다. 그래서 우리는 그의 제안대로 그 산을 시도해 보자고 결정했고, 그러자면 분다르 계곡 위쪽에 있는 5,086미터의 분다르 고개를 넘어 반케 계곡의 4,300미터에 베이스캠프를 설치하는 것이 불가피했다. 이 계획대로라면 도중에 루트를 벗어나서 우리가 이미 가 보았던, 그 눈 덮인 안부를 통해 라타반을 등반해 볼 수도 있을 것 같았다. 그러나 이 계획은 옳지 않았다. 피터 는 얼마 전까지만 해도 해수면과 가까운 저지대에서 생활했고, 라타반은 6,166미터의 고산이어서 고소순응이 안 된 등반자의 이상적인 훈련 등반 장소가 아니었다. 그렇지만 라타반 등반을 안 하더라도 반케 플라토로 가 보자고 한 것은 설령 마나피크 등반이 실패해도 그 플라토 가까이에 아름답고 등반해 볼 만한 산들이 많다는 점 때문이었다.

우리는 2~3주 동안 견딜 식량이 필요하리라 예상했다. 신 선한 고기와 야채, 짐꾼들이 먹을 음식은 반케 계곡과 다울리 계곡이 합쳐지는 곳에 있는 감살리 마을에서 구할 수 있을 것 이다. 우리가 이용할 수 있는 짐꾼은 다섯 명뿐이어서, 등반과 탐험에 있어 필수품인 카메라와 필름을 제외하고 불필요한 물 건은 모두 포기해야 했지만 그래도 피터가 가져온 약간의 위스 키는 필수품 목록에 추가했다.

우리 일행이 이처럼 소규모인 까닭은 운송 경비 때문이었 다. 그러나 일급 셰르파와 보티아 짐꾼이 함께 등반할 경우에 소규모 원정대라도 기동성이 필요하면 즉시 계획을 변경할 수 있고, 그런 까닭에 지체 없이 등정 기회를 잡을 수 있어서 히말 라야의 큰 산에서도 대규모의 원정대보다는 소규모 원정대가 더 뛰어날 수 있다. 십턴은 소규모 히말라야 원정대의 열렬한 지지자이다. 바로 이 지역에서 1934년 H. W. 틸먼과 함께 한 그의 원정대는 소규모였지만 얼마나 많은 일을 해낼 수 있는지 여실히 보여주었다.

짐을 싸고 분류하는 일이 끝나자 도티알 짐꾼들을 계곡 아래로 내려 보냈다. 분다르 고개 아래, 내가 일전에 캠프를 쳤던 장소 근처에 짐을 내려 놓으라는 지시와 함께 처음으로 짐 수송을 위해서 다르질링 짐꾼들을 내려 보내고 나서, 피터와 나는 한가롭게 오후를 보냈다. 우리는 짐꾼들이 너무 늦어 안전이 염려되어서 마중을 나갔다. 칠흑 같은 밤에 마침내 그들이 돌아왔다. 눈이 녹아서 모레인과 얼음이 드러난 상태에서는 빙하를 헤쳐 나가는 일이 무척 힘들다는 것을 깨달으면서….

다음 날 우리는 남은 짐을 지고 출발했다. 이미 한 번 짐을 수송했음에도 불구하고 모두들 무거운 짐을 운반해야 할 정도로 짐이 많이 남아 있었다. 나는 한 번도 히말라야에서 짐을 나르는 일에 호감을 가져 본 기억이 없다. 짐 운반에 익숙한 짐꾼들에게 짐을 맡겨 두는 것을 선호했으며, 알프스에서와 마찬가지로 하루치 식량과 장비 무게로 27킬로그램 이상의 짐을 생각해 본 적이 없다. 한마디로, 가능하면 언제든 불편함보다 편안함을 더 좋아했다. 휴 러틀리지는 1933년 에베레스트 원정 기간 중에 재빨리 나를 간파했고, 그때 나를 '지독한 방탕아'라고 불렀다. 물론 그가 방탕아 앞에 '지독한'이라는 수식어를 붙인 데는 이유가 있다. 분명 나는 '지독한 방탕아'였다. 그렇지만 나는 방탕아의 사전적 의미 가운데 하나인 '나약한 쾌락주의자'

쪽에 온전히 방점을 찍고 싶다. 지금의 경우 짐이 무겁다는 피터의 날선 불평이 내게는 어느 정도 위안이 되었다. 다른 사람들 또한 똑같이 고생을 하고 있는 것을 알면 늘 위안이 된다.

우리가 베이스캠프를 떠났을 때는 햇빛이 눈부시게 내리쬐고 있었지만, 2시간이 안 되어 구름이 끼고 비가 흩뿌리기 시작했다. 짐꾼들이 이전 캠프에 식수가 없다며 당초 캠프 자리가 아닌, 분다르 고개로 이어지는 비탈면의 발치에 짐을 부렸다. 우리는 겉도 많이 젖었으니 균형을 맞추려면 속도 젖어야 한다면서 큰 바윗덩이 아래에 앉아 앞서 말한 그 필수품의 상당량을 소비했다. 술기운이 돌자 나는 노래를 불렀다. 다행히 눈사태가 발생하진 않았다.

해질 무렵 비가 그치고 안개가 걷히면서 거대한 바윗덩이인 닐기리파르바트의 모습이 드러났다. 우리 위쪽 녹색 하늘에 언뜻 보기에도 오르기 불가능할 것 같은 높이에서 이 산이 빛나고 있었다.

이어 라타반이 근처에 있는 울퉁불퉁한 아이스 폴 위로 그 모습을 드러냈다. 태양은 닐기리파르바트 위에서 꾸물거렸고, 어둠이 내리고 별이 그 산을 비추는 동안에도 한동안 계속 빛이 났다. 처음에는 금빛으로, 다음에는 은빛으로, 그리고 그 다음에는 기적적으로 다시 금빛으로, 마치 지구가 잠시 역회전을 한 듯….

다음 날 아침은 따뜻하고 조용해서 분다르 고개로 빠르

게 전진했다. 그 구간 어디에서도 로프를 사용할 필요가 없었다. 우리는 분다르 고개에 이르는 마지막 완경사면 바로 아래에서 아무 사전작업이 필요 없는 쾌적한 텐트 자리를 발견했다. 인근에 수많은 꽃이 있었는데, 그중에는 가냘픈 깃털 모양의 잎이 달린 노란 현호색 속 코리달리스 고바니아나Corydalis govaniana와 노란 봄맞이 속 안드로사체, 금빛 나는 갈색의 돌나물 속 세둠이 많았다.

오후 늦게 천둥과 함께 싸락눈을 동반한 폭풍이 심하게 몰아쳤다. 뇌우는 히말라야 산기슭에서는 흔한 일이지만 고산의 높은 곳에서는 결코 발생하지 않는다.

날씨는 밤이 지나도록 회복되지 않았고, 다음 날은 안개가 끼고 우중충했다. 날씨가 좋아지기를 잠시 기다렸지만 좋아지지 않아서, 누르부와 앙바오를 남겨두고 아래쪽 캠프에 남아 있는 짐을 위쪽으로 운반하도록 왕디, 파상, 테왕, 체텐드룹과 함께 눈 덮인 안부로 출발했다. 얼마 가지 않아 테왕이 피곤한 기색을 역력히 보이기 시작했다. 내가 분다르 계곡에 도착한 이래 그는 운동을 거의 하지 않았다. 그래서 그저 운동 부족이라고 생각했는데, 아이스 폴에 도착하자마자 테왕이 갑자기 쓰러졌다. 그의 안색이 파리해지고 맥박이 마구 뛰는 것을 보고 그제야 상태가 심각하다는 것을 알게 되었다. 우리와 체텐드룹은 계속해서 나아가고, 왕디와 파상의 보호 아래 그를 캠프로 돌려보낼 수밖에 달리 방법이 없었다.

안개와 흩날리는 눈으로 인해 등반이 어려웠다. 마침내 우리가 그 안부에 도착했을 때 안부를 통로 삼아서 불어대는, 싸락눈을 동반한 강풍으로 인해 추위가 살을 에는 듯했다. 우리 셋은 왕디와 파상이 나머지 텐트와 장비를 갖고 다시 돌아올 때까지 갖고 온 단 하나의 텐트 속에 들어가 있어야 했으며, 그들이 도착하고 나서야 뜨거운 차로 언 몸을 녹일 수 있었다.

비참한 오후였다. 바람과 눈이 캠프에 심하게 몰아쳤고, 우리는 길이 1.8미터, 폭 1.2미터의 작은 미드 텐트 속에서 침낭을 뒤집어 쓴 채 무릎을 맞대고 앉아 있었다. 짐꾼들은 형편이 훨씬 좋지 않았다. 그들의 텐트 일부가 찢어져서 침낭이 젖었기 때문이다. 텐트는 튼튼하게 제작되었고 두꺼운 재질이라서 카메트에서는 그 역할을 충분히 다 했지만, 고소에서의 사용은 더 이상 적절치 않다는 것이 분명해져서 우리는 적당한 시기에 그것을 폐기하기로 했다. 방풍 천과 마찬가지로 텐트도 히말라야에서는 계절마다 교체해야 한다. 고소의 강한 햇볕이 텐트 천을 빨리 손상시킬 뿐 아니라 더위와 추위, 습하고 건조한 날씨의 급격한 교차는 아무리 잘 짜인 텐트 천일지라도 수축과 팽창을 유발시켜 텐트에 상당한 무리를 주게 되기 때문이나.

다행히 해질 무렵 날씨가 누그러졌고, 우리는 프리무스 스토브로 약간의 말린 고기 수프를 끓여먹을 수 있었다. 분다르 계곡에서 사치스러운 날들을 보낸 뒤라서 나는 재미난 동료와

p.458

함께일지라도 텐트를 공동으로 사용하고 싶진 않았다. 같이 사용할 경우에는 어느 정도의 불편과 제약이 뒤따르기 때문이다. 예를 들어, 텐트 안에서 자는 사람이 뒤척이는 동안에는 한밤중 잠이 오지 않는 시간에 촛불 밑에서 책을 볼 수가 없다. 그러나 천만다행으로 우리 중에 코를 고는 사람은 없었다.

새벽녘에 서쪽 하늘은 맑아졌지만 음산한 구름이 알라크난다 계곡과 바드리나트의 산봉우리들 위로 모여들고 있었다. 그러나 라타반 정상이 안부에서 750미터도 남지 않은 상황에서 라타반 등반을 시도하지 않아야 할 직접적인 이유는 없었다. 약간 힘든 등반을 해야 하고 얼어붙어 있을지도 모르는 바위를 올라가야 했기에, 너무 일찍 출발하는 것은 옳은 일이 아니어서 날씨가 아주 좋아진 8시가 되어서야 캠프를 출발했다.

이미 말했지만, 눈 덮인 안부에서 북릉으로 직접 등반하는 것은 불가능하거나 어쨌든 극도로 어려울 것이고, 이 방향으로 등반할 수 있는 한 가지 가능성은 가파른 북서쪽 사면 위로 이어진 한두 개의 지릉을 통해서 그 능선 위로 루트를 개척하는 방법이었다. 우리는 이 목표를 염두에 두고 가장 공격 가능성이 있는 루트이자 일전에 내가 이 봉우리를 연구했을 때 결정했던 그 지릉을 향해 캠프에서 수평으로 약간의 거리를 횡단했다. 별다른 어려움 없이 베르크슈룬트를 건너서 잘 얼어붙은 설사면으로 대각선을 그리며 그 지릉으로 향했다. 그 지릉은 처음에는 특별히 어려운 구간이 없었고 화강암 바위는 단단해서 오르기가 즐거웠지만, 대체로 전진이 느렸고 대부분의 구간을 한 명씩 움직여야 했다.

그 지릉은 산의 사면을 서에서 동으로 가로지르는, 높이가 60미터는 될 듯한 경사진 바위지대에서 끝이 났다. 바위는 가팔랐으며 오버행도 있었고, 노랗고 붉은 바위 모서리는 하늘 위로 날카롭게 솟아 있었다. 왼쪽에 그 바위지대를 오를 수 있는 단 하나의 가능성이 있었다. 일단 그 바위지대 위쪽으로 오르면, 뚫고 가기 불가능한 구간 위쪽의 북릉 마루로 작은 능선이 이어지고, 이 마루에서 눈 위로 등반을 해서 정상에 오를 수 있을 것 같았다. 어렵고도 위험에 노출된 횡단이었다. 한 번에 한 명씩 움직이면서 매번 로프 전체 길이를 모두 사용해서 주의 깊게 확보했고, 이어지는 작은 바위 턱을 따라서 윤곽이 뚜렷한 침니에 도달할 때까지 천천히 나아갔다. 우리는 이런 식으로 등반을 했는데 너무 힘이 들었다. 게다가 침니 꼭대기 오버행은 불확실해서 알 수 없는 곳으로 팔을 이용해 몸을 당겨 올려야 했다. 팔로 몸을 당겨 올리는 행위는 해발 6,000미터나 되는 높은 곳에서는 말할 것도 없고, 어떤 고소에서도 현명하지 못한 일일 뿐더러 너무 힘이 든다. 대안은 그 침니를 지나서 모퉁이를 돌아 횡단을 계속하는 것이었다. 이것은 어려운 이동이었는데, 허수아비 자세를 하고 서서히 움직여야 했다. 우리는 그곳에서 한 번의 가파른 등반을 한 후, 북릉 마루로 계속 이어지는 듯이 보이는, 눈과 바위로 된 분명치 않은 능선에 도착했다. 가장 큰 어려움은 극복했고, 이제 정상에 도달한 후에 돌아갈 시간이 충분한지를 알아볼 일만 남아 있었다.

피터가 모퉁이를 돌아가고 있었다. 나는 그가 천천히 등반을 하고 있으며 점점 더 힘들어하리란 것을 알고 있었다. 그는 매우 지쳐 있었고 이런 어려움이 계속되면 더 이상 전진할 수 없겠다는 생각을 비쳤을 때, 나는 놀라지 않았다. 로프 한 동 거리를 이동하는 동안에 우리가 큰 어려움 없이 능선에 도달할 수 있겠는지 결정해 주기를 그가 내게 제안했다. 일단 능선에 올라서면, 그리고 만일 그 능선이 눈으로 덮여 있으면, 정상을 향해 계속 나아갈 수 있을 것이라고 그는 생각하고 있었을 것이다. 나는 그의 제안을 받아들였는데, 단지 미래를 위해 그 루트를 조사해 볼 생각 때문이었다. 왜냐하면 이런 상황에서 계속해서 전진하는 것은 옳지 않다는 것을 나는 잘 알고 있었고, 게다가 우리는 즐기기 위해서 등반을 하고 있기 때문이다.

나는 가파른 눈을 킥스텝으로 오르고 이어 까다로운 바위 구간을 등반했다. 그 바위 구간 마루에서 바라보니, 우리가 위치한 이 지릉이 그 산의 북릉으로 계속 이어지며, 극복할 수 없을 정도의 장애물은 없겠지만 그래도 어려움은 상당하리란 것을 알게 되었다. 이것을 알고 나서 피터가 있는 곳으로 다시 돌아갔고, 우리는 잠시 쉬었다. 정상이 거의 손안에 있는 상태에서 돌아선다는 것은 안타까운 일이지만, 잘못은 전적으로 내게 있었다. 어떤 등산가가 해수면 가까이에 있다가 2주 만에 지금과 같은 고도에서 지금과 같은 어려움과 싸운다는 것은 누구도 상상할 수 없는 일이며, 변명이긴 하지만 설사 우리가 마주친 이러한 어려움을 내가 전혀 예상하지 못했다손 치더라도 라타반 등반을 제안한 것은 전적으로 내 잘못이었다. 그럼에도 피터는 매우 어렵고 힘든 등반을 해서 5,900미터의 고도까지 도달하는 눈부신 등반 능력을 보여 주었다.

신께서는 여러 가지 형태로 모습을 나타내신다. 우리가 천천히 내려갈 때에 해는 무거운 증기의 혼동 속으로 사라졌고 30분 후에 심하게 눈이 내렸다. 이 폭풍이 정상에서 우리를 덮쳤더라면 안전하게 철수하는 데 큰 어려움을 겪어야 했을 것이다. 실제로 눈이 아래쪽 지릉의 갈라진 바위틈을 채웠고 하산을 어렵고도 불쾌하게 만들었다.

어떤 산을 등반할 때 등산가는 자신이 올라가야 할 곳의 경사를 과소평가하는 경향이 있다. 특히 새롭고 어려운 지역일 때 등반의 기술적인 사항에 마음을 쏟게 된다. 그러나 내려가는 동안에는 산의 웅장함이나 경사를 더 잘 감상할 수 있다. 지금의 경우도 예외는 아니어서, 내려올 때에야 비로소 우리가 올랐던 사면이 믿을 수 없을 정노로 부시무시한 내사언이었나는 것을 알게 되었다. 피터는 지금까지의 히말라야 등반 중 이번 등반이 가장 힘이 들었고, 가장 가팔랐던 등반이었다고 털어놓았다.

하산하는 동안에 즐겼던 1~2시간의 햇볕 좋은 따뜻한 날씨 탓에 지릉으로 가려고 올랐던 비탈면의 눈이 부드러워져 있었고, 눈 아래에는 얼음이 있었기 때문에 그 비탈면을 지나서 안전하게 하산하기 위해서는 많은 발판을 만들어야 했다. 그래서 우리는 그곳을 포기하고 지릉을 계속해서 내려가기로 했다. 하산 마지막 구간은 돌멩이들과 곤죽이 된 눈이 물과 함께 흘러내렸을 뿐만 아니라 이판암泥板巖투성이여서 흔들렸다. 우리는 젖어서 추웠으며, 로프는 엄청 뻣뻣했고 물을 먹어 불어 있었다. 지친 피터에게는 무척 성가신 하산 길이었겠지만 그는 전혀 내색하지 않았고, 오히려 모든 것이 불안정하고 로프를 걸 확보물도 없는 힘든 비탈면에서 더욱 힘을 냈다.

우리가 지릉의 들머리에 접근했을 때 멀리서 눈보라를 뚫고 캠프 쪽으로 우리를 유도하려는 짐꾼들의 외침 소리가 들렸다. 끝이 없을 것 같던 지릉이 마침내 끝났고, 천만다행으로 큰 어려움 없이 베르크슈룬트를 건널 수 있었다. 이곳에서부터는 빙하의 부드러운 눈을 뚫고 전진했고, 거푸 차를 달라고 외치면서 온몸이 흠뻑 젖은 채로 캠프에 도착했다.

말할 것도 없이 힘들고 걱정스러웠던 등반이었다. 우리는 산에서 무사히 벗어날 수 있어서 크게 안심이 되었다. 김이 나는 차를 언 몸속으로 들이부으면서 모든 것이 잘 됐다고 모두들 이구동성으로 말했다. 더 이상 이곳에 머물러 봐야 득 될 것이 아무것도 없었고, 특히 눈이 덮인 안부는 온갖 바람의 통로 역할을 하고 있었다. 식사를 하고 젖은 텐트를 접어서 분다르 고개 근처의 캠프로 내려갔다.

이렇게 라타반을 등정하려는 두 번째 시도가 끝났다. 아마도 남쪽 혹은 동쪽으로 어프로치 하는 것이 훨씬 더 쉬울지도 모르겠다. 내가 본 바로는 그쪽으로부터의 등반은 매우 회의적이었지만…. 그래도 다시 라타반을 등반할 기회가 내게 주어진다면, 경사가 엄청 심해서 오르기에는 어렵겠지만 확신컨대 온전히 등반이 이루어질 수 있고, 이 웅대한 산봉우리의 정상으로 훌륭한 오름짓을 할 수 있는 오늘의 루트를 따라갈 것이다.

제18장

반케 플라토

라타반 등정 시도가 실패로 끝난 후에 우리는 계획의 다음 단계 실행에 착수했다. 지체 없이 분다르 계곡을 넘어 반케 계곡에 베이스캠프를 구축하기로 한 것이다. 반케 계곡에서 플라토까지 일련의 캠프를 구축한 후에, 그곳에서 마나피크를 시도하려고 하기 때문이었다.

우리가 분다르 고개 근처 캠프로 돌아왔을 때 테왕은 여전히 건강을 회복하지 못했고, 이제는 가슴 통증을 호소하고 있었다. 체온을 재어 보니 놀랍게도 겨우 35.1℃밖에 되지 않았다. 심하게 앓고 있는 것은 분명했지만 죽을 정도는 아니었다. 정확을 기하려고 체온을 다시 재어 보니 꾸물거리는 수은주의 눈금은 정상 체온을 표시했다. 의학적으로는 사소한 이 일을 만족스럽게 처리한 후에 환자를 침낭 속에 누워 있도록 조치하고, 음식을 준비하는 성가신 일은 앙바오에게 맡겼다.

이제 모든 물자가 캠프에 준비되었다. 우리는 물자를 분다르 고개 너머 반케 계곡까지 순차적으로 차례차례 운반시키려고 계획했는데, 분다르 계곡까지 다시 올라가길 원치 않는 짐꾼들이 이 계획에 완강히 반대했다. 다음 날 분다르 계곡으로 다시 돌아가서 짐을 가져오느니 차라리 짐을 곱절로 지고서라도 이동하겠다는 그들의 의견을 왕디가 내게 전했다. 이럴 경우 짐꾼들이 1인당 45킬로그램 이상의 짐을 운반해야 하며, 나와 피터도 감당할 수 있을 만큼은 짐을 져야 했다. 그래서 우리는 각각 22킬로그램 이상의 짐을 지고 출발했다.

분다르 고개를 통과하는 일은 어렵지 않았지만 동쪽 아이스 폴을 내려갈 때에는 주의해야 했다. 이곳에서 왕디가 더 좋은 루트를 찾으려고 평소처럼 애쓰면서 크레바스로 인해 굴곡이 심하고 돌이 느슨하게 쌓인, 위험한 얼음 사면으로 짐꾼들을 유도하려 했다. 우리는 그를 따라 가다가 되돌아서서 우리 루트를 따라오라고 그에게 소리쳤는데, 그는 이 지시에 따랐다. 왕디가 우리를 따라잡게 되었을 때 피터가 엄하게 그를 야단쳤다. 그러나 산에서의 안전과 위험의 차이를 체질적으로 구별하지 못하는 왕디에게는 야단의 효과가 전혀 없을 것이라는 것이 내가 걱정하는 바였다.

돌무더기로 이루어진 비탈면을 내려가다가 아름다운 제비고깔 속 델피니움 덴시플로룸Delphinium densiflorum 한 포기를 아이스 폴 아래에서 보았다. 키는 겨우 30센티미터 정도였고 빽빽한 꽃대에 꽃이 피어 있었다. 뿌리 내릴 곳이라곤 바위밖에 없는 이 황량한 곳에서 어떻게 자랐는지 신기할 따름이었다.

너덜바위 지역에서 가파른 설사면이 아이스 폴 아래쪽 빙하로 내려갔다. 예상했던 대로 아이스 폴에서 파상은 어쩔 수 없이 또 독무獨舞를 췄는데, 석탄 자루가 홈통을 타고 내려가 지하 저장실에 미끄러져 떨어지는 듯한 그 모습은 이제 그의 전매특허가 되었다. 일단 그 빙하에 올라서자, 우리는 얼음과 모레인을 단조롭고 힘겹게 터벅터벅 걸어서 그 빙하가 반케 빙하와 합류하는 지점까지 나아갔다. 분다르 계곡은 습하고 비옥했지만 이에 반해 반케 빙하는 더 건조하고 돌이 많고 헐벗었으며, 황갈색 바위들은 우리 등반자들이 히말라야의 주요 분수령 혹은 티베트 국경 남쪽 지역에서 그리 멀리 있지 않다는 사실을 상기시켰다. 의심할 여지가 없이 반케 계곡은 분다르 계곡보다 비가 훨씬 적다. 분다르 계곡은 남서에서 북동으로 뻗어가 알라크난다 계곡과 연결되고, 알라크난다 계곡이 몬순 기간에 공기 흐름의 통로 역할을 하는 데 반해서, 반케 계곡은 동남동에서 서북서쪽으로 뻗어 있고 다울리 계곡 위쪽 부분과 연결되어서 몬순의 흐름이 알리그닌디 계곡을 통과할 때와 같은 힘으로 다울리 계곡을 통과하지 못하는 것이 그 이유다. 그래서 보다 소박한 곳에서 자라는 식물, 즉 특유의 메마른 기후에서 자라는 식물을 보게 되리라 기대했다.

히말라야의 주요 빙하 대부분과 마찬가지로 반케 빙하는 빙하 전체 길이 거의 대부분이 모레인으로 덮여 있으며, 산이 붕괴된 듯해서 음울하긴 하지만 그 광경은 인상적이었다. 처음에는 우리가 내려갔던 빙하의 측면 모레인을 따라갔는데, 그 모레인 측면 둑에 수없이 많은 양지꽃, 봄맞이꽃, 범의귀, 돌나물이 있어서 기분이 좋았다. 통통한 잎을 가진 장미 비슷한 식물을 제외하고 새로운 식물은 볼 수 없었다. 이 식물의 가운데에서 새로 꽃가지가 나오고 있었고, 내가 알기로는 돌나무 속 셈페르비붐 무크로나툼Sempervivum mucronatum이 틀림없었다. 나는 압화를 위해 견본으로 하나를 선택했는데, 그 작은 식물에 내재된 힘이 어찌나 세던지 가해진 중력과 압력에도 불구하고 계속해서 5~8센티미터나 꽃가지를 내밀고 있었다.

수도 없이 많은, 그중 몇몇은 높이가 30미터 이상인 모레인 둔덕을 넘어 빙하를 지나가자니 지루하고 따분하긴 해도 바위들이 흩어져 있는 이 황량한 곳조차 식물이 자란다는 사실이 흥미로웠다. 많은 알라르디아를 보았는데 크고 작은 변종이 있었으며, 은빛 솜 같은 잎 중앙에 분홍 꽃이 따뜻하고 편안하게 피어 있었다.

빙하 건너편에 닿을 무렵 짐이 훨씬 더 무거워진 느낌이었다. 양치기의 비박 장소로 알려진 두르우디아르Thur Udiar와 에리우디아르Eri Udiar(냉굴冷窟) 사이 4,200미터의 툭 튀어나온 바위 위에 베이스캠프를 치게 되어 다행이었다. 가까운 곳에 향나무가 무리지어 있어서 연료는 충분했으며, 캠프 바로 위쪽 능선은 자연적인 바위 정원이어서 쾌적했다.

우리가 도착하자 알람 싱Alam Singh이라는 양치기가 죽은 양 두 마리를 가지고 나타났다. 그 양들이 바위에서 떨어져 죽었다는 것이다. 고기가 싱싱했기에 구입했고, 그런 다음 그에게 조수가 있다는 걸 알고, 그가 없을 때 조수를 감살리 마을로 내려 보내 야채와 가능하면 우유도 사오도록 심부름을 시켰다.

불행히도 태왕은 여전히 몸이 좋지 않아서 음식을 만드는 일이 다시 앙바오에게 맡겨졌다. 그는 예상 외로 훌륭한 차파티 실력을 보였다. 통상 효모가 없는 특이한 형태의 이 빵은 정말로 소화가 안 된다는 것을 잘 알고 있어서 분다르 계곡에 머물러 있을 때에는 비스킷을 먹었지만, 이제 그곳에서 멀리 떨어진 이곳에서 지내야 하니 어쩔 수 없는 일이었다. 원주민의 밀가루로 만든 차파티는 뱃속에서 사포砂布와 같은 역할을 한다고 브루스Bruce 장군이 말했었다.^{p.458} 차파티가 좋아서 그런 말을 했는지, 아니면 경고 차원에서 한 말인지 알 수 없지만, 어쨌든 나는 이 사포같이 거친 빵을 조금도 먹지 않았고, 그래서 무엇이라고 그 맛을 판단할 입장은 아니었다. 브루스 장군은 T. G. 롱스태프Longstaff와 고인이 된^{p.458} A. L. 멈Mumm과 힘께 1907년에 가르왈을 방문했다. 그의 이름은 히말라야 지역에서는 전설이고, 구르카족에게 특히 더 그랬다. 마나 마을에서는 그의 세숫물을 마신 한 노파가 공덕을 얻어 여러 병을 고쳤다는 이야기가 전해질 정도로 그는 숭배를 받았다.

다음 날은 당연히 쉬는 날이었다. 우리는 열심히 일을 했고, 짐꾼들도 힘들게 일을 했기에 푹 쉬는 것은 당연했다. 우리는 반케 플라토 위쪽 지역에 첫 캠프를 치기로 해서 다음 날 시간을 벌기 위해 루트 정찰을 하면서 오후를 보냈다.

가디너 대위의 기록에 따르면, 이 플라토 쪽으로 접근 가능한 유일한 루트는 1931년 에릭 십턴이 오른 5,855미터 봉우리 동쪽에 있었다. 이 플라토는 교묘히 숨어 있다. 거대한 빙하지대가 반케 빙하 북쪽에 있다는 유일한 징표는 가파르고 부서진 아이스 폴의 모습인데, 이 아이스 폴이 아래로 내려가서 그 빙하지대와 만나게 되는 것이다. 그래서 왜 이전에는 아무도 이 플라토의 존재를 몰랐을까 하는 의문이 쉽게 풀렸다. 이어지는 루트에 대해서 가디너가 상세한 내용을 기록하지는 않았지만, 지도에 따르면 루트는 가파르고 좁은 협곡의 한쪽이나 그 맞은편 쪽으로 이어지는 것이 틀림없었다. 캠프 바로 위쪽 험한 벼랑은 보기 싫게 흘러내린 이판암 상태여서 우리는 협곡의 서쪽 비탈면으로 올라갔다. 오르는 중에 꽃 중심이 금색인 크고 흰 바람꽃 속 아네모네 루피콜라Anemone rupicola 수백만 송이가 비탈면을 덮고 있는 광경에 감탄해서 가던 길을 멈췄다. 비탈면은 향나무로 덮인 능선에서 끝이 났고, 어두운 잎을 배경으로 양지꽃, 봄맞이꽃, 바람꽃, 마디풀, 쥐손이풀과 같은 화려한 꽃들이 무리지어 있어서 그 빛깔이 눈부셨다.

이 지점부터 우리는 폭이 좁고 양 측면이 벽인 협곡 위쪽으로 올라가야 했다. 절벽을 관통하는 깨진 틈을 따라가니, 만만찮게 경사져 이어지는 슬랩 위로 똑바르게 길을 열어 갈 수 있었지만, 슬랩 2/3지점에 솟아오른 작은 바위벽이 슬랩을 막고 있었다.

하지만 다행히 잡고 오를 튼튼한 홀드가 있는 협곡을 올라가서 꽃으로 밝게 빛나는 작은 풀밭에 쉽게 이를 수 있었다. 대부분의 꽃은 쥐손이풀, 양지꽃, 마디풀이었다. 그러나 바위 정원은 앞서 말한 현란한 아름다움이 아니라 바위틈에서 은신처를 찾은 보잘것없는 작은 식물로 바뀔 수밖에 없었다.

이 절벽 꼭대기에서는 흰 꽃이 무더기로 핀 방석 모양의 봄맞이 속 안드로사체 카마에야스메Androsace chamaejasme를 발견했는데, 노랗고 빨간 꽃대를 갖고 있었다. 몽고 황제의 이국적인 정원을 다 준다 해도, 이 작은 식물이 만년설 가까이에서 별처럼 빛나는 머리를 들고 서 있는 이 광경과는 섣불리 바꾸지 않을 것이다.

날씨가 정상을 회복했기 때문에 아름다운 오후였다. 그래서 나는 풀밭에서 꽃 속에 누워 반케 빙하 너머 얼음을 뒤집어 쓴 라타반의 절벽들이 오후의 햇빛을 반아 은빛으로 빛나는 모습을 바라보며 즐거운 한 시간을 보냈다.

나는 올라왔던 길로 내려가지 않고 협곡 위쪽 풀밭을 횡단하는 길로 내려와서 좁은 능선을 가로질러, 표면이 과자 껍질 같

안드로사체 카마에야스메 Androsace chamaejasme

은 바위들과 가파른 돌무더기 비탈을 지나서 캠프로 돌아왔다.

그날 저녁 우리는 향나무 모닥불 옆에 둘러앉아 편히 쉬었다. 이 관목에는 히말라야 여행을 상기시켜 주는 냄새가 있다. 이 나무가 타면서 내는 냄새를 맡기만 하면 나는 곧 그 시절의 캠프파이어로 되돌아간다. 사람들이 불에 나뭇가지를 던지면 타닥타닥 소리를 내며 순식간에 커다랗게 타오른 불길이 둘러앉은 동료들의 얼굴을 비췄고, 그 빛에 텐트의 윤곽이 뚜렷하게 드러났다. 그때 먼 산비탈은 마치 별을 향해서 올라가려는 듯 위로 솟아 있었다.

알람 싱은 어두워진 직후에 양파와 밀가루, 시금치 같은 야채를 가지고 돌아왔지만 안타깝게도 닭과 계란은 없었다. 더 많은 짐꾼용 식량이 필요했기 때문에 이를 구입해서 위쪽으로 수송할 짐꾼들을 고용하도록, 고산 작업을 감당하지 못하는 테왕을 감살리 마을로 내려 보냈다. 그리고 테왕 대신 알람 싱을 시켜 나무를 아래쪽 캠프로 수송시켰는데, 가솔린과 등유를 아껴야 했기 때문이었다.

다음 날 7시 어찌 될지 모르는 날씨 속에서 출발했다. 우리는 협곡 아래 비탈면에서 향나무를 모으려고 멈췄고, 나는 약간의 로프를 가지고 협곡 측면으로 올라갔다. 피터는 짐꾼들을 안내하기 위해서 아래쪽에 남았는데, 짐꾼들은 무거운 짐으로 인해 등반에 상당한 어려움을 겪고 있었다. 나는 협곡의 벽 위쪽으로 똑바로 나 있는 등반 루트의 한 지점에 이를 때까지는 짐꾼들을 서로서로 로프로 엮어 맬 필요까지는 없겠다고 생각했다. 짐이 없는 사람은 별 어려움 없이 오르겠지만, 앙바오가 자기 몸과 짐을 끌어 올리려고 버둥거리는 모습을 보아하니 미리 로프를 서로 묶지 않은 것은 내 실수였다. 피터가 있는 곳에서는 이 광경이 보이지 않았고, 급류 소리 때문에 내가 외치는 소리도 그곳까지 전해지지 않았다. 곧바로 60미터나 직하하는 벼랑의 발판 위에서 이 조그마한 사람이 균형을 잡으려고 필사적으로 노력하는 모습을 나는 걱정스레 지켜보았고, 그가 안전지대에 도착하고 나서야 안심이 됐다. 다른 사람들이 쉽게 올라온 것으로 보건대, 그는 암벽등반 실력이 형편없든지 짐을 너무 많이 졌든지 둘 중 하나였다. 피터는 모두에게 로프를 묶도록 지시했고, 나는 30미터 로프의 한쪽 끝을 그들에게 내려주었다. 이후부터는 까다롭지 않고 쉬운 전진이었으며 알람 싱을 제외하고 마침내 모두 풀밭으로 올라왔다. 알람 싱은 로프와는 어떤 관계도 갖기를 단호히 거부했다. 그는 로프를 믿지 못하는 것이 분명했다. 결국 그는 오른쪽의 약간 느슨하고 까다로운 슬랩을 통과하는, 완전히 다른 루트를 골라 맨발로 기어오르는 데 성공했다.

나 혼자였을 때는 30분밖에 걸리지 않았던 풀밭으로의 등반에 2시간 이상이 걸렸다. 이 같은 짐 수송의 어려움이 히말라야에서는 아주 빈번하게 발생하는데 이번 경우에도 그랬다. 시작 지점에서의 어려움으로 인해 짐꾼들은 등반 의욕을 잃어

가고 있었고, 풀밭 위로 쉬운 비탈면을 아주 천천히 등반했다. 알람 싱은 훨씬 더 느렸고 50미터마다 앉아서 쉬어야 한다는 것을 경험으로 알고 있었다. 서둘러서 가능한 한 플라토 근처에 첫 캠프를 설치하려고 간절히 바라는 마당에 이런 상황 때문에 나는 조바심이 났다. 곧 안개가 다시 끼었고 비가 흩뿌리기 시작했다.

꽃은 흥미로웠으며 아름다웠다. 나는 바위가 많은 한 곳을 잘 기억하고 있는데, 슬랩에서 그곳으로 물이 배어들었고, 이끼와 함께 눈부신 식물이 그 슬랩 사이에 무더기로 자라고 있었다. 바위들 틈에는 수천 송이의 노란색 봄맞이꽃이 피어 있었다. 그리고 너덜바위 지역에 우리가 분다르 고개 아래에서 보았던 것과 똑같은 제비고깔이 많이 있었고, 풀이 많은 곳에는 솜털이 난 취나물과 많은 돌나물이 있었다. 그러나 이 모든 것 중에 가장 눈에 띄는 것은 누룩치 속 플레우로스페르뭄 칸돌레이Pleurospermum candollei였다. 아무리 채색을 해도 삽화로는 아름다움이 아니라 흥미롭다는 인상밖에는 전달하지 못 할 것이며, 게다가 가르왈에서 본 많은 꽃 중에 이보다 더 나를 매료시킨 꽃은 없었다. 키는 30센티미터 남짓했고, 속이 빈 튼튼한 줄기 끝에서 사방으로 퍼져 나온 꽃대는 가장자리에 주름이 잡힌 활짝 핀 흰 꽃을 떠받치고 있었으며, 상당수의 꽃 수술은 이미 검은 꽃밥으로 변해 있었다. 독자 여러분은 뭐 볼 만한 것이 있겠느냐고 말할 수도 있겠지만 안개 낀 날 이 식물을 보면…

플레우로스페르뭄 칸돌레이|Pleurospermum candollei

그때는, 멀리 희미한 태양 빛을 자신에게 끌어당기고 있는 듯했고, 그래서 얇고 거의 투명한 꽃잎은 마치 뒤편에서 빛을 비추고 있는 듯 밝게 빛이 났다. 혹여 여러분이 꽃에는 아무런 관심이 없다손 치더라도, 멈춰 서서 이 꽃의 아름다움과 이런 황량한 바위틈에서 꽃을 피워낸 신에게 경의를 표하지 않을 수 없게 만드는 그 무엇이 이 꽃에는 있다.

우리가 희망했던 곳보다 훨씬 아래쪽, 작은 빙하의 가파른 혓바닥 근처 돌뿐인 황량한 곳 위쪽의 4,700미터에 캠프를 쳤다. 모두들 젖었고 처량한 몰골이었다. 피터와 나는 내일은 짐을 상당히 줄여야 하며, 교대 체계를 상세하고 충분히 검토해야 한다는 결론을 내렸다. 그렇지 않으면 마나피크 근처에도 가지 못할 것 같았다. 비는 그날 내내 계속 내렸고, 우리는 각자 텐트를 하나씩 차지했는데 이렇게라도 할 수 있어서 그나마 위안이 되었다. 나는 침낭 속에 누워 리차드 알딩턴 Richard Aldington의 냉소적인 책 『영웅의 죽음』을 읽었다. 이 책은 훌륭한 작품이지만, 지금 같은 경우에는 P. G. 우드하우스 Wodehouse의 작품을 더 읽고 싶었다. 앙바오 또한 분명히 상황이 좋지 않다는 것을 알고 있었다. 그는 그날 저녁 요리사로서 솜씨를 발휘하지 못했다. 그가 형편없이 만든 양고기 덩어리는 쿠크리 날을 가는 데 사용해도 괜찮을 정도로 질겼고, 결국 피터와 나는 형편없는 밤을 보냈다. 나는 전혀 잠을 자지 못했다. 이곳보다 훨씬 더 높은 에베레스트에서 잠 못 이루던 것처럼,

뒤척이면서 왜 구태여 문명의 안락함을 등지고 이런 고산의 불편함을 선택했는지 내 어리석음에 스스로 놀라곤 했다. 많은 사람이 이런 자신의 어리석음에 놀랐지만 그들은 결국 또 산으로 돌아왔고, 누구도 지금까지 그 이유를 만족스럽게 설명해 주지 못하고 있다.

다음 날도 안개가 끼었지만 비는 그쳤다. 도움이 아니라 오히려 짐이 되는 알람 싱을 돌려보내고, 우리가 떠맡아야 할 짐을 재분류한 후 그 플라토로 출발했다.

우리가 가야 할 길은 가파른 모레인 위로 나 있었고 그 위에 많은 식물이 있었다. 그중에는 봄맞이 속 안드로사체 카마에야스메와 줄기가 적갈색 잔털로 덮이고 노란 꽃잎의 아랫부분이 붉고 귀여운 범의귀 속 삭시프라가 히르쿨루스Saxifraga hirculus도 있었다.

모레인은 눈 덮인 회랑지대에서 끝났고 그 회랑을 통해 얼음뿐인, 빙하의 혓바닥이 시작되는 곳에 어려움 없이 도착했다. 그곳에서 피터는 스텝 커팅을 하고 싶어 안달이더니 앞서 나가서 피켈로 발판을 깎아 만들었다. 짐꾼들을 위쪽으로 끌어올리는 데 1시간이 걸렸지만, 그 후로 우리는 설원 위에 있었다. 이 설원을 오르다가 여기저기 흩어져 있는 바위 중의 한 곳에서 음식을 먹으려고 멈췄고, 이어 또 다른 설원을 가로질러 계속 나아갔다. 한 능선이 그 설원과 플라토의 주 아이스 폴 사이에 끼어 있었다. 그 능선에서 우리는 가디너가 쌓은 케른을 보았다. 우리는 얼마간의 거리를 이 능선을 따라 나아가서 곧이어 수평으로 횡단하여, 크레바스가 상당히 많고 곳곳이 부서져 있는 그 플라토로 진출했다. 이미 말했듯이 그 플라토의 설원은 위쪽으로 설원들이 이어지는 빙하 덩어리였다. 우리는 오버행 진 암벽 아래 설사면을 등반해서 크레바스들을 피할 수 있었고, 곧 어떤 넓은 크레바스의 아래쪽 입구가 만들어 놓은 시렁에 이르렀다. 이곳 바로 위쪽에서 대규모의 설원이 본격적으로 시작되었다. 우리는 이 시렁 위에 캠프를 치기로 했다. 왜냐하면 그날 이미 상당한 거리를 전진했고 날씨가 다시 악화되고 있어서, 눈보라가 칠 경우 쉽지 않은 루트를 이용해서 다시 첫 캠프로 되돌아가야 했기 때문이다. 텐트는 편의상 입구를 맞대고 쳤으며, 근처 절벽 위의 물줄기에서 물을 받아 온 후 침낭 속으로 기어 들어갔다.

오후 내내 가볍게 눈이 내렸고, 나는 저녁을 만들었다. 내가 만든 저녁이 정확히 무엇인지 생각나지 않지만 저민 고기의 일종이 아니었나 생각하고 있다. 나는 저민 고기를 만드는 데에 다소간 소질이 있다. 이것을 만드는 데에는 재료를 취사선택하거나 그 양을 조절하는 등의 특별히 어렵거나 성가신 과정이 필요한 것이 아니지만, 내 저민 고기 요리는 비튼 여사가 선성기 때에도 나와 겨누기를 원치 않을 정도로 레시피에 권위가 있다. 내가 만든 최고의 저민 고기 요리는 여덟 가지 재료가 혼합된 것이었는데, 그것을 지금도 잘 기억하고 있는 이유는 먹은 후에 속이 편치 않았기 때문이다.

좁은 텐트 안에서 음식을 준비하는 것은 여간 지저분한 일이 아니다. 몸을 침낭 안에 두고서 음식을 만들어야 했고, 그렇게 하자니 프로 곡예사의 자세를 취해야 했으며, 불편하고 부자유스러운 자세로 액체가 든 통의 균형을 잡아야 할 때는 몸에 심한 경련이 일었다. 그러나 내가 걱정하는 것은 우선 연소 기구에 불을 붙여야 하며, 그뿐만 아니라 불이 계속 활활 타오르도록 해야 하는 것이었다. 우리는 프리무스 스토브를 가지고 있었는데, 고지에서 사용할 수 있도록 고안된 연소 장치가 장착되어 있었다. 프리무스는 히말라야 등반용 최고의 조리 기구이다. 메틸알코올이나 고형 메틸알코올을 연료로 사용하는 조리 기구보다 분명 훨씬 낫다. 그러나 이것이 좋기는 했지만 고산에서는 짜증을 잘 냈다. 너무 일찍 불을 붙이려 들면 텐트 안이 유독한 연기로 가득 차서 숨이 막혀 콜록대며 텐트 밖으로 피해야 하기 때문에 서둘러 불을 붙일 욕심으로 힘껏 펌프질을 하고픈 유혹을 자제해야 한다. 자칫 잘못하면 연소장치에 순간적으로 불이 확 붙은 후에 바로 꺼지면서 커다란 연기구름이 화산같이 솟아오르기 때문에 부주의하게 성냥을 켜면 텐트를 태워먹기 십상이다.

프리무스 스토브를 작동시키기 위해서는 비위를 잘 맞춰가며 서서히 부드럽게 다루어야 한다. 치켜세워야지 난폭하게 대해서는 안 된다. 게다가 프리무스는 한 가지 병이 있는데 다소 고질적인 후두염이다. 그래서 음식이 잘 끓고 있을 때 노즐이 막혀 불이 꺼지는 불상사에 대비해서 구멍을 뚫을 수 있게 바늘 같은 도구를 늘 근처에 놓아두는 것이 바람직하다. 그래도 프리무스의 소화력은 대단히 좋아서 등유든, 휘발유든, 이것들의 혼합물이든 똑같이 잘 소화하고, 디젤엔진만큼 다루기 편한지는 모르겠지만 여하튼 위스키, 브랜디, 윤활유, 당밀 따위로 내가 이 기구를 괴롭힌 적은 아직 없다.

어두워진 후 하늘이 갑자기 맑게 개면서 별빛을 받은 빙하가 넓게 드러났다. 그리고 그 빙하 건너편 산봉우리들의 흐릿한 형태가 보였다. 밤은 몹시 추웠다. 아마도 우리가 겪은 가장 심한 추위였을 것이다. 눈으로 인해 습한 한기가 텐트 바닥으로 들어왔다.

새벽 4시에 프리무스 스토브를 켜서 아침을 먹었다. 하늘에는 구름이 없었고, 가파른 바위 봉우리들의 산맥 뒤에서 새벽이 서서히 찾아왔다. 새벽 5시 15분, 햇살이 캠프에 비쳤고 몇 분 후에 우리는 출발했다. 정찰이 주목적이었지만, 가능하면 동쪽 카메트 빙하와 그 플라토를 나누고 있는 산줄기 위의 해발 6,443미터 이름 없는 봉우리를 등반할 목적도 있었다. 그 봉우리에서 내려다보면 그 봉우리와 마나피크 사이에 있는 좀 더 높은 6,852와 6,977미터 두 봉우리를 측면으로 오를 가능성에 관해 정보를 얻을 수 있을 것 같았다.

크레바스를 피해 지그재그로 나간 후에 커다란 설원이 시작되는 발치에 도착했다. 그곳에서 우리는 6,443과 6,265미터 봉우리 사이, 즉 6,443미터 봉우리의 동쪽에 인접한 안부에서 6,443미터 봉우리로의 어프로치가 가능하리라는 것을 분명히 알게 되었다. 우리는 이제 처음으로 그 플라토의 아름다움과 규모를 감상할 수 있었다. 서쪽으로 그 지역은 6,522미터 봉우리 바로 아래 빙벽 밑에까지 펼쳐져 있었으며, 그 빙벽 너머 멀리 설원이 분명하게 보였다. 남쪽으로는, 눈의 가장자리와 보이지 않는 반케 계곡 너머로 라타반, 가우리파르바트, 하티파르바트, 그리고 트리술, 두나기리, 난다데비의 먼 푸른 산맥이 보였다.

설원을 가로지른 후에 우리는 부서진 바위로 이루어진 능선을 따라 갔고, 그 능선에서 가디너가 캠핑을 했던 곳과 반 이상 남은 2갤런들이 휘발유통 한 개를 우연히 발견했다. 이것은 신께서 내린 선물이었다. 이제 더 이상 엄격하게 연료를 지급할 필요가 없게 되었다.

이 측량사의 캠핑 장소에서 몇 개의 바위를 더 올라가 설사면을 터벅터벅 걸었다. 상황이 아주 좋아서 빨리 올라갔다. 그런데 너무 빨랐는지 나는 머리가 아팠고 구역질이 조금 났다. 내가 아침을 준비하는 동안에 텐트를 채웠던, 프리무스 스토브가 만든 연기 때문이 아닌지 의심스럽기도 했다.

몇 주 전에 측량사 일행이 이 비탈면을 올랐고 그들의 발자국은 아직까지 선명했다. 이것은 초여름 몇 달 동안 이 지역에 눈이 별로 오지 않았다는 증거였다. 동 카메트 빙하를 굽어 보는 능선 위 설사면 마루에 작은 바위 돌출부가 있었는데, 그 곳 또한 가디너가 방문을 했고 주변 전망이 훌륭해서 관측 장 소로 사용했을 것이다. 그곳에서 우리는 1,000미터도 넘는 절 벽 아래로 동 카메트 빙하를 굽어 볼 수 있었다. 모레인들이 줄 을 이루어 평편하게 늘어서 있었고, 굴곡이 완만한 그 빙하는 거대한 간선도로와 비슷했으며, 빙하의 마루 위에 카메트가 눈 부시게 아름답고 장엄한 모습을 드러내고 있었다. 이 광경은 지금까지 내가 본 가장 아름다운 산의 모습이었고, 1931년 당 시의 등반 루트를 찾아낼 수 있었다. 여섯 명의 유럽인 대원 중 다섯 명이 짐꾼 두 명과 함께 정상에 올랐고, 사다인 레와는 심 한 동상으로 발가락을 모두 잃었다. 이것이 그 등반에서 유일 하게 불행한 사건이었지만, 레와같이 유능한 사람을 무능하게 만들고 낙담시킨 것이 발가락을 잃어버린 것보다 더 아쉬운 일 이다. 그 후 레와는 1933년 에베레스트 원정대도 따라왔었다.

카메트 등반을 시도할 당시에는 내가 몇 년 후에 카메트 처럼 아름다운 마나피크 등반을 시도할 수 있으리라고 미처 예 상하지 못했다. 우리가 있는 위치에서 중간에 낀 세 개의 봉우 리 너머로 마나피크가 분명하게 보였다. 그 봉우리 숭의 하나 인 6,522미터 봉우리는 우리 바로 위쪽에 솟아 있었으며, 다른 둘은 각각 6,852와 6,977미터 봉우리였다. 우리가 예상했던 대로 북쪽으로는 이들 봉우리를 측면으로 오를 방법이 전혀 없었다. 모든 것이 1,000미터 아래 동쪽 카메트 빙하로 가파르게 떨어지고 있었다. 남쪽의 그 빙하와 경계를 이룬 벽이 11~13 킬로미터나 펼쳐져 있기 때문에 북쪽으로는 공격이 불가능했다. 우리의 위치는 마나피크 능선 마루의 특이한 곳이었다. 움푹 파인 곳이었는데 빙벽과 암벽을 온전히 감상할 수 있었으며, 그 절벽 아래에서는 우르릉거리며 사태가 일어나서 연기가 피어오르고 있었다. 손에 잡힐 듯 가까운 곳에 6,522미터 봉우리의 입상빙설이 있었고, 찢기고 갈라진 모습이 마치 큰 예배당의 사각 탑 같았다. 예컨대 산의 장엄한 아름다움을 보여주고 있었지만, 그 아름다움은 야만적이며 가혹한 아름다움이었다.

찬바람이 조금 일자 우리는 곧 6,522미터 봉우리 등반을 계속하기로 했다. 360미터 높이의 설사면 등반에는 아무런 어려움이 없었다. 능선을 향해 빠른 속도로 올라가고 있어서 좀 천천히 움직이기로 하고, 발판을 만들 때에는 교대로 작업을 하며 시간당 300미터 속도로 올라갔다. 우리가 오를 때는 날씨가 청명했지만, 넓이 4~8평방킬로미터 정도의 거의 평지 같은 정상에 도달했을 무렵에는 평편한 구름 지붕이 남, 동쪽의 보다 높은 모든 산봉우리들을 가로로 잘라낸 듯 가리고 있었다. 대부분의 방향에서 시계視界가 사라졌지만 단 하나의 산만이 돋보였다. 그것은 정상 부분만 겨우 보이는 닐기리파르바트였다. 그 정상 부분의 거대한 비탈면에서 왕디와 누르부, 그리고 내가 상당히 오랫동안 애를 썼었는데, 이제 천계天界와 영원히 결합된 듯한 정상 부분은 햇빛을 받은 조용한 구름 속에서 유영하는 것 같았다.

불행히도 우리는 그 플라토와 우리의 목표인 마나피크 서릉을 조금도 볼 수 없었다. 안개가 주변에서 다시 일기 시작했고, 차고 습한 바람이 눈 위로 살랑거렸다. 더 이상 이곳에 머물 아무런 이유가 없었다. 우리는 오르는 데 1시간 이상 걸렸던 비탈면을 5분 만에 서둘러 내려갔고, 그 후로는 한가로이 캠프로 돌아왔다.

전형적인 몬순 날씨였다. 맑은 아침 후에 구름이 빠르게 끼었고, 오후에는 눈보라가 캠프 안에서의 남은 날을 불쾌하게 만들었다. 계획대로 왕디, 파상, 체텐드룹이 베이스캠프에서 올라온 짐을 지고 첫 캠프를 출발해 등반을 시작했고, 감살리 마을에서 올라오고 있는 짐꾼용 식량을 가지러 앙바오와 누르부를 베이스캠프로 내려 보냈다.

짐꾼들의 등장으로 우리는 음식을 더 이상 직접 만들 필요가 없었다. 일거리로서의 의미를 떠나 고산에서 취사의 주된 어려움은 어수선함과 더러움이다. 텐트 바닥은 곧 다양한 음식 찌꺼기가 얼어붙어 더럽혀진다. 휘발유와 등유가 타는 동안에 발생한 숯 그을음이 특히 역겹다. 씻는다는 것은 불가능하다. 냄비에 눈을 녹여 얻은 물은 너무나 소중해서 몸을 씻는 데에 사용할 수 없다. 그래서 때가 피부에 깊이 배어들고 손톱 밑에도 때가 낀다. 고지에서 먹고 마시는 일과 관련해 내가 가장 불쾌하게 여기는 일은 세척에 관한 것이다. 이 일은 냄비, 프라이팬, 접시, 기타 식기류를 눈으로 문질러서 닦아야 끝이 나는데, 엄청나게 춥고 성가셔서 정말이지 지긋지긋하게 싫다. 그러나 세르파와 보티아 짐꾼들은 음식을 만드는 일을 완전히 다른 각도에서 생각하고 있다. 이들은 최고로 맛없는 음식을 만들 수 있는 기회가 주어지길 아이 같이 고대한다. 이들에게 깨끗한 텐트를 주고 더럽히지 말라고 요구한다면, 이들은 정말로 불행해질 것이라고 나는 진심으로 믿고 있다. 이런 면에서, 이들은 새 집으로 입주해서 편리하다는 이유로 즉시 목욕통을 석탄 담는 통으로 사용해 버리는 슬럼가의 거주자를 닮았다. 또한 히말라야의 짐꾼들은 텐트 안의 후끈한 공기를 좋아하는데 대개는 취사하는 과정에서 발생한다. 경험하지 않은 사람은 짐꾼용 텐트 내부의 상황을 믿을 수 없을 것이다. 그 후끈한 공기가 얼마나 짙은지 덩어리로 잘라서 문밖으로 내버릴 수 있을 정도이다. 산에서 사는 주민과 등산가는 공통적으로 이 후끈한 공기를 좋아한다. 통풍이 잘 되는 시원한 방을 선호하는 사람이나, 끔찍이도 마음 써 주는 척 아침 식탁에 친구를 초대해서 민폐를 끼치는 사람이나, 바깥 공기를 좋아하고 또 그것을 잘 견뎌낸다는 인상을 주려는 사람들을, 그들이 그 진저리나는 습관을 마음껏 즐길 수 있도록 특별히 싸늘한 골방에 집어넣어야 한다는 것이 내 주장이다.

종종 여자일 경우도 있지만 큰 위협은 남자들인데, 이들은 얼음처럼 찬 객차 내부의 통풍을 무리하게 요구하면서 사디스트처럼 동승한 승객의 고통을 즐긴다. 린든알프 철도 게시문은 이런 성가신 문제를 다음과 같이 일시에 해결하고 있다.

"창문을 열 것인가 닫을 것인가의 문제로 승객 여러분 사이에 말다툼이 발생할 경우에 문제 해결을 차장에게 맡겨 주십시오. 그러면 창문은 닫힐 것입니다."

p.458
하워드 소머벨Howard Somervell 박사였다고 생각하는데, 한 번은 그가 창가에 앉아 편안히 여행을 하던 중에 한 노신사가 어떤 역에서 올라타더니 신선한 공기광 특유의 안절부절못하는 행동을 보이며 "나는 정말로 창문을 열어야 한다고 강력히 주장하는 바입니다."라고 신경질적으로 말했다. 창문이 닫혀 있었으므로, 공손하게 말했더라면 분명히 어떤 타협책이 나왔을 것이다. 창문이 열리지 않자 그 노신사의 비난 연설이 길게 이어졌는데, '요즘의 타락한 젊은것들'이라는 표현까지 등장했다. 분개한 이 노신사는 에베레스트 원정에서 막 돌아온, 전후戰後 가장 강인하고 훌륭한 등산가 중의 한 사람에게 이런 말을 하고 있다는 사실을 알아차리지 못하고 다음 역에서 내렸는데, 참 안된 일이다. 만일 그 노신사가 반성 기관시험이나 페렴, 류마티스 신열로 죽지 않고 아직 살아 있다면, 나의 이 글을 보게 되길 바란다.

8월 2일인 다음 날 아침 우리는 또 다른 캠프를 설치하려고 출발했다. 날씨는 좋지 않았고, 짙은 안개 속에서 나침반과 가디너가 준 상세한 지도에 의지해 방향을 잡아 가며 더듬듯이 그 첫 설원으로 올라갔다. 지도가 없었더라면 아마 너무 남쪽으로 치우쳐 이동해서 그 플라토 정남쪽의 6,122미터 봉우리 위에서 곤경에 처했을 것이다. 그러나 지도가 있었기 때문에 첫 설원 위쪽 아이스 폴을 지나 6,522미터 봉우리 남쪽에 있는 또 다른 설원으로 길을 열 수 있었다. 때때로 안개가 엷어졌을 때 오른쪽으로 이 봉우리의 비탈면을 볼 수 있었고, 눈사태에 대비해서 될 수 있으면 이 봉우리 아래에서 멀리 떨어져 있으려고 노력했다.

우리는 교대로 선두를 섰고 피터가 노련하게 아이스 폴의 크레바스를 가로질러 방향을 잡아 나갔지만, 설원에서 내 차례가 왔을 때 내가 제자리를 맴돌고 있다는 말이 들렸다. 우리가 나침반의 방향과 멀어지고 있는 이유 중 하나는 누구도 예상치 못했던 가파른 비탈면이 출현했기 때문이다. 빙하 위에 파편이 없는 것으로 보아 이 비탈면에서는 얼음 사태가 발생하지 않는다는 것을 알 수 있었지만, 그래도 비탈면에서 멀리 떨어져 있는 것이 현명한 일이었다. 나중에 알게 된 사실이지만 이 지점까지 우리가 멋진 루트를 만들고 있었다. 우리는 전날 등반하면서 봤던 곳 너머에 있었다. 우리는 가디너가 도달한 곳 너머에 있다고 믿었다. 우리 주위에 있는 것이라고는 안개와 황량한 눈뿐, 방향의 길잡이가 될 만한 표시가 전혀 없었다. 우리의 처지는 어두운 밤에 장님이 고양이를 찾는 것과 비슷했다. 더 머뭇거려서 얻을 것이 아무것도 없었다. 그래서 날이 갤 때까지 일단 캠프를 치기로 하고, 우리가 묵을 텐트 한 동을 설치하고 나서 짐꾼들을 2캠프로 돌려보냈다.

우리의 위치를 전혀 모르면서 캠프를 치는 것은 특별한 경험이었다. 우리는 무언극의 첫 장면에서 무대막이 올라가길 야단 떨면서 고대하는 아이와 같은 심정으로 안개가 걷히길 기다렸다. 오래 기다리진 않았다. 오후 4시에 안개가 가시기 시작했다. 안개 사이로 하늘이 조금 보였고, 이 하늘을 배경으로 햇빛이 든 눈의 가장자리가 보였다. 우리가 캠프를 친 평편한 설원은 아름답고 순결한 광채로 빛났다.

캠프 바로 서쪽에 눈에 덮인 능선이 있었다. 이 능선의 한 곳은 설원과 거의 수평을 이룬 지점까지 아래로 꺼져 있어 어려움 없이 접근할 수 있었고, 우리는 그 능선 너머에 무엇이 있는지 조사하기 위해 출발했다.

우리가 비탈진 곳을 올라서서 그 능선의 깊지 않은 안부에 이르렀을 때 해가 빠르게 기울고 있었다. 이 안부에서의 광경은 내 뇌리에 영원히 각인되어 있다. 그 능선은 북에서 남으로 거칠게 뻗어 나갔고, 6,852와 6,522미터 봉우리에 눌러싸인 설원과 우리가 캠프를 친 설원 사이에 끼여 있었다. 6,852와 6,522미터 봉우리 사이에 둘러싸인 설원은 우리가 올라왔던 빙하의 일부가 아니라, 반케 빙하와 합치려고 내려가는 빙하의 꼭대기 부분이었다.

안부에서 60미터 길이의 비탈면이 엄청 가파르며 부서진 아이스 폴로 뚝 떨어져 있고, 설원의 남쪽 끝은 이 아이스 폴로 인해 끊겨 있었다. 안개는 여전히 우리가 있는 곳 아래에 있었으며, 혓바닥 모양의 안개가 붉게 변한 태양 빛을 받아서 갑작스레 찬란히 빛나는 빙탑 사이의 아이스 폴을 이따금 핥았다. 이 아이스 폴은 불꽃처럼 빛났고 마녀의 가마솥처럼 연기를 피워 올렸다.

아이스 폴 위쪽 설원은 이 야만적이고 염려스러운 광경과는 극단적인 대조를 보여 주었다. 설원의 평편하고 부서지지 않은 넓은 공간은 순전히 은으로 된 옷감같이 잔잔하고 고요하게 펼쳐져 있었다. 설원의 서쪽 끝에 있는 6,852미터 봉우리는 그 봉우리를 서서히 가로지르며 햇빛을 받아 찬란히 빛나는 옅고 성긴 구름으로 인해 깊게 그림자를 드리운 채 서 있었다. 청록색 하늘 곳곳에 또 다른 구름들이 머물러 있었는데, 마치 순풍을 기다리는 요트 같았다. 남쪽으로는 몬순의 거대한 뭉게구름 덩어리가 난다데비의 봉우리들과 먼 산자락들을 따라 열을 지어 있었다.

해가 6,852미터 봉우리 너머로 미끄러지자 우리 주변의 거대한 설원이 천상의 빛을 발했다. 그 모습은 마치 남극의 평원에서 빌려왔을 것 같은 광경이었다. 우리는 남극 탐험가가 느꼈을 것 같은 외로움을 경험했다. 계곡이 없었기 때문에 끝이 없는 얼음과 눈 더미만을 바라보았다. 육체에는 잔인하고 적대적인 만큼 정신에는 풍성한 휴식을 제공하는 최고의 장엄한 광경을⋯.

우리는 정찰을 마치고 그런대로 만족해서 캠프로 돌아왔다. 우리가 보았던 그 설원으로 쉽게 올라갈 수는 있었지만, 그 너머에 무엇이 있는지에 관해서는, 또 6,852미터 봉우리를 남쪽 측면으로 등반할 수 있을지에 관해서는 단지 추측만 할 수 있을 뿐이었다. 6,852와 6,977미터 두 봉우리 사이에 또 다른 설원이 있을까? 그렇다면 이를 가로질러 마나피크 동릉에 도달하는 것이 가능할까? 그러려면 연락체계를 상당히 연장해야 할 것이며, 적어도 두 개의 캠프가 더 필요하리란 것이 분명해졌다. 위험을 무릅쓴 이쪽에서의 마나피크 등정 시도는 이제 가능성이 희박했다.

제19장

6,852미터 봉우리

일시적으로 날씨가 호전되긴 했지만, 다음 날 아침 안개가 다시 모든 것을 숨겨 버렸다. 활동을 할 수 없어서 견디기가 힘들었다. 짐꾼들이 2캠프에서 물자를 교대로 져 올려야 해서, 어쨌든 내일까지 4캠프를 설치할 수는 없겠지만 우리는 설원 쪽으로 루트를 확보하기로 했다. 다시 안부로 올라가서 눈 덮인 능선의 가파른 마루를 따라 능선 북쪽, 즉 아이스 폴 위쪽 설원으로 내려가는 것이 가능할 것 같은 지점까지 올라갔다.

짐꾼들이 낮에 도착했고, 다음 날 캠프를 전진시킬 모든 준비가 완료되었다. 다시 한 번 안개가 걷히고 조용한 저녁이 추운 밤으로 이어졌다. 8월 4일 맑고 화창하게 날이 밝았고 우리는 6시 30분에 출발했다. 지난 2~3일간 3센티미터의 눈이 내렸고 이것이 얼어 수정같이 투명한 가루가 되어 햇빛에 반짝거렸다. 사진 찍는 사람을 즐겁게 하는 아침이었다. 설원을 향해 능선을 횡단하면서 피터와 나는 카메라를 가지고 바삐 움직였다. 안개는 흔적도 없이 사라졌고 규모가 큰 온갖 산봉우리가 보였다. 트리술, 난다데비, 그리고 밀람Milam 빙하와 이웃한 산들도 보였다. 반케 빙하와 인접한 산봉우리 중에 닐기리파르바트가 가장 아름다웠다. 안개가 아래쪽 등성이를 감싸고 있긴해도, 구름 위쪽으로 이제 낯익은 닐기리파르바트의 위쪽 얼음 비탈면이 폭풍에 일렁이는 물결 같은 모습을 드러내고 있었다. 물론 굽이치는 물결과 부서진 파도는 얼어 있었다. 이렇게 완벽한 빛의 배치와 아름다운 구도를 포착하여 사진을 찍는 일이 또다시 가능할지 결코 장담할 수 없었다. 웅장할 뿐만 아니라 천상의 아름다움을 간직한 이런 광경을 있는 그대로 사진에 다 담아낼 수는 없겠지만, 이 웅장한 산의 당당함 정도는 분명히 암시할 수 있으리라 생각하며 사진을 찍었다.

우리가 설원을 가로지르며 터벅터벅 걷고 있을 때, 에비히 슈네펠트Ewig Schneefeld 위쪽 베르너 오버란트Bernese Oberland에서 이렇게 이른 아침에 터벅터벅 걸었던 기억이 떠올랐다. 그곳의 '만년 설원'과 히말라야의 이곳 설원은 상당히 비슷했다.

설원은 그 길이의 3/4이 서쪽으로 완경사를 이루었고, 이어 점점 가팔라져 6,852미터 봉우리 발치에 있는 작은 능선으로 이어졌다. 우리는 별 어려움 없이 능선 위로 올라갈 수 있었고 능선 너머 서쪽을 기대에 차서 바라보았다. 혹시 6,852

미터 봉우리를 측면 공격할 수 있는 또 다른 설원을 볼 수 있지 않을까 기대했지만, 이 희망은 수포로 돌아갔다. 이곳부터는 가파른 설사면이 서쪽 밑으로 떨어져 있어서, 능선을 계속 횡단하기에 앞서 어느 정도 이 설사면을 내려가는 것이 불가피했다. 곧 피해갈 수 없는 능선이 나타났는데 가파른 얼음 비탈면으로 되어 있었다. 이 능선 너머에 쉬운 능선이 있을까? 이런 까다로운 지역에서 루트를 억지로 만들어 나가는 것이 옳은 일일까? 그럴 경우 상당한 기간을 베이스와 단절된 상태로 지내야 하며 이치에 맞지 않을 만큼 연락체계를 연장시켜야 하는데. 날씨가 나빠져서 여러 날 동안 고립되어 철수할 수 없으면 무슨 일이 일어날까? 우리 일행은 소규모여서 장기간에 걸친

p.459

극지법을 펼치기에는 식량도, 장비도 결코 충분하지 못했다. 게임은 끝이 났고, 우리는 동쪽에서 마나피크로 접근할 수 없다는 것을 알게 되었다.

남아 있는 유일한 희망은 6,852미터 봉우리 너머에 있는 좀 더 높은 루트였다. 이 봉우리의 능선에 도착하는 데는 겨우 2시간 30분밖에 걸리지 않았고, 그래서 피난처가 될 움푹 들어간 비탈면에 캠프를 치고서 바로 그날 이 봉우리를 등반하기로 했다. 이 봉우리에서의 조망은 마나피크로의 어프로지가 동쪽에서 가능한지를 한눈에 보여줄 것이다.

하지만 그곳은 캠프를 치기에 이상적인 장소가 아니었다. 움푹 들어간 비탈면이 무시무시한 열기로 햇볕을 반사해서 우

리는 불타는 유리 밑에 있는 파리 같은 느낌이었다. 그렇지만 바람이 몰아치는 능선 마루보다는 나았다. 차를 마시고 등반을 시작했다. 날씨가 나빠져 캠프에 고립될 경우를 대비해서 여러 날을 견딜 만큼의 연료와 식량을 가지고 올라오긴 했지만, 내일 남아 있는 식량과 장비를 마저 다시 갖고 올라오라고 지시하고 짐꾼들을 3캠프로 돌려보냈다.

6,852미터 봉우리 정상으로 오르는 쉬운 루트는 남릉 위쪽에 있었다. 불행히도 몬순이 특유의 심술을 부려서 안개가 끼고 있었고, 그 쉬운 능선을 150미터나 올라갔는데도 마나피크 쪽으로 루트를 계속 열어 나가는 것이 가능한지 알 수가 없었다. 능선의 300미터는 아무런 어려움이 없었지만, 그 후로는 좁아지며 오를 수 없는 가파른 바위가 솟아 있었다. 이를 피하려고 오른쪽 얼음 비탈면을 올라가야 했다. 이 비탈면의 얼음은 가파르고 강해서 발판을 하나 만드는 데에도 피켈을 여러 번 휘둘러야 했다. 나는 힘이 들었지만 그만큼 피터에게는 지루한 시간이었다. 그는 1시간 동안 조금씩 로프를 늦추어 주면서 자신의 발판 위에 서 있어야 했다.

이 비탈면 꼭대기에서 얼마 떨어지지 않은 곳에 국자 모양으로 살짝 파인 곳이 있었는데, 대각선을 그리며 가로질러 가야 했다. 이것을 극복해 나가는 과정에서 팔에 무리가 와 피켈을 제대로 다룰 수 없을 정도로 힘이 들었지만 발판이 마침내 만들어졌다. 비로소 지금껏 히말라야에서 한 얼음 작업 중에 가장 힘든 작업을 해냈다는 만족감이 들었다. 나는 안전하게 바위에 확보하고 편안히 앉아 피터가 올라올 수 있도록 로프를 당겨 올렸다.

이후부터 능선은 부서진 바위와 눈으로 이루어져 있었다. 우리가 등반을 재개해서 오락가락하는 눈보라를 뚫고 능선 등성이에 도착했을 때는 안개가 더욱 심해졌다. 정상에서 정 서쪽으로 뻗어 나온 마지막 능선은 부서져 있었고 작고 뾰족한 탑 모양이었다. 거의 대부분을 이 능선의 등성이를 따라갈 수 있었지만 두세 곳에서는 비껴갈 수밖에 없어서 뾰족한 탑 모양의 능선 측면으로 돌아가야 했다. 특별히 큰 어려움은 없었지만 소소한 어려움이 있었고 높이 때문에 힘이 들었다.

바위 능선은 전보다 더 가팔라졌지만 힘이 덜 드는 마지막 남은 봉우리와 접해 있었다. 피곤했기 때문에 우리는 천천히 등반했고, 마침내 우리 앞에 더 이상 솟아 있는 것이 없었다. 능선이 정상인 평편한 눈의 가장자리로 완만하게 이어져 있어서 다행이었다.

시계가 좋지 않아서 볼 수는 없었지만 높고 독립된 산봉우리 위에 우리가 있다는 것을 알 수 있었다. 1,000미터 바로 아래가 동 카메트 빙하라는 것도 느낄 수 있었다. 잔바람이 불기 시작했고 더 이상 이곳에 있을 이유가 없어 돌아서서 하산을 시작했다.

유일하게 어려운 곳이 얼음 비탈면이었는데, 흘러나오는

물이 발판을 훼손시켰기 때문이다. 발판을 힘들게 다시 만드는 일을 피터가 도맡았고, 그동안 나는 바위 위에서 확보를 보며 찬바람 속에 가만히 앉아서 싸락눈과 눈의 폭격을 당해야 했다. 내가 내려갈 차례가 되었을 때에는 물의 흐름이 빨라 많은 발판이 다시 위험해졌다. 발판을 또다시 손봐야 했던 피터로서는 격노할 일이었을 것이다. 다리가 풀렸을 때 가파른 비탈면의 얼음을 내려가는 것은 결코 유쾌한 일이 아니다. 한 발한 발 천천히 균형을 잡으며 움직이는 일은 어떤 다른 등반 방식보다 무릎에 큰 무리를 준다. 독자 여러분도 높은 계단의 발판 끝에 발가락으로 1~2분을 서서 버티고 천천히 다음 발로 중심을 옮겨 내려가면서 이 어려움을 스스로 체험해 보길 바란다. 1~2시간 동안 이렇게 해 보는 것은 등반을 위해 필요한 연습 기회를 제공해 줄 뿐만 아니라 등반을 위한 훌륭한 운동이 되기도 한다.

캠프로 돌아와서 우리는 여러 잔의 차를 마셨고, 곧 오늘의 등반이 얼마나 훌륭했는지에 관해서 서로 이야기를 나누었다. 생명에 대한 육체적인 스트레스를 이렇게 쉽게 잊을 수 있고, 격렬했던 등반 과정 중에서 행복했던 순간들만을 기억할 수 있는 사람은 분명히 복이 많은 사람이다.

다시 한 번 저녁에 안개가 갰다. 8월 5일인 다음 날 아침 맑은 날씨 속에 6,852미터 봉우리 아래쪽 비탈면 위로 어제의 발자국을 따라서 캠프 위쪽 150미터까지 올라가, 마루의 폭이 넓어서 모양이 뚜렷하지 않은 능선을 똑바로 가로질러 한 모퉁이에 이르렀다. 이곳에서 우리는 그 뒤쪽에 있는 모든 것을 볼수 있었다.

마나피크는 동쪽에서 접근할 수 없었다. 깊게 잘려 나간 빙하 상단 부분을 에워싸면서 반원을 이룬 절벽의 가장자리에 우리가 서 있었고, 그 반원의 가장 먼 지점에 얼음으로 된 뱀이빨 모양의 6,852미터 봉우리가 아침 하늘에 날카롭게 솟아 있었다. 어떻게도 더 이상은 전진할 방법이 없었다. 절벽들이 발아래 빙하로 가파르게 떨어져 있었으며, 바위 슬랩지대들로 인해 깨진 거대한 얼음이 빙하를 이불처럼 덮고 있었다. 6,852와 6,977미터 두 봉우리 사이 안부에 이를 수 있다손 치더라도, 6,977미터 봉우리를 돌아가는 것은 그 자체로도 길고 힘든 원정이 될 것이었다. 우리는 실패했고, 다른 쪽에서 마나피크를 시도해야 했다.

한 가지 일에 더 이상 집중할 필요가 없었기 때문에 우리는 주변을 자세히 살펴볼 수 있었다. 봉우리들이 미로를 이루며 우리 앞에 서 있었다. 이곳에서는 볼 수 없는 빙하에서 솟아오른 날카롭게 자른 듯한 봉우리들의 끝 부분은 면도날같이 날이 선 모습이었다. 우리의 시선은 이 봉우리들 너머 바느리나트 산봉우리들 쪽으로, 이어 외따로 떨어진 피라미드 모양의 빛나는 닐칸타로 옮겨 갔다. 양털 같은 조각구름이 알라크난다 계곡을 따라서 천천히 흘렀고, 남쪽으로는 거대한 몬순의 안개가 빛을 내며 산자락에서 쉬고 있었다. 1,200미터 아래에 반케 빙하가 있었고, 질서 정연한 모레인이 빙하 주위에 띠를 두르고 있었다. 칼끝, 돔, 탑, 첨탑 모양으로 줄지어 늘어선 장엄한 봉우리들의 무수한 대열 사이로 빙하는 포물선을 그리며 둥글게 퍼져 나갔으며, 그 많은 봉우리가 따뜻한 햇빛에 엄숙히 빛나고 있었다.

반케 고원에서의 마나피크 등반은 실패였지만 다른 면으로 충분한 보상이 되었다. 지난 며칠 동안 즐겼던 흥미롭고 아름다운 광경이 우리의 일시적 실망에 대해 충분히 보상을 해주었다.

짐꾼들은 우리가 돌아온 직후에 캠프에 도착했다. 그들이 이렇게 많은 짐을 위쪽으로 옮겨 왔는데도 등반에 결국 실패했다고 말하기가 미안했지만 실패를 어쩔 수 없는 일로 받아들일 것이라고 생각했다. 왜냐하면 왕디처럼 경험이 많은 등산가는 분명히 우리가 마나피크에서 너무 멀리 떨어져 있다는 것을 이미 잘 알고 있었을 것이기 때문이다.

가능한 한 빨리 캠프를 철수해야 했고 그래서 우리는 모두 무거운 짐을 져야 했다. 차를 마시고 텐트와 장비를 꾸려서 3캠프로 출발했고, 그곳에서 한 개의 텐트가 짐에 추가되었다. 점심을 조금 먹고 2캠프로 계속 내려갔다. 우리 중 누구도 이 춥고 황량한 곳에 전혀 미련이 없었다. 우리가 전보다 훨씬 더 많은 짐을 지고서 측량사들이 캠프를 쳤던 그 능선으로 내려가야 한다고 왕디가 말했으며, 피터와 나의 목과 어깨 근육은 발갛게 달군 쇠로 낙인이 찍힌 듯 아팠다.

눈 위에서 캠프를 친 이후 며칠 만에 바위 위에 캠프를 치게 되어 다행이었다. 바위는 보통 강풍에 덜 노출되기 때문에 눈보다는 항상 따뜻했다. 능선 위에 식물이 있었다. 작은 꽃다지 속 드라바 인콤프타Draba incompta와 양털 모양의 은색 잎사귀 한가운데에 보라색 꽃이 핀 쥐나물이었다. 짐꾼들이 텐트를 치고 있을 때 베이스캠프에서 짐을 추가로 지고 빙하를 올라오느라 애를 쓰고 있는 불행한 누르부와 앙바오가 보였다. 하루 종일 쓸데없는 일을 한 것에 대해 그들이 느끼게 될 비애가 내일은 올라가지 않고 내려간다는 생각으로 줄어들지는 알 수 없는 일이다.

히말라야에서는 6,100미터에서의 캠핑과 5,200미터에서의 캠핑의 차이가 놀랄 만큼 크다. 5,200미터에서는 식욕을 유지하고 편안히 잠을 잘 수 있지만, 6,100미터에서는 두 가지가 다 안 된다. 권위 있는 의학자들은 육체적·정신적으로 심각한 쇠퇴 없이 인간이 상당 기간 견딜 수 있는 최고 고도를 6,400미터로 정하고 있다. 어쨌든 내 능력을 고려할 경우 나는 5,800미터를 그 한계로 생각한다. 휴 러틀리지 박사가 에베레스트에서 돌아오자, 흥분해서 달려 나오며 "그처럼 엄청난 고도에서 박사님이 무슨 경험을 했는지 저도 이해할 수 있습니다. 저는 크로보로Crowborough에 사는 걸요." 하고 외쳤던 그 사

p.459

321

랑스러운 노부인에게 분명히 월계관을 줘야겠지만, 아디스아바바가 이디오피아의 수도가 되기에는 물리적인 관점에서 너무 위치가 높다는 이탈리아인의 논쟁과 같이 고소의 영향에 관해서는 터무니없는 이야기가 많다.

다음 날 베이스캠프로 내려왔다. 꽃이 있는 곳으로, 반케 계곡의 상쾌한 공기 속으로 내려온다는 것은 유쾌한 일이다. 엄청나게 힘든 며칠을 보냈기 때문에 하루의 휴식은 짐꾼들에게 꼭 필요한 것이었다. 히말라야의 설원 위, 거의 태양 바로 아래에서 며칠을 보낸다는 것은 짐승도 견디기 힘든 일이어서 많은 양의 선크림을 발랐는데도 우리 둘은 햇볕에 그을렸고, 계속 입으로 호흡을 해서 목에 가벼운 염증이 생겼다.

태왕은 훨씬 더 안 좋았다. 그는 때때로 피를 뱉었다. 무언가가 심각하게 잘못되어 가고 있는 것이 분명했다. 우리는 그를 지체 없이 병원이 있는 조쉬마트로 내려 보내기로 했다. 아마도 그곳에서라면 다르질링이나 라니케트로 후송될 수도 있을 것이다.

기회가 있으면 언제든 태왕을 대신할 사람을 고용해야 하는 탓에 우리는 그에게서 동산화를 회수해야 했다. 이미 말했듯이, 그는 등산화에 엄청난 애착을 갖고 있어서 그것을 포기하기는 정말로 싫었을 것이다. 다행히 우리는 후임자를 위한 여분의 옷은 충분해서 등산복은 그대로 갖고 가도록 허락했다. 그런데 나머지 다르질링 짐꾼들은 동료의 곤경에 대해서는 놀랄 정도로 무관심했다. 그들은 자신이 병으로 고통을 받게 되기까지는 남의 병을 전혀 이해하지 못했다. 왕디는 1933년에 베레스트에서 테왕보다 훨씬 더 심한 폐렴으로 하산한 경험이 있는데도 이 정도의 가벼운 병으로 원정대의 힘든 일에서 빠진다고 테왕을 경멸했고, 여러 번 꾀병이라고 내게 넌지시 암시를 했다.

이렇게 해서 우리의 마나피크와의 첫 라운드는 끝이 났고, 히말라야의 큰 산봉우리를 본격적으로 등반하기에 앞서 등반 기간을 연장하더라도 정찰등반이 반드시 필요하다는 것을 우리는 경험을 통해 확인할 수 있었다. 히말라야 등반에 있어서 정찰등반은 즐거움과 흥미의 절반을 차지한다.

제20장

마나피크 정찰

가디너의 기록에 의하면 남쪽에서 마나피크를 올라가는 것은 불가능했다. 그래서 우리는 반케 빙하 위쪽 지역에 대한 정찰에 기대를 품고 있었고, 5,788미터인 잔스카르 고개로 잔스카르 산맥을 넘어서 그가 간 길을 따라 마나피크 남쪽으로 간 다음 바드리나트로 내려갈 예정이었다. 이를 위해서는 일주일치 식량이 필요해서 우리는 베이스캠프로 돌아왔고, 왕디는 짐꾼들이 먹을 식량을 좀 더 구입하고 잔스카르 고개를 넘어 바드리나트로 짐 수송을 도울 두 명의 짐꾼을 구하러 감살리 마을로 내려갔다.

베이스캠프에서의 이틀은 반케 계곡에서 식물을 조사하고 채집할 시간을 벌어 주었다. 이미 말했듯이 반케 계곡은 몬순의 기류에 노출이 적어서 분다르 계곡보다 건조했다. 분다르 계곡에서 보지 못했거나 좀 더 나중에 보게 될 식물을 반케 계곡에서는 거의 관찰할 수 없었다. 그렇지만 개화 시기는 반케 계곡이 분다르 계곡보다 빨랐다. 가르왈의 남쪽 지역에서라면 8월 말이나 9월 초까지도 정상 상태로 개화하지 않는 식물이 이곳 반케 계곡에서는 7월 말이나 8월 초에 개화했다. 티베트와 가까운 이 계곡이 이런 기후와 어떤 관계가 있는 것이 분명했다. 이렇게 메마른 지역에서 몬순 초기에 어떻게 식물이 성장을 할 수 있는지 놀라운 일이다. 메마른 황무지를 꽃의 융단으로 바꾸는 데에는 2주간의 따뜻하고 습한 공기만 있으면 된다. 식물이 자신을 영속시키기 위해 이처럼 개화를 서두르는 이유는 찬바람이 부는 봄과 가을 사이 여름이 짧기 때문이다. 여름이 보다 긴 히말라야 분수령 남쪽에서는 식물이 자신의 생명 순환을 영속시키려고 서둘 필요가 없다.

나는 왕고들빼기 속 락투카 레세르티아나Lactuca lessertiana로부터 이런 훌륭한 실례를 발견할 수 있었다. 캠프에서 멀지 않은 바위 주변에서 식물 냄새를 맡고 있다가 위쪽 벼랑에서 보라색 꽃 한 송이를 발견했다. 이 꽃은 처음 보는 것이어서 가파르고 오르기 힘든 바위들을 타고 올라가 그 꽃이 있는 곳으로 갔다. 사실 그렇게까지 고생할 필요는 없었다. 왜냐하면 6주 후에 분다르 계곡으로 돌아왔을 때 베이스캠프 근처 비탈면에서 막 피고 있는 이 꽃 수백만 송이를 보았기 때문이다.

분다르 계곡에 비해서 반케 계곡이 바람이 많고 더 메마르다는 또 다른 증거는 범의귀나 봄맞이꽃 같은 방석 모양의 식물이 많다는 것이다. 이보다 높은 곳을 제외하고 이와 같이 촘촘한 잎을 가진 식물을 분다르 계곡에서는 보지 못했다. 줄기가 거의 없는 상태에서 별처럼 빛나는 꽃이 사방을 뒤덮고 있었다. 영국의 따뜻하고 습한 기후에서도 꽃들이 이처럼 매혹적인 모습을 그대로 갖고 있으리라 기대하는 것은 불가능하다. 영국에서라면 분명히 키만 껑충 커서 가늘어질 것이다. 그러나 결코 원예가가 불평할 거리가 아닌 것이, 몽블랑보다 더 높은 고도에서 자라는 식물이 영국의 기후에서도 잘 자란다면 이것이야말로 기적이기 때문이다.

날씨는 이제 더할 나위 없이 화창했고, 나와 피터는 베이스캠프에서 즐거운 이틀을 보냈다. 둘째 날 늦은 저녁 우리가 모닥불의 따뜻함을 즐기고 있을 때, 감살리 마을에서 찾은 두 명의 짐꾼과 함께 왕디가 나타났다. 짐꾼을 구하는 일은 쉽지 않았을 것이다. 그런데도 짐꾼들은 남은 원정 기간 내내 고용되며, 바드리나트에서 등산화와 장비가 지급된다는 약속 때문에 이곳까지 따라왔다. 하지만 왕디에게는 이런 약속을 할 권한이 없었고, 그도 알다시피 지켜질 수 없는 약속이었다. 어쨌든 그들은 이곳에 왔고, 내일 밤케 빙하 위쪽으로 첫 행군을 할 준비가 완료되었다.

8월 8일 아침, 날씨는 화창했고 우리는 빙하를 오르기 시작했다. 빙하와 산자락 사이의, 양지꽃과 알라르디아가 화려하게 피어 있는 북쪽 둑을 따라서 양치기들이 이용하는 험한 길이 펼쳐졌다. 이 길은 때로 측면 모레인 마루 위로, 때로 회랑지대로 이어지며 그들의 가장 높은 비박 장소인 에리우디아르에 이르지만, 그 너머에는 길이 없어서 여행자는 모레인과 돌뿐인 광막한 곳에서 스스로 길을 찾아야 한다.

우리는 훌륭하게 전진해 갔지만 짐꾼들을 기다리려고 자주 멈췄다. 이 두 명의 현지 짐꾼은 천천히 움직였기 때문에 행군이 지체되었다. 아무래도 마르차 보티아는 셰르파나 보티아(티베트인)에 비하면 동작이 느렸다. 그들은 적당한 시간에 행군을 마치고 늦은 오후나 저녁에 긴 휴식을 하는 대신에, 비가 오나 눈이 오나 그 외의 어떤 불편한 상황에서도 온종일 돌아다니기를 좋아했다. 이것이 그들의 취향에 맞기는 하지만 그들을 고용한 사람에게는 화가 나는 일이었다. 내가 알기로는 이들과 함께 여행을 하는 것보다 더 심한 인내심 테스트는 아마 없을 것이다.

에리우디아르 주변에서 반케 빙하는 직각으로 돌아 나가고, 여행자는 반케 빙하 측면을 벗어나서 만곡 부분을 질러가는 루트를 선택하게 된다. 길이가 15~35미터인 다양한 모레인 언덕을 오르내리는 일이 상당히 많긴 했지만 등반은 예상외로 쉬웠다. 모퉁이를 돌아설 무렵 날씨가 곧 나빠질 것이 분명했지만, 우르두어가 유창한 피터의 설득도 이 감살리 짐꾼들의 마음을 바꿀 수 없었다. 그들은 점점 느려졌고 멈춰서는 일이 잦아졌다. 내가 앞서 나가 얽히고설킨 모레인 지대에서 루트를 찾고 있는데, 그들이 단호하게 멈춰 섰다는 외침이 들렸다. 계속 가자고 설득하는 것은 불가능했다. 옷과 등산화, 사례금을 아무리 많이 준다고 해도 그들은 더 이상 모험을 하려 들지 않았다. 그들은 풀이 사는 땅 너머에 와 있었고, 그들 마을의 어느 누구도 빙하 위쪽으로 이렇게까지 멀리 와 본 사람이 없었다. 그들에게 이곳은 귀신과 악마와 용이 출현하고 온갖 종류의 기이한 심리 현상이 일어나는 곳이었다. 할 수 있는 일이 아무것도 없었다. 그들은 돌아갔고, 짐은 오랫동안 우리와 함께 고생을 하고 있는 짐꾼들에게 다시 분배되었다. 왕디는 몹시 화를 냈으며, 눈빛만으로 사람을 죽일 수 있다면 감살리 마을은 인구 기록대장에서 이들 둘의 이름을 지워야 했을 것이다. 어쨌든 또다시 피터와 나는 꽉 찬 배낭을 메고 터벅터벅 걸었고 — 그때, 그리고 또 다른 때도 그랬지만 — 소규모 원정대를 예찬하는 것은 분명 좀 과장된 면이 있고 불리한 점이 있을 수 있다고 생각했던 기억이 난다.

안개는 우리 아래쪽에 깔려 있었으며 비의 푸른 장막이 계곡을 휩쓸고 내려갔다. 그러나 비의 장막은 30분 만에 사라졌고 태양이 거나란 구름 넝이를 뚫고 맑게 빛났다. 우리는 이 빙하의 모레인 중간 지점, 즉 측량사들이 캠프를 쳤던 곳에 캠프를 쳤고, 그들이 남긴 장작 무더기를 발견하고 기분이 조금 풀렸다. 그러나 내 경우에는 기분이 언짢았다. 아마 돌 때문인

듯 했는데, 흔들리는 돌바닥을 하루 종일 걷는 일보다 기분을 더 잡치게 하는 것이 없기 때문이다. 1931년 이틀 동안 아르와 계곡의 돌바닥을 걸어서 행군했을 때 나는 벤틀리 보먼Bentley Beauman이 돌길 걷기에 대해서 말했던 내용을 결코 잊을 수 없다. 아마 돌을 주제로 하여 말한다면 형용사를 사용하는 능력에 있어 셰익스피어조차 그를 능가하지는 못할 것이다.

비는 오락가락 변덕스러웠다. 해가 있는지 없는지 더욱 불확실했고 안개가 소용돌이쳤다. 그런데 저녁에는 마술처럼 갑자기 날이 개더니 차가운 대기로 인해 안개가 사라졌다. 위쪽 멀리 거대한 로켓 모양의 웅장하고 거대한 절벽들과 닐기리파르바트의 빙벽들이 지는 햇빛을 받아 반짝였다.

밤은 추웠고 에어 매트리스는 바람이 빠져 몹시 불편했다. 에어 매트리스는 아주 가볍고 땅과 몸 사이에서 훌륭한 절연체 역할을 하지만, 일단 구멍이 나면 물에 넣어 구멍을 찾아야 하기 때문에 수리하기가 무척 힘들다. 게다가 익숙해지는 데에도 시간이 걸린다. 바람이 많으면 상당히 불편하고, 바람이 적으면 엉덩이가 땅에 부딪친다. 에어 매트리스 없이 누웠는데 등이 특히 배겼다. 그래서 텐트 바닥에 있는 모난 돌들을 제거하느라 그날 밤의 상당 시간을 허비했다.

아침에는 청명했고, 무거운 짐만 아니라면 우리는 즐겁게 행군했을 것이다. 우리가 닐기리파르바트 아래쪽, 꼭대기가 거대한 빙벽인 무시무시한 벼랑 사이를 지나가고 있을 때 가끔 이 벼랑에서 우르릉거리는 소리와 함께 설연雪煙을 피워 올리며 사태가 발생해서 빙하 쪽으로 흘러내렸다. 닐기리파르바트 북서쪽 6킬로미터 지점, 반케 빙하를 굽어보는 능선 위에 6,558미터의 이름 없는 봉우리가 있었고, 봉우리 표면의 세로 홈통 모양으로 된 얼음 사면이 특이했다. 세로 홈통 모양의 얼음은 동부나 남부 히말라야에서는 흔하지만 중앙 히말라야에서는 보이지 않는다. 끊임없는 사태가 발생해서 일정한 간격의 통로가 만들어지고, 이 통로는 낙하하는 얼음의 날카로운 모서리에 의해서 산의 표면과 나누어지게 되는데, 그 결과 산은 더욱 아름다운 자태를 뽐내게 된다. 그러나 이곳에 있는 세로 홈통 모양의 얼음은 흙으로 된 절벽이 — 알프스에 훌륭한 예가 있지만 — 노출과 풍화에 의해 형성되는 방식 바로 그대로 풍화되어서, 일정한 간격으로 늘어선 빙탑으로 변한 것이다. 그 빙탑들은 높아서 눈에 확연히 들어왔는데, 대부분 높이가 30미터 이상으로 산의 가파른 사면에 붙어 있었다. 태양이 이 빙탑들을 비추자 괴이한 광경을 연출해서 등산가들에게 에베레스트로 가는 도중에 통과하는 롱북 계곡 동쪽의 빙탑을 연상시켰다. 6,558미터 봉우리가 왜 이 지역에서 유일하게 세로 홈봉 모양의 홈이 파인 봉우리가 되었는지 그 이유를 아는 것은 흥미로운 일이다. 이 빙탑들은 북쪽 비탈면에 있었지만 태양의 강렬한 힘에 거의 노출되지 않았다. 아마 공기의 흐름이 그 원인일 터이나, 그것이 존재하게 된 완벽한 이유를 설명해 주지는 못한다고 나는 생각한다.

5킬로미터의 행군을 마치자 다행히도 모레인이 아이스 폴 발치에서 점차 줄어들었다. 이 아이스 폴에는 등반하기 어려운 데가 없어서 곧 이 아이스 폴 위쪽, 즉 빙하의 최상단 얼음 지역 위쪽으로 오를 수 있었고, 그곳에서 잔스카르 고개까지는 그저 걷기만 하면 되었다.

우리는 그 고개에 내일 도착할 계획이므로 더 이상 전진할 필요가 없었다. 그래서 가까운 측면 모레인에 캠프를 쳤다. 마나피크의 측면에 남릉이 보였다. 그 능선의 마루에 올라설 수 있으면 정상에 이를 가능성이 있겠지만, 정상 아래 300미터 지점에 있는, 우선 보기에도 거의 수직인 바위 벼랑이 우리 마음에 들지 않았다. 반케 빙하에서 그 능선으로 등반할 가망이 없는 것이, 능선이 버트레스에서 끝나고 버트레스는 사실상 6,301미터의 단독 봉우리이기 때문이다. 그 봉우리에서부터는 등반이 불가능한 절벽이 가파르게 빙하로 떨어지고 있었다. 남동쪽과 동쪽에서도 마찬가지로 불가능한 것이, 겁나게 가파른 것은 차치하더라도 현수빙하에서 발생한 사태가 모든 접근로를 휩쓸어버렸기 때문이다. 이 단독 봉우리 서쪽으로 이어지는 모퉁이를 돌아서면 무엇이 있을지는 그저 추측만 할 수 있을 뿐이지만, 마나피크로의 똑바른 접근로는 모두 가파른 아이스 폴이 가로막고 있다는 것을 가디너의 편지로 알 수 있었다.

날씨는 계속 좋아지고 있었다. 그날은 비도 눈도 없었고,

저녁에는 구름 한 점 없었다. 닐기리파르바트는 계곡 아래로 항해하는 거대한 범선 모양을 하고서 타는 듯이 빛났고, 해가 빙하로 떨어진 후에도 오랫동안 캠프 위쪽에 오팔 빛을 비추었다.

빙하를 건너서 맞은편에 있는 모레인으로 나갔다. 그곳에서 마나피크로의 접근은 전혀 불가능해 보여서, 우리 중 누구도 실낱같은 희망조차 가질 수 없었다. 그러나 이 아름다운 저녁에 어떤 특정한 산을 오르려는 속세의 일이 우리의 마음을 그리 오래 괴롭히진 못했다. 빙하 위에 고인 물에 살얼음을 만들고 있는, 움직임이 없는 차가운 대기를 뚫고 우리는 캠프로 돌아왔다. 우리가 오르고자 하는 이 거대한 산봉우리는 머리 위 헤아릴 수 없을 정도로 먼 거리에서 짙은 초록빛 하늘을 배경으로 날카롭게 솟아 있었다.

심한 추위 속에 다음 날 잔스카르 고개로 출발했다. 큰 어려움이 없어서 몇몇 작은 크레바스에 이를 때까지 로프를 사용할 필요가 없었고, 눈과 이판암 비탈면을 기어올라 고개 위에 이르렀다. 보이지 않는 알라크난다 계곡 너머로 닐칸타가 우리를 환영하며 솟아 있었고, 닐칸타 북쪽으로 바드리나트 산봉우리들의 실원이 고요한 아침의 내기 속에서 장엄하게 빛나고 있었다.

반케 빙하 꼭대기에서 마나피크로의 직접적인 공격이 불가능하겠다는 우리의 첫 느낌은 고개를 향해 걸어가는 동안 재

확인되었다. 지금 우리가 서 있는 능선과 그 마나피크 남릉 아래쪽 버트레스 사이에 도저히 통과할 수 없을 것 같은 아이스 폴이 있었다. 이 아이스 폴은 남릉과 북서릉 사이에 에워싸인 채 움푹 들어간 플라토에서 내려온 것이었다. 지금껏 이보다 더 무시무시한 아이스 폴을 본 기억이 없다. 900미터는 족히 되었다. 벽 위에 또 벽, 탑 위에 또 탑을 이루며 지진이 난 듯이 찢기고 갈라진 얼음이 솟아 있었고, 혓바닥 모양의 파편이 반케 빙하까지 멀리 펼쳐져 있었다. 언뜻 보아도 그곳에는 희망이 없다는 것을 분명하게 알 수 있었다.

그러나 희미하나마 성공에 대한 희망을 갖게 하는 것이 하나 있긴 했다. 그것은 잔스카르 고개에서부터 6,553미터인 한 위성 봉우리 위쪽 능선을 따라, 이미 말한 그 플라토로 나아가는 것이었다. 그러기 위해서는 이 봉우리에서 플라토로 내려가야 했다. 이렇게 내려가는 것이 실제로는 불가능할 수도 있겠지만, 일단 내려가면 북북서 쪽으로 5킬로미터 거리의, 카메트와 연결되는 긴 북서릉에 이르러서 그 능선을 이용해 정상에 이를 가능성이 있었다.

물론 이론상으로 그럴 가능성이 있겠다는 것이고, 사실이란 종종 이론과 맞지 않는다. 잔스카르 고개는 5,788미터이고, 마나피크는 7,272미터이다. 6,553미터 봉우리에서 그 플라토로 100미터를 내려가는 것을 감안하면, 수평으로는 약 5킬로미터의 거리이지만 수직으로는 1,500미터 이상을 등반해야 하는 것을 의미했다. 게다가 6,553미터 봉우리는 그 자체만으로도 엄청난 등반을 해야 한다. 능선은 잔스카르 고개에서 약간의 거리를 거의 수평으로 퍼져 나가서 눈이 덮인 날카로운 모습의 급경사로 변했다. 150미터 높이의 바위에 면하여 능선이 끝났고, 바위의 꼭대기는 분명 경사가 너무 심했다. 능선은 이 바위 위쪽에서 직각으로 휘어져 눈 덮인 한 마루로 이어졌다. 이 마루는 폭이 아주 좁았고 많은 스텝 커팅이 불가피해 보였으나 마침내 6,553미터 봉우리 정상으로 이어졌다. 하지만 우리는 나흘 이상의 식량과 연료를 갖고 있지 않은 소규모 원정대라서, 6,553미터 봉우리를 실제로 가로지를 수 있다손 치더라도 정상 공격을 하기 전에 적어도 두 개, 아마 세 개의 캠프를 더 설치해야 할 것 같았다. 우리가 바랄 수 있는 것은 그저 그 루트가 가능한지를 확인하는 정도의 정찰뿐이었다. 그리고 등반이 가능하면 바드리나트로 내려가서 필요한 자금을 갖고 다시 올라올 수도 있었다.

이것이 우리의 결론이었다. 이제 남아 있는 일이라고는 우리가 내린 결론의 첫 단계를 실행해 보는 것뿐이었다. 그래서 짐꾼들이 도착하자 고개 마루 바로 아래에 캠프를 치라고 지시하고 우리는 각자 약간의 음식을 가지고 10시에 6,553미터 봉우리 등반을 시작했다.

현 단계에서 가까운 장래에 마나피크를 시도해 볼 기회가 전혀 없긴 했지만 우리 둘의 마음속에는 낙관적인 열의가 활활 타올랐다. 하늘에는 구름 한 점 없고 실바람만이 능선에서 살랑거리고 있는 아침에 낙관적으로 생각하지 않는다는 것이 오히려 불가능했다. 우리는 반케 플라토에서 좀 지루하고 안개 낀 날들을 경험했지만 이제는 날씨가 완벽했다. 약간의 음식과 카메라 한 대가 있다는 사실만으로도 발과 영혼이 가벼웠다.

우리는 눈과 바위 부스러기로 이루어진 쉬운 등성이를 따라가서, 곧이어 눈 덮인 돌출부들이 솟아오르기 시작하는 능선의 한 지점으로 나갔고, 그곳에서 능선은 칼날처럼 날카롭게 좁아들었다. 이 돌출부들 중 첫 번째 것은 눈 덮인 얼음 덩이였다. 얼음은 눈이 약간 흩뿌려진 것에서부터 10센티미터나 덮인 것에 이르기까지 다양했다. 어려움은 스텝 커팅 작업이 적은 루트를 찾는 일이었고, 부분적으로밖에 성공하진 못했지만 피터가 스텝 커팅 작업을 신속하게 완수해 냈다.

두 번째 돌출부는 첫 번째와 거의 비슷했고 설사면이 그 뒤를 이었다. 이 설사면 위쪽으로 능선이 좁아지면서 바위지대 발치로 가파르게 솟아 있었다. 우리는 이 바위지대에 등반의 고빗사위가 분명히 있을 거라고 생각했다. 서쪽으로 일정 거리를 횡단하여 그 플라토로 올라가면, 아마 이 어려운 위쪽 부분과 6,553미터 봉우리를 우회할 수도 있겠다는 생각이 갑자기 들었다. 그러나 이것은 우리의 착각이었다. 그 설사면을 가로질러서 어느 정도 걸어가자 통과가 불가능한 빙벽들의 날카로운 능선이 우리를 가로막고 있었다.

가던 길로 돌아서기 전에 1,000미터 아래 빙하를 내려다 보았다. 그 빙하 위에는 얼음 사태가 나 있었는데, 사태의 부스러기들이 1.5킬로미터나 빙하를 쓸고 내려갔을 정도로 엄청난 힘과 운동량을 갖고 있었다. 그 모습은 낭가파르바트 원정대가 당했던 끔찍한 운명을 다시 떠올리게 했다. 이와 관련해서 『알파인 저널』 편집장은 다음과 같은 기사를 썼다. "자연의 힘, 현수빙하에 작용하는 힘, 그리고 거대한 비탈면과 절벽에 붙어 있는 광대한 설원에 작용하는 힘을 계산해 내는 것은 인간의 능력 밖이다." 얼음 사태가 분명하게 발생하는 구간뿐만 아니라, 겉보기에는 사태가 불가능해 보이는 지대일지라도 그곳에서 멀리 떨어져서 등반하는 것만이 히말라야에서는 정말로 유일하고 안전하게 등반할 수 있는 방법이며, 낭가파르바트의 루트와 비슷한 등반 루트를 시도하는 대원은 결국 파멸의 위험에 노출되게 된다. 어느 정도까지 이러한 위험을 감수하는 것이 옳은가 하는 문제는 항상 등산가 자신과 자신이 살면서 얻고 축적한 지식에 달려 있으며, 짐꾼의 생명이 위협을 받게 되는 정도는 등산가가 자신의 야망을 성취하고자 하는 욕망의 정도와 정비례한다.

능선에 다시 돌아와서 등반을 새개했다. 우리가 있는 곳 70~80미터 위쪽에서 능선이 크레바스에 의해 수평으로 절단되어 있었고, 우리는 크레바스 입구 위쪽이 10미터 높이의 빙벽을 이룬 지점에 이르렀다. 우리는 그 크레바스를 통과하기 전에 멈춰 섰고, 그 입구에 매달린 고드름에 경탄을 금치 못했다. 고드름들이 햇빛에 반짝이며 흰 산들과 짙푸른 하늘을 배경으로 장엄한 광경을 연출하고 있었다.

빙벽은 보기보다는 전혀 어렵지 않았으나 위쪽 비탈면으로 올라서기 위해서는 많은 발판을 만들어야 했다. 이제 위쪽을 향해 대각선을 그리며 등반을 했고 다시 능선 마루에 이르렀다. 능선은 매우 날카롭고 가파르며 얼음으로 되어 있어서 오르는 내내 스텝 커팅이 필요했다. 이 힘든 일을 피터가 도맡았는데, 이제 그의 컨디션이 최상인 듯했다. 일급의 빙벽 등반가 뒤를 따라가는 것은 일종의 특권이다. 그 구간을 등반하는 내내 피터가 만든 훌륭한 발판을 밟고 올라가는 일 외에 나는 거의 아무 것도 하지 않았다. 직접 발판을 만들 필요가 없을 때에는 피켈이 눈과 얼음 속으로 박히는 소리와 파편이 튀어서 심연으로 회전하며 떨어지는 느린 소리에서 유쾌하면서도 기분을 좋게 만드는 무엇인가를 느낄 수 있다.

마침내 눈 덮인 능선이 평편해지면서 바위 앞에서 갑자기 끝이 났다. 바위는 잘 부서져 있었고, 대부분이 붉고 단단한 물질로 되어 있어서 예상외로 오르기 쉬웠지만 곳곳이 느슨했다. 이 느슨한 바위들 중 하나인 슬랩이 불안하게 침니에 끼어 있었는데, 그 침니 위쪽으로 마치 꼭대기가 유리로 된 벽 위의 고양이같이 우리는 조심조심 등반을 했다. 침니 위쪽에 작은 길이 있었다. 홀드는 작았고, 앞서 가는 선등자先登者의 경우 로프

없이 상당한 거리를 이동해야 하는, 양의 등처럼 된 슬랩이었다. 그러나 이 길과 믿음이 가지 않는 눈 덮인 짧은 거리의 얼음 경사면을 제외하고, 정상으로 이어지는 가파른 위쪽 얼음 능선 바로 아래, 15미터 높이의 수직 벽 밑에 도착할 때까지 우리를 잠시라도 지체시키는 것은 아무것도 없었다. 이곳의 바위는 거무스름했고 홈이 파여 있었으며 아래쪽의 것과 비교하면 상당히 허약했다. 마루 부분이 오버행이어서 그 위로 곧바로 올라갈 수 있는 가능성이 전혀 없었다. 피터가 나를 확실히 확보하고 있는 동안, 나는 작은 바위 턱을 따라 오른쪽으로 이동하여 모퉁이까지 나갔다. 모퉁이 너머에는 좁은 얼음 협곡이 반케 빙하로 내려가고 있었다. 이것이 이곳 등반의 고빗사위였다. 올라가서 이 모퉁이를 돌아갈 수 있으면 이 장애물을 피할 수 있을 것 같았다. 좋은 홀드가 많았지만 6,100미터 이상의 고도에서 심하게 팔 힘을 쓰는 일은 피해야 했다. 한두 걸음 위쪽으로 이동 후 오른쪽으로 한 걸음 더 이동하니, 더듬는 내 한 손이 이판암으로 덮인 작고 기울어진 바위 턱에 닿았다. 이 턱은 얼음 막으로 덮여 있었다. 한 손으로 몸을 지탱한 상태에서 다른 손으로는 할 수 있는 한 그 턱을 깨끗하게 청소했다. 결국 발판을 한 게 만들었어야 옳았다는 결론을 내리면서, 젤코

p.459
블롱댕Blondin 같이 우아하게 균형 잡힌 자세는 아니지만, 섬세하게 위쪽으로 몸을 올려 곧장 바위 턱 위로 올라섰다. 그러나 이것이 바위 턱의 끝이 아니었다. 여전히 바위들로 인해서 우

리는 오른쪽 얼음 협곡으로 이동하지 않을 수 없었다. 이 협곡은 이곳에서 매우 가파르고 좁아서 거의 침니와 마찬가지였다. 나는 협곡의 측면 끝에 있는 홀드를 이용해서 몸의 균형을 유지하고, 피켈을 배낭에서 꺼내 협곡으로 건너갈 수 있도록 얼음에 두세 개의 발판을 만들었다. 그리고 1미터 정도 위로 올라가서 이 협곡을 가로질러, 능선 마루 바로 아래 비탈진 바위턱 위를 통해 바위벽 위쪽으로 올라갔다. 그곳에 이르자 내 입에서 피터를 향해 "됐어!" 하는 승리의 외침이 저절로 터져 나왔다.

우리는 함께 얼음 능선 등반을 시작했다. 히말라야의 얼음 능선은 그 날카로움으로 악명이 높고 능선의 연약한 마루는 천상의 우아한 아름다움을 간직한 채 창공으로 치솟아 있는데, 이에 버금가는 얼음 능선이 알프스에는 거의 없다. 이 능선 또한 예외는 아니었다. 능선은 오른쪽으로 직하하여 엄청난 절벽을 이루며 반케 빙하의 상단 부분으로 이어졌고, 왼쪽으로는 내 경험으로 가장 길고도 가파른 비탈면 중의 하나가 내려다보였다. 정말로 그 비탈면이 어디에서 어떻게 끝이 났는지 기억을 되살릴 수가 없다. 분명 1,000미터의 거리를 떨어지고 또 떨어져서 내려갔다. 우리는 이 두 개의 비탈면이 교차하면서 만든 마루를 따라서 길을 만들어야 했다. 마루는 칼날같이 매우 가늘어서, 피터는 지금까지 걸어 본 중에 가장 날카로운 능선이라고 했다.

마루는 눈이 10센티미터 덮인 얼음이었고, 눈은 깊이가 다양해서 때로는 로프를 걸 수 있을 정도로 피켈을 충분히 깊게 박아 넣기가 불가능했다. 그래서 알맞게 발판을 만들어야 했다. 여러 곳에서 살짝 커니스를 이룬 마루 바로 아래에서, 한 번에 한 명씩 이동하면서 교대로 스텝 커팅 작업을 하며 천천히 나아갔다. 이것은 기운을 북돋는 일이었다. 히말라야의 산자락은 종종 산에서 성공하려는 야심이나 이와 비슷한 생각들을 억누르는 듯해 보이기도 하지만 ― 능선의 경우에는 다른 것이 ― 이 능선에는 등반자의 마음을 짓누르는 것이 아무것도 없었다. 위쪽으로는 단지 푸른 하늘이 있을 뿐 천상으로 이르는 길과 같았다.

1시간이 지나자 북서쪽 비탈면이 눈에 띄게 넓어지면서 능선의 날카로움이 완화되었고, 이내 넓은 설사면에 이르렀다. 우리는 그 위를 터벅터벅 천천히 걸었다. 캠프로 무거운 짐을 운반하고 나서 이처럼 어려운 등반에 열중한다는 것은 근육에 무리를 주는 일인지라 몹시 피곤했다. 그러나 우리는 에너지 손실을 리듬으로 보충했다. 설사면에서 율동적으로 등반하는 기술을 배우지 못한 사람의 뒤를 따라서 등반하는 것보다 더 피곤한 일은 아마 없을 것이다. 피터는 눈과 얼음 능반에 타고난 재능이 있어서 그가 앞설 때면, 나는 율동적으로 등반 속도를 조절했고 이로 인해 최대한 힘을 아끼며 다소곳이 그의 뒤를 따랐다.

그렇게 해서 마침내 6,553미터 봉우리 정상에 도착했다. 이 봉우리는 거의 평편한 능선이었으며, 우리는 그 플라토를 내려다보기 위해 정상 측면 끝까지 나갔다. 우리는 겨우 플라토 90미터 위쪽에 있었다. 플라토는 넓고 완만한 설사면에 불과했고, 단지 보행 간격 정도의 폭으로 우리가 서 있는 정상과 연결되어 있었다. 플라토 너머로 마나피크의 북서릉이 보였다. 그 능선은 길고 완경사를 이룬 오르기 쉬운 능선 마루였고 마나피크 정상으로 이어지는 루트였다. 남아 있는 유일한 문제는 어떻게 이 플라토로부터 정상에 도달할 수 있느냐 하는 것이었다. 그런데 그 루트는 한곳이 움푹 가라앉아 있었다. 플라토 위쪽 300미터 지점은 얕은 안부였고, 우리 쪽에서 보아서는 보통 정도의 경사를 가진 듯한 비탈면이 아래쪽의 플라토와 연결되어 있었다. 우리가 판단하기에 눈으로 덮인 이 비탈면은 등반이 가능할 것 같았고, 이를 통해서 능선에 도달할 수 있으면 정상에 오를 가능성이 매우 컸다.

다른 쪽인 남릉은 훨씬 더 어려워 보였다. 정상 부근 바위 지대가 분명 매우 가팔라서 극복할 수 없는 장애물이 틀림없이 있을 것 같았다. 그리고 쉽게 그 능선에 도달할 수 없는 것이, 플라토에서 단 하나의 유일한 루트가 어떤 부속 능선으로 이어졌는데 그 능선이 계속 이어지지 않고 점차 사라지면서 위쪽으로 솟아오른 가파른 사면에서 끝이 났기 때문이다. 북서릉으로 이어지는 비탈면을 오를 수 있으면 북서릉이 두 루트 중 더 쉬울 것 같았다.

우리는 정찰에 만족해 하면서 늘 발생하는 오후의 안개를 뚫고 캠프로 돌아왔다. 구멍 난 에어 매트리스 밑의 땅이 딱딱해서인지 또는 먹은 음식 때문인지는 몰라도 나는 그날 밤 잠을 잘 이루지 못했다. 그날 일어났던 일들을 곰곰이 생각하느라 잠이 오지 않은 탓도 있었을 것이다. 마나피크는 등반이 가능할 것이며 적어도 등반할 수 있는 적당한 기회는 올 것 같았다. 날씨와 눈의 상태는 이상적이었다. 그래서 내일은 바드리나트로 내려갈 것이고, 이것은 일주일의 손실을 의미했다. 그러나 몬순이 한창이라서 날씨가 계속해서 좋지는 않을 것 같았다.

만일 즉각적인 정상 공격을 위한 연료와 식량이 충분하다면 추가로 캠프 하나만 더 설치하고 마나피크를 시도하는 것이 가능할까? 우리는 한 개 이상의 캠프를 칠 시간적 여유가 없었다. 게다가 그렇게 멀리 떨어진 장소에 식량이 부족한 캠프를 설치한다는 것은 생각조차 할 수 없는 일일뿐더러, 어쨌든 6,553미터 봉우리 위로 짐을 진 짐꾼들을 이동시키기는 어려울 것 같았다. 앉아서 여러 시간 동안 이 문제를 깊이 생각했고, 생각하면 할수록 결론은 더욱 분명해졌다. 즉 6,553미터 봉우리 아래쪽 바위지대에 캠프를 하나 더 올려 설치하고, 다음 날 정상 공격을 하는 것이다. 이렇게 결정을 내리고 나는 잠이 들었다.

제21장

마나피크 등정

다음 날인 8월 11일 잠에서 깨니 완벽한 날씨였다. 우리는 평소처럼 텐트 안에서 아침을 먹었다. 아침을 먹는 동안 짐꾼들은 바드리나트로 출발하기 위해 짐을 꾸렸다. 나는 아침을 먹고 나서 마지못해 침낭에서 몸을 빼내어 텐트 밖으로 기어 나왔다. 태양은 청명한 하늘에서 반짝였고, 빙하와 산봉우리, 하늘을 비롯해 그 거대한 세계 어디에도 바람 한 점 없었다. 결정할 때가 왔음을 직감했다. 휘발유통을 들어 보니 반 통 넘게 휘발유가 남아 있었다. 나는 약간의 전율을 느끼며, 피터에게 내려가지 말고 가능한 한 능선 위쪽으로 멀리 캠프를 하나 설치한 다음, 다음 날 정상 공격의 기회를 갖자고 제안했다. 피터가 선뜻 내 제안을 받아들이리라고는 기대하지 않았지만 다행히 동의해 주었다. 남아 있는 연료의 양이 가장 큰 논쟁거리였다.

그는 사려분별이 있고 주의 깊은 등산가여서 처음에는 열성을 보이지 않았다. 그로 하여금 결심을 하게 만든 것은 날씨였다. 우리가 먹기에도 부족한 식량을 짐꾼용으로 써야 했지만, 어쨌든 이제 짐꾼들 식량은 충분했다. 결국 피터와 나는 등반하기로 의견일치를 보았다.

변경된 계획을 왕디에게 알렸다. 그가 무슨 생각을 하고 있는지 알 수 없었지만 표정을 통해 내 나름의 추측을 할 수 있었다. 그는 훌륭한 마르와(토속 맥주)가 있는 마나 마을에 도착할 때까지의 시간을 계산하고 있었을 것이나, 이제는 이런 저런 즐거움을 다소 연기해야 했다. 아니나 다를까 사힙들은 화를 냈고, 특히 이스마이 사힙Ismay Sahib이 그랬다. 얼굴에 우울한 기색이 역력했지만 이내 사라졌다. 등반은 기정사실이 되었으며, 그들로서는 받아들일 수밖에 별 도리가 없었다. 일이 끝날 때까지 우리를 도와주는 것이 그들의 직업이다. 그래서 텐트와 장비를 도로 풀었고, 재분류해 다시 꾸렸으며, 1시간 후 능선으로 출발했다.

경사가 완만해서 눈과 얼음은 오르기 쉬웠지만, 짐을 진 짐꾼들과 함께 등반을 하는 것은 그들 없이 하는 것과는 상당히 달라서 전날 만들었던 발판을 상당히 더 넓혀야 했다. 게다가 언제 미끄러질지 모르는 파상이 있었고, 체텐드룹과 앙바오가 있기는 해도 동료들의 기둥 역할을 한다고는 볼 수 없었다. 그래도 왕디와 누르부는 능력이 떨어지는 동료들을 잘 보살펴

줄 수 있을 것이며, 특히 누르부는 두 달 전만 해도 등반의 섬세한 부분에 대해서는 밝지 못한 초심자였다는 것을 감안하면 로프에 관한 한 놀랄 만한 기술을 익힌 상태였다.

2시간 후 눈 덮인 능선의 가장 위쪽 경계 지점에 도착해서 텐트 칠 곳을 찾았다. 텐트 칠 장소는 반케 빙하로 떨어지는 절벽의 등성이 바로 아래 한 곳뿐이었다. 처음에는 불가능한 장소처럼 보였지만, 티베트인이나 셰르파에게 있어서 텐트를 치는 것만큼은 불가능이 없다. 그들은 몇 분 후에 4.5미터 높이의 얼음과 눈으로 된 벽을 내려가서 그 벽의 발치에 텐트 칠 평편한 공간을 열심히 만들었다. 그곳은 바위가 받치고 있는 곳이었다. 짐꾼들은 1시간 만에 텐트를 쳤고, 그 안에 침낭을 정렬했으며, 근처의 물이 떨어지는 곳에서 냄비에 물을 채웠다. 이런 일들이 끝나자 짐꾼들은 차를 준비했다. 그 후 그들은 아래쪽 잔스카르 고개로 출발했다. 내일 다시 돌아와서 우리가 도착할 때까지 기다리라는 사전 지시를 받았기 때문이다.

우리는 바위 위에 자리 잡고 앉아서, 하산하는 그들을 지켜보았다. 형편없는 작은 행렬이었다. 특히 파상과 체텐드룹은 발을 신체의 가장 하찮은 부분으로 여기는 듯했으며, 이와는 기묘한 대조를 이루며 왕디와 누르부는 걸을 때마다 피켈을 깊이 박아 넣고 미끄럼에 대비해 로프로 확보해 가면서 노련한 등산가 특유의 확신을 갖고 이동했다.

그들이 안전하게 멀어져 가는 모습을 지켜본 후 우리는 주변을 관찰했다. 내 경험으로 볼 때 이곳은 분명히 아주 훌륭한 캠핑 장소였다. 설계가 서툰 옛날 방식으로 지은 집처럼 침실에서 곧바로 걸어 나와서 계단을 내려갈 수 있었는데, 다만 지금의 경우에는 계단 대신에 500미터 높이의 절벽이 있었다. 텐트 바로 뒤의 능선 마루가 서쪽의 시계를 가렸지만, 동쪽으로 맞은편에 꼭대기 쪽이 빙벽인 절벽이 보였고, 빙벽에 거인의 창을 묶어 놓은 듯한 거대한 고드름들이 햇빛에 반짝이며 매달려 있었다. 그리고 그 너머로 플라토의 가장자리가 보였으며, 그 가장자리에 얼어붙은 아이스 폴이 반케 빙하로 내려가고 있었다. 두 개의 거대한 곡선을 그리며 남동 방향으로 펼쳐진 반케 빙하는 닐기리파르바트의 빛나는 설원 아래에 있는 한 능선의 등성이 뒤로 모습을 감췄다. 텐트 바로 아래에는 얼음이 살짝 덮인 협곡이 있었다. 협곡에는 거대한 벼랑에서 떨어진 돌의 흔적과 파인 홈이 있었는데, 맹렬히 내리쬐는 햇볕으로 인해 벼랑에 풍화가 진행 중인 탓이었다. 때때로 굴러 떨어진 돌이 큰 바윗덩이와 충돌하는 소리가 들렸으며, 저녁 추위가 산비탈을 봉인할 때까지 돌이 굴러 떨어지는 소리가 끊임없이 들렸다.

　날씨는 좋았고 안개도 심하진 않았지만, 곧 변덕스러운 싸락눈이 몰아칠 것 같아서 우리가 지금 낙관적으로 예상하는 내일의 등반 결과에 부정적인 영향을 줄 수도 있는 상황이었다. 우리는 따뜻한 바위 주변을 빈둥거리며 오후를 보냈고, 나는 꽃 채집도 했다. 이곳은 식물이 살기 힘든 고도이긴 하지만 만년 설선에, 또 그 설선에서 가장 가까운 목초지에, 그리고 초원지대 위쪽 멀리 벼랑 위에 식물들이 서식지를 마련하고 있었다. 나는 일전에 반케 플라토 기슭에서 보았던 것과 똑같은, 솜털로 덮인 작은 취나물 속 사우수레아 브라크테아타Saussurea bracteata를 이곳에서도 보았다. 그리고 솜털로 덮인 잎사귀 사이에서 작고 노란 꽃을 피운 아름다운 범의귀 속 삭시프라가 야크에몬티아나Saxifraga jacquemontiana를 봤는데, 깨지고 갈라진 바위틈에 바싹 붙어서 촘촘히 다발을 이루고 있었다.

　　오후에 잃어 버린 파이프를 찾느라 시간을 상당히 허비했다. 분명히 주머니에서 흘러나와서 협곡을 통해 빙하로 내려갔을 것이고, 100년쯤은 지나 감살리 마을에 나타나서 ─ 희망컨대 ─ 마을 주민 한 사람을 기쁘게 해 줄 것이다. 이것은 비극이었다. 피터가 내 손실에 대해 적당히 위로의 말을 해 주었지만 담배를 피우지 않는 그로서는 속으로 다행이라고 생각했을 것이다. 파이프는 특히 냄새가 심했고, 우리가 공동으로 사용하는 텐트는 아주 작았기 때문이다.

　　우리의 둥지에서는 일찍 해가 졌다. 점점 강도를 더해 가는 추위는 우리를 침낭 속 은신처로 몰아넣었다. 우리는 이 전망 좋은 지점에서 텐트 입구를 통해 몬순의 석양이 지는 찬란한 광경을 바라봤다. 이 계절에는 대기 중에 수증기가 충분해서, 몬순 전후의 메마른 기간에 비해서 해 뜰 무렵과 해 질 무렵의 색채는 훨씬 더 풍부했다. 이런 현상은 구름이 그 원인이다. 오후 동안 생성되어 탑처럼 솟아오른 뭉게구름 덩어리가 해질녘에는 타는 듯한 광채를 내며 빛났다. 그날 저녁의 색채는 특히 더 훌륭했다. 해가 막 떨어지고 나서 우리는 브로켄 현상을 목격할 수 있었다. 이 현상을 볼 수 있기 위해서는 약한 햇빛과 안개의 벽이 있어야 한다. 캠프에서 멀지 않은 곳에 여전히 햇빛을 온전히 받고 있는 곳이 있었는데, 나는 그 위에 서서 캠프 동쪽 협곡 속에서 꾸물거리고 있는 안개 윗부분에 나타난 무지갯빛 후광이 내 그림자를 둘러싸는 광경을 바라보았다. 이 광경을 촬영하려고 했지만 전색성全色性 필름을 사용하고도 성공하지 못했다. 그 후 곧 안개는 마나피크 근처에서 급속히 걷혔다. 우리는 침낭 속에 앉아서 텐트 밖으로 잔스카르 고개 남쪽에 있는 흰 산들과 그 너머 멀리 산자락에 걸린 거대한 구름 산맥을 바라봤다. 그 구름의 위쪽 부분은 햇빛을 받고 있었고, 아래쪽은 그림자가 져 있었다. 산봉우리들과 구름이 황혼의 거대한 불을 반사하고 있었기 때문에 흰색은 신속하게 황갈색으로 변했으며, 또 황갈색은 황금색으로 바뀌었다. 그 구름의 아래쪽 그림자는 더욱 신속하게 위쪽으로 부풀어 올랐고, 햇빛을 받은 가장자리는 연한 우윳빛을 띤 푸른색이었다. 그리고 몇 분이 지나자 산봉우리들은 보이지 않았고, 구름이 덮인 산만이 남아서 평화롭게 하루를 마감하고 있었다. 내가 텐트 입구를 통해 바깥 풍경을 바라보고 있는 몇 분 동안 온 세상은 태양 빛에 흠뻑 젖었으며, 이후에는 창백해지면서 몹시 추워졌다.

우리는 짐꾼용 사투(미숫가루 같은 가루음식)를 넣어서 걸쭉하게 만든 말린 고기 수프로 저녁을 먹었다. 내 경우 수프는 압지押紙를 가루로 만든 듯했다. 사투를 좋아하는 피터조차도 그 맛을 뭐라고 설명하기가 거의 불가능하다고 했다. 사투를 너무 많이 넣어서 그 덩어리가 특히 딱딱했고, 이를 소화하기 위해서는 극도의 인내심을 발휘해야 했다.

잠을 이루려고 애를 쓰기 전의 마지막 기억은 별에 관한 것이었다. 저지대의 짙은 대기를 통해서만 별을 본 사람은 히말라야의 매서운 추위 속의 옅은 대기를 통해서 보이는 별의 장관을 이해할 수 없을 것이다. 은하수가 분광의 발광 막을 펼치고 있는 곳을 제외하고, 창공은 이 끝에서 저 끝까지 온통 찬란하게 빛나는 불의 군도群島로 가득 찼으며, 별이 너무나 가까이 있어서 손을 내밀어 따낼 수 있을 것 같았다. 이런 장엄한 광경 아래서 등산가는 분명 자신의 사소한 슬픔은 잊게 된다.

p.460
보아요, 제시카.

빛나는 황금 집시 모양으로

하늘에 얼마나 빽빽하게 박혀 있는지.

당신이 바라보는 천체가 아무리 작을지라도,

천사의 노래 같은 운행으로

눈 밝은 아기천사들에게 아직도 성가를 올리고 있소.
이런 화음은 불멸의 영혼 속에 존재하오.
그러나 이 흙투성이 허약한 육체가 못 들어오도록
완벽히 막고 있는 동안에는
우리가 그 소리를 들을 수 없소.

　　우리 중 누구도 잠을 충분히 자지 못했다. 도대체 잠을 잤는지가 의심스러웠지만, 이 점에 대한 내 기억은 지금도 몽롱하다. 고산에서는 전혀 잠을 못 잤다고 확신을 하면서 아침에 일어나는 경우가 흔하다. 그러나 잠을 못 이뤄 생기는 고민거리는 해수면에서보다는 심하지 않고, 산소 부족이 등산가를 몽롱한 상태로 누워 있게 만들지만 시간은 해수면에서의 무거운 걸음이 아니라 빠른 걸음으로 지나간다. 나는 고요를 분명히 기억하고 있다. 바람 한 점 일지 않았고, 밤새 사태의 우르릉거리는 소리 또한 없었다. 좀처럼 잠이 오지 않고 긴장이 풀리지 않아서, 다음 날의 운명에 대해 속으로 몇 번이고 반복해서 깊이 숙고했던 것을 지금도 기억한다. 내일의 등반이 우리 일생에서 가장 훌륭한 산을 등반하는 것이 될 것이라고 아마 우리 둘 다 이미 깨닫고 있었기 때문일 것이다.

　　새벽 3시, 텐트를 독한 연기로 가득 채우면서 애를 썼는데도 프리무스 스토브의 불이 꺼지고 말았다. 이 시간은 추위가 엄청나게 심했다. 등산화를 포함해 얼 수 있는 모든 것이 얼었지만, 사투로 만든 뜨거운 폴리지 죽과 초콜릿 한 잔이 우리에게 원기를 불어넣었다.

5시가 되자 출발해도 될 정도로 충분히 날이 밝았다. 몸이 뻣뻣한 상태로 능선으로 올라가서 암벽등반을 시작했다. 별은 급속히 강해지는 새벽빛 속에서 곧 창백해지기 시작했고, 날씨는 완벽해서 구름 한 점 없었다.

위쪽으로 침니와 부서진 바위들, 슬랩지대가 이어졌다. 슬랩지대에서 작은 홀드를 잡으려고 장갑을 벗어야 해서 손이 얼어 무감각해졌지만, 근육이 풀리기 시작하면서 등반이 즐거워지기 시작했다.

전진은 쉬웠지만 능선 바로 아래 절벽 발치에서 저지되었다. 어제 햇볕에 눈이 녹으면서 떨어진 물방울이 홀드와 위쪽 이판암으로 이뤄진 바위 시렁 위에 지저분한 얼음 막을 형성하고 있어서, 이를 제거하기 위해 피켈 작업이 필요했다. 한 손으로 몸을 지탱하고 있었기 때문에 다른 손으로만 겨우 작업을 해야 하는 상황이라 힘이 들었다.

얼음이 얼어붙어 있는 이판암으로 덮인 바위 시렁 위에 도착해서 ─ 그곳에 머무는 것은 특히 세심한 주의를 요했지만 ─ 마침내 우리는 그 장애물을 넘어 위쪽 눈에 덮인 능선에 낳았다. 그곳에서는 이틀 전에 만들어 놓았던 발판 덕분에 전진을 빨리 할 수 있었고, 6시 30분에는 6,553미터 봉우리 정상에 설 수 있었다.

우리는 90미터를 내려가 플라토에 도착했다. 그곳은 여전히 그늘이어서 몹시 추웠다. 그곳을 가로질러 완만한 슬랩을 올라서서 북서릉으로 향했는데, 그 능선으로 이르는 슬랩에 접근하면 할수록 슬랩이 더욱 만만찮아 보였고 곧 슬랩의 경사도에 대해서 우리가 오판했다는 것이 분명해졌다.

반 정도 눈으로 메워진 베르크슈룬트가 슬랩 들머리를 분리시키고 있었다. 눈 속으로 박아 넣은 내 피켈에 로프로 확보된 채 피터는 얕은 베르크슈룬트 위로 한두 개의 발판을 만든 후에 그 위쪽 비탈면으로 올라갔다. 나는 그가 일단 슬랩 위로 올라서면 언 눈에 킥스텝이나 스텝 커팅을 하면서 신속히 전진하리라 기대했다. 하지만 기대와 달리 피터는 느슨하게 가루같이 덮인 표면의 눈을 치우면서 그 위에 피켈을 휘두르고 있었다. 피켈이 비탈면에 부딪칠 때 둔탁한 소리를 내는 것으로 보아서 비탈면은 얼음이었다. 피켈로 발판 하나를 만드는 데 걸리는 시간을 감안해 볼 때 얼음은 상당히 단단했다. 비탈면은 바닥에서 정상까지 얼음으로 덮인 것이 분명했다. 얼음은 우리가 예상했던 것처럼 확고하게 잘 굳은 눈으로 덮여 있는 것이 아니라 밀가루나 설탕가루 같았다. 슬랩을 오르려면 발판을 만들기 위해 표면의 눈을 치워야 하는 추가적인 노력이 필요했다. 그리고 이 비탈면은 높이가 300미터나 되어서 설사 6,700미터의 고소에서 이 작업을 할 힘이 있다손 치더라도, 이 작업을 하는 데에는 최소한 하루나, 아마 이틀은 걸릴 것이므로 내려갈 수밖에 달리 방법이 없었다.

우리는 다시 플라토로 돌아와서 상황에 대해 토의했다. 게임은 끝났지만, 정말로 완전히 끝난 것일까? 한 가지 가능성이 있긴 했지만 그 가능성이 아주 희박했다. 남릉이었다. 플라토의 지릉을 따라가면, 산 정상으로부터 450미터 거리 지점으로 이어지는 남릉에 이를 가능성이 있을 수 있겠다는 것이 우리가 전에 의견일치를 본 내용이었다.

하지만 그 능선은 북서릉보다 더 오르기 어려울 것이고, 정상에서 240~300미터 거리에 있는 바위가 꽤 만만찮아 보인다는 것 또한 이미 의견일치를 보았었다. 그렇지만 이것이 유일한 대안이었다. 생각건대 우리 둘 중 누구도 결국 성공하리란 기대를 갖고 있지는 않았지만 일단 시도는 해보자고 결론을 내렸다.

우리는 그 지릉 발치에 도달하기 위해서 플라토를 횡단하여 90~120미터를 내려갔다. 그런데 이것이 그날의 일을 곱절로 늘리는 결과가 되었다.

별 어려움 없이 그 지릉 발치에 접근했지만, 능선 마루에 이르기 위해서는 힘든 바위가 있는 작고 가파른 걸리를 기어올라야 했다. 이 지릉은 능선 마루에서 120미터 벗어선 남쿵의 서쪽 사면으로 사라지면서 언월도偃月刀의 날처럼 위로 솟구친, 얼음으로 덮인 가느다란 능선 모양을 하고 있었다.

때때로 킥스텝이 무방하기는 했어도 대부분의 경우 능선

p.460

355

마루에서 스텝 커팅을 하는 것이 더 안전하고 힘이 덜 들었다. 이 작업의 대부분을 피터가 했고, 우리는 한 쌍의 찰리 채플린처럼 발끝을 바깥쪽으로 향한 자세로 이 굉장한 등성이를 따라서 착실하게 나아갔다.

이 지릉의 경사는 올라갈수록 심해져서 능선이 사면에서 끝날 무렵에는 경사가 50도 이상이었다. 많은 것이 사면 상태에 달려 있었다. 즉 눈이 미끄러져 흘러내릴 가능성이 조금만 있어도 철수할 수밖에 다른 선택의 여지가 없었다. 그런데 비탈면은 압축된 눈이거나 얼음이어서, 아니 거의 대부분 얼음이어서 등반하기에 양호한 상태였다. 하지만 햇볕이 아직 이곳까지 미치진 못해서 몹시 추웠다. 그래서 우리는 위쪽 멀리 능선 꼭대기의 햇볕이 든 따뜻한 바위들을 동경하면서 바라보았다.

작업을 하는 데 힘이 든다는 관점에서만 본다면, 이 마지막 120미터는 지금까지 관여했던 작업 중에서 가장 힘든 구간 중 하나였다. 피터는 아래쪽 능선에서 이미 열심히 얼음 작업을 했는데도 불구하고 다시 스텝 커팅을 하는 데 상당한 역할을 해서 훌륭하게 어려움을 돌파해 내었다. 그는 자신의 정상 도달 실패의 원인이 이 단계에서 소진한 체력 탓이라고 생각하고 있는 것이 분명했다.

곳곳에 편안하게 쉼터를 제공하는 바위 슬랩이 있기는 해도 로프를 사용하지 않으면 안전하지 않았다. 마침내 경사가 조금 완만해지면서 바위와 눈으로 된 작은 지릉이 남릉 마루로 이어졌고, 10시에 능선 마루에 도착하니 크게 안심이 되었다.

　이곳에서 우리는 처음으로 태양을 만났고, 바위 위에 주저 앉아 마음껏 따뜻한 햇볕을 즐겼다. 피터의 발은 올라오는 동 안 추위로 거의 감각을 잃어서 그가 한 첫 행동은 언 등산화를 벗고 힘차게 발을 주물러 혈액순환을 회복시키는 일이었다. 내 기억이 옳다면, 우리는 초콜릿을 조금이라도 먹어 보려 노력했 지만 먹질 못했고, 차고 메마른 대기 속에서 입으로 거칠게 호 흡한 까닭에 입 안에는 침이 거의 없었으며, 목 근육이 효과적 으로 제 기능을 하지 못했다. 이와 같은 신체적인 장애는 높은 고도에서는 일반적인 현상이긴 하지만, 부분적으로는 등반할 때의 식욕 부진에 그 원인이 있다고 나는 믿는다. 이런 이유 때 문에 이런 상황에서는 딱딱한 것보다는 물렁한 음식이 좋다.

　우리가 위치한 이곳 남릉은 많은 작고 뾰족한 돌출부들, 등성이들, 바위 탑들로 구분되어 있기는 했지만 상당한 거리를 거의 수평으로 뻗어나갔다. 이어 이 능선은 가파른 바위 능선 으로 솟아올라서 칼날같이 솟은 정상으로 이어졌고, 때때로 그 중간에 흰 산들이 날카롭게 솟아 있었다. 우리는 정면으로 능 선을 바라보고 있었기 때문에 우리로서는 이번 등반의 고빗사 위로 여겨지는 그 바위의 난이도를 판단할 수가 없었나.

　만일 알프스를 등반하고 있다면 기어 올라가고 있는 등성 이의 웅장함이나 복잡함을 감상할 수도 있겠지만, 이미 등반 초반에 어려움을 극복하느라 힘을 많이 써 버린 등산가에게 이런 풍경을 감상할 여유는 결코 없다.

다음 1시간 동안은 고도를 조금 높이기는 했지만 실제로는 거의 높이질 못했고, 많은 경우에 바위 탑이나 눈이 덮인 곳을 내려갈 때에 고도를 잃었다. 능선에는 곳곳에 눈 마루가 있었고, 때때로 마루의 동쪽으로 커니스가 형성되어 있었다. 그래서 우리는 가파른 서쪽 비탈면을 한 번에 한 사람씩 조심스럽게 가로질러 나갔고, 다른 곳에서는 부서진 바위 위로 둘이 함께 이동했다.

이 평편한 지역은 지금까지보다 더 만만찮은 두세 개의 작은 바위 탑 앞에서 끝이 났다. 그래서 그것들을 피하려고 서쪽으로 15미터를 내려가서 사면을 횡단해야 했다. 다행히 비탈면은 얼음이 아니라 굳은 눈이어서 큰 어려움 없이 정상으로 가파르게 솟은 능선에 다시 이를 수 있었다. 정상은 이제 가까이 있는 듯했지만, 실제로는 온전히 300미터 이상 위쪽에 있었다.

마침내 우리는 마지막 문제에 몰두해 있었고, 그 문제는 너무나 멋졌다. 점점 가늘어지면서 창공을 향해 아름답고도 당당하게 날을 세운, 정상을 향해 위쪽으로 엄청 가파르게 솟은 붉은 화강암 슬랩을 즐기기에는 우리가 너무 지쳤다는 것을 나는 늘 유감으로 생각하고 있다. 그곳에는 심장과 피를 끓게 하는 그 무엇이 있었다. 그것은 따뜻하고 단단한 화강암이었고, 또 우리를 춥게 만드는 바람이 전혀 없는 완벽한 날씨였다. 어떤 다른 상황에서 이보다 나은 조건을 바라겠는가? 그러나 이제는 피곤의 무게가 우리를 짓눌렀고, 곁눈으로 보니 동료는 오를수록 점점 더 힘겨워했으며, 위로 향하는 걸음마다 고통스럽게 피곤을 느끼고 있는 것이 분명했다.

마루 위 완만하게 경사진 곳에 도착했다. 그곳에서 피터는 힘없이 주저앉았고, 자신은 지쳤기 때문에 계속해서 전진해 나가면 위험해질 것이라고 했다. 탈진한 상태는 아니었지만 더 이상 힘을 쓴다면 아마 그렇게 될 것이다. 우리에게는 매우 실망스러운 상황이었다. 우리는 나란히 앉아 이 상황에 대해서 의견을 나누었다. 그는 주로 고소의 영향으로 고통을 받고 있는 것이 틀림없었다. 휴식 시간이 길어지면 길어질수록 몸 상태가 좋아져서 원기를 회복하겠지만, 쉬지 않고 계속 올라가서 남은 힘을 다 써 버리면 심한 피로가 뒤따라 발생할 것이다. 에베레스트에서의 경험으로는 하산은 위로 한 발을 내 디딜 힘조차 없는 사람에게도 쉽다. 나는 나 자신에게 물어 보았다. 이곳에 그를 남겨두는 것이 과연 옳은 일일까? 혼자서 정상 공격을 하는 것이 정당화될 수 있을까? 날씨가 완벽하지 않다면 이에 대해서는 선택의 여지가 없다. 내려가야 한다. 그러나 날씨가 완벽하게 좋았다. 벌써 거의 정오지만 태양은 강렬함을 조금도 잃지 않았고, 이 높은 고소에서조차 바위를 만지면 따뜻했다. 그래서 나 혼자서 계속 나아가면 어떨지 물었다. 그는 자신의 생각을 내색하진 않았지만, 내 의견에 동의했다고는 생각할 수 없었다. 자신이 혼자 남게 될 것이라는 예상 때문이 아니라 그가 염려한 것은 내 안전이었다. 나중에 그가 얼마나 걱정을 했는지 말해 줬는데, 그것이 그다운 면모이다. 그는 지금까지 나와 같이 등산을 한 사람 중에 가장 이기심이 없는 사람이다. 이렇게 의견일치를 보고서 평편한 곳에 앉아 있는 그를 떠나, 나는 등반을 재개했다.

그 평편한 곳 몇 미터 위에서 능선은 폭이 줄어들어 오르기 난처한 눈의 둑이 되었다. 동쪽 아래로 이 눈의 둑이 일정 거리까지 비탈진 슬랩을 덮고 있었으며, 서쪽으로는 절벽 위에 얇은 조각 형태로 돌출해 있었다. 이 슬랩의 가장 위쪽 칼날 능선을 따라가며 눈이 녹아서 능선의 한쪽으로는 높은 눈의 둑을, 다른 쪽으로는 아슬아슬한 벼랑을 만들었는데, 떨어지면 수백 미터를 아무것에도 부딪치지 않을 정도였다. 이처럼 위험에 노출된, 기이하게 작은 이 길은 폭이 60센티미터도 되지 않았고, 끊어지지 않고 20~30미터 정도 계속되었다. '자전거 길 Route aux Bicyclettes'로 완곡하게 불리는 그레퐁Grépon의 능선이 생각났다.

이 능선 끝에 높지 않은 벽이 있었다. 그 너머에는 부서진 바위와 눈이, 우리에게는 혐오스러운 상대였던, 능선 위의 바로 그 바위 발치로 나를 이끌었다. 이 바위는 어림컨대 높이가 45미터 정도였고 처음 보았을 때는 상당한 장애물로 보였다. 그것은 수평으로 층을 이루고 있고 곳곳이 오버행이지만 그 층들은 윤곽이 매우 뚜렷했으며 바깥쪽이 아니라 안쪽으로 살짝 기울어져 있었는데, 그 사실이 아마도 이 바위에 능선에서 능선으로 이어지는 길을 만들 수도 있겠다는 희망을 자극했다. 이 바위의 능선 마루로 똑바로 올라가는 것은 불가능했다. 이 바위 바로 오른쪽에 뚜렷하지 않은 얕고 작은 걸리가 있었는데, 그곳을 등반할 수 있으면 이 바위의 사면을 가로질러서 위쪽 지역으로 오를 수 있는 지점까지 수평으로 횡단이 가능하겠다는 생각이 들었다.

다행히 걸리의 눈 상태는 아주 좋았다. 그래서 경사가 급하긴 해도 눈에 가슴을 기댄 채로 걸음마다 멈춰 쉴 수 있었다. 실은 피켈을 헤드 부분까지 눈 속으로 박아 넣을 수 있는 상황이 안정감을 주었다. 30미터의 힘든 작업 끝에 거의 수평으로 바위를 가로지르고 있는, 폭이 1미터 남짓한 바위 턱에 왼쪽으로 발을 올려놓을 수 있었다. 몇몇 통과가 불가능한 오버행 아래에 있는 이 바위 턱을 따라서 옆으로 조금씩 천천히 나아가서, 바위 박편들이 표면에 돌출해 있는 곳에 이르렀다. 이 박편들은 겉보기에는 약해 보였지만 사실은 완벽하게 단단했고, 그래서 호흡을 하려고 잠깐 잠깐 멈추면서 이것들을 넘어 마침내 바위 꼭대기로 올라섰다. 가장 힘든 구간이 극복되었다. 적어도 나는 그렇게 생각했다. 그리고 사진을 찍느라 여념이 없는 피터에게 기뻐서 소리를 질렀다.

그 바위 위쪽에서 8미터의 슬랩을 만나게 될 때까지 전진이 쉬웠다. 이 슬랩을 피해 가는 것이 불가능해서 오르는 수밖에 달리 방법이 없었다. 홀드는 거의 없었지만, 바위에 잘 얼어붙은 혓바닥 모양의 눈이 피켈을 사용할 수 있는 좋은 지지물 역할을 해 주었고, 무릎 마찰을 이용해서 곧 꼭대기로 올라설 수 있었다.

그 다음의 등반은 어렵다기보다 힘이 들었다. 내가 얼마나 지쳤는지, 그리고 한 걸음 한 걸음 나아가기 위해서는 의식적인 노력이 필요하다는 것을 자연스레 깨달을 수 있었다. 많은 경우에 비추어 내가 깨달은 바에 의하면, 쉬운 등반이 어려운 등반보다 피로를 더 유발시킬 수 있다는 것이다. 물론 이것도 어느 정도까지 피곤했을 때에 적용되는 것이고, 그 정도를 넘어서면 급격히 근육 기능이 약화되어 어려움은 극복할 수 없게 된다.

걸음마다 쉬기 위해 멈추면서 천천히 나아가 산 위에서 내가 만난 가장 희귀한 장애물에 접근했다. 특이한 지형학적 우연으로 집채만 한 바윗덩이가 능선을 가로막은 채 박혀 있었다. 그 바윗덩이 꼭대기 위로 등반을 하는 것은 경사가 수직이 넘어서 불가능했고, 바윗덩이 측면에 있는 수직의 바위벽 — 실제로는 그 바윗덩이의 혓바닥 — 위로 기어 올라갈 수 있는 길을 찾을 수가 없었다. 알프스에서라면 이런 벽을 올라갈 수 있겠지만, 지금은 팔 힘만으로 몸을 위로 당겨 올려야 하는데 그럴 힘이 없었다. 7,000미터 이상의 고도에서 체조를 하는 것은 가능하지 않다. 왼쪽으로 장애물을 돌 수 있는 가능성도 없었다. 이곳에서부터는 절벽이 아래쪽으로 아찔한 경사를 이루고 있었다. 그러나 한 가지 방법이 있었다. 히말라야 등반에 관한 내 추억 속에 이 장애물을 특별한 것으로 기억하게 만든 방법이었다. 그 바윗덩이 아래에 길이 있었다.

바윗덩이 아래에 구멍이 있었고, 구멍은 한편에서 다른 편 끝까지 연결되어 있었다. 이 구멍은 입구가 1.5미터 정도 크기였지만, 반 이상이 얼음으로 채워져 있어서 한 사람이 기어갈 정도의 공간만 남아 있었다. 몸을 구부리고 번들거리는 검은 얼음 구멍 속을 들여다보니, 그 반대편 끝에 반짝이는 빛이 보였다. 그것이 유일한 희망이었다. 나는 그 안쪽으로 기어 들어갔다.

지금 이 사건을 말로 이야기하니까 엄청 쉬워 보이지만, 당시에 이 사건은 고도가 높은 곳에서 매우 어려운 등반을 해왔던 이전의 경험과 일치하는, 꿈과 같이 진귀한 특성을 갖고 있었다. 이런 어처구니없는 상황이 나를 자극했음이 틀림없다고 믿고 있는 것이, 그때도 이런 상황이 어이없어서 기어가다가 멈추어 크게 웃음을 터트렸는데 숨이 차서 웃음이 헐떡거림으로 변하고 말았다는 것을 지금도 기억하기 때문이다. 높은 고도에서는 웃는 것도 힘들다.

구멍이 그 바윗덩이 위쪽 능선에서 끝나주기를 내심 기대했지만 지나친 기대였다. 구멍은 서쪽의 절벽을 굽어보는, 바윗덩이 한쪽 측면에서 끝이 났다.

앞으로 기어가면서 얼음이 가로막고 있는 출구를 통해 바깥을 내다보았다. 다시 한 번 운명의 여신이 미소를 짓고 있었다. 아래쪽 절벽이 가파르긴 했지만 그 바윗덩이 아래쪽으로 이어지는, 눈과 얼음으로 반쯤 숨겨진 바위 턱이 있었는데 능선을 향하고 있었다. 문제는 구멍을 벗어나서 이 바위 턱에 도달하는 것이었다. 목과 어깨를 구멍에서 빼내면서, 만족스러운 잡을 거리를 잡을 수 있을 때까지 오른쪽으로 몸을 비틀었다. 그리고 반은 무릎으로 밀고 반은 양손으로 당겼다. 잠시 동안 내 몸무게의 전체가 양손에 실리기도 했지만 바위 턱에 안전하게 내려설 수 있었다. 이것은 몸에 큰 무리가 가는 기묘한 행동이었지만 그 당시에는 분명하고 간단한 일 같았다. 그러나 그 일이 나를 몹시 지치게 만들었다. 잠시 멈춘 뒤 1~2분 후에 능선에 도착했을 때 계속 나아가기 위해 힘을 모으려고 또 멈춰서서 쉬어야 했다.

그 바윗덩이 위쪽 능선에 관해서는 기억이 희미하다. 능선에는 오르기 쉬운 눈과 얼음이 있었지만, 분명히 기억하는 것은 눈이 아래쪽보다 훨씬 부드러운 분말 상태였다는 것이다. 또한 위쪽을 바라보니 정상은 분명 헤아릴 수 없을 만큼 멀리 있었다는 것을 기억하고 있다. 1933년 8,500미터 위쪽의 에베레스트 정상이 바로 그렇게 보였던 것처럼….

그런데 놀랍게도 또 다른 장애물을 만났다. 그것은 15미터 높이의 바위였다. 만일 힘이 좀 더 남았더라면 벼랑의 바위들이 가파르긴 해도 부서져 있어서 등반이 가능했겠지만, 이제는 힘든 암벽등반을 할 더 이상의 힘이 없었다. 이미 얼마 남지 않은 마지막 힘까지 빠르게 소진되고 있었기 때문이다.

대안은 그 바위 왼쪽에 있는 눈 덮인 걸리였다. 이것은 산의 남서쪽 사면 위에 있었고 매우 가팔랐다. 걸리는 처음부터 거의 침니를 이룰 정도로 좁았고 침니 위쪽에서는 설사면으로 넓어졌는데, 분명히 그 설사면이 정상으로 이어져 있을 거라고 나는 혼잣말을 했다. 그것이 유일한 대안이었다. 산의 가장 위쪽 요새에 갈라진 틈이 하나 있었던 것이다.

왼쪽으로 수평 횡단을 하면서 걸리로 들어갔다. 천만다행으로 걸리는 얼음이 아니라 눈으로 채워져 있었다. 거의 무릎까지 빠지는 부드러운 가루눈이었다. 그렇지만 다행히 눈이 잘 다져져 있어서 피켈을 헤드까지 깊이 박아 넣을 수 있었으며, 그렇게 할 수 있다는 사실에 나는 안도했다. 특히 눈의 표층이 천천히 흘러내려 휙휙 소리를 내며 걸리 아래 가파른 절벽으로 떨어질 때는 더욱 그랬다.

한두 번은 바위를 이용해서 올라설 수 있었고, 협곡이 넓어지는 곳에서는 살짝 드러난 바위도 이용했다. 전진은 장례행렬 같았다. 걸음마다 다음 걸음을 옮기기 위해서 충분한 힘을 모으려고 멈춰 서서 쉬어야 했다.

협곡이 넓어지자 경사가 완만해졌다. 이제 오른쪽 능선을 볼 수 있었다. 능선은 잘리지 않고 계속 이어져 있었지만, 커니스가 부서질까 봐 두려워서 등성이 쪽으로 가까이 접근할 수 없었다. 능선은 뾰족한 눈 봉우리에서 끝이 났는데, 그것이 정상이라고는 결코 믿을 수 없었다. 그곳을 향해서 비틀비틀 걸어갔다. 커니스는 없었고, 몇 분 후인 오후 1시 30분쯤 평생에 가장 힘든 등반을 마치고 마나피크의 부드러운 눈 위에 맥없이 주저앉았다.

너무 힘이 들어서 1~2분 동안 거칠게 호흡을 하며 앉아 있었을 뿐 다른 아무것도 할 수가 없었다. 내게 무슨 다른 일이 닥친다 해도 더 이상 내 자신을 산 위로 끌어올릴 필요가 없다는 사실에 더없이 행복함을 느끼며…. 시간이 흘러 고동치던 심장과 폐가 평정을 찾았고, 그제야 서서히 내 위치와 주위 경관이 의식 속으로 들어왔다.

피터를 떠나온 후 줄곧 등반에 전념했다. 내 모든 육체적·정신적 힘을 단 한 가지 목표에 집중했지만, 이제 산 위로 피곤한 몸을 끌어올리는 고된 일이 끝났기 때문에 정신적 기능이 육체의 굴레에서 해방되었다. 고지에서의 한 가지 특전은 등산가가 일정 시간 동안 휴식을 하면 육체적인 피로를 잊을 수 있다는 것이다. 그날 나로서는 눈이 가려진 채로 이 산 위로 안내되어 정상에서 눈가리개가 벗겨진 듯했다. 정상에서 머문 몇 분을 잊을 수 없게 만든 것은 '정복'이나 성취감 이상의 어떤 것이어서, 내가 나이가 들어 힘이 없어지더라도 여전히 그 추억의 황금 계단을 통해서 그때의 감흥과 만족을 느끼며 그 산을 오를 수 있게 될 것이다.

마나피크 정상은 기복이 없는 200미터의 눈 덮인 능선 남쪽 끝 가장 높은 뾰족한 봉우리였으며, 그 능선은 아비가민으로 알려진 산군을 향해 북쪽으로 펼쳐져 있었다. 카메트는 이 산군 서쪽 가까이에 있었고, 피로에서 회복되어 처음으로 본 것은 카메트의 거대한 붉은 피라미드였다. 그 피라미드에는 서서히 서쪽으로 흘러가는 거대한 깃발 모양의 구름이 매달려 있었고, 그 구름은 흘러간 만큼 그 산을 배경으로 다시 생성되었다.

산맥과 산봉우리, 빙하와 계곡의 이름을 거침없이 이야기하는 것은 어렵지 않겠지만, 거대한 히말라야의 산봉우리 정상에서 이런 지형적인 것 따위에 마음을 빼앗기는 것은 적절치 않다. 몇 주간의 정찰과 힘든 작업, 그리고 마침내 이루어낸 영광스러운 정상 등정에 비하면 그것은 너무나 사소하고 비참한 결말이다. 정상에서의 모래시계는 순수한 황금 가루이다. 우리가 황금 가루가 빛나는 것을 하찮은 것의 무거운 덩어리로 흐리게 해서야 되겠는가? 카메트를 등정한 이후로 그 거대한 광경 중에서 분명히 한 가지 사소한 것을 기억하고 있는데, 그것은 티베트 고원지대이다. 나는 아비가민 동쪽에서 그것을 보았다. 그 고원지대는 히말라야 설원 너머에서 마치 황색 해변과 같은 모습을 하고 있었고, 한없이 푸른 바다에 떠서 흰 돛을 달고 항해하는 프리깃 함대와 같이 빛나는 구름으로 인해 평원의 곳곳에 그늘이 져 있었다. 그밖에는 구름과 산들이었다. 구름의 위쪽은 불타는 듯했고, 아래쪽은 푸른 빛을 머금었으며, 그 아래쪽 계곡은 더욱 푸른 빛이었다. 또한 꼼짝도 하지 않는 성채 모양의 수증기가 먼 산자락에 걸려 있었다. 설산들, 바위산들, 평화로운 산들, 송곳 모양으로 뾰족하고 울툭불툭한 마루를 가진 불안한 산들, 아름다운 산들, 무서운 산들, 네팔의 산맥들에서 바드리나트의 설원, 쿨루, 라홀의 먼 푸른 산맥에 이르기까지 헤아릴 수 없이 많은 산이 있었다.

피터와 함께 이 광경을 볼 수 있었다면 좋았을 텐데….

그러나 분명하든 모호하든 기억하고 있는 것 중 한 가지는 특히 또렷했다. 바로 고요였다. 나는 고산의 고요에 대해서 이전에 이미 말한 적이 있다. 이 책을 읽는 독자 중에 얼마나 많은 사람이 이 고요를 경험했을까? 영국의 시골이나 영국 북부 지역의 산 혹은 황무지의 고요를 말하는 것이 아닌 것은 — 귀를 기울여도 아무것도 들을 수가 없기는 어느 쪽이나 매 한 가지지만 — 영국에서는 멀지 않은 곳에 항상 생명이 존재하기 때문이다. 나는 풀 한 포기 자라지 않고 새 한 마리 없는 죽음의 지대의 고요를 말하는 것이다. 그날 그곳에는 바람이 없었다. 대기 중에는 가장 가벼운 미풍조차 없었다. 그리고 전에는 알지 못했던 고요를 알게 되었다. 소리치거나 말을 한다는 것은 불경스럽고 무서운 일이 되어 이 고요가 내 주위에서 끔찍하게 파멸되어 산산이 부서지고 말 것이라고 느꼈는데, 이 고요는 사람이나 땅의 고요가 아니라 공간이나 영원의 고요였기 때문이다. 귀를 기울였지만 들을 수 없었다. 아무것도. 그럼에도 고요 이상의 더 큰 어떤 것, 그 어떤 힘, 절대적이며 불변인 어떤 힘의 존재를 인식할 수 있었다. 알 수 있는 어떤 것과 알 수 없는 어떤 것과의 바로 그 경계선에 내가 있는 것 같았다. 전에 고산에서 한 번 이상 이것을 느껴본 경험이 있기 때문에 죽음은 두려워할 것이 아니라는 것을 알고 있었다. 이 힘은 하늘의 한 부분이자 우리의 한 부분이기 때문이다. 달리 어떻게 우리가 이것에 대해서 알 수 있겠는가? 이것으로부터 우리가 변화해 나와서 이것으로 조용히 평화롭게 돌아가는 것이다.

몇 분이 흘렀다. 나는 있는 힘을 다해 사진을 몇 장 찍었다. 그리고 하산을 시작했다. 등반은 힘들었는데, 하산은 등반에 비해 말이 안 될 정도로 쉬웠다. 아래로 한 발 한 발 내디딜 때마다 힘이 되살아났고, 에베레스트에서 깨달았던 바대로, 고도가 히말라야의 높은 산봉우리에서는 극심한 피로의 원인이 된다는 것을 다시 한 번 깨닫게 되었다. 내려가는 속도로 판단해 보건대 마나피크의 어려움은 주로 고도가 원인이지만 그럼에도 하산 길은 가팔랐다. 그나마 홀드를 많이 발견할 수 있어서 다행이긴 했지만, 바윗덩이 아래 그 구멍을 거꾸로 통과하기가 어려웠고 바윗덩이 아래쪽 비탈과 능선의 큰 바위에서도 마냥 쉽지만은 않았다.

1시간 후에 피터와 다시 만났다. 그는 기운을 많이 회복해서 사진을 찍기 위해 여기저기를 오르내렸고, 짧은 거리지만 능선으로 등반도 했다. 어둡기 전에 캠프까지 돌아가기 위해서는 낭비할 시간이 없어서 지체 없이 하산했다.

우리가 능선을 벗어나서 얼음 비탈면에 이를 때까지는 모든 것이 잘 되어 갔다. 하지만 비탈면에서는 햇볕에 손상된 많은 발판을 다시 깎아 만들어야 했고, 이로 인해 아래쪽의 눈 덮인 능선에 이르기까지 귀중한 시간을 상당히 들여야 했다. 엄청난 등반 후에 이런 일은 특히 넌더리나는 일이고, 이런 경우에 위험이 닥쳐오고 사고가 발생하지만, 피터는 이 일을 자진해서 수행했고 변함없이 발판을 정확하고도 깊게 파냈다.

마침내 우리는 플라토에 도착했다. 오후의 안개가 일었고, 변덕스러운 우박을 동반한 폭풍 속에서 6,553미터 봉우리 마루를 따라갔다. 그곳을 벗어나기 전에 우리는 캠프에서 우리가 도착하길 기다리고 있는 짐꾼들에게 크게 소리를 질렀다. 그들이 소리를 듣고 차를 준비해 줄 것과 마음을 놓아도 된다는 의미에서.

6시 15분, 안개 속에서 캠프의 모습이 어렴풋이 나타났다. 그리고 우리는 몇 분 후에 따뜻한 차로 바싹 탄 목을 축일 수 있었다. 차 맛이 얼마나 좋았던지 그 어떤 달콤한 음료라 할지라도 산에서의 힘든 등반 마지막에 이보다 더 원기를 돋우는 것은 없을 것이다.

짐꾼들이 짐을 꾸리는 동안에 몇 분간 휴식을 취하고 다시

한 번 잔스카르 고개로 향하는 능선으로 출발했다. 마침내 눈과 얼음은 우리 뒤쪽에 있었고, 더 이상은 걸을 때마다 주의력을 집중하지 않아도 되었다. 우리는 어스레한 안개 속에서 부서진 바위로 된 능선을 유령처럼 이동했다. 이미 하루의 힘들었던 사건들은 먼 과거가 되어 버렸고, 더 이상 어려움이나 위험과는 무관한 상태가 되었다. 이제 몹시 피곤했지만 터벅터벅 걸어서, 급히 모여드는 어둠을 뚫고 7시 15분에 캠프에 도착했다.

이렇게 해서 우리 생애에 가장 길었고, 가장 훌륭했으며, 가장 힘들었던 등반이 끝났다.

제22장

닐칸타

마나피크 등반을 마친 다음 날인 8월 13일, 우리는 잔스카르 고개를 출발하여 힘든 행군 끝에 바드리나트에 도착했고, 그곳의 작은 여행자 숙소에서 이틀간 편안하게 안정을 취했다.

케다르나트와 바드리나트는 힌두교의 다섯 신인 시바Siva, 비슈누Vishnu, 데비Devi, 제네사Genesa와 태양을 경배하기 위해서 매년 히말라야로 몰려드는 순례자들의 최종 목적지이다. 케다르나트는 파괴의 신인 시바를 위한 곳이고, 바드리나트는 비슈누를 위한 곳이다. 바드리나트의 라왈Rawal은 남인도 출신 브라만으로서 고승이라고 불리기도 하는데, 검은 돌을 깎아 만든 비슈누 상을 모시고 있는, 금박을 입힌 작은 절의 주지이기도 하다. 수없이 많은 순례자가 오르내려서 매끄럽게 윤이 난 계단이 이 절에서 알라크난다 강으로 내려가고, 독실한 신자들은 급류에 휩쓸리지 않도록 둥근 고리를 잡고서 몸을 물에 담근다. 또한 목성이 물병자리에 있게 되는 10년마다 특히 효험이 있다고 알려진 온천이 그곳에 있다.

건축 면에서 보면 바드리나트는 작고 초라한 곳이다. 대부분의 집은 물결 모양의 양철 지붕 단층집이고, 위치도 집채만큼 큰 바위들이 흩어져 있는 메마른 계곡에 있으며, 나무가 거의 없어서 마을의 추한 모습이 더욱 두드러진다. 무엇보다 흥미로운 것은 마을에서 3~4킬로미터 떨어져 있는 바가트카락Bhagat Kharak, 사토판드Satopanth 빙하에서 발원하는, 갠지스 강의 '진정한 수원'인 알라크난다 강의 발원지가 이곳 가까이에 있다는 것이다. 그리고 이보다 더 가까이에 좀 더 유명한 폭포가 있다. 사람들은 이 폭포가 "갠지스 강은 비슈누의 발에서 연꽃 줄기 모양으로 흘러나온다."라고 스칸다푸라나에 기록되어 있는 바로 그 물줄기라고 믿고 있다.

순례는 단지 추상적이고 종교적인 이유에서가 아니라, 많은 경우 사려 깊은 자기희생과 죄의 참회를 위해서 나서게 된다. 요가 수행자, 바이라지, 산야시 같은 많은 수행자가 이를 설명해 준다. 요가 수행자는 라지푸트Rajput의 최고로 훌륭한 귀족 가문에서 최하층 계급에 이르기까지 사회의 온갖 계급 출신으로, 그 구성이 다양하다. 그들은 생명을 유지하기 위한 최소한의 것을 제외하고 물질적인 모든 것을 버리고 고행을 통해 해탈에 이르려고 노력한다. 사람이 어느 정도까지는 사회적인 유대를 끊는 것이 정당화될 수 있겠지만, 이기적이라 하더라도 사리사욕이 없는 목적을 추구하고자 이웃에게 구걸을 하는 행위는 인도의 수많은 사회적·종교적 문제 중의 하나이다. 그러나 적어도 요가 수행자는 지상에서 행복의 비밀이라고 할 간소한 생활의 본보기를 보여준다.

바드리나트에서 보이는 단 하나의 거대한 산은 닐칸타다. 이 산봉우리는 힌두교 신자의 신비주의와 시바 신화와 관련이 있다. 푸른 목을 가졌다는 의미의 닐칸타 또는 닐라칸타는 시바 신을 암시하며, 이 신의 헝클어진 머리묶음은 찢겨진 빙하와 만년설로 표현된다. 왜 닐칸타가 순례자에게 미신적인 공포와 숭배의 대상이 되었는지 이해하는 것은 그리 어렵지 않다. 세계에서 이 산 정도의 높이에 이보다 더 위엄이 있고 두려움을 일으킬 만한 산은 없다. 이 산은 해발 6,596미터로 솟아 있지만 정상은 해발 3,096미터인 바드리나트로부터 겨우 8킬로미터밖에 떨어져 있지 않다. 마터호른처럼 홀로 외떨어진 채 서 있어서 13킬로미터 내에는 경쟁이 될 만한 산이 없고, 우아하세 눈이 덮인 피라미드 모양의 정상은 아름답게 균형이 잡혀 있다. 정상에서 곧바로 떨어지는 거대한 세 개의 능선 중에 남동릉은 해발 2,100미터의 알라크난다 계곡에서 끝이 날 정도로 가파르다.

내가 이 산을 처음 본 순간은 이 산의 아름다움만큼이나 극적이었다. 아르와 계곡을 탐험하고 카메트 원정대는 바드리나트를 경유해서 라니케트로 내려왔다. 닐칸타가 바드리나트에서 보인다는 것을 알고 있었지만, 몬순의 안개로 인해 낮에 그 산의 모습을 보려는 우리의 기대는 좌절되었다. 그러나 저녁을 먹고 안개가 걷히면서 떠오르는 달의 빛에 그 모습이 온전히 드러났다. 달빛 비치는 밤에 내가 보았던 수많은 광경 중에서 협곡의 어두운 벽 사이에서 모습을 보인 이 찬란한 산봉우리의 설원이 가장 아름다웠다.

피터 또한 이 산을 보았고, 우리는 영국을 떠나기 전에 이곳에 오르기로 합의했다. 우리는 이미 이런 광경을 보았기에 동릉으로 어프로치 하는 것이 유일한 루트라는 것을 확신하고 있었다. 비록 동릉은 세 개의 능선 중 가장 길긴 하지만, 바드리나트 아래쪽 6킬로미터 지점의, 알라크난다 계곡과 합치는 키라운Khiraun 계곡에서 어프로치가 가능할 것 같아서였다. 키라운 계곡은 유럽인이 발을 들여 놓지 않은 곳이다. 정상에서 그리 멀지 않은 이 산의 능선 마루에 도달할 수 있으면, 등반 가능성이 있을 것 같았다.

바드리나트에서 우리의 첫 관심거리는 짐꾼을 좀 더 고용하는 것이었다. 이제까지 네 명의 다르질링인으로 그럭저럭 일을 꾸려 왔지만, 그들과 함께 우리도 무거운 짐을 운반해야 했다. 마을에서 가까운 닐칸타 같은 산봉우리는 최소 규모의 원정대로는 효과를 발휘할 수 없고, 적절치 못한 짐 수송 문제는 원정대를 곤란하게 만들 뿐이다. 그래서 마나 마을로 전갈을 보냈고 곧 마을에서 많은 마르차 보티아가 왔다. 그들 중 몇몇은 자신이 참가했던 원정대로부터 받은 추천장을 갖고 있었다. 한 사람은 1913년에 C. F. 미드가 준 추천장을 제시했다. 우리는 그들 중 네 명을 고용했는데, 흐트러진 머리묶음과 기묘하고 아름다운 옷차림이 눈길을 끄는 친구들이었다.

편안하고 즐겁게 이틀이 지나갔다. 그동안 우리는 1931년 카메트 원정대를 도와주었던 판디트 네르얀 두트Pandit Neryan Dutt에게서 과일이며 야채, 사탕 등의 후한 선물을 받았다. 또한 말라리아로 고생을 하면서도 우리의 채비를 서둘기 위해서 특별히 애를 쓴 우체국장의 호의를 언급하지 않을 수 없다.

8월 15일 저녁 무렵 '원정대 인선'이 완료되었고, 다음 날 아침 판디트 네르얀 두트의 정원을 둘러 본 다음 출발했다. 그의 정원은 온갖 노력에 힘입어 기적적으로 이 돌투성이 계곡에 만들어졌고 또 번성하고 있었다. 한 해의 여러 달이 눈으로 덮여 있고 서울의 기온이 수시로 영하로 떨어지지만 유실수까지 있었다.

불행히도 날씨가 좋지 않았다. 바드리나트에 도착했을 때

비가 거의 계속 내렸다. 이제 우기가 맹렬해진 것이다. 우리는 티베트 국경 근처 가르왈 북부에 머물러 있어야 했다. 그곳에서는 몬순의 공기 흐름이 티베트 고원지대의 건조한 바람에 의해 방향을 바꾸기 때문이다. 그렇지만 우리는 몬순이 한창인 때에 난다데비 등정에 성공한 미국 원정대에 자극 받아서 닐칸타에 도전해 볼 용기를 얻게 되었다.

판두케쉬와르Pandukeshwar의 방갈로는 키라운 계곡 남쪽 6킬로미터 지점에 있지만, 음식과 장비를 좀 더 준비하고 등반에 불필요한 것들을 남겨두기 위해 그곳에서 하룻밤을 묵을 필요가 있었다. 이 모든 것을 끝내고 8월 17일인 다음 날 아침 우리는 산으로 출발했다.

알라크난다 계곡으로 되밟아 올라가면서 원시적인 다리이긴 하지만 정확히 캔틸레버 구조로 지은 다리를 이용해 알라크난다 강을 건너 키라운 계곡으로 들어갔다. 우리는 지도를 살펴본 결과 양 측면이 가파르게 좁아지는 협곡이 수평으로 3.2킬로미터 계속되고, 협곡이 끝나는 곳에서 닐칸타가 갑자기 3,000미터나 우뚝 솟아올라 산자락에서 곧바로 급경사가 시작될 것이라고 예상하게 되었다. 그러나 그렇지 않았다. 이 계곡으로 들어가자마자 우리는 꽃에 둘러싸였고 맑은 냇물이 숲속으로 흘러들고 있었다.

얼마 되지 않는 거리를 양치기들이 다니는 험한 길을 따라갔지만 우리는 곧 길을 잃어버렸고, 분홍 꽃이 핀 2.5미터 키의 봉선화 속 임파티엔스 로일레이Impatiens roylei가 우거진 곳을 헤치면서 길을 개척하며 가야 했다. 그러지만 않았더라면 무더기로 가득 피어서 계곡 바닥 수백 평방미터를 뒤덮고 있는 이 꽃의 아름다움을 잘 감상할 수 있었겠지만, 실제로는 보통이 아닌 등반을 하고 난 뒤에 땀을 뻘뻘 흘리고 있었기 때문에 꽃 감상은커녕 길을 다시 찾게 되어 정말 기뻤다.

우리는 규모로 보아 상당한 크기의 빙하체계가 상류에 있을 것으로 예상되는 계곡의 급류를 건너서, 계곡 측면 비탈진 계단 위에 일군 밭 사이의 작은 마을 쪽으로 가파른 길을 올라갔다. 이곳에서는 유럽인이 호기심의 대상이었고, 나는 사진을 찍다가 본의 아니게 어린 여자아이 하나를 깜짝 놀라게 했다.

해발 2,740미터인 이 마을 뒤쪽 800미터 지점에 캠프를 쳤다. 시냇물 소리가 들리는 유쾌하고 평화로운 장소였다.

밤에는 비가 내렸고, 8월 18일 아침은 흐리고 안개가 끼었다. 키가 2~3미터는 될 듯한 엉겅퀴가 있고 물이 뚝뚝 떨어지는 식물지대를 가까스로 뚫고 나가서 산비탈의 숲을 횡단하여 계곡의 가파른 북쪽으로 올라갔다. 현지 짐꾼들의 동작이 느려터져서 우리가 목표로 하고 있는 산으로 가고 있는지 의아한 생각이 들기 시작했다. 집채만 한 커다란 바윗덩이, 바위 턱, 바위 테라스가 나타날 때마다 그들은 멈춰 서서 손에서 손으로 넘겨 가면서 파이프를 피우며 시간을 끌었다. 그들은 자신들의 의식을 엄숙하고 철저하게 끝마치기까지 꼼짝도 하지 않았다. 왕디조차도 어떻게든 설득해서 움직여 보려는 생각을 곧 고쳐 먹었다. 이것이 그들의 여행 방법이었다. 성미가 급한 유럽인이 이 지방에서 오랜 옛날부터 내려오는 이런 관습을 바꿀 수는 없었다.

식물이 자라는 모습을 보아서는 키라운 계곡은 강우량이 상당했고, 몬순이 이동하는 자연 통로인 알라크난다의 깊은 계곡과 가까이 있어서 따뜻한 기후의 혜택을 받고 있었다. 3,400~3,700미터에서 참나무가 자라는 모습을 보았는데, 이 나무가 자라기에는 보기 드물게 높은 고도였다. 또한 한해살이 푸른 용담 속 겐티아나 테넬라Gentiana tenella를 포함해서 많은 식물이 있었다. 일주일 뒤에는 무수한 이 꽃이 위쪽 비탈을 뒤덮었고, 특이하게 털이 많은 첨탑 모양의 취나물도 보였다.

결국 전혀 예상 밖인 아주 아름다운 초원지대에 도착했다. 양과 염소 떼가 풀을 뜯는 곳으로, 수십 평방킬로미터나 되는 완벽한 곳이었다. 이곳에 양치기의 돌 오두막이 있었고 양치기가 우리를 반겨주었다. 우리는 그가 이 계곡에서 본 첫 유럽인이었다. 그는 가르왈 보병 사단에서 10년을 복무했다며 우리에게 말을 걸었던 그 군인처럼 보이는 친구였다.

초원지대에 캠프를 쳤다. 피터가 말한 대로 좋은 풀은 가르왈에서 귀했다. 그래서 가파르고 메마른 산비탈을 보리라 예상했는데, 오히려 수십 평방킬로미터나 되는 비옥한 초원지대가 있었다. 그야말로 더 나은 캠핑 장소를 찾기는 쉽지 않을 것 같았다. 중앙 히말라야에서 가장 가파르고 무시무시한 산봉우리의 비탈면에 우리가 있다는 것은 정말로 상상하기 어려웠다. 게다가 안개로 인해 닐칸타를 전혀 볼 수 없었다.

다음 날 아침 텐트에 떨어지는 빗소리를 듣고 잠에서 깼다. 안개가 산자락을 둘러싸고 있는데도 그 양치기가 상당한 거리를 우리와 동행해 줬고, 위쪽 초원지대로 가는 방향을 가르쳐 줬다. 풀이 무성한 산자락 450미터를 올라가 수평 횡단을 해서, 연료로 사용할 수 있는 로도덴드론이 주변에 많이 있는 작고 평탄한 지역에 도착했다. 노간주나무가 30분 거리에 있었다. 우리는 안개로 몇 미터 앞도 볼 수 없는 상황이어서, 도통 보이지 않는 남동릉과 관련지어 우리 위치를 어림할 수가 없었기 때문에 4,570미터 정도에 도달했을 것이라고 대충 짐작만 하고서 캠프를 쳤다.

위험을 무릅쓰고 피터가 정찰할 목적으로 캠프를 떠났을 때는 안개가 너무 짙어서 정찰은커녕 방향을 잃어버리는 바람에 되돌아오는 길을 산신히 나시 찾은 네 만족해야 했나. 이렇게 짙고 끈덕진 안개는 히말라야에서는 보기 드문 일이다. 이런 상황이었지만 만약 영국의 바위산에 캠프를 치고 있었더라면 아마 주변 상황을 파악할 수 있었을 것이다.

해질 무렵 안개가 걷히면서 동쪽으로 알라크난다, 키라운 계곡 뒤편 멀리로 가우리파르바트, 하티파르바트의 희미한 모습과 두나기리의 거대한 덩어리, 난다데비의 가늘고 날카로운 산봉우리가 보였다. 잠시 우리는 이 거대한 산들을 바라봤고 이어 자연스레 눈길이 우리 위쪽으로 옮겨갔다. 캠프 바로 위쪽 산비탈에 달빛이 비쳐서 젖은 풀이 서리가 내린 듯 하얗게 빛났다. 산비탈은 거무스름하게 불룩 튀어나온 곳에서 끝이 났고, 그 튀어 나온 곳 너머 위쪽으로 가는 줄 모양의 눈이 별들 속으로 이어졌으며, 그 별들 속에 닐칸타가 있었다.

다음 날 아침은 맑았지만 이런 날씨가 오래 지속될 것 같지는 않았다. 그래서 우리가 남동릉 마루에 이를 수 있는지, 만일 그렇다면 그 능선이 정상으로 이르는 등반 가능한 루트를 제공해 줄 수 있는지 판단하기 위해, 아니 그러리라 기대하면서 정찰에 나섰다.

산비탈은 예상외로 오르기 쉬웠고, 우리는 초지와 큰 바윗덩이들을 올라가서 키라운 계곡으로 내려가는 작은 빙하로 접근했다. 이곳에는 크레바스가 없었다. 우리는 내린 지 오래 되어 잘 다져진 눈을 가로질러 전진해갔다. 그러나 그리 멀리 못 가서, 숨겨져 있는 ― 1~2미터 정도 가까이 접근할 때까지 발견하지 못한 ― 깊이를 알 수 없는 기분 나쁜 병목 모양의 구멍을 만났고, 우리는 이미 했어야 했을 로프를 묶었다. 더 이상은 별일 없이 빙하를 건너 능선 마루로 이어지는 부서진 바위 사면으로 나갔다. 그 바위 사면은 조금도 어렵지 않아 우리는 곧 능선 위에 섰다.

키라운 계곡에 솟아 있는 닐칸타의 일반적인 각도로 판단해 볼 때, 이 능선이 매우 가파른 것은 놀랄 일이 아니다. 또한 아래쪽 부분이 부서져 있는 이 능선은 뾰족한 바위 봉우리들이 복잡하게 얽혀 있다. 이 봉우리들을 측면으로 오를 수 있을까? 오를 수 있더라도, 이 봉우리들 위쪽 능선이 덜 부서져 있으며 덜 복잡할까? 실제로 올라가 보아야 상황 판단이 가능할 것 같았고, 그래서 우리는 그날 가능한 한 멀리 정찰을 밀어붙일 생각이었다.

우리 바로 위쪽에서 능선은 폭이 넓어져서 캠핑 장소로 사용해도 충분할 정도였고, 100미터를 수평으로 더 뻗어 나갔다. 그곳에 첫 바위가 솟아 있었다. 정면으로 마주 보니 바위는 오르기 어려워 보였지만, 실제로는 위쪽으로 오를수록 적절히 부서져 있어서 로프를 사용하지 않고도 올라갈 수 있었다. 안개가 다시 몰려왔고 눈보라가 곧 들이칠 것 같았지만 바람이 없고 따뜻해서 능반은 슬거웠다.

등반을 서둘면서 모양이 분명치 않은 눈 덮인 마루를 조금 따라갔다. 그 다음에는 오른쪽으로 협곡의 움푹 파인 곳을 횡단하여 모퉁이를 한 발 한 발 돌아나갔고, 이어서 바위 조각들이 흩어져 있는 슬랩과 능선을 기어 올라갔다. 안개 속이라 분명치는 않지만 시작 지점의 봉우리들이 모여 있는 곳 위쪽, 능선 마루의 한 지점을 향해 방향을 잡아가면서….

이렇게 100미터를 나아가자 절벽의 단층이 우리를 바위 턱으로 유도하면서 능선 위 당초의 목표 지점보다 훨씬 위쪽으로 유혹했는데, 이것이 우리의 실수였다. 이 바위 턱은 통과할 수 없는 절벽에서 끝이 났다. 우리는 되돌아올 수밖에 없었고, 정면으로 똑바로 등반을 해서 가장 아래쪽 뾰족한 봉우리들 중 만만찮은 어느 봉우리 위의 능선에 이르렀다. 이곳의 바위는 대부분 단단하고, 잡고 오를 만한 홀드가 충분해서 그 작은 봉우리 위로 신속히 올라갈 수 있었다. 이어 그곳에서 내려와 톱날처럼 V자 형으로 깊이 파인 걸리로 계속 내려가서, 이어지는 또 다른 뾰족한 봉우리를 향해 갈라져 있는 땅을 넘어 그 능선의 오른쪽으로 올라갔다. 그리고 이곳에서 우리는 처음으로 심각한 어려움에 봉착했다.

우리가 오르고자 하는 봉우리는 폭이 좁고 날카로웠으며 그 너머의 걸리는 골이 깊었다. 우리는 가능하면 이 봉우리를 측면으로 올라가야 한다고 판단했다. 서쪽 편에 이 봉우리 아래쪽의 부서진 바위들로 이어지는 폭이 좁은 걸리가 있었는데, 이 걸리는 점착성이 없어 느슨했고, 슬랩은 모래와 눈이 섞여 있어서 오르기가 쉽지 않았다. 대안은 동쪽 사면을 가로지르는 것이었다. 이곳은 바위가 좀 더 단단했지만 기술적인 면에서 위험에 더 노출되어 있었고 오르기도 더 어려웠다. 그래서 미끄러운 바위를, 이어서 그 산의 동쪽 사면을 쪼개고 있는 지독히도 가파른 걸리에 걸린, 거의 수직 벽인 모퉁이를 돌아서 내려가야 했다.

이후부터는 쉬운 바위들이 길게 펼쳐져 있었고 다시 한 번 속도를 낼 수 있었다. 정말이지 이곳의 등반은 대체적으로 예상했던 것보다 훨씬 쉬웠다. 루트를 찾는 일이 내내 까다로웠지만, 다행히 첫 시도로 이 산의 아래쪽 요새에서 비교적 오르기 쉬운 갈라진 틈을 발견하는 행운을 얻기도 했다.

그러나 닐칸타는 놀랄 만한 사건을 준비하고 있었다. 그리 멀리 못 가서 우리 앞에 양 측면이 깊이를 알 수 없는 심연으로 뚝 떨어지는, 가늘고 우아한 한 봉우리가 솟아 있었다. 이곳에서 정찰을 마쳐야 할 정도로 그 봉우리의 외관은 엄청 만만찮아 보였다.

이럴 땐 휴식을 취하면서 음식을 먹는 것이 사려 깊은 행동이다. 휴식과 음식이 등반자에게 낙관적인 영향을 미치기 때문이다. 그러나 이번 경우에는 이처럼 굳은 표정을 짓고 있는, 이 능선의 보초가 보면 볼수록 점점 더 싫어졌다.

한 가지 마음에 드는 것은 바위였다. 샤모니가 보여 줄 수 있는 가장 훌륭한 바위도 이 능선의 잘라낸 듯이 깨끗한 화강암보다 더 좋을 수는 없었다.

첫 피치는 모든 것이 잘 되었다. 가파르기는 해도 등반은 힘은 들었지만 어렵지는 않았다. 경사가 수직이 넘는 얇은 바위 아래 작은 모퉁이에 이르렀다. 마루에서 겨우 7미터 거리밖에 되지 않았지만 이 오버행 바위를 오르는 것이 불가능했다. 왼쪽으로는 바위 턱 하나가 차차 절벽으로 변해 희미해졌고, 오른쪽으로는 그 봉우리의 사면을 지나서 다시 능선에 이를 가능성이 있어 보였다.

피터가 확보를 잘 하고 있는 동안에 — 이 구간은 등반 내내 로프 확보가 훌륭했는데 — 나는 바깥쪽으로 경사진 좁은 통로의 가장자리를 따라서 천천히 나아간 다음, 오른쪽으로 세심하게 횡단하여 양손을 써서 모퉁이를 도는 힘든 이동을 했다. 이어 그 봉우리 너머 한 오버행 아래, 작고 움푹 파인 곳에 도착했다. 그 능선에 다시 이르기 위해서는 기묘하게 세로로 홈이 난 왼쪽의 슬랩을 오르는 방법뿐이었다. 홀드가 오르기에 불리한 방향으로 흘러 있었지만, 다시 말하면 손으로 당기는 쪽으로 경사가 져 있었지만, 이 슬랩에 양발을 대고 양손으로 그 홈의 가장자리를 잡고서 — 기술적인 용어로 레이백^{p.460}layback 자세로 — 위쪽으로 길을 열 수 있었다. 고도가 거의 5,800미터나 되는 곳에서 이 동작은 사람을 몹시 지치게 만드는 기술이었다. 지난 몇 주 동안의 고소 적응과 고소 등반을 하지 않았더라면 결코 이 기술을 사용하지 않았을 것이다.

7미터 이상 급경사를 등반하고 나니 이번에는 홀드가 좋았고, 그래서 쉽게 그 봉우리 위쪽 능선 마루에 이르렀는데, 그 봉우리는 독립 봉우리라기보다는 능선에 있는 벼랑이었다.

피터가 합류하자, 어려운 장애물을 극복해 낸 내 자신의 능력에 대해 나름대로 자부심을 느끼며 바위에서 한가롭게 거닐어 볼 기회가 순식간에 사라져 버렸다. 그러나 등반 로프에는 유리한 끝이 있는 동시에 불리한 끝도 있다고 생각해 보면 상처 받은 자존심은 치유가 된다.

이제 그 능선은 얼마 되지 않는 거리에 거의 수평으로 이어졌고, 이어서 또 다른 바위가 만든 약 100미터 높이의 벽이 갑자기 솟아 있었다. 그리고 그 벽의 맨 아랫부분 60미터는 경사가 급한 슬랩지대였다.

십중팔구는 이곳이 등반의 고빗사위였다. 그 위쪽에 무엇이 있는지 알 수는 없었지만, 가능하면 이 벼랑 위쪽에서, 한번은 이 산의 상부에 있는 빙설사면氷雪斜面과 만났으면 하고 바랐다.

오후가 상당히 지나고 있어서 더 이상 정찰할 시간이 없었다. 그래서 다음번에 해결해야 할 문제를 주의 깊게 관찰한 후, 방금 올라왔던 이 어려운 장소로 짐을 진 짐꾼을 안내해서 올리는 것이 우리 같은 소규모 원정대에는 쉽지 않은 일이겠지만, 이미 합의했던 것처럼 그래도 가능한 한 그 벼랑 발치 가까이에 캠프를 설치해야 한다는 확신을 갖고 하산을 시작했다. 이 어려운 장소 위쪽으로 짐을 진 짐꾼들을 안내하여 올린다는 것은 고정로프와 '극지법'의 사용을 의미했는데, 그렇게 하기에는 우리에게 장비가 부족했고 그뿐만 아니라 그럴 마음도 없었다.

우리는 이 봉우리를 지나가는 보다 쉬운 대안 루트를 찾을지도 모른다는 희망을 갖고 서쪽으로 답사하면서 내려갔다. 다행히도 그곳에서, 내가 올라오며 퇴짜 놓았던 그 바위 턱이 내 눈을 속였고 실제로는 안 보이는 곳으로 계속 이어져서 모퉁이를 돌아나가 오르기 쉬운 바위에서 끝이 난다는 것을 발견했다. 우리는 이와 다른 보다 어려운 루트를 선택해서 엄청나게 불필요한 수고를 했던 것이다. 그렇지만 이 바위 턱은 깜짝 놀랄 정도의 작은 둑길과 같았다. 남의 이목 끌기를 좋아하는 사람이나 경험해 보고 싶어 할 정도의 낙하 거리와 급경사의 좁은 바위를 기어가야 했고, 이어서 몸을 낮추어 스탠스를 이용하여 날개 편 독수리 같은 자세로 몸을 옆으로 비스듬히 한 채 모퉁이를 돌아 나가야 했다.

우리는 우리가 내려다보았던 그 협곡을 이용해서 내려왔기 때문에 아래쪽에서의 그 횡단과 미끈미끈한 그 모퉁이를 피해 갈 수 있었다. 하지만 이 루트는 기술적으로 좀 더 쉬웠을지는 몰라도 바위들이 흘러내릴 것 같고 눈과 잔모래가 부서지기 쉬운 상태로 섞여 있어서 마음에 썩 드는 대안 루트는 아니었다.

그 나머지 구간의 하산은 평이했으나, 캠프 위쪽의 복잡한 산비탈에 도착해서는 안개가 짙어서 불과 몇 미터 앞도 볼 수 없었다.

때때로 멈춰 서서 짐꾼들의 주의를 끌 목적으로 소리를 질렀다. 외침소리에 대한 대답이 있긴 했지만 그래도 캠프를 찾기가 쉽지 않았고, 마침내 캠프에 도착했을 때에는 햇빛이 급속히 희미해지고 있었다.

날씨는 잔뜩 찌푸려 있었고, 우리가 도착하자마자 비가 심하게 내리기 시작했지만 놀랄 일은 아니었다. 우리는 조금도 불평하지 않았다. 닐칸타가 우리를 위해 무엇을 준비하고 있었던 간에 우리는 하루의 등반을 멋지게 즐겼고, '매기Maggi(식품회사) 수프'와 양고기, 감자, 양파, 캠프 근처에서 모은 맛있는 야생 대황, 오벌틴으로 축하연을 열어서 특별한 그날을 기념했다. 축하연을 마치고 판두케쉬와르에서부터 피터가 아껴 왔던 술병이 서서히 텐트를 순회했다.

나쁜 날씨가 산에서의 어떤 계획과 잘 맞아 돌아가는 일은 드물지만, 다음 날은 비가 심하게 내려서 캠프를 밀어 올려치고 싶은 유혹을 떨쳐 버릴 수 있었다. 또 피터가 사용 중인 등산화에서 징이 많이 떨어져 나가고 없어서, 새로 구하기 위해 현지 짐꾼들 중 한 명을 판두케쉬와르로 내려 보냈다. 그렇지만, 만일 내가 '휴가'를 보낼 장소를 선택해야 한다면 호우가 끊임없이 퍼붓는, 작고 비가 새는 텐트를 선택하지는 않을 것이다.

다행히 피터에게는 읽을거리가 충분했고 내게 『닥터 존슨』을 빌려주었다. 텐트 위에 떨어지는 음울한 빗소리를 들으며, 가끔은 계속해서 침낭으로 떨어지는 물방울을 막아 보려고 헛되이 노력하면서 침낭 속에 누워 그 훌륭한 박사의 모습을 상상해 보려고 노력했다. 그가 만일 우리의 처지와 비슷한 상황에 놓여 있었더라면 이렇게 쓰지는 않았을까?

삼가 아룁니다.

저는 텐트라는 비참한 경계에 갇혀서 당신께 글을 쓰고 있습니다. 텐트는 물이 새는 골칫거리 구조물이고, 그래서 그런지 그만큼 더 습기가 욕이 나올 정도로 끈덕지게 텐트 속으로 새어들려고 궁리하고 있습니다. 이러한 제반 요소의 혹심함은 사람의 몸에 불편을 끼치면서 짜증나게 하고, 도덕적인 인내심에 상당한 부담을 줄 정도로 진저리가 납니다. 한마디로 짓궂은 날씨에 습기가 있어 불쾌합니다.

비는 22일 오후까지 계속 내렸고, 기온이 급격히 떨어져서 안개가 걷혔을 때는 신설이 산봉우리에 엄청나게 많이 붙어 있었다.

다음 날 아침은 해가 났고, 더 이상 움직이지 않고는 참을 수가 없어서 다섯 명의 다르질링 짐꾼과 세 명의 마나 짐꾼, 카락 싱Kharak Singh, 망갈 싱Mangal Singh, 나테르 싱Nater Singh을 데리고 우리가 이미 봐 두었던 장소로 캠프를 밀어 올려치기로 했다.

나테르 싱을 제외하고 마나 사람들은 그 작은 빙하를 건너가는 것에 주저했다. 우리는 그가 일에 있어 다른 이들보다 특히 자발적이고 열성적인 사람이라는 것을 알고 있었다. 피터가 유창한 우르두어로 계속해서 가자고 그들을 설득하는 데는 얼마간의 시간이 필요했다.

눈은 10센티미터가 내렸고, 텐트를 치기 위한 공간을 만들기 위해서는 눈과 돌을 치워야만 했다. 그러는 동안에 날씨는 급속히 악화되어 눈이 심하게 내렸고, 음울하고 습한 분위기는 더욱 악화되어 영국의 12월 어느 날과 필적할 정도였다.

캠프를 친 후에 마나 짐꾼들을 돌려보내고, 우리는 습한 침낭 속에 틀어박혀 지루하고 의미 없는 밤샘을 했다.

다행히 눈이 바위 위에 깊이 쌓이지는 않았다. 다음 날 아침, 햇볕의 영향으로 쌓인 눈이 아주 빨리 녹아서 우리는 다음 캠프를 밀어 올려치기로 했다.

가파른 바위에서 등반할 때에는 짐꾼의 짐을 가볍게 하는 것이 필수적이어서 장비를 최소한으로 줄였다. 그래서 빨리 전진했고, 속도와 편리성을 고려해 일행을 둘로 나누어 간격을 멀리 두고 등반해서 뒤따르는 일행이 먼저 간 일행이 일으킨 낙석에 맞을 위험은 없었다.

그러나 상황은 우리에게 불리하게 돌아갔다. 그 어려운 첫 봉우리의 힘들고 미끈미끈한 모퉁이에 도착하기도 전에, 질척이는 눈이 많이 내려 바위를 덮기 시작했다. 이런 상황에서는 이 지점 너머 어느 곳으로도 동행 없이 짐꾼을 돌려보내는 것이 불가능해서 캠프를 치는 수밖에 달리 방법이 없었다.

가파르고 부서져 있는 산 중턱에는 바위 턱과 비슷한 곳이 전혀 없었지만, 1시간 동안 작업을 해서 작은 텐트 자리가 마련되었다. 우리 둘이 사용할 단 하나의 텐트를 치기에는 충분한 크기였다. 이것이 끝나자 짐꾼들을 아래쪽 캠프로 돌려보냈고, 우리는 습하고 불편한 이 작은 고소 둥지에 남았다.

이 캠프에서의 기억은 습하고 불편했다는 것밖에 없다. 여행과 관련된 책을 읽은 독자는 여행자라면 어려움과 불편을 참아내야 한다고 기대하거나 요구한다. 그러나 이런 책은 도서목록을 따분하게 만들 뿐이고, 당시 내 경우는 이루 말할 것도 없다. 텐트는 거침없이 물이 샜고, 침낭은 젖었으며, 속옷을 말릴 수 있는 유일한 방법은 그 침낭 속에 들어가서 자는 것뿐이었다고 이야기하는 정도로만 해 두겠다. 사람들이 산을 오르려고 이런 불편을 참아야 한다는 것은 이상한 일이 아닌가? 나는 이 문제에 대해 종종 스스로 자문해 보지만 결코 그 답을 얻을 수가 없다. 이것에 오해가 있어서는 안 된다. 진정한 탐험가나 등산가는 자신이 이룬 업적과 관련해서 자신의 능력이 동료보다 우월하다는 생각을 전혀 하지 않는다. 그가 정복하여 얻은 것은 자기 안에 있는 것이고, 다른 것이 아닌 바로 스스로를 이겨낸 것이다.

두 사람, 음식, 식기 및 취사도구로 채워진 가로 1.2미터 세로 1.8미터의 공간은 비좁아서 편안한 잠을 이루기에는 전혀 도움이 되지 않는다. 이러한 상황에서는, 농축 밀크 캔을 따고 나서 남아 있는 내용물이 그 속에 그대로 있기를 기대하는 것만큼 바보 같은 짓이 없다. 다음 날 아침 텐트 바닥의 광경은 이 물질의 불안정한 특성에 관한 확실한 증거를 보여 주었다. 그래서 습기가 가득한 침낭에서 기어 나오는 일은 결코 힘든 일이 아니었다. 우울한 아침 식사 후에, 정상으로의 시도가 가망이 없겠다고 이미 깨닫고 있긴 했지만 그래도 우리는 출발했다.

출발할 때 태양이 밝게 빛났고, 우리가 있는 높은 곳의 시계가 카메트, 마나피크에서 두나기리, 난다데비까지 펼쳐져 있었다. 하지만 불확실한 일기 상황과 몬순 기간 동안에 아침에 화창했던 날씨가 갑자기 변하는 돌변성에 관해서는 아무런 기억이 없다.

산의 상황이 이제 전보다 훨씬 나빴고, 그 첫 봉우리의 가파른 모퉁이를 돌아서 등반하는 대신에 눈이 10센티미터 쌓여 있고 언 돌과 모래가 위험하게 섞여 있어 마음에 내키지 않는 그 좁은 걸리를 내려가려 했을 때 예상했던 어려움을 미리 조금 경험하게 되었다. 우리는 상당히 주의해서 움직였으며, 마침내 그 봉우리 너머 움푹 파인 안전한 장소에 도착해서 지나왔던 곳을 이구동성으로 저주했다.

이후부터는 바위 위에 신설이 있기는 했지만 좀 더 쉬웠고, 폭이 좁은 봉우리를 넘어 그 능선의 벼랑 발치로 순조로운 진행을 했다.

날씨는 이미 나빠지기 시작했다. 1시간이 안 되어서 그 화창했던 날씨는 급속히 밀려드는 안개로 인해 끝이 났고, 우리 위쪽에 있는 거대한 벼랑은 짙어지는 수증기 사이로 냉담하고 악의적인 모습을 어렴풋이 내보였다. 우리의 시도는 실패할 운명에 처해 있었고, 산의 상황은 이런 추정을 확증시키고 있었다. 그렇지만 어쨌든 그 벼랑을 등반하여 정상을 향해 가능한 한 멀리 정찰을 해 보려고 마음먹었다.

기둥처럼 폭이 좁은 봉우리의 바위는 단단하고 오르기에

유쾌했다면, 그와 정반대로 그 벼랑 발치의 바위는 파이 껍질처럼 벗겨지기 쉬운 형태였다. 우리는 극도로 조심하면서 한 번에 한 사람씩, 흔들거리는 바위 턱의 가장자리를 따라 걸었다. 이어 그 지역을 수평으로 가로지르고 있는, 바위 부스러기로 덮인 경사진 시렁으로 기어 올라갔다. 푸석푸석한 바위지대는 이곳에서 끝났고, 그 시렁 위쪽에는 부서진 단단한 슬랩이 곳곳에서 벼랑 모양으로 돌출해 있었으며, 시작 지점의 걸리로 인해 홈이 파여 있었다.

슬랩을 오르려는 우리의 첫 시도는 실패였다. 그래서 국자 모양으로 된 얕은 걸리를 따라가는 방법으로 바꿨다. 이 걸리는 금방 경사가 심해져서 올라갈 수 없는 바위로 변했지만, 이 걸리에서 왼쪽 슬랩 위로 루트를 만들 수 있는 단 하나의 가능성이 있었다.

장소가 좋지 않았다. 내가 슬랩을 가로질러서 서서히 길을 열어 나갈 때, 피터는 이렇다 할 확보물 없이 작은 스탠스에 서 있었다. 그 등반은 북 웨일스North Wales에 있는 리웨드Lliwedd에서의 힘들었던 루트를 생각나게 했다. 그곳에서도 닐칸타와 똑같이 작고 보잘 것 없는 스탠스가 있고, 등반자는 가차 없이 위험에 노출된다. 닐칸타에서 추락하는 등반자는 수백 미터가 아니라 수천 미터를 떨어진다는 것을 제외하고 결과는 다를 게 없다.

p.461

특히 힘든 곳이 있었는데, 작은 발끝 스탠스에 의지해서 큰 걸음을 옮겨야 하는 곳이었다. 나는 이를 시도하기 전에 오랫동안 망설였는데, 돌아오기가 더 어려웠기 때문이다. 그러나 이것만 지나면 등반은 더 쉬워질 것이라는 희망을 품고 배수진을 치기로 했다. 등반은 쉬워지지 않았다. 정말로 20미터 로프를 다 쓴 뒤에 더 이상 나가는 것이 불가능하다는 것을 알게 되었다. 그 바위의 작은 요철에 달라붙어서, 징이 박힌 등산화가 아니라 펠트로 밑창을 댄 등산화를 신고 있었더라면 하고 간절히 바랐던 것을 지금도 생생하게 기억하고 있다. 그런데 후퇴가 불가피하다는 것을 알게 된 절박한 순간에 엄청난 눈보라가 몰아쳤다.

따뜻하고 적당히 말라 있던 바위가 일순간 차가워졌고 그 위로 곤죽이 된 눈과 물이 흘러내렸다. 눈보라는 실로 대단했다. 슬랩 위로 싸락눈이 급류처럼 쏟아졌고, 곧 우리가 있는 곳도 위험하게 되었다.

나는 후퇴를 생생하게 기억하고 있다. 안전하지 못한 위치에 있었고, 추락을 제동할 힘도 없었던 피터 또한 나처럼 틀림없이 고통스러웠을 것이다.

질척이는 눈으로 덮인 홀드를 잡고 있는 내 손가락은 곧 감각을 잃었지만 손가락을 따뜻하게 할 기회가 전혀 없었고, 작은 홀드를 이용하고 있었기 때문에 장갑을 낄 수도 없었다.

완전히 감각을 상실한 채로 손가락 홀드에 의지해야만 해서 전진은 최악이었다. 그러나 마침내 후퇴가 완료되었고, 내 경험으로 가장 어려웠던 바위 등반 중 하나를 끝내고 다행스럽게 피터와 합류했다.

눈보라는 몇 분 후에 끝이 났다. 그 벼랑을 등반할 수 있는 최후의 한 가지 가능성이 있었다. 우리가 마지막으로 올랐던 루트의 오른쪽에 있는 곳으로 오르는 것이었다. 그곳의 바위는 더 가팔랐지만 부서져 있었고, 그래서 이번에는 어렵고 위험한 등반을 한 끝에 루트를 만드는 데 성공했다.

그 벼랑의 위쪽은 부서진 슬랩이었다. 그 슬랩의 눈 위에서 우리 둘은 대부분 같이 움직일 수 있었다. 체력을 소모하는 힘든 등반을 한 뒤라서 둘 다 피곤을 느끼고 있기는 했지만, 빠른 전진을 해서 그 벼랑의 가장 위쪽과 경계를 이룬, 눈에 잘 띄는 한 지점의 마루로 기어 올라갔고, 그곳에서 쉬면서 점심을 먹었다.

더 이상 나아가는 것은 불가능했다. 우리의 위치는 정상 아래 600미터 지점이고, 한낮이 상당히 지난 데다 날씨는 불리했다. 산은 우리가 도저히 견딜 수 없는 상황이었다. 5,940미터가 채 안 될 듯한 이 고도에 신설이 30센티미터나 쌓여 있었으며, 게다가 이보다 더 높은 곳의 상황은 분명 더 안 좋을 것이었다.

우리가 위치한 곳에서 눈 덮인 능선이 포물선을 그리며 위쪽의 한 지점으로 올라갔다. 그 능선 너머에 또 다른 눈 덮인 능선이, 우리가 판단하기에 꽤나 만만치 않을 것 같은 또 다른 벼랑의 발치로 솟구쳐 있었다. 이 마지막 바위지대를 올라갈 수 있으면 눈과 얼음 비탈면을 지나 정상에 이를 수 있을 것 같았다.

우리가 남동릉의 길이와 어려움을 과소평가했다는 것은 말할 필요도 없었다. 닐칸타를 오르기 위해서는 또 다른 캠프, 아니 아마도 두 개의 캠프가 더 필요할 것 같았다. 우리가 있는 곳의 가장 높은 지점에 하나, 마지막 바위 벼랑 아래나 혹은 그 위에 하나 더. 우리가 맞닥뜨렸던, 바위 위에 있는 캠프를 옮기는 것은 쉽지 않았고, 그 일을 위해서는 완벽하게 좋은 날씨가 일주일은 더 필요했다.

그러나 루트를 개척하는 일이 아무리 어렵고 큰 시련을 수반한다 하더라도 그 보상은 충분히 가치 있는 것이고, 결국 이 산봉우리 정상을 밟는 등산가는 히말라야에서 이 정도의 높이로는 가장 아름다운 봉우리 중의 하나를 올랐다는 것을 알게 될 것이다.

보다 높은 고도, 민족주의 정신, 그리고 산소가 없는 공기보다 더 숨 막히게 하는 분위기 속에서, 세계의 가장 높은 정상을 둘러싸고 벌어지는 경쟁에 싫증나고 피곤한 등산가가 닐칸타와 같은 산봉우리에 관심을 돌린다면 분명 멋진 등반을 하게 될 것이다. 적당한 고도에서 힘과 기술을 마음껏 발휘하며 스스로를 시험할 수 있을 뿐 아니라, 자연의 아름다움을 감상할 수도 있고, 알프스 등반의 개척자가 즐겼던 것과 똑같은 흥분을 맛볼 수도 있을 것이다. 히말라야 등반은 높은 고도의 '정복'이 완료될 때까지 행복한 날이 될 것이다.

우리는 싸락눈과 비, 진눈깨비에 흠뻑 젖은 채로 캠프로 돌아왔다. 더 이상 할 일이 아무것도 없었다. 그래서 다음 날 아침 아래쪽 캠프에 있는 짐꾼들에게, 올라와서 캠프를 아래로 철수하라는 전갈을 보냈다. 그들이 어찌나 이 일을 신속히 해치웠던지, 바로 그날 아래쪽 캠프로 내려갈 수 있었다. 다음 날 우리는 판두케쉬와르로 내려갔고, 8월 28일 조쉬마트에 도착했다.

제23장

두나기리

모두가 중앙 히말라야의 여신으로 인정하는 난다데비에 이어 밀란 계곡과 다울리 계곡 사이의 산군에서 가장 아름다운 산 중 하나인 7,066미터의 두나기리는 난다데비 분지 북서쪽에 있으며, 지난 수년 동안 등산가의 주목을 받아 왔다. 이 산은 다울리 강과 리쉬 강이 합쳐지는 해발 1,880미터의 다울리 계곡에서 엄청난 경사를 이루며 솟아올라 있다. 가르왈 지역에서 얼음으로 덮인 두나기리 정상부보다 더 웅장한 모습은 찾아보기 힘들다.

1907년에 바기니 고개를 통해 누나기리 동쪽으로 넘어갔던 롱스태프 박사의 의견에 따르면, 이 산은 남쪽에서 접근하는 것이 쉽다. 이 의견에 따라서 올리버와 D. 캠벨Campbell이 서쪽에서 남서릉에 도달하려고 시도했지만, 모든 접근로가 절벽과 현수빙하로 차단되어 있었다. 1936년 동쪽에서 그 능선으로 이어지는 루트를 발견한 십턴은 셰르파 한 명을 데리고 정상 부근 등성이의 6,700미터 지점까지 이르렀다. 하지만 이 등성이에서 마지막 봉우리를 향해 1.5킬로미터의 칼날 같은 얼음 능선이 이어져 있었다.

피터는 이 멋진 산을 다시 한 번 시도해 보고 싶어서 안달이었다. 우리의 닐칸타 등반 실패 후에 이 산은 우리를 남쪽으로 끌어당기는 천연자석이었다. 또한 미등인 난다데비 동봉도 시도해 보고 싶었지만, 이를 위한 시간적 여유가 없어서 우리는 두나기리에 온 힘을 쏟기로 했다.

두나기리는 닐칸타보다 접근하기가 더 어렵다. 남동 사면 위쪽으로 이어지는 라마니Rhamani 계곡으로 들어가기 전에, 등반자는 거대한 리쉬 계곡 위쪽으로 힘들게 길을 열어야 한다. 이를 위해서는 3주일분의 짐꾼용 식량 160킬로그램이 필요했고, 이를 운반하려고 여덟 명의 현지 짐꾼을 고용했는데, 닐칸타에서 자신의 진가를 입증한 나테르 싱도 그중에 있었다. 그리고 산 위에서 일할 사람 두 명이 필요해서 젊은 나테르 싱과 다람 싱Dharam Singh을 택해 장비와 등산화를 지급했다. 다람 싱은 외모로 보아 인도인의 핏줄이라기보다 티베트인의 핏줄이며, 난다데비 원정대에 참가해서 일을 했고, 그때 그가 매우 자랑스럽게 여기고 있는 피켈을 갖게 됐다. 그는 체격이나 몸가짐을 보아서는 노련한 등산가 같았지만 실제로는 그렇지 못했다. 변함없이 유쾌하고 일에 적극적이긴 했지만, 우리가 새로 고용한 사람들 중 등반 능력이 가장 뒤떨어졌다.

닐칸타에서 며칠간의 불편한 낮과 밤을 보낸 뒤라 조쉬마트는 휴양과 휴식을 위한 안식처 같았다. 그곳에서 보낸 이틀은 거의 대부분 먹고 자는 일뿐이었다. 그래서 우편물 전달 방갈로를 떠나기가 쉽진 않았지만 8월 31일 다울리 계곡을 향해 출발했다.

성공을 위한 실낱같은 기회라도 잡으려면 날씨가 좋아야 해서 그렇게 되길 기대했고, 조쉬마트를 출발할 때에는 분명 그럴 기미가 조금은 있었다.

타포반Tapoban 마을에서 일곱 개의 계란을 구입할 수 있는 뜻밖의 행운을 얻었다. 몇 개의 계란을 조쉬마트에서 구입하기는 했지만 상한 것이 반이었고 그 대용물을 구하지 못하고 있었다. 우리는 한 사발의 물을 달라고 해서 계란을 시험했다. 계란이 가라앉으면 품질이 좋은 것이고, 뜬다면 그 반대일 것이다. 이 절차를 마을 사람들은 큰 호기심과 놀라움으로 유심히 바라보았다. 그들 중에는 이 계란을 판매한 사람도 끼어 있었다. 그는 마을 사람들이 자신과 자신의 암탉을 불신하게 될까 봐 걱정하고 있었을 것이다. 다행히 계란이 모두 가라앉았다. 우리는 계란뿐 아니라 늙은 수탉도 한 마리 샀다. 이렇게 해서 적어도 한 끼분의 식사거리가 준비되었고, 우리는 즐겁게 길을 떠났다.

다시 한 번 날씨가 나빠졌고 나중에는 비가 오기 시작했다. 우리는 비에 젖은 채 우울하게 라타Lata 마을에 도착했다. 캠핑 장소가 없어서 마을 옆길에 텐트를 쳤다. 그러나 위쪽 목초지에서 집으로 돌아가는 소들과 그 소들로 인한 소란을 계산에 넣지 못했다. 이 소란의 양쪽 당사자는 불굴의 투지로 항상 다니던 길을 따라가려는 소와 혼잡한 통로를 피해 지나가는 지혜를 이들에게 깨우쳐 주려고 안간힘을 쓰는 우리 인간이었다.

상냥하고 쾌활한 라타의 주민들은 선물로 야채를 준비해서 우리를 방문했다. 그들 중에는 1907년 롱스태프 박사와 동행했고, 1934년 피터가 트리슐을 등반했을 때 동행했던 늙은 쉬카리Shikari가 있었다. 이 매력적인 노신사는 뇌관과 화약을 매개체로 하여 잡다한 쇳조각과 돌이 발사되는 구식 소총으로 무장하고 있었는데, 최근에 마을의 소 한 마리를 죽인 곰을 추적하고 있었고, 우리의 지원을 간절하게 바라고 있었다. 그러나 우리는 조쉬마트에 소총을 두고 왔기 때문에 부탁을 들어줄 수 없었다. 쇳조각과 돌을 발사할 수 있을 정도로 곰에게 충분히 가까이 접근할 수만 있다면 그는 분명히 이 일을 효과적으로 처리할 수 있을 것이다. 또한 내가 의사라는 소문이 퍼져서 결막염, 패혈증 환자들을 치료해 달라고 부탁했다. 이번의 경우에도 다른 경우와 마찬가지로, 그 사람들이 유럽인에게 맹목적이고 애처롭기까지 한 믿음을 갖고 있어서 깜짝 놀랐다. 조쉬마트의 병원으로 가서 그곳의 인도인 의사에게 치료를 받아야 한다고 환자들에게 말했지만 아무 소용이 없었다. 아니, 그들에게는 현지 의사가 아무리 훌륭한 의술을 갖고 있다고 하더라도 한 명의 유럽인이 수천 명의 현지 의사와 대등한 가치를 갖고 있었다.

나는 밤새 모기에 시달렸다. 이런 고지에는 말라리아가 없지만, 모기가 얼마나 지독했던지 다음 날 일어났을 땐 거의 앞을 보지 못할 지경이었다.

라타에서 초원지대인 라타카락Lata Kharak까지 가파른 길이 무성한 아고산대의 식물, 소나무, 자작나무, 진달래 속 관목을 순서대로 지나서 1,500미터의 산비탈로 이어졌다.

아침에 눈이 왔지만 나중에는 날씨가 좋아졌다. 우리는 식물의 씨앗을 모으거나 안개 덮인 능선, 짙푸른 계곡, 그리고 천천히 움직이는 느린 뇌운雷雲의 구름 기둥 사이로 하티파르바트의 먼 설원이 반짝이는 모습을 바라보고 캠프 주변을 빈둥거리며 그날의 나머지 시간을 보냈다.

밤에는 비가 내렸지만 아침에는 날씨가 좋았다. 우리 루트는 라타 산맥의 북서 측면을 따라가서 톨마피크Tolma Peak의 남서쪽을 지나 풀밭으로 이어졌다. 이제 리쉬Rishi 계곡으로 들어왔다. 우리는 협곡을 드나드는 염소가 다니는 길을 걸어 사흘간 여행을 해야 한다.

멀리 가지도 못했는데 날씨가 갑자기 변해 싸락눈을 동반한 심한 폭풍이 일었지만, 한 능선을 애써 올라 발밑에 두라쉬

Durashi의 밝은 녹색 초원지대를 보게 됐을 무렵 폭풍이 그쳤다. 용담 꽃으로 푸르고 에델바이스로 서리가 내린 듯한 은빛 비탈면을 내려와서 텐트를 쳤는데, 곧이어 다시 싸락눈과 비가 계곡에 세차게 내리기 시작했다. 축축한 안개가 남은 낮 동안 우리를 둘러싸고 있었지만 밤이 되자 별이 빛났고, 몇 킬로미터 거리의 쿠아리Kuari 고개 비탈에서 반짝이는 양치기의 모닥불빛이 맑은 대기를 통해 보였다.

다음 날 아침 일찍 출발해 풀과 큰 바위가 많은 산비탈을 올라서, 디브루게타Dibrugheta라는 초원지대로 가려면 넘어야 하는 능선에 이르렀다. 바로 앞에서 난다데비가 리쉬 계곡의 좁은 협곡 뒤로 솟아 있었고, 가벼운 구름이 그 산의 검은 절벽 위에 머물러 있었다. 십턴과 틸먼이 이 계곡의 거대한 협곡을 뚫고 여신의 가장 깊숙한 성역 안으로 들어갈 때까지, 현지에서는 이 지역이 악귀와 용의 거처로 유명했다는 것은 놀랄 일이 아니다. 이 아름다운 산을 구성하고 있는 것 중 하나인 이 협곡의 모습보다 더 두렵고 위압적인 광경은 아마 세상 어디에도 없을 것이다.

날씨는 완벽했다. 롱스태프 박사가 "수직의 황무지에서 수평의 오아시스"라고 평했던 디브루게타의 아름다움을 완벽하게 감상할 수 있었다. 텐트는 위아래가 숲인 꽃밭에 쳤으며, 꽃밭 뒤로 '휘장'이라고 불리는 햇살 드는 슬랩이 있었다. 우리는 이 평화롭고 아름다운 곳에서 해가 비치는 오후 내내 느긋하게 만족감에 젖어 쉬었다.

불행히도 좋은 날씨가 계속되진 않았다. 밤에는 비가 내렸는데, 다음 날 아침 안개 속에 이슬비를 맞으며 출발했다. 우리는 초원지대 위쪽 물방울이 뚝뚝 떨어지는 숲속에서 곰 한 마리를 놀라게 했고, 그놈은 재빨리 도망을 쳤다. 붉은 까치밥나무가 이 숲에 있었는데, 히말라야 딸기처럼 열매의 맛이 거의 없었다. 1,500미터를 등반하여 숲을 벗어나서 등성이에 이르렀다. 그곳에서 열매가 맺힌 바곳류의 식물을 발견했고, 곳곳이 노간주나무와 매자나무 속 베르베리스 아리스타타Berberis aristata로 덮여 있는 가파른 산비탈을 횡단했다. 개감채, 양지꽃, 바람꽃, 용담, 범의귀, 봄맞이꽃을 비롯하여 많은 꽃이 있었다. 나는 노모카리스Nomocharis 씨를 봐뒀다가 돌아올 때 조금 모을 수 있었다. 리쉬 계곡과 난다데비 분지가 식물학적 탐사에 대해 충분한 보답을 해 주리라는 것은 의심할 여지가 없었다.

우리는 난다데비 원정대가 만든 뚜렷한 길을 따라갔다. 그렇지만 전진은 느렸다. 길은 전혀 순탄하지 않았고, 수많은 협곡과 버트레스가 있는 이 계곡에서는 1.5킬로미터를 이동하는 데 2~3시간이나 걸렸다.

염소 두 마리를 구입했는데, 한 놈은 두라쉬에서 살육되었고 살아남은 놈은 이제 우리와 같이 가고 있었다. 그놈을 데리고 가는 것이 짐꾼들에게는 큰 골칫거리였지만, 나는 그놈을 매우 동정했다. 두 번이나 도망을 쳤는데, 손에 땀을 쥐게 하는 산비탈을 올라가 어렵사리 다시 붙잡을 수 있었다.

정오가 지난 지 얼마 안 되어 난다데비 원정대가 캠프를 쳤던 통풍이 잘되는 두 개의 굴에 도착했다. 우리는 행군을 좀 더 하기로 했고, 많은 불평이 있긴 했지만 결국 피터가 현지 짐꾼들을 설득했다.

이곳 바로 너머에서, 가파른 급류가 돌로 된 골짜기와 폭포로 급히 흘러내렸다. 우리는 아래쪽 쉽고 안전한 곳 대신에 높은 곳에서 이 급류를 건너려 했다. 민첩한 왕디는 건넜지만 다음 사람은 피켈을 사용했는데도 실패했고, 이어 내가 시도했다. 평편하고 물에 닳은 바위 가운데에 작은 스탠스가 있어서 가까스로 그 위에 발을 올려놓을 수 있었지만, 몸의 중심을 옮기려다 그만 미끄러져 넘어지고 말았다. 다행히 급류는 골짜기로 좁아들었고, 그 안에서 쏟아지는 물을 덮어쓰며 15미터 길이의 가파른 슬랩을 올라와야 했다. 가까스로 급류를 거슬러 올라오니 짐꾼 한 명이 손을 잡아서 안전하게 당겨 주었다. 흠뻑 젖었고, 한쪽 팔꿈치가 까진 채로 내 자신이 바보천치만도 못하다는 생각을 했다.

행군의 나머지는 비참했다. 쏟아지는 폭우 속에서도 다른 사람에 비해 위안이 된 것은 나는 더 이상 젖을 일이 없었기 때문이다.

우리는 물이 흐르는 작은 시냇가에서 캠프 칠 장소를 발견하고 가파른 산자락에 텐트 자리를 평편하게 만들었다. 모든 것이 젖었고, 진흙투성이 텐트는 체처럼 물이 줄줄 샜다. 우리의 날씨 운은 최악이었으며, 짐꾼들의 상태 또한 극도로 참담했다. 그들은 갈아입을 옷도 없었다. 그렇지만 이런 상황에서도 그들의 쾌활함만은 고무적이었다.

렌즈 콩과 쌀로 카레를 만들어 저녁을 먹고 나니 세상이 좀 달리 보였고, 큰 컵으로 위스키 한 잔을 마신 후에는 분명히 세상이 더 밝게 보였다. 이어지는 그날 밤은 많은 밤 중에 특히 잊을 수 없는 밤이었다. 우리는 1킬로그램의 검은 당밀 깡통을 하나 가지고 있었는데, 당밀이 흘러나오면서 공기가 들어가도록 깡통 위쪽에 구멍을 뚫어 놓았었다. 그런데 그만 이 깡통이 내 텐트 안에서 넘어져 텐트 바닥, 매트리스, 스웨터에 밤새 그 내용물이 흘러들었다. 스웨터는 검은 당밀로 엉망이 되었고, 다음 날 이를 본 누르부의 고통스러운 표정을 나는 결코 잊을 수 없다.

흐리고 음침한 아침이었다. 해발 5,200미터에는 눈이 내리고 있었다. 몇 분 동안 햇빛이 들 기미도 있었지만, 여지없이 안개가 끼고 비가 오기 시작했다.

대체적으로 전진은 순조로워서 예상보다 빨리 라마니 계곡 들머리에 도착했다. 우리는 안개 때문에 계곡 위쪽으로 길을 찾기 힘들었지만, 협곡을 올라가서 리쉬 계곡보다 상당히 덜 가파른 비탈을 따라 기대에 차서 나아갔다. 이내 두 개의 시내를 건너 집채만 한 오버행 바윗덩이가 있고 풀이 많은 비탈면에 도착했다. 그 바윗덩이 아래의 땅은 사람들이 전에 사용했던 곳이 분명했다. 이곳이 바로 십턴이 텐트를 쳤던 장소였다. 짙은 안개 속에 계곡 위쪽의 복잡한 산비탈에서 루트를 암중모색한 결과 우연히 찾게 된 곳이니 신기한 일이다.

우리도 이곳에 캠프를 쳤다. 가까운 곳에 노간주나무가 있었고, 이내 앙바오는 커다란 바윗덩이를 바람막이 삼아 불을 피워 차를 끓이려 애를 썼다. 이어 나는 나테르 싱과 다람 싱을 제외한 현지 짐꾼들을 해고했고, 가능한 한 편안하게 지내려고 노력했다.

두나기리 등반에 관해서 우리가 품었던 낙관론은 사라진 지 오래였다. 지금은 9월 6일이고, 우리가 바드리나트에 도착한 8월 13일 이래 완벽하게 좋은 날은 단 하루뿐이었다. 난다데비 원정대가 이와 비슷한 날씨를 만났더라면 분명 성공할 수 없었을 것이다. 눈은 매일 내렸고 산은 계속해서 눈으로 덮여 있었다. 게다가 우리라고 특별히 더 나쁜 몬순의 날씨를 경험하고 있다고 생각할 이유도 없었다. 몬순 동안에 가르왈을 등반하는 등산가는 몬순이 끝나는 9월까지 북쪽 멀리 떨어져 있어야 옳을 것이다.

거의 밤새 비가 왔고, 다음 날 평소처럼 우리는 젖은 옷을 입었다. 다시 한 번 안개와 비가 계속되는 날이었다. 우리는 우리가 어디에 있는지 알 수 없어서 피터의 나침반에 의지해 방향을 잡고 처음에는 계곡 위로 다소간 똑바로, 그 후로는 거의 똑바로 두나기리를 향해 나아갔다. 많은 비탈면과 꽃으로 환한 초원지대를 지나왔기 때문에 날씨만 좋았더라면 즐거운 걸음걸이가 되었을 것이다. 꽃 중에는 알라르디아와 노란 양지꽃, 니발리스 아속 프리뮬러도 있었고, 어떤 것들은 이제 열매를 달고 있었다.

그 후 우리는 어떤 모레인 옆으로 올라갔다. 거의 아무것도 볼 수 없었다. 곧 진눈깨비와 눈이 심하게 내려 캠프를 치기로 했다. 두나기리로 가는 루트를 잘못 잡은 것이 분명해서 계속 전진할 이유가 없었다. 짐꾼 세 명을 제외한 다른 네 명은 베이스캠프로 돌려보냈다. 그날의 나머지에 관한 내 일기는 간단했다. "비, 진눈깨비, 눈, 새는 텐트…."

15센티미터의 눈이 간밤에 내리긴 했지만 다음 날 아침 텐트 밖을 보니 날씨가 좋았고, 두나기리의 긴 정상 능선을 볼 수 있었다. 그 능선은 가까이에 있는 어떤 능선 위로 서서히 모습을 드러냈고, 햇빛을 받아 찬란하게 빛나고 있었다.

우리가 남서릉 발치의 안부에 도달하기 위해서는 그 사이에 놓인 두 개의 빙하와 능선을 넘어야 했다. 첫 능선 마루 바로 아래에서 조그만 설사면이 어떤 슬랩에서 발생한 작은 눈사태로 인해 표면이 벗겨져 나갔을 때, 우리는 그 산에 예상되는 눈에 관한 어렴풋한 정보를 알게 되었다. 능선 마루에서 로프에 묶인 나를 확보하고 있던 체텐드룹이 자기 딴에는 내가 위험하다고 생각했는지 ― 경사면의 길이는 15미터도 되지 않았고 바위 부스러기가 산재한 비탈면에서 끝났기 때문에 전혀 위험하지 않았지만 — 눈 속에 발뒤꿈치를 박아 넣고 있는 힘을 다해 나를 끌어당겼다. 나는 목이 졸려 반쯤 죽을 듯한 상태였기 때문에 언뜻 보기에는 큰 칭찬을 받을 줄 알았던 행동에 대해 돌아간 대가는 욕설뿐이었다.

다음 능선으로 오르기 위해서는 90미터의 가파른 하산을 해야 했지만, 마침내 안부를 향해 위로 뻗은 비탈면 바로 아래 빙하에 설 수 있었다. 안개가 다시 끼었지만 그날은 따뜻했고, 눈은 부드러워서 밟기가 즐겁지 않았다. 우리가 본 안부로 가는 최선의 루트가 넓고 가파르며 부풀어 오른 얼음덩이 한쪽 측면으로 나 있었다. 비탈면 발치에 부분적으로 눈으로 막힌 베르크슈룬트가 있었는데 별 어려움 없이 건너갔다. 60미터 정도 전진했을까. 내가 앞서 가면서 피켈로 설사면을 조심스레 찔러 보고 있는데, "쿵!" 하는 둔탁한 소리가 났다. 우리는 멈췄다. 그것은 위쪽 안개 속에서 눈사태가 일어나는, 믿을 수 없는 소리였다. 우리는 순간 머뭇거렸으나 돌아서서 피난처가 될 그 부풀어 오른 얼음덩이를 향해 도망쳤다. 안개 속에서 아무것도 볼 수 없었다. 쿵쿵거리며 눈이 미끄러져 내려오는 불길한 소리밖에 들리지 않는 위험한 순간이었다. 우리가 도망치고 있을 때 눈 덩어리들이 우리를 지나쳐서 순식간에 흘러내렸고, 더 이상은 아무 일이 없었다.

눈사태의 주요 덩어리들은 우리 바로 위쪽 멀리에서 멈춰 있었다. 표면의 눈이 3~5센티미터 정도밖에 되지 않아서 우리를 쓸어 묻어버릴 정도까지는 되지 않는 작은 눈사태였지만 우리는 경악했다. 의견을 모은 우리는 그 슬랩을 벗어나서 약간의 수고를 한 후 큰 크레바스가 눈사태로부터 우리를 잘 보호해 줄 수 있는 빙하 위의 캠프 자리를 찾아낼 수 있었다. 그리고 계획했던 안부에 캠프를 치기 위해서 장비, 연료, 식량을 갖고 내일 다시 돌아오라는 지시와 함께 짐꾼들을 아래쪽 캠프로 돌려보냈다.

처량한 상황이었다. 주변은 온통 눈과 얼음, 거대한 크레바스, 위압적인 세락, 안개가 둘러싸고 있는 절벽뿐이었다. 우리의 위치는 해발 5,800미터였고, 해수면에 비해 공기 압력이 절반 정도밖에 되지 않았다. 우리는 감자를 요리하는 것이 불가능해서, 1시간 이상 끓이다가 삶기를 포기하고 딱딱한 채로 그냥 먹었다.

밤에는 몹시 추웠고, 다음 날 우리는 굳은 눈 위로 안부를 향해 빠르게 올라갔다. 살을 에는 듯한 바람이 등성이에서 불었지만, 그 바람이 바라보이는 전경의 아름다움을 줄이진 못했다. 등반자가 자신이 위치한 높이를 이보다 잘 인식할 수 있는 상황을 나는 알지 못한다. 등반자는 눈과 얼음으로 된 미로의 가장자리에 서서, 비옥한 계곡과 먼 평원을 마주하고 있는 낮은 산맥들을 멀리 굽어본다. 인간의 머리로는 이 거대한 파노라마를 이해할 수 없으며, 보다 쉽게 어림할 수 있는 대상을 향해 눈을 돌리는 편이 오히려 낫다. 난다데비의 장엄하고 뾰족한 쌍둥이 산봉우리, 단칼로 내려쳐서 잘라낸 듯 정상에서 빙하로 뚝 떨어지는 거대하고 무시무시한 창가방의 벽…. 어떤 여행도, 아열대 계곡의 먼 심연에서부터 난다데비의 '성스러운 곳'을 둘러싸고 있는 어마어마한 산봉우리들에 이르기까지, 눈 앞에 펼쳐진 이 여정보다 더 장엄할 수는 없다.

두나기리 남서릉은 안부에서부터 눈 덮인 날카로운 능선이고, 정상 능선으로 이어지는 루트의 2/5 지점에 있는 바위지대를 향해 솟아 있었다.

이 바위지대 위쪽은 능선이 동쪽으로 완만했으며, 남동쪽과 서벽 사이는 능선이라기보다 날카로운 칼날이었다. 그래서 그 바위지대 위쪽에서의 등반은 남서쪽 등성이에 이를 때까지는 능선 등반이라기보다 오히려 벽 등반이었다. 이후부터 날카로운 칼날 능선이 그 산의 마지막 눈 덮인 정상부를 향해 이어지고 있었다.

십턴은 그 안부 위쪽에서 얼음지대를 찾았고 우리 또한 십턴이 오른 그 얼음지대에서 길을 만나리라 예상하며 출발했지만, 계속해서 부드러운 눈뿐이었고 첫 능선과 그 위에서의 등반은 어렵다기보다는 힘이 들었다.

1시간쯤 지나 그 바위지대 발치인, 텐트 한 동을 칠 수 있을 정도의 작고 평편한 곳에 이르렀다. 마지막 능선의 길이를 감안하면 이 지점에서 하루 만에 정상에 도달할 수 있을지는 의심스러웠다.

바위지대에는 최근에 내린 눈이 여전히 덮여 있었지만, 곳곳에 눈이 녹아 얼음으로 유약을 입힌 듯한 추한 모습을 하고 있었다. 왼쪽 모퉁이를 돌아서 오르려는 우리의 첫 시도는 실패였고, 눈 덮인 바위 위에서의 우리 상황은 좋지 않았다. 내 경우에 등산화 밑창이 얼음으로 두껍게 덮여 있었으며 손가락은 감각이 없었다. 그 후 우리는 이전에 했어야 했을 것, 즉 돌아가지 않고 정면으로 이 문제를 돌파하려고 씨름을 했다. 결국 힘든 작업 끝에 그 바위지대를 등반해냈다.

이곳부터는 능선이 서서히 사라지며, 산의 사면으로 이어질 때까지 등반이 비교적 쉬웠다. 사진으로 봤을 때 이 사면은 아래쪽에서 경사각이 50도 정도였고, 남서쪽 등성이와 연결되기 전에 몇 도 더 가팔랐다. 상황이 좋았더라면 바위 너머로 등반이 가능했겠지만, 지금은 표면이 눈으로 덮여 있고 얼음으로 유약을 입힌 듯해 오른쪽 설사면으로 가지 않을 수 없었다.

계속 전진을 하는 것이 옳을지는 비탈면의 상태에 달려 있었다. 능선이 비탈면과 합쳐지는 지점의 눈 상태는 미심쩍게도 바람이 만든 잔물결 모양이었다. 피터가 나를 확보하고, 나는 그것을 조사하기 위해 로프가 닿는 데까지 앞서 나갔다. 바람이 만든 그 물결 모양은 눈사태 발생 위험 지역에서 전형적으로 보이는 치명적인 판상 눈사태를 분명하게 암시했다. 등반자가 겉보기에 단단하고 안전해 보이는 눈 위로 나가면, 그때 표층이 밀리면서 그 표층과 함께 등반자를 아래로 쓸어내리게 되는 것이다. 바람에 다져진 눈이 갈라지기 때문에 비탈면의 길이가 60~90미터면 치명적이다.

판상 눈사태가 만들어지는 데에 필요한 두 가지의 본질적인 요소는 바람이 불지 않아서 눈이 쌓일 곳이 있는 능선과 버트레스의 비탈면과 대기의 습도가 80퍼센트 이상일 때다. 이들 조건은 몬순 동안에 에베레스트의 사우스 콜에서 볼 수 있으며, 이것들이 결합하여 그 동쪽을 죽음의 지대로 만든다. 그러나 두나기리의 경우에는 대기 속에 어느 정도의 습기가 분명히 있긴 했지만, 바람이 불지 않는 곳에 눈이 쌓이기는 해도 비탈면이 바람에 노출되어 있어서 바람이 직접적으로 비탈면을 압박하기 때문에 쌓인 눈은 단단히 다져져 있었다. 그렇지만 결국 등산가가 — 날씨, 눈, 온도, 비탈면의 위치에 대한 상호관계를 염두에 두기는 하겠지만 — 안전과 위험에 대해 내리는 최종 결정은 종종 본능, 즉 윈스롭 영^{p.461}Winthrop Young이 가지기를 원했던, 산에 대한 감각에 의지할 수밖에 없다. 나이 든 선원이 주변 상황을 보고서 나쁜 날씨와 위험의 낌새를 알아차릴 수 있는 것처럼, 등산가도 산에서 위험을 감지할 수 있다. 이와 같은 본능은 등산 경험과 산에 대한 사랑의 결과물이다. 이것은 피상적인 논리나 주먹구구식의 방법이 아니라 보다 더 깊은 어떤 곳에서 솟아나는 것이다. 어떤 책도 이것을 분석할 수 없으며 말로 기술할 수 없다. 이것은 자연의 조용하고 작은 목소리이며, 이에 귀를 기울이지 않는 사람은 화를 입게 된다.

비탈면은 안전했지만, 튀어나온 곳에 접근해서 바위를 밟게 되자 경사가 심해졌다. 이어 만만찮은 작은 벽과 얼음 걸리가 나타났다. 그러는 동안 날씨는 서서히 나빠졌고, 우리가 등성이에 도착하는 것을 신호로 매섭고 세찬 찬바람과 함께 갑자기 폭풍설이 몰아쳤다. 그렇지만 우리는 한참을 멈추어서 정상으로 이어지는, 칼날같이 날카로운 눈 덮인 능선 중의 첫 능선을 볼 수 있었다. 나쁜 날씨는 차치하더라도, 한겨울 알프스 고봉의 눈을 연상케 하는 눈 위를 900미터 이상 등반한 뒤라서 지금은 너무 피곤했기 때문에 우리는 더 이상 전진할 수 없었다.

그러는 동안 짐꾼들이 캠프를 안부로 밀어 올려쳐, 우리가 안개와 눈을 뚫고 하산할 때쯤에는 텐트 설치가 완료되었다.

9월 9일, 추운 밤이 지나고 맑은 새벽이 왔다. 해가 뜬 후 능선 위로 캠프를 올릴 준비를 하며 짐을 꾸렸다. 이렇게 날씨가 불순하고 어려운 상황에서 바위지대 발치에 있는 그 작고 평편한 곳 너머로 캠프를 올리는 일은 불가능했다. 비록 날씨가 좋지 않더라도 우리가 있는 곳에서는 후퇴가 가능하겠지만, 그 튀어나온 곳 아래쪽의 가파르고 위험에 노출된 비탈면 위에 캠프를 설치할 경우 이를 위한 어려움은 말할 것도 없고 바위지대 위쪽 캠프는 상당 기간 고립될 것이다.

어제 우리가 만든 발자국은 눈으로 완전히 채워져서 새로 러셀을 해야 했고, 짐을 진 짐꾼들과 함께여서 전보다 시간이 배나 들었다.

텐트를 칠 수 있을 만큼 평편한 바닥이 있는 것을 빼고 이곳은 추천할 만한 것이 전혀 없었다. 우리의 출현이 1933년 에베레스트의 폭풍을 제외하고 내가 알고 있는, 히말라야에서 가장 나쁜 날씨의 신호가 되었다.

"9월 9일. 바위 벼랑 아래 평탄한 곳에 캠프를 밀어 올려쳤음. 오전 11시부터 심한 눈보라가 22시간 동안 계속되었음. 심한 추위. 지퍼가 고장이 나서 가루눈이 텐트(피터와 내가 텐트를 함께 사용했음) 안으로 들어왔음. 에베레스트에서의 고소 캠프를 제외하고 내가 보낸 밤 중 가장 추운 밤이었음."

"10일. 고약한 날. 심한 눈보라. 식량을 더 구하러 안부로 하산. 능선 위에는 30~60센티미터의 눈이 쌓여 있고, 눈사태가 비탈면을 쓸고 내려가서 발판을 다시 손질해야 했음. 우리가 체텐드룹, 앙바오와 함께 일을 하고 있을 때 나머지 사람들은 식량과 장비를 가지러 아래쪽 캠프로 내려감."

"11일. 오전 일찍 맑음. 나중에 흐림. 그리고 심한 눈보라. 밤에는 번개. 희망이 없는 상황."

"12일. 맑은 아침, 그러나 오후에 눈보라. 폭풍이 산에서 눈을 구름처럼 날려 보냄. 태양이 캠프 위쪽 바위 위에 있는 약간의 눈을 녹임."

이런 상황에서 정상에 도달할 가망은 거의 없었고, 우리는 시간을 질질 끄는 게임을 할 처지가 아니었다. 그러나 가능한 한 멀리까지 공략해 보리라 결정했고, 그 과정에서 바람이 산에 쌓인 눈의 양을 줄여 주었기 때문에 크게는 아니더라도 어느 정도 용기를 얻을 수 있었다. 만일 그 튀어나온 곳에 다시 도달할 수 있다면 비교적 괜찮은 상태의 정상 능선을 발견할 기회가 있을 것 같았다.

12일 밤은 별이 빛났고 조용했다. 우리는 13일 새벽 4시에 일어나서 먹을 것을 준비하는 지긋지긋한 일을 시작했다. 추위가 심해서 등산화는 쇠와 같이 굳어 있었고, 평소처럼 간밤에 당밀이 쏟아져서 텐트 바닥에 진저리 나는 모양으로 얼어 있었다.

우리는 5시에 출발했다. 젖은 로프는 얼어서, 굵은 쇠줄처럼 다루기가 어려웠다. 추위는 여전히 심했고, 발가락이 엄청 저려서 아무리 노력을 해도 혈액순환을 회복시킬 수 없었다. 날씨만이 유일하게 우리 편이었다. 맑고 조용했다.

어려움은 이전에도 상당했지만 지금은 가중되었고, 할 수 있는 일이라고는 캠프 바로 위쪽, 얼음과 눈으로 덮인 바위 위로 길을 열어서 올라가는 것뿐이었다.

우리는 교대로 선두를 섰다. 위쪽의 설사면은 바람에 의해서 깨끗하게 청소되어 있었지만, 우리가 만든 이전의 발판이 사라져서 새로 만들어야 했다. 그 평탄한 곳에서 튀어나온 곳까지는 450미터 정도의 거리였지만 그곳에 도달하는 데 3시간 30분이나 걸렸다. 올라갈수록 좋았던 날씨가 빠르게 악화되었다. 정상으로 이어지는 첫 눈 마루를 밟았을 때에는 안개가 끼었고, 상승하는 바람이 가루눈을 얼굴에 흩뿌렸다.

능선은 가리비 조개와 같은 모양의 칼날 능선으로 이어지며 오르내렸다. 양쪽은 절벽이었다. 동남쪽으로는 1,200미터 정도였지만, 서쪽으로는 경사와 크기에서 소름이 끼쳤다. 처음 보았을 때 그 절벽이 거의 4,600미터 아래 다울리 계곡으로 곧장 떨어지는 듯했지만, 실제로는 그 계곡 측면 협곡으로 순전한 낙하거리가 2,500~3,000미터 이상일 수는 없으나 중앙 히말라야에서 가장 높은 벽 중 하나였다.

우리는 이 능선의 상태가 좋으리라는 가망 없는 희망을 품고 있었지만 결과는 역시 실망이었다. 지난 며칠 동안 격심했던 눈보라가 이 능선을 깨끗하게 청소하기는커녕 그 위에 굳지 않은 눈을 쌓아 놓았고, 그 쌓인 눈이 점점 커져서 칼날 능선으로 변해 가는 과정에 있었다.

첫 마루는 걸음마다 발이 가루같이 부드러운 눈 속으로 깊이 빠져서 단지 힘만 들었지만, 둘째 마루는 나아갈수록 규모가 커지는 커니스였다. 그리고 그 커니스는 겉보기에는 튼튼해 보였지만 실제로는 전혀 그렇지 않았다. 이 능선 마루는 얼핏 계속 이어지는 듯했으나 사실은 다양한 넓이로 아랫부분이 잘려 나간 상태였다. 어떤 곳은 아랫부분이 전혀 잘려 나가지 않았고, 몇 미터 떨어진 또 다른 곳은 아랫부분이 3~4미터나 잘려 나간 빈 공간이었다. 이런 오버행 상태의 변화를 알리는, 그 어떤 인식 가능한 징후도 이 능선 마루에는 전혀 없었다.

물론 이런 문제의 해결 방법은 커니스가 있을 법한 곳에서 가능한 한 멀리 떨어져서 안전하게 능선을 가로질러 가는 것이지만, 그때의 상황은 눈이 느슨하고 깊게 쌓여 있었고, 남동 비탈면의 경사를 고려하면 위험은 말할 것도 없고 시도해 볼 엄두조차 나지 않았다.

우리가 나아감에 따라 바람이 서서히 거세졌다. 능선은 바람에 날리는 눈으로 인해 김과 연기가 피어오르는 듯했고, 커니스와 관련하여 우리의 위치를 판단하는 데 어려움이 점점 커졌다. 상황 판단을 게을리 했다기보다는 이러한 상황으로 인해 우리는 간발의 차이로 위기를 모면하고 있었다.

피터가 앞섰고, 교대로 느슨한 눈 속으로 길을 열어 나갔다. 그는 나보다 10미터 앞서 있었는데, 바람이 일으킨 설연 때문에 몇 분마다 그의 모습이 반쯤 사라졌고 그때 소리 없이 그의 발밑에 있던 능선 마루가 떨어져 나갔다. 느슨하게 쌓인 눈이 무너지자 바람이 그것을 잡아채어 위로 휘감아 올렸는데 마치 폭발이 일어난 듯했다. 한순간 그는 시야에서 사라졌다가 다시 보였다. 그는 끊겨 나간 부분의 가장자리에 있었다. 커니스와 함께 무너져 내렸지만 1~2미터 아래쪽 진짜 능선 마루로 떨어진 것이다.

이 모든 것이 한순간에 일어났다. 무너진 커니스가 설연을 일으키며 얼음 비탈면 아래쪽으로 흘러내린 반면, 그는 멈추었고 다시 능선의 안전한 곳으로 기어올라 왔다.

그때 이후 내가 자주 갖는 의문은, 만일 그가 무너진 커니스와 함께 얼음 사면 아래로 미끄러져 내려갔더라면 그의 추락을 내가 제동할 수 있었을까 하는 것이다. 나는 단지 내 몸을 능선의 반대편으로 날리는 수밖에 달리 그를 제동할 수 없었을 것이다. 나는 알프스에서 이런 행동을 한 번 해야 했다. 그때는, 추락하는 동료 한 명을 제동하기 위해서 행동을 취할 시간이 1~2초는 있었다. 그러나 이곳에서는 그럴 시간이 없었고, 고도가 높은 곳에서는 두뇌 활동이 느려지기 때문에 그 상황에 합당한 대응을 했으리라고는 그저 생각만 해 볼 뿐이다.

이를 경험하자 우리는 마음의 동요를 일으켰다. 피터는 능선으로 다시 올라오느라고 거의 탈진한 상태였다. 그때 말도 안 되는 우스꽝스럽고 잔인한 말이 내게 떠올랐는데, 그것은 "이제 너희에게 경고했어!"였다.

이 작은 재난을 겪은 후에 그 능선에서 약간 떨어져서 남동 비탈면을 횡단했지만, 얼마 가지 못해서 우리가 지쳤다는 것을 절실히 느꼈다. 이제 교대로 내가 앞서 나갔으며, 비탈면이 매우 가팔라서 측면으로 비스듬히 나아갔다. 이보다 더 나쁜 상황은 느슨한 눈이었다. 걸을 때마다 무릎까지 빠졌으며, 눈 아래가 얼음이어서 피켈을 박아 넣어 안전하게 확보하는 것이 불가능했다. 그래서 눈이 언제든 폭포처럼 떨어져 나가 우리가 그 눈과 운명을 같이 하게 될 것이라는 생각이 들었다. 우리의 시도는 정당성의 한계까지 접근해 있었다. 돌아서는 수밖에 달리 방법이 없었다.

우리는 능선의 1/3을 횡단했고, 우리가 있는 곳 위쪽에는 극복할 수 없을 장애물은 없는 듯해 보였다. 상황만 좋다면 두 나기리 등반은 안전한 등반이 되겠지만 결코 쉽지는 않을 것이다. 특히 많은 얼음이 있는 경우에는.

하산은 비참한 경험이었다. 나는 우리가 돌아서고 나서야 얼마나 추위에 떨었는지 알게 되었다. 전에는 그렇게까지 추위에 떨었던 경험이 없었다. 발은 감각이 없었고 손은 저리고 굳어서 거의 피켈을 쥘 수조차 없었다. 능선 위에 있는 것은 불가능했지만, 등성이 바로 밑 바위 아래 한곳에서 은신처가 될 수 있는 장소를 발견하고 등산화를 벗었다. 전혀 감각이 없는 하얀 발을 피터가 주무르기 시작했다. 그는 내 발을 30분 동안 부지런히 주물렀는데, 아무리 그에게 고마움을 표현해도 충분하지 않을 것이다. 내가 심한 동상에 걸리는 것을 그가 막아 준 것이 틀림없다.

불안정하게 비탈진 바위에 앉아 있으면서 우리는 자신의 모습과 바람이 몰아치는 능선에서 이를 견뎌내며 올라가야 했던 곳을 찬찬히 살펴볼 수 있었다. 우리는 얼음으로 무섭게 뒤덮여 있었다. 턱수염, 콧수염, 바라클라바를 뒤덮고 있는 단단한 얼음 덩어리 한가운데에 우리의 얼굴이 있었다.

10시 15분에 돌아서서, 또다시 다른 눈보라로 인해 복잡해진 과정의 하산을 마친 후 1시 15분에 캠프에 도착했다. 그곳에서 체텐드룹과 앙바오가 한 번 더 내 발을 주무르기 시작했다. 그들의 기술은 놀라웠다. 어떤 노련한 마사지사도 이들보다 더 잘 할 수는 없을 것이다. 분명 티베트인은 동상을 다루는 데 익숙했으며 동상을 다루는 경험이 대를 이어 가고 있었다. 고통스러운 과정이 지난 후에 혈액순환이 다시 시작되었고, 살갗이 벗겨져 반점이 나타날 때까지 마사지는 오래 계속되었다.

두나기리에 대한 더 이상의 시도는 불가능했고, 우리는 캠프를 꾸려서 또 다른 눈보라를 준비하고 있는 날씨를 뚫고 하산했다. 안부에서 나머지 장비를 모아 빙하로 서둘러서 하산을 하는 중에 누르부와 파상을 만났고, 그들이 우리 짐 일부를 덜어주었다.

왕디가 빙하에 텐트를 한 동 쳤다. 그리고 그곳에서 이미 에베레스트에서 동상을 입은 내 엄지발가락을 제외하고 혈액순환을 회복시키려는 마사지가 다시 한 번 시작되었다. 그 후 몇 달 동안 그 마사지로 인해 나는 두나기리를 계속 머릿속에 떠올렸다.

고맙게도 우리는 그 산에서 안전하게 벗어날 수 있었지만, 눈사태와 눈보라, 무너지는 커니스로 인해 우리가 정당하게 느껴야 했을 흥분 그 이상을 느낄 수 있었다고 나는 생각한다. 이전에 우편물로 온 『펀치Punch』 한 권을 우연히 발견했던 것이 기억나는데, 그 잡지 속에 "당신은 살아 있습니까?"라는 제목의 질문서가 있었다. 나는 그것을 매우 주의 깊게 읽고서 우리가 살아 있다는 결론을 내렸다. 그저 간신히….

아래쪽 캠프에는 눈이 심하게 내렸고, 날씨는 리쉬 계곡을 통해 돌아가는 내내 심술궂게 악화되었다. 디브루게타에서 두라쉬로 행군하는 날 나쁜 날씨가 극에 달했다. 그날 비가 억수같이 내려서 초원지대 사이 냇가를 건너가는 데 한 사람씩 로프에 묶인 채 건너야 했다.

그러나 9월 16일은 몬순의 마지막 날이었다. 우리는 흠뻑 젖은 침낭 속에 누워 떨면서 끊임없이 빛나는 별을 바라보았다. 다음 날은 청명한 하늘 아래 초원지대에 흰 서리가 덮여 있었다. 좋은 날은 계속되었고, 우리가 라타카락으로 행군하는 날 내내 태양은 새로운 활력으로 밝게 빛났다. 몬순은 마치 수도꼭지를 잠근 듯이 끝났다.

눈부시게 빛나는 햇빛 속에서 우리는 라타로 내려갔고, 상냥한 그 마을 주민들로부터 따뜻한 환영을 받았다. 그다음 날은 한가로이 거닐 듯 조쉬마트로 내려갔다.

두나기리에서 두들겨 맞고 호되게 당했지만, 그것은 결코 후회할 수 없는 경험이 되었다. 우리는 3주라는 시간 동안에 히말라야 등반이 제공할 수 있는 모든 것을 맛보았다. 실패와 성공의 기억은 빨리 사라지지만, 멋진 모험의 기억은 결코 사라지지 않는다.

제24장

가을 속 꽃의 계곡

9월 20일 피터와 조쉬마트에서 헤어졌다. 피터는 라니케트로, 나는 식물학과 관련된 내 일을 마무리할 겸 분다르 계곡으로 돌아왔다. 이로써 내 등반 경험 중에 가장 행복했던 산에서의 협력 관계가 끝났다.

네가 알라크난다 계곡을 따라 천천히 걸어갈 때 날씨는 더할 나위 없이 맑았다. 공기는 신선한 향기와 새로운 활력으로 가득했고, 물이 떨어지는 듯했던 지난 두 달 동안의 습한 수증기는 수정 같이 투명한 대기로 바뀌었으며, 태양 또한 더 이상 포악한 전제군주가 아니라 따뜻했다.

마지막 성지 순례자들이 바드리나트에서 내려오고 있었다. 그들 또한 대기의 넘치는 활력으로 고무된 듯했으며 내게 즐겁게 인사했다. 한두 주 후면 바드리나트는 겨울이 지배하게 될 것이고, 깊이 쌓인 눈으로 알라크난다 계곡은 접근이 불가능할 것이다.

생명과 성장의 순환이 새로운 국면을 맞이하고 있었다. 곳곳이 짙은 심홍색 기장 들판이고, 산비탈은 갈색과 노란 빛을 띠었다. 모든 것이 깊은 정적에 잠겨 있었다. 한바탕의 격동 후에 시냇물은 다시 평온을 되찾았고, 일기는 최근의 격정에서 벗어나 깊은 평화로움으로 변해 있었다. 공기는 전혀 움직임이 없었고, 거대한 침묵이 계곡과 산자락을 덮고 있었다.

나는 다시 한 번 곧 무너질 듯한 알라크난다 강의 구름다리를 건너 숲을 가로질러 분다르 강 가장자리의 바로 그 캠핑 장소로 올라갔다.

석 달 전 이 계곡으로 들어온 이후 변한 것은 아무것도 없었다. 반쯤 타다 남은 나무둥치의 흔적이 여전히 그곳에 있었고, 저녁에는 협곡의 벽 사이로 먼 산봉우리가 예전 모습 그대로 빛났다. 기적 같은 일 중에 더더욱 기적 같은 일은 ─ 독자 여러분께서 이 기적 같은 일을 사실 그대로 믿어 주시길 바라고 있긴 하지만 ─ 내 텐트 위 나무에서 지난날의 그 작은 새들이 지난날 불렀던 바로 그 찬가를 부른 것이었다. 이런 변함없음 속에 인간에 대한 자연의 위대한 메시지가 있다. 그래서 우리는 우리의 분망하고, 번잡하며, 호들갑스러운 일상생활을 자연이 보여 주는 변함없는 균형의 관점에서 차분히 되돌아 볼 수 있다. 즉 자연의 이 지고한 무관심에 견주어 보면, 우리의 편협한 속물근성과 우쭐대는 거만스러움은 아무런 가치가 없는 것임을 알게 된다. 그렇다고 해서 자연의 메시지가 순전히 부정적인 것만은 아니다. 자연은 인간에게서 희망을 빼앗거나 수동적으로 행동하게 만들지 않는다. 자연 속에는 한량없는 물적 자료로부터 상상할 수도 없는 어떤 결론을 이끌어내게 하는 힘이 있다. 우리는 무한히 조용한 어떤 성장체의 일부이다. 그런데 왜 우리는 이 조용함과 어울리려 하지 않는 것일까?

다음 날 아침 위쪽 마을에서 내게 우유를 주었던 그 늙은 양치기를 만났다. 그 노인과 양치기들은 이미 자기들 소유의 가축을 아래쪽으로 몰고 내려왔고, 이제 막 다가올 겨울을 대비해서 알라크난다 계곡으로 내려가려는 참이었다. 추수되어 묶인 황금빛 곡식은 멍석 위에 혹은 깃발로 장식된 안마당에서 타작을 기다리고 있었다.

염소 몇 마리가 아직도 풀을 뜯고 있는 협곡 아래쪽 목초지에 도착했을 때 마을 위쪽에서는 짐승을 전혀 볼 수 없었다. 이 산속의 목초지 너머 계곡에는 사람이 살지 않았고, 이렇게 일찍 계곡이 버림받아야 한다는 것이 내게는 이상하게 생각되었다. 아마 10월이면 벌써 눈이 깊게 쌓이는 계절이 될 것이고, 양치기는 10월 셋째 주 이후까지 이곳에 계속 머물러서, 자신의 짐승을 위험으로 내몰지도 모르는 모험을 하려 들지 않을 것이다.

마지막으로, 급류가 난폭하게 흘러내렸던 그 협곡 아래의 다리를 건넜다. 이제 겨울의 추위가 위쪽 지역의 설원을 단단히 붙들고 있기 때문에 몬순이 끝나면서 급류는 평화로울 정도로 줄어들었다.

협곡을 지나 위쪽 목초지로 나가니 기분이 유쾌했다. 피터와 나는 사나운 날씨 속에서 그 목초지를 떠났었다. 그런데 이제 하늘은 — 산봉우리들에 매달려 있거나 그 산봉우리들 사이를 느리게 흘러가는 가벼운 깃털 모양의 타는 듯이 붉은 구름을 빼면 — 베이스캠프에 수백만 송이로 무리지어 피어 있던 그 용담의 푸른색이었다. 내가 그곳을 떠날 때는 녹색이 주된 색조였는데, 이제는 갈색과 황금색이 주된 색조가 되었다. 계곡 바닥은 양지꽃 속 포텐틸라의 붉은 잎에서부터 시든 풀의 노란색과 자작나무 숲의 아주 연한 황갈색에 이르기까지 다양하고 차분한 색깔로 풍성했다. 곳곳에서 하얀 건조화의 표류물이 고지의 설원과 잘 어울렸으며, 냇가 아래쪽에는 최근에 발생한 사태의 파편과 함께 쓸려 내려온 풀 더미 속에서 푸른색 섬꽃마리 속 치노글로숨과 진홍색 양지꽃 속 포텐틸라가 한창이었다. 이들 식물은 겨울이 오기 전에 생명의 순환을 마무리하려고 성장을 서두르고 있었다.

전체적으로 평화로운 분위기였다. 풀잎을 흔드는 미풍조차 자취를 감추었다. 항상 시냇물 소리가 부드러우면서도 잔잔하게 들려왔지만, 정적은 완벽하게 조용한 대양大洋의 바로 그것이었다.

이제 저녁은 춥고, 밤으로는 서리가 풀잎의 가장자리를 덮고 있어 모닥불이 좋았다. 이전과 다른 것이 있다고는 해도 거의 차이가 없었다. 이전과 똑같은 저녁 안개가 협곡을 휩쓸고 올라와 서둘러 계곡으로 가더니, 생길 때만큼이나 신속하게 사라졌다. 밝게 빛나던 라타반의 설원이 밤의 빠른 흐름 속에 희미해질 무렵, 이전과 똑같은 별들이 우리를 내려다보았다.

우리가 도착한 다음 날 아침, 나는 일꾼을 시켜서 노모카리스의 알뿌리를 캐게 했다. 이것은 쉬운 일이 아니었다. 노모카리스는 양치식물의 뿌리와 엉켜 자라기를 좋아하는 것 같고, 뿌리가 15센티미터 깊이까지 뻗어 있어서 보통의 갈퀴나 삽은 소용이 없어 피켈을 사용해야 했다.

그동안 나는 씨앗을 채집했다. 불행히도 양들이 상당한 피해를 입혔고, 내가 주의 깊게 표시해 놓았던 많은 식물이 뿌리까지 야금야금 뜯어 먹혀 버리고 말았다. 그래서 개불알꽃 속 키프리페디움 히말라이쿰과 캠프 근처에서 무성하게 자라고 있던 꽃고비 속 폴레모니움 캐룰레움조차도 찾는 데 상당히 힘이 들었다.

피터의 친구인 로버트슨Robertson 대위 덕분에 이제 나는 장총을 휴대하고 그 무시무시한 설인에게 접근할 수 있게 되었다. 그러나 슬프게도 조쉬마트에서 "곰이 만든 발자국"이라는 내용의 전보를 런던으로부터 받았고, 이제 할 수 있는 일이라고는 그 곰을 쫓는 일뿐이었다. 실제로 그 무시무시한 설인이 존재하며, 꽃의 계곡에서 살고 있을 것이라는 은밀한 희망을 오랫동안 키워왔기 때문에 내 공상이 산산이 깨져 버려서 슬펐다. 또한 내가 그 설인을 총으로 쏘아 죽인다면 법률적으로 어떻게 될까도 궁금했으며, 그 설인이 사람을 잡아먹는지 아니면 단순히 야크를 잡아먹는지에 따라서 죄에 대한 판결이 좌우될 법정에서의 복잡한 논쟁도 마음속으로 그려 보았다. 만일 전자라면 내 살육 행위가 정당하다고 인정되겠지만, 후자라면 내 처지는 복잡해지고 어려워져서 아마 설인의 살해자라는 비난을 면치 못할 것이다.

그래서 나는 내가 측정해서 제출한 자료를 근거로 사실을 밝혀낸 과학자들에게 고맙기는커녕 내 낭만적인 환상을 박살내 버린 데 대해 가차 없이 저주했다. 나는 왕디에게 그 발자국이 곰의 것이라는 것을 런던에 있는 박식한 과학자들이 입증했다고 설명하려 했지만, 그는 과학자들의 결론을 거만하게 물리쳤고, 내가 알아들을 수 없는 말을 티베트어로 중얼거렸다. 확신컨대 동물학을 경멸하는 내용이었을 것이다. 오히려 그는 장총의 위력에 대한 회의적인 입장을 분명히 밝혔고, 설사 내가 장총을 쏘기 전에 죽어 자빠지지는 않는다 하더라도 총알은 설인을 조금도 괴롭히지 않고 그냥 관통해서 지나갈 것이라고 했다. 어쨌든, 이렇게 내 추적에 주저 없이 따라가겠다고 한 것은 왕디가 얼마나 용감한 사람인지를 잘 설명해 준다.

우리가 베이스캠프를 떠날 때는 완벽한 아침이었다. 땅은 흰 서리로 덮여 있었고, 태양은 라타반 뒤쪽에서 구름 한 점 없는 하늘로 떠오르고 있었다. 내 계획은 베이스캠프 동쪽의 산비탈을 올라가서, 길이 사라지는 빙하의 끝을 어느 정도 수평으로 가로지르는 것이었다.

우리의 최상의 루트는 가파르고 부서진 능선 위로 나 있었고, 그래서 이를 기어올라 5미터는 될 듯한 작은 바위 벼랑이 시작되는 곳에 이르렀다. 그때 갑자기 위쪽에서 무엇인가 휙 지나가는 소리가 났다. 돌덩이가 우리 쪽으로 날아오는구나 하고 생각하면서 바위에 몸을 바짝 붙였는데, 다음 순간 사향사슴 한 마리가 우리 머리 위로 뛰어내리더니 순식간에 사라졌다. 나는 그놈을 얼핏 보았는데, 믿을 수 없이 안정된 발 디딤과 빠른 속도로 능선을 뛰어 내려가서 벼랑머리 너머로 사라졌다.

몇 미터 위쪽에 배설물과 사향 냄새로 가득 찬, 그놈의 동굴이 있었다. 이 사건 외에 등반하는 동안 별다른 일은 없었다. 우리는 마침내 집채만 한 바위들이 흩어져 있는, 눈에 띄게 튀어나온 곳의 아랫부분에 도착했다. 놀랍게도 그곳에서 케른을 하나 발견했는데, 아마 그 시크교도가 분다르 계곡을 측량하는 동안에 만든 것 같았다. 능선은 좀 더 위쪽에서 700~1,000미터는 될 듯한 가파른 바위 사면을 면하여 끝났다. 우리는 그곳에서 멈췄다. 능선에서의 전망은 훌륭했고, 그 사향사슴 발자국이 내려간 빙하와 산자락이 한눈에 내려다보였다.

말할 필요도 없이 동물들은 전혀 보이지 않았다. 올라오는 동안 발자국을 보긴 했지만 바랄조차 없었다. 그래서 우리는 시간을 아끼려고 망원경으로 산자락을 자세하게 관찰하면서 동시에 봄맞이 속 안드로사체, 건조화, 작은 양지꽃 속 포텐틸라, 용담 같은 작은 식물의 씨앗을 다양하게 채집했다.

계곡에 안개가 살짝 피어올랐고, 그 사이로 은색 실을 늘어놓은 듯한 꾸불꾸불한 강이 보였다. 그러나 짙은 보라색 하늘에는 구름 한 점 없었고, 그 속으로 흰 산들이 솟아 있었으며, 바람이 전혀 없어 작은 설연조차 일지 않았다. 가우리파르바트가 특유의 장엄한 모습을 드러냈다. 반면 우리가 올랐던 흰 산은 겨울의 눈으로 지저분해져 검은 띠를 두른 듯한 절벽 위에서 빛나는 한쪽 정상 마루를 드러내고 있었다.

따뜻한 햇볕을 흠뻑 받은 풀밭에 느긋하게 누워 있을 수 있는 시간에 산자락을 쫓아다니며 곰을 몰아대는 일은, 아니 곰이 아니라 무시무시한 설인일지라도 쓸데없는 짓처럼 생각되었다. 우리가 무기력에서 벗어나서 사냥을 계속할 수 있을 정도로 원기를 회복하려면 2시간은 더 필요할 것 같았다.

우리는 능선을 내려와서 가파른 산비탈, 버트레스, 협곡을 통과했다. 이어 풀이 덮인 채 빙하의 혓바닥을 가로질러 험준한 정상으로 솟아오르는 또 다른 능선에 이르렀다. 그곳은 점심을 먹기에 완벽한 장소였다. 이미 열매를 맺은 그곳의 식물들은 내가 사냥감을 찾지 못해서 느꼈을 수도 있는 아쉬움을 보상해 주고도 남았다. 우리는 햇볕이 잘 드는 그다음 1~2시간을 그곳에서 쉬면서 봉투에 씨앗을 담았다. 산자락에서 가을의 오후를 보내는 것보다 기분을 더 유쾌하게 하는 것이 무엇일까? 여러분은 어느 쪽을 택하시겠는가? 여러분 정원에서의 꽃인가? 아니면, 바위 위에서 루트를 찾느라고 골머리를 썩일 것인가?

베이스캠프로 돌아가기 전에 우리는 그 버트레스로 내려갔다. 버트레스 밑에 동굴이 하나 있었다. 지난번에 곰 한 마리가 그 동굴 속으로 도망치는 것을 보았는데, 지금은 그놈이 그곳을 떠났는지 아니면 외출중인지 보이지 않았다. 하지만 버트레스에서 곰 대신 전에는 못 본 용담을 보았다. 옅은 보랏빛에 연녹색 꽃대를 갖고 있었는데, 곰이 아무리 많더라도 내게는 이것을 발견한 것만 못할 것이다.

우리는 총을 한 발도 쏘지 않고 베이스캠프로 돌아왔다. 그래서 기뻤다. 원컨대 오래오래 꽃의 계곡에서 평화가 깨지지 않기를 바란다.

하루하루는 너무나 빨리 지나갔고, 가을의 색조는 점점 밝아졌으며, 계곡은 석양에 금빛으로 빛났다. 늦은 오후에 소나기가 두 번 왔다. 한 번은 천둥이 산줄기 사이에서 우르릉거렸지만 그래도 날씨는 여전히 완벽했다. 내게 이런 완벽함을 묘사할 능력이 있다면 좋으련만…. 태양은 매일 무어라 형용할 수 없이 순수하고 청명한 하늘에서 빛났고, 자연 상태의 모든 것이 잠이 들어 꿈을 꿨으며, 바로 그 평화의 정신이 고요한 대기 속에 충만했다. 마나피크에서 느꼈던 것처럼 소리를 치면 신성모독이 될 것 같은, 우리가 그것의 일부인 듯한 이 충만한 평화로움이 우리에게 아주 귀중한 경험이 될 것 같은 느낌이었다.

한번은 똑똑한 친구 하나가 내게 말했다. "자네한테 걱정스러운 건, 자네는 생각하는 것 이상으로 느낀다는 것일세." 만일 진짜 그렇다면, 나는 그 친구가 지적한 나의 이런 무능력에 대해 신께 감사해야 할 것이다. 왜냐하면, 어린 아이와 같은 믿음과 즐거움으로 우주의 무한한 아름다움과 장엄함을 기꺼이 받아들이는, 지적 한계가 없는 명상에 견주어 볼 때 꽃의 계곡에서의 고독은 논리적 사고만을 통한 행복 추구가 무의미하며 바르지 못하다는 것을 가르쳐 주기 때문이다. 사고의 영역은 지극히 제한적이어서, 우주의 장엄한 모습을 향할라 치면 우리는 우선 스스로에게 덫을 놓고 있는 혼란스러움을 제거해야 한다. 그래야만 눈을 하늘로 돌려서 산정과 별들의 메시지를 읽을 수 있다. 사람이 영리함이나 지식을 통해 얻은 것은 정신적인 인식의 관점에서 보면 무의미할 수 있다. 자신의 영리함을 극복할 수 있는 사람은 정말로 위대한 사람이다.

도티알 사람들이 내 짐을 라니케트로 옮기기 위해 오기로 한 그날이 되었다. 9월 29일은 꽃의 계곡에서 보낸 마지막 날이고, 그날 저녁 나는 모닥불 옆에서 늦게까지 앉아 있었다. 밤은 너무나 고요했고, 향나무 속 관목이 타는 연기가 별들 속으로 곧바로 피어올랐다. 짐꾼들은 일찍 잠이 들어서 그들의 이야기가 끊긴 지 오래고, 모닥불이 타면서 내는 작은 소리와 쉼 없이 흐르는 냇물 소리 외에는 어떤 소리도 나지 않았다. 내 주위는 온통 산자락의 평화로움으로 가득했다. 이 평화로움은 너무나 완벽해서, 내 안의 어떤 것이 내 몸 밖으로 빠져나와 어떤 불멸의 조화로운 선율을 붙잡으려는 듯했다. 이 평화와 고요함 속에 어떤 존재가 있는 것 같았고, 내 자신의 '썩어 없어질 진흙 겉옷'만이 나를 그 존재에게서 떼어놓고 있는 듯했다. 어떤 아름다움이 사방에 가득 차 있는 것 같았다. 별들과 그 별들 아래 산들과 내가 밟고 있는 꽃들은 내 스스로 완수하기 위해 몸부림쳐야 할 숭고한 목적의 한 부분인 것이다. 불쌍하고 어린애 같은 인간이라니! 볼품없는 밑바닥에서 별이 총총한 고지까지, 계곡에서 정상까지 앞뒤를 가리지 않고 무모하게 경주하듯 하다니! 불쌍하게 발버둥치는 어린애 같은 인간이라니! 등반이 얼마나 힘이 들고, 사람을 지치게 하며, 바람과 어려움은 또 얼마나 빈번하단 말인가! 설마 아무려면 우리의 힘과 우리의 허약함을 가늠해 보기 위해 산이 만들어졌겠는가? 우리가 우리의 운명을 점쳐 볼 수 있도록 별이 만들어졌겠는가? 그러니 그렇더라도 이 모든 현세 생활의 뒤엉킨 실타래는 아름다움이라는 황금실로 풀어 내야 한다. 평화로움은 어디에나 있다. 우리가 그렇게 만든다면 굳이 평화로움을 찾으려고 산으로 갈 필요가 없다. 그럼에도 우리는 인간이고, 어쩔 수 없이 육체적인 특성을 타고났다. 우리는 타고난 이 특성으로부터 자신을 분리시킬 수 없기 때문에 할 수 있는 한은 반드시 이 특성들을 잘 이용해야 한다. 마음과 영혼이 활기를 되찾을 수 있도록 이 특성들을 이용해서 아름다움을 찾아야 한다. 그래서 우리는 아름다움을 찾기 위해 산으로 간다. 보다 큰 자유의 아름다움을 찾아서. 우리 육체를 가둔 감옥의 저 높은 창문으로 우리를 들어 올려서, 그 창문으로 메마르고 황량한 평원 너머 푸른 산맥과 영원한 설원을 향해 좀 더 멀리 바라볼 수 있게 만드는 그 아름다움을 찾아서 산으로. 그래서 우리는 육체의 한계를 극복해 내는 과정에서 아름다움을 인식하고, 온갖 세속적인 생각 저쪽에 있는 영혼의 만족을 발견하고자 어려움과 씨름하며, 고됨과 불편, 위험을 참아가며 산을 올라간다. 그리고 아름다움과 만족을 통해 마침내 평화를 얻는다.

인간이 창조한 추함 때문에 불만과 전쟁이 일어난다. 탐욕의 추함, 탐욕이 낳은 추함, 넓은 바다와 같은 이 추함 속에서 우리는 처참하게 사라진다. 인간이 이것을 깨닫기 시작했기 때문에 기계가 내는 소음과 불쾌한 냄새가 나는 스모그와 벽돌과 강철이 소름끼치게 배치되어 있는 환경에서 교외의 아름다움과 조용함 속으로 탈출하려는 것이다. 인위적인 바퀴를 이용하는 것이 아니라 자연스럽게 두발로 자신을 움직이기 위해, 신의 걸음걸이로 여행을 하기 위해. 새가 지저귀는 소리, 냇물이 흐르는 소리, 옥수수 밭의 산들바람이 이는 소리와 같은 자연의 소리를 듣기 위해. 꽃과 목초지와 산정 같은 아름다운 것들을 보기 위해. 잠시 동안이라도 공장의 매연에 오염되지 않은 대기 속에서 단순하고 조화롭게 살기 위해. 단순함과 선한 의지의 미덕을 발견하기 위해….

아름다움, 건강, 돈독한 우애, 평화, 이 모든 것이 꽃의 계곡에서는 내 것이었다. 한동안 단순하고 행복하게 살았고, 내 주위의 사람들 또한 행복해했다고 생각하고 싶다. 아니, 정말로 행복했다.

이러한 기억은 육체적인 행위가 아니라 아름다움이라는 정신에 이르게 되는 사색에 기반을 두고 있기 때문에 쉬이 사라지지 않는다. 나는 아름다운 것들을 수없이 많이 보았고, 이것들 중 어느 하나도 내 동료들의 성실과 헌신이 아닌 것이 없었다. 이 부지런하고 열성적인 사람들은 내 계획과 야망을 실현시켜 주려고, 자신들이 해야 한다면 온갖 것을 감내하며 갖은 위험을 무릅써 주었다. 이와 같은 헌신은 황금보다 귀한 것이다.

이런 생각들을 하며 나는 꽃의 계곡에서 마지막 시간을 모닥불 옆에 앉아서 보냈다. 불꽃이 사그라지고 별늘이 산쪽내기 너머에서 반짝일 때까지…. 내 주위는 온통 신의 평온함뿐이었다.

몬순monsoon 계절풍. 히말라야에서는 동서로 약 2,000킬로미터에 달하는 광범위한 지역이 몬순의 영향을 받는다. 동쪽의 인도 북동부 아삼 히말라야에서 네팔을 끼고 인도 북서부 펀자브 히말라야까지 영향을 받는데, 서쪽 지역은 몬순의 영향을 덜 받는 편이다. 몬순은 여름과 겨울 연 2회 영향을 미친다. 여름 몬순은 6월 중순에서 9월까지며, 이 기간은 연중 가장 무더운 우기가 된다. 겨울 몬순은 11월에서 2월까지며, 이 기간은 건조기가 된다. 저지대에서는 안정된 날씨가 지속되지만 산악지대에서는 강풍이 심하게 분다. 일반적으로 히말라야 등반은 몬순 기간을 피하는 것이 좋다. 대부분의 등반은 몬순이 끝나가는 시점에 카라반을 시작하여 베이스캠프에 도착할 무렵에는 몬순이 완전히 끝나는 일정으로 진행된다. 4월에서 6월까지를 프리 몬순, 10월에서 11월까지를 포스트 몬순이라고 한다.

홀스워드R. L. Holdsworth 1899. 2. 25. ~ 1976. 6. 20. 영국의 학자, 교수, 교육자, 크리켓 선수이자 뛰어난 히말라야 등산가이다. 에릭 십턴, 프랭크 스마이드와 함께 1931년 카메트 원정대원이었고, 이들과 함께 지금은 유네스코 세계문화유산으로 지정된 '꽃의 계곡'을 발견했다고 알려져 있다.

산형화서傘形花序 무한화서(無限花序)의 하나. 꽃대의 끝에서 많은 꽃이 방사형으로 나와서 끝마디에 꽃이 하나씩 붙는다. 미나리, 파꽃 따위에서 볼 수 있다.

카렐 차펙 Karel Capek 1890. 1. 9. ~ 1938. 12. 25. 세계적으로 유명한 체코슬로바키아의 소설가이자 극작가로 '로봇(robot)'이라는 말을 만들어 낸 사람으로도 유명하다. 원예에 대한 수필 형식의 문학작품도 남겼다.

두해살이풀 식물이 발아하여 개화, 결실한 후 고사하는 데까지 1년 이상 2년 이내의 기간이 소요되는 식물. 달맞이꽃, 자운영, 사상자, 갯질경, 구슬붕이 등이 이에 해당된다. 특히 보리나 유채와 같이 가을에 발아하여 겨울을 나고 이듬해 봄에 개화와 결실이 이루어지는 식물을 두고 월년초(越年草)

라고 하며, 겨울형 일년초와 구분이 어려운 경우가 많다. 또 두해살이풀이지만 근생엽이 나서 로제트형으로 자란 후 성장이 좋지 않아 꽃자루가 올라오지 않은 채 몇 년이 지나는 경우도 있는데 이를 두고 가변성 이년초(facultative biennial)라 하고, 이와는 달리 어떠한 생육조건에서든 2년에 생활사가 끝나는 식물을 두고 진성 이년초(obligate biennial)로 구분하여 부르기도 한다. ≒ 2년초(二年草), 2년생초(二年生草)

남부 와지리스탄 South Waziristan 아프가니스탄과 경계를 이룬 파키스탄 북서부의 산악 지역

사다 히말라야 등산에서 셰르파의 우두머리로 우수한 사다는 좋은 셰르파나 포터를 거느리고 있다.

식물 표본 채집 쿠마온 지역을 지나 가르왈과 티베트 접경 지역에 이르는 – 히말라야를 남서에서 북동으로 가로지는 – 140킬로미터의 거리에 걸쳐서 이 채집이 이루어졌다. 즉 해발 300미터인 로힐칸드(Rohilkhand) 평원에서 수틀레지(Sutlej) 강 상류 해발 4,500미터의 티베트 고원에 이르는 지역에서 2,000종 이상의 식물이 채집되었다.

『카메트 정복』 이 책의 저자인 프랭크 스마이드가 1931년 에릭 십턴, R. L. 홀스워드 등과 함께 당시 인간이 등정한 가장 높은 산인 카메트(7,756m)를 초등하고 나서 그다음 해에 낸 이 산의 등반기. 저자가 감독을 한 다큐멘터리 영화의 영화명이기도 하다.

히말라얀 클럽 Himalayan Club 1928. 2. 17. 당시 인도군 총사령관인 육군 원수 윌리엄 버드우드(William Birdwood) 경의 집무실에서 창립되었다. 127명으로 창립회원 대부분은 영국인이었고, 2차 대전 발생(1938년) 전에는 히말라야와 카라코람으로의 모든 원정대는 부두에서 세관을 통과하는 일부터 각종 조언, 등반 루트, 물품 구입, 셰르파와 짐꾼 선발에 이르기까지의 거의 모든 일에 대하여 이 클럽의 도움을 받았다. 인도 독립(1947년) 이후에 영국인이 본토로 돌아가자 주로 인도 회원을 중심으로 클럽이 운영되었으나, 1992년까지도 영국인이 가장 많은 회원 수를 차지하고 있었으며, 회원의 75%

이상이 인도 밖에서 거주하였다. 최근에는 창립 당시의 역할과는 달리 산악 관련 잡지, 출판, 강좌, 영화상영 등 문화 활동을 중심으로 운영되고 있다.

롱스태프T. G. Longstaff 1875. 1. 15. ~ 1964. 6. 27. 영국의 의사, 탐험가, 등산가로 1907년 인도 히말라야에서 인류 최초로 7,000미터가 넘는 산인 트리술을 등정한 것으로 유명하다. 또한 티베트, 네팔, 카라코람, 노르웨이 스피츠베르겐, 그린란드, 배핀 섬에서 중요한 탐험을 했고, 1947~1949년에 알파인 클럽 회장을 지냈다. 1908년에는 알파인 스키 클럽의 창립회원이기도 했다.

크레바스crevasse 빙하 위의 갈라진 틈. 크레바스가 생기는 것은 빙하의 흐름과 밀접한 관계가 있다. 빙하 아래의 경사가 급할수록 크레바스가 많이 생기며, 완만한 사면에서는 틈새 표면에 눈이 덮인 히든 크레바스(hidden crevasse)가 생겨 등반 활동 중 모르고 지나다가 빠져서 사고를 일으키기도 한다. 급경사의 크레바스 아래쪽이 무너지면 현수빙하나 아이스 폴을 이루게 되어 이런 곳에서의 등반 활동은 매우 어렵다. 크레바스의 깊이는 100여 미터에 이르기까지 하며, 등반 활동 중 크레바스에 빠져 조난을 당하는 경우가 많다. 오랜 등반 경험과 루트 파인딩 능력이 뛰어나야 이런 곳을 제대로 피할 수 있다. 이런 곳에서는 피켈이나 스키 스톡으로 찔러서 히든 크레바스를 탐색한다. 등반 도중 크레바스를 건널 때는 우회하거나 스노브리지를 이용하거나 건너뛰는 방법 등이 있다. 이럴 때는 어느 경우든 동료의 철저한 로프 확보가 필요하다.

셰르파Sherpa 히말라야 고산등반에서 가이드 역할을 하는 셰르파는 동부 티베트 캄(Kham) 지방의 티베트족 계열의 고산족 이름이다. 이들은 고지에서 살고 있기 때문에 고소등반 안내인으로는 적합한 자질을 지니고 있다. 처음에는 고산 원정대가 단순한 인부로 고용했으니 이후 등반 능력을 인정받아 등산 활동의 일익을 담당하게 되었으며, 지금은 짐을 나르는 단순한 짐꾼(포터)과는 달리 등산 안내인으로서 독자적인 지위를 확보했다. 셰르파족 이외에는 셰르파라 부르지 않으며, 카라코람 등지에서는 고소 포터(high-altitude porter)라고 부른다.

쿠크리 날이 둥근 구르카족의 칼

피켈pickel 등산에서, 빙설로 뒤덮인 경사진 곳을 오를 때 사용하는 도구. 목제나 금속 자루에 'T'자 모양의 금속제 날이 달려 있다. 피켈은 얼음과 눈에서 쓰이며, 3가지의 기능을 결합한 장비다. 얼음을 찍는 곡괭이 기능의 피크(pick), 발판 등을 만들기 위해 얼음을 깎는 기능의 블레이드(blade), 지팡이 기능의 샤프트(shaft) 등으로 이루어져 있다. 일반적으로 피켈은 5개 부분으로 구성되어 있다. 피크와 블레이드로 이루어진 헤드 부분에는 카라비너를 끼울 수 있는 구멍이 뚫려 있으며, 여기에 피켈을 붙들어 매는 연결 끈을 묶어 쓴다. 피크는 등반을 할 때 얼음을 찍어 몸을 끌어 올리거나, 추락할 때 눈이나 얼음 속에 깊이 걸어 자기 제동을 할 수 있도록 구부러져 있거나 아래로 꺾여 있다. 블레이드는 단단한 눈이나 얼음에 발판(스텝)을 깎고(커팅), 표면의 불량한 얼음을 긁어내는 데 쓰이며, 보행할 때나 자기 제동 시에는 훌륭한 손잡이 구실을 한다. 샤프트는 피켈의 자루를 말한다. 스파이크는 샤프트 끝에 있는 뾰족한 금속 부분이다. 눈과 얼음 사면을 오르고 내려올 때나 횡단할 때 몸의 균형을 유지해 주고, 설사면에서 글리세이딩 할 때 제동 수단으로 쓴다.

휴 러틀리지 Hugh Ruttledge 1884. 10. 24. ~ 1961. 11. 7. 1933년과 1936년 영국 에베레스트 원정대장이자 영국 공무원

스텝 커팅step-cutting 빙벽이나 설벽을 오르내릴 때 피켈 등으로 발판(스텝)을 깎아 발 디딤을 만드는 것

제2장

상록교목 높이가 8미터를 넘는, 줄기가 곧고 굵으며 사철 내내 잎이 푸른 나무. 수간(樹幹)과 가지의 구별이 뚜렷하고, 수간은 1개이며, 가지 밑 부분까지의 수간 길이가 길다. 소나무, 향나무, 감나무 따위가 있다.

풋파운드foot-pound 1풋파운드는 1파운드(≒0.453킬로그램)의 무게를 1피트 (0.304미터) 들어 올리는 일의 양으로, 기호는 ft-lb이다.

크로커스 붓꽃 과의 여러해살이풀. 마늘 비슷한 비늘줄기가 있으며, 입은 가늘고 길다. 10월경에 엷은 보라색 육판화(六版花)가 있다. 암술머리는 말려서 건위제, 진정제, 향료, 염료 따위로 쓴다. 남부 유럽과 소아시아가 원산지로 온대 지방에서 재배된다.

레이먼드 그린 Raymond Greene 1901. 4. 17. ~ 1982. 영국의 의사이자 등산가로 소설가 그레이엄 그린의 형이기도 하다. 1933년 영국 에베레스트 원정대의 선임 의사 겸 유능한 등반대원이었고, 1931년에는 당시로서는 인간이 발을 디딘 가장 높은 산인 카메트의 등반대원으로 참가했다.

압화 생화나 나뭇잎으로부터 수분을 제거하기 위해 누르면서 건조시켜 원형을 유지시킨 것을 말한다. 식물표본을 만들기 위해 쓰는 방법에서 유래하였다. 예전에 우리나라에서 창호지문을 바를 때 말린 꽃잎이나 잎을 넣어 문을 장식한 것도 압화를 이용한 것이다.

스칸다푸라나Skanda Purana 18개 힌두교의 종교적인 경전으로 구성된 마하푸라나(Mahapurana) 중의 하나로 시바의 아들인 스칸다(혹은 카르티케야 Karthikeya)의 탄생을 기술하고 있는 가장 긴(약 55,000 행으로 구성된) 푸라나이다. 또한 이 푸라나는 인도 성지순례 시설의 지리적인 위치와 이와 관련된 전설, 우화, 신에 대한 찬가, 구전 등을 포함하고 있는 매우 자세한 성지순례 안내서이기도 하다. 그 유래를 파악할 수 없는 많은 인용구들이 이 경전에 나온다.

빌라도Pontius Pilate ? ~ AD 36. 성서에서는 본디오 빌라도. 예수를 심판하고 십자가형을 내린, 티베리우스 황제 시대 로마의 유대 총독(26~36)

차르포이 줄을 그물 모양으로 엮어서 만든 간이침대

안부鞍部 산의 능선이 말안장 모양으로 움푹 들어간 부분. 콜(col) 혹은 패스 (pass)라고도 하며 고개를 뜻한다. 이런 지형은 서로 반대 방향으로 뻗어 있는 두 계곡 사이 능선이 양측으로부터 침식되어 분수계가 낮아져서 이루어지기 때문에 등산로나 교통로로 이용된다. 유명한 콜로는 세계 최고봉 에베레스 트의 남동릉에 있는 사우스 콜(South Col)이 있다.

아이스 폴ice fall 빙하가 급사면을 흘러내리거나, 급하게 꺾이면서 굴곡을 이루거나, 측벽에 짓눌려서 생기는 지형. 아이스 폴은 또한 항상 이동하고 있는 빙하 위에 돌출한 큰 바위가 빙하의 진행을 방해하면서 빙하 자체의 압 력으로 생기기도 한다. 이런 지대에는 빙하가 제멋대로 갈라져 크고 작은 크 레바스와 빙탑이 도처에 생겨서 루트를 뚫고 나가기가 매우 어렵다. 아이스 폴 지대를 통과할 때는 항상 위험이 도사리고 있기 때문에 되도록 피해서 루 트를 택하게 마련이지만 피할 수 없는 경우도 있다. 이런 지대에서 루트를 만들 때는 로프를 고정하거나 표식기를 설치하여 위험에 대비하지만, 빙하 의 움직임으로 변화가 많기 때문에 등반을 끝내고 내려올 때 같은 루트로 내 려온다는 보장은 없다. 그만큼 아이스 폴에서의 루트 공작은 매우 어렵다. 이처럼 아이스 폴 극복은 히말라야 등반의 최대 난관이 될 수 있다.

걸리 산자락의 넓고 깊지 않은 계곡

목신牧神 숲, 사냥, 목축을 맡아보는 신. 반은 사람, 반은 동물의 모양을 하 고 있다. 그리스 신화의 판(Pan), 로마 신화의 파우누스(Faunus)에 해당된다.

버트레스buttress 사람의 가슴처럼 둥글고 평편하게 앞으로 튀어나온 암벽. 서 있는 벽의 모양이 산릉을 버티고 있는 버팀벽과 같다고 해서 이렇게 부른 다.

G. A. 헨티 Henty   조지 알프레드 헨티(George Alfred Henty, 1832.12.8.~ 1902.11.16.)는 영국의 다작 소설가이다. 그는 19세기 말 인기 있었던 역사 모험 이야기로 매우 유명하다. 종군 기자로도 활동했다.

페니모어 쿠퍼 Fenimore Cooper   제임스 페니모어 쿠퍼(James Fenimore Cooper, 1789.5.15.~1851.9.14.)는 19세기 초 미국의 인기 있는 다작 작가였다. 초기 미국의 개척자와 인디언에 관한 그의 야담은 미국 문학의 독특한 한 형식이 되었다. 낭만적 소설인 『라스트 모히칸(The Last of the Mohicans)』이 대표작으로 꼽힌다.

비박bivouac   등산 도중에 예상치 못한 사태가 일어났을 때 노출된 곳에서 밤을 지새우는 것. 비박은 암벽 위나 눈 위에서도 하게 되는데 마땅한 장소가 없을 경우 고통스러운 밤을 지새우기도 한다. 전문 산악인들은 이런 경우에 대비해 비박장비를 챙기고 나선다. 침낭이 젖지 않도록 침낭커버를 준비하고 침낭의 무게를 줄이려고 그 대용으로 비박색을 준비하기도 하며, 부피와 무게가 적은 비박용 텐트를 사용한다. 비박을 할 경우 노출에 의한 체온 저하를 방지할 수 있는 조치를 해야 한다. 자는 동안에는 에너지 생산이 현저히 줄기 때문이다. 마른 옷으로 갈아입고, 모닥불을 피우거나 몸을 따뜻하게 해주는 음식을 섭취하는 것도 중요하다.

좌엽座葉   줄기가 아닌, 뿌리에 돋아난 잎을 '좌엽(座葉)', '뿌리잎[根葉]', '근출엽(根出葉)'이라고 한다. 우리가 아는 냉이, 민들레도 좌엽 식물이다.

제6장

슬랩slab   요철이 적고 매끄러운 넓은 바위. 마땅한 홀드가 없는 것이 특징이다. 슬랩 등반기술은 연질(軟質)의 등산화 창으로 마찰을 얻어 손바닥이나 손가락을 바위 면에 밀착시켜 마찰을 높이는 스미어링이 많이 사용된다. 슬랩 등반은 마찰력과 균형이 중시되는 외면 등반의 대표적인 기술이다. 즉 마찰, 균형, 리듬, 3지점 확보가 기본 요소이다.

킥스텝kick step 설사면을 오르내리는 기술. 킥스텝은 단단하게 굳은 설사면을 등산화의 앞 끝과 뒤꿈치로 차면서 발디딤을 만들어 오르내리는 기술이다. 킥스텝은 등·하강 및 횡단이 모두 가능하며 눈의 굳기와 경사에 따라 사용된다. 킥스텝은 등반할 때는 발 끝, 하강할 때는 뒤꿈치를 이용한다. 등반할 때에는 등산화의 앞부분의 반 정도가 수평으로 눈 속에 박히도록 해야 하며, 한 손엔 피켈을 들고 몸의 균형을 유지해야 한다. 하강할 때는 상체를 약간 앞으로 구부리고 발뒤꿈치에 힘을 넣어 발 디딤을 만들면서 내려간다. 이때 등산화의 앞은 위로 올려 뒤꿈치가 설사면에 잘 박히도록 한다. 설질이 단단한 경우는 두세 번 거듭하여 킥스텝을 해야 한다. 킥스텝으로 하강하는 기술을 플런지 스테핑(plunge stepping)이라고 한다. 설면이 단단할 경우는 스텝 커팅을 하거나 크램폰을 착용해야 한다. 표면에 부드러운 신설이 쌓여 있고 그 밑에 얼음이 단단하게 결빙된 눈 층이 있는 경우는 킥스텝을 하면 오히려 위험하다. 킥스텝은 설상 보행기술 중에서 가장 기본적인 것으로 충분히 연습을 해서 설질의 변화에 재빠르게 대응할 수 있도록 해야 한다.

롭슨Mount Robson 캐나다 로키산맥의 최고봉(3,954m)으로 정상은 만년설로 덮여 있다.

스퍼 급경사의 측릉(側稜. 옆모서리)이나 돌출부. 예로는 에베레스트의 제네바 스퍼나 알프스의 그랑드 조라스 워커 스퍼 등이 있다.

홀드 암벽 등산에 있어서 손으로 잡을 수 있는 곳이나, 발로 디딜 수 있는 곳을 말한다. 손잡이의 경우는 핸드홀드(hand hold), 발 디딤의 경우는 풋홀드(foot hold)라고 한다. 종래는 홀드 하면 핸드홀드만을 뜻하고 풋홀드는 모두 스탠스라고 했는데, 이 사용법은 잘못된 것이다. 핸드홀드에는 여러 가지가 있으며 대별하면 다음과 같다. 눈높이보다 위에 있는 손잡이는 몸을 끌어올린다 하여 풀홀드(pull hold)라고 하며, 허리 정도의 위치에 잡아당기는 언더홀드(under hold), 가로 방향의 것을 사이드홀드(side hold), 그리고 밀어대는 것을 푸쉬홀드(push hold), 또 힘을 내리 누르는 것을 프레스홀드(press hold)라고 한다. 크기로 나눠, 특히 손가락밖에 걸리지 않는 것을 핑거홀드(finger hold)라고 부르고 있다. 풋홀드도 핸드홀드와 같이 발가락만 딛는 것, 옆으로 딛는 것 등 여러 가지가 있다.

고소순응高所順應 고도의 증가에 수반하는 기압이나 산소 분압의 저하에 대해서 인간의 생리 기능이나 신체가 적응하여 인간 본래의 건전한 기능을 회복하는 것을 고소순응이라고 한다. 고소순응과 같이 쓰이는 말에 고도순화가 있는데 이것은 순응이 오래 계속되면서 고정화되어 자손에게까지 영향을 주는, 말하자면 유전적 적응을 한 경우를 말한다. 티베트나 페루 등지에는 해발 4,500미터 전후에서 정주 생활을 영위하는 고산족이 있으며, 그들은 완전히 그 고도에 순화되어 있다고 한다. 그러나 인간이 순화할 수 있는 고도는 생리학적으로 5,200미터가 한계라고 하며 그 이상에서는 순응밖에 할 수 없다고 한다. 그것도 7,000미터까지 적응할 수 있으며, 그 이상을 넘으면 인체가 쇠약해지는데 이것을 불순응, 고소쇠퇴라 부르고 있다. 저지대에 살고 있는 사람은 저지에 순화되어 있어서 이러한 사람이 히말라야와 같은 고소 등산을 하는 경우, 어떻게 하면 탈 없이 고도에 순응하는가가 성패의 관건이 된다. 그래서 고소 등산을 하는 경우는 미 체험 고도까지 달하면 일단 저소로 내려오고, 다시 고도를 높여서 오르고 다시 내려오는 방식을 되풀이하면서 서서히 고도를 높여 가는 방법이 옛날부터 사용되어 왔다. 또한 최근에는 산에 가기 전에 고소순응을 할 수 있는 저압 탱크도 이용하기에 이르렀다. 아무튼 어떤 경우나 고소순응의 실패는 고산병에 의한 죽음까지 이어지는 만큼 적절한 대응이 필요하다.

피치pitch 기본적으로 같은 동작을 일정 시간 내에 되풀이하는 횟수 또는 그 빠르기를 말한다. 산의 종주 등에서는 일정 시간을 1피치로 정하고 목적지까지 몇 피치로 도착되었는지를 산출하는 것이며, 보통 40분에서 50분을 1피치로 정하고 10분 정도의 휴식을 취하는 것이 일반화되어 있다. 또한 암벽등반에서는 확실하게 확보할 수 있는 테라스에서 테라스, 또는 레지 등까지를 1피치로 정하는 것이 기본이다. 그 피치의 난이도에 따라 거리가 달라지지만 대개 로프의 길이를 기준으로 하여 40미터 이내가 보통이다. 보행 속도를 올리는 것을 '피치가 빠르다' 등으로 표현하는 경우도 있다.

침니chimney 몸이 들어갈 수 있을 정도의 넓이를 가진 굴뚝 모양의 바위틈. 몸이 간신히 들어갈 수 있는 좁은 침니는 스퀴즈 침니(squeeze chimney)라고 부른다. 양발과 양손을 벌려 지지해야 할 정도로 넓은 침니는 브리지 침니

(bridge chimney)라고 한다. 넓은 침니를 오르는 방법은 양쪽 벽에 다리를 놓는 듯한 자세를 취하고 오르는 브리징 기술과 한쪽 벽을 발로 밀면서 등으로 밀어 오르는 배킹업 기술이 있다. 보통 넓이의 침니는 등과 발 또는 무릎을 사용하여 오른다. 대체로 몸 전체가 들어가는 약 90센티미터 정도 넓이의 침니가 가장 오르기 쉽고 안전하다. 이런 침니를 표준형 침니라고 한다.

글리세이딩glissading 눈의 사면을 등산화 바닥으로 속도를 조절하면서 활강하는 것. 글리세이드는 크게 나눠 스탠딩 글리세이드(standing glissade), 크라우칭 글리세이드(crouching glissade), 시팅 글리세이드(sitting glissade)가 있다. 시팅 글리세이드는 앉은 자세에서 엉덩이로 제동을 걸어 활강한다 하여 '엉덩이 제동' 또는 '엉덩이 글리세이드'라고 한다. 하부의 상태가 불명확하거나 주위에 얼어붙은 부분이 있는 경우에는 하지 않는 것이 좋다. 등산기술 중에서 '놀이'로 인식되어 버리기 때문에 사고로 이어지는 일이 많아 안이한 기분으로 해서는 안 된다. 특히 설면의 변화에 대해서 경험이 적은 사람이 여름의 설계(雪溪) 등에서 섣불리 흉내 내어 하는 것은 대단히 위험하다. 다소 시간이 걸려도 한 발 한 발 확실하게 내려가는 것이 중요하다. 설질의 변화나 각도의 변화는 속도 조정과 균형 유지에 큰 영향을 준다. 시팅 글리세이드는 스키와 같이 약간 무릎을 굽힌 상태에서 선 자세로 활강하는 것이다. 피켈은 피크를 아래로 향하게 하고 한 손으로 피켈 헤드 부분을, 다른 한 손으로는 샤프트를 잡고서 가슴 앞쪽으로 피켈이 오도록 몸의 자세를 갖추며, 만일 넘어지면 곧바로 정지 자세에 들어가도록 해야 한다. 직접적인 균형 유지에는 피켈을 사용하지 않으며 몸 전체로 균형을 잡아야 한다. 크라우칭 글리세이드는 무릎을 깊이 구부리고 허리를 쭈그린 자세로 피켈을 허리 곁으로 갖고 가서 균형을 유지하면서 활강하는 것이다. 글리세이드에는 넘어지는 순간 피켈의 피크나 블레이드로 몸에 부상을 입는 사고가 많으므로 각별한 주의가 필요하다.

━━ ❧ 제7장 ❧ ━━

패모貝母 백합과에 속하는 다년생 초본식물

스노브리지snow bridge 설계(雪溪)나 크레바스, 베르크슈룬트 위에 다리처럼 눈이 얼어 있는 것. 스노브리지가 생성되는 곳은 빙하나 폭설지대(暴雪地帶), 설계지대이며 여름까지 설계가 남는 곳에도 생성된다. 이 경우 스노브리지는 설계가 녹아 무너지는 과정에서 나타나는 것으로, 가운데 쪽으로 갈수록 눈의 두께가 얇어진다. 스노브리지를 통과할 때는 무너지기 쉬우므로 잘 관찰하여 한 사람씩 살짝 건너가야 하며 경우에 따라서는 확보도 해야 한다. 외관상 단단해 보여도 안이 공동으로 되어 있거나 란트크루프트(randkluft)라고 부르는 큰 틈새로 되어 있는 경우가 있어 매우 위험하다.

인경식물鱗莖植物 알뿌리 식물의 대부분을 차지하며 비늘 모양의 줄기가 비대하여 알 모양의 뿌리처럼 보이는 식물. 백합, 튤립, 수선화가 이에 속한다.

엽침葉枕 종자식물의 잎자루가 붙은 곳. 또는 작은 잎이 잎줄기에 부착된 곳에 있는 두툼한 부분. 잎의 운동에 관여한다.

어프로치 목적한 산까지의 접근이나 통로. 교통수단이 끊어진 지점에서부터 목적한 산자락이나 등반 루트의 출발점까지 가는 구간을 뜻한다. 어프로치라는 뜻은 접근 과정 중의 시간, 거리, 난이도의 개념까지도 포함하고 있다.

오버행overhang 바위의 일부분이 수직 이상의 경사를 가진 채 처마 모양으로 튀어나온 부분. 뻗어 나온 아랫부분은 천장 형태를 이루고 있다.

세락serac 빙하에 생기는 빙탑(氷塔)을 말하며, 그 생성 원인은 빙하의 붕괴에 있다. 빙하는 상층부의 압력과 인력, 중력에 의하여 서서히 이동하는데, 경사가 급한 곳이나 빙하의 흐름이 변하는 곳에서는 균열, 즉 크레바스가 생긴다. 나아가서 아이스 폴이 생기고 빙탑이 생기게 된다. 이러한 빙탑이 난립하는 곳을 빙탑지대라고 하며, 항상 붕괴의 위험이 있는 불안정한 곳이다. 높은 곳에 있는 빙탑보다 낮은 곳에 있는 빙탑이 더 압력을 받고 있는 상태이므로 보다 불안정하다고 볼 수 있다. 따라서 이러한 지대를 루트로 해야 할 때는 날마다 변하는 지형을 관찰하고 주의해야 한다. 또 관찰을 위하여 표적이 될 수 있는 표시도 해 둘 필요가 있다.

현수빙하懸垂氷河 낭떠러지 또는 험한 산비탈에 아래로 늘어져 있는 빙하

확보 로프를 연결한 한쪽 사람이 추락했을 때 그 피해를 최소한으로 줄이기 위한 로프 조작 기술을 확보라고 한다. 확보는 그 형태에 따라서 자기 확보와 선등자, 후등자에 대한 확보로 나눈다. 자기 확보는 영어로 셀프 빌레이(self belay)라 한다. 상대방의 추락을 막지 못했을 때나 갑자기 발생한 낙석을 맞아 굴러 떨어지는 것을 막기 위한 수단으로, 등반 지점(支點, anchor)과는 별도로 확보 지점을 마련하는 것이 원칙이다. 선등자나 후등자 누구든지 언제나 상대가 추락하는 것을 상상하고 어느 쪽에서 충격이 올 것인가를 미리 염두에 두는 것이 중요하다. 또한 당연한 것이지만, 선등자와 후등자의 확보 방법이 다르다. 겨울 산에서도 확보 방법은 동일하지만, 설질에 따라 확보 지점을 마련하는 방법이 다르다. 확보를 영어로는 빌레이(belay), 독일어로는 직헤룽(Sichern/Sicherung), 프랑스어로는 아쉬레(assurer)라고 한다.

꽃장식 **제9장** 꽃장식

입상빙설粒狀氷雪 빙하 상부를 형성하는 작고 투명한 입상빙설의 만년설을 말한다. 흔히 덩어리가 녹았다가 다시 어는 결과로 생기거나 그 승화 작용으로 생긴다. 입상빙설은 빙하 형성과정 중 처음 단계의 현상이라 하겠다. 영어로는 펀(firn), 불어로는 네베(neve)라고 한다.

소냐 헤니 Sonja Henie 1912. 4. 8. ~ 1969. 10. 12. 노르웨이 태생의 미국 피겨스케이팅 선수로 1927~1936년에 10년 연속으로 세계 여자 아마추어 피겨스케이팅 선수권대회에서 우승했으며, 1928, 1932, 1936년 동계 올림픽 대회에서 금메달을 획득했다. 영화배우로도 활약했다.

크러스트crust 눈 표면이 바람이나 태양광선의 영향으로 단단하게 얼어붙은 상태. 단순히 크러스트라고 하지만 그 생성 과정에 따라서 여러 가지 상태가 있다. 특히 태양열에 녹아서 습윤화(濕潤化)된 다음에 다시 얼어붙은 봄 산의 선 크러스트(sun crust)나 비가 온 끝에 얼어붙은 레인 크러스트(rain crust)가 있다. 레인 크러스트는 표면이 몹시 단단하기 때문에 일명 대리석 같다는 말

에서 마블 크러스트(marble crust)라고도 한다. 이런 경우는 아이젠도 먹지 않을 때가 있으므로 보행 시 충분한 주의를 하지 않으면 안 된다. 또한 동계에는 건조한 눈이 강한 바람으로 굳어지는 윈드 크러스트(wind crust)가 있다. 보통은 한 번 쌓인 눈이 크러스트 되면 눈사태가 쉽게 일어나지 않는다고 하나, 그 위에 신설이 쌓이면 눈사태가 일어나기 쉬운 위험한 상태가 된다. 또한 바람에 휘날린 눈의 입자가 바람이 약한 장소에 퇴적된 상태를 설판(雪板)이라고 부르며, 이것도 눈사태가 일어나기 쉬우므로 주의를 해야 한다.

바라클라바 머리, 목, 얼굴을 거의 덮고 눈만 나오게 만든 방한용 모자

펠트 모자 중절모처럼 생긴 모자

제10장

수상화서穗狀花序 무한화서의 하나. 한 개의 긴 꽃대 둘레에 여러 개의 꽃이 이삭 모양으로 피는 화서를 이른다. 질경이, 오이풀 따위가 있다.

에설버트 블래터 Ethelbert Blatter 1877. 11. 15. ~ 1934. 5. 26. 스위스 예수회 수사이자, 영국 지배 하의 인도에서 선구적인 식물학자였다. 봄베이의 성 하비에르 대학(St Xavier College)에서 식물학 교수와 학장을, 1932년에는 봄베이 자연사 연구회(Bombay Natural History Society)의 부회장을 역임했으며, 인도 대륙의 식물에 대한 5권의 저서와 60여 편의 논문을 남겼다.

루돌프 스타이너 Rudolph Steiner 1861. 2. 27. ~ 1925. 3. 30. 오스트리아의 신비론자, 철학자, 사회개혁가, 건축가, 비전(秘傳)주의자. 1924년 농약이나 화학비료 없이 땅의 생산력을 늘리기 위한 생태학적이고 지속 가능한 여러 농업 방법을 제안하였고, 이 방법은 오늘날 생물역학농업(Biodynamic agriculture)으로 불리고 있으며, 전 세계에서 널리 이용되고 있다.

삼점지지三點支持 암장에서 홀드를 찾을 때 손과 발의 4개 지점 중 하나만을 움직이면서 홀드를 찾으며 다른 3점은 고정하고 균형을 유지하는 것을 말한다. 암벽등반에서는 몸의 자세를 안전하게 유지하기 위해서 손발뿐 아니라 경우에 따라서는 등, 배, 머리도 동원한다. 때로는 이빨로 홀드를 지지할 때도 있다. 또한 손이나 발을 쓰더라도 1지점에만 한정하지 않고 발끝, 발뒤꿈치, 나아가서 무릎을 사용하는 등 한 발만으로 3지점을 사용하는 경우도 있다. 따라서 몸의 안정을 얻을 수만 있다면 3지점, 4지점, 5지점이 되어도 좋고 완전히 몸을 지지할 수 있다면 1점 지지라도 상관없다. 그러나 일반적으로 제일 많이 사용하는 것이 손과 발의 4지점이므로 홀드 이동시이 기본자세로서 삼점지지가 중요시되고 있다. 인공 등반이나 주마로 오르는 경우, 손발의 4지점을 사용하고 있어도 실제로 체중을 지지하고 있는 것은 인공 지점 하나인 경우가 많다.

카를 빈 Karl Wien 1906. 9. 10. ~ 1937. 6. 14. 독일의 등산가로 뮌헨 대학교 지리학과 강사이기도 했다. 그의 등반 경력은 빌리 벨첸바흐(Willi Welzenbach)와 함께 알프스 등반을 하면서 시작되어 오스트리아의 최고봉인 그로스글로크너(Grossglockner, 3,798m) 북면을 초등했다. 아프리카와 히말라야를 여러 번 찾았고, 1931년 파울 바우어(Paul Bauer)가 이끄는 칸첸중가 원정대에 참가했으며, 1936년에는 시킴 히말라야에 원정하여 시니올추(Siniolchu, 6,887m)를 초등했다. 1934년 원정에서 10명의 산악인이 사망한 이후 첫 원정대인 1937년 낭가파르바트 원정대의 대장으로 선발되어, 6월 14~16일 어느 때에 라키오트피크(Rakhiot Peak, 7,070m) 아래 4캠프에서 15명의 산악인들과 함께 있다가 거대한 눈사태에 휩쓸려 그를 포함한 16명이 모두 숨졌다. 이는 8천 미터 급 고봉에서 발생한 최악의 단일 산악 사고였다.

빌리 메르클 Willy Merkl 1900. 10. 6. ~ 1934. 7. 9.~17. 독일 산악인으로 1932년 독일-미국 합동 원정대의 대장을 맡아 낭가파르바트를 원정했던 것이 가장 유명하다. 그의 원정대원은 알프스와 유럽의 산에서는 경험이 많았지만 히말라야 등반을 위한 준비는 부족했다. 비록 물러날 수밖에 없었지만 뛰어난 전진을 해서 라키오트피크(Rakhiot Peak, 7,070m)와 주능선에서 루트를 찾아냈다. 그는 1934년에도 같은 산에서 또 다른 원정대를 이끌었지만 9일간 계속되는 폭풍설로 자신과 두 대원을 포함한 6명의 셰르파가 목숨을 잃는 것으로 그 원정은 끝났다.

전위봉前衛峰 주봉을 호위하듯 주봉 옆에 솟아 있는 암봉(巖峰). 그 예로 북한산 백운대의 전위봉은 인수봉이라 할 수 있다. 장다름(gendarme)이라고도 한다. 장다름은 프랑스어로 '호위병'이나 '근위병'을 뜻한다.

베르크슈룬트bergschrund 빙하의 상부 한계선에서 빙하의 빙설과 산 쪽의 빙설이 갈라져서 생긴 거대한 크레바스. 이 균열에 눈과 물이 흘러들어 암벽을 얼음으로 덮는다. 이 균열에 오버행과 빙벽이 형성되기 때문에 등반의 마지막 관문이 된다. 베르크슈룬트, 크레바스, 란트클루프(Randkluft)를 혼동하여 사용하는 경우도 있으나 이것은 구분하여 사용해야 한다. 크레바스는 빙하의 갈라진 균열, 암벽과 설계(雪溪) 사이의 틈새는 슈룬트 또는 란트클루프라고 한다.

크랙crack 바위의 갈라진 틈새를 말한다. 틈바귀의 폭에 따라서 여러 가지 호칭이 있는데 피톤이 들어갈 수 있는 정도의 것부터 어깨나 다리 일부가 들어갈 수 있는 것까지를 말하고 있다. 그중에 피톤 크랙(piton crack)은 문자 그대로 피톤이 들어갈 수 있는 것, 핑거 크랙(finger crack)은 손가락이 들어갈 수 있을 정도의 크랙이다. 그리고 손가락을 지나서 손바닥, 손등 부근까지 들어갈 수 있는 크기를 신 핸드 크랙(thin hand crack)이라고 부르며, 손목까지 들어갈 수 있는 것을 핸드 크랙(hand crack)이라 부른다. 이 경우는 손을 틈새에 완전히 넣어서 재밍(jamming)으로 지지력을 얻는 데 제일 알맞은 크기이다. 이것들 외에 주먹이 들어갈 수 있는 정도의 크기를 주먹 크랙(fist crack)이라고 하며, 재밍하기에는 크지만 몸의 반 정도 넣어서 재밍할 수 있는 정도의 것을 침니형 크랙이라고 한다. 이것들은 기술적으로 몹시 까다롭고 체력의 소모가 많은 크랙이다. 크랙을 오를 때는 그 폭에 따라 여러 가지 등반기술과 초크 등에 의한 프로텍션(protection) 기술이 요구된다. 이 기술을 습득하면 프리 클라이밍을 하는 데 크게 도움이 된다. 크랙이라는 말은 원래 균열의 크기에 따른 구별과 관계없이 모든 균열을 포함하고 있지만 등반에서는 기술상 이를 구별한다.

케른 등산가나 탐험가들이 표지로 세운 돌 피라미드

분설powder snow 푸석푸석한 가루눈을 말하며 신설일 경우 눈사태가 일어나기 쉽다.

크누벨Knubel 1891년 출생한 스위스의 유명한 등산가이자 등산 가이드

로흐마터Franz Lochmatter 1878년 출생한 스위스의 유명한 등산가이자 등산 가이드

제14장

브라만 인도 카스트 제도에서 가장 높은 지위인 승려 계급

바곳류 식물 미나리아재비과에 속하는 독초류 식물

C. F. 미드 Meade 찰스 프랜시스 미드(Charles Francis Meade, 1881.2.25.~1975.)는 영국의 산악인이자 작가이다. 1966년 사망한 가이드인 피에르 블랑(Pierre Blanc)과 함께 주로 알프스와 히말라야에서 널리 등반을 했으며, 특히 1913년에 7,138미터 미드콜(Meade's Col)에서 하룻밤을 보내는 등 카메트 등반 초창기에 카메트에서 많은 등반을 했고, 에베레스트 위원회(Mount Everest Committee) 초대 위원이기도 했다. 남극의 산인 미드 누나탁(Meade Nunatak)은 그의 이름을 따서 명명되었고, 1911년 마터호른 동계 초등을 하기도 했다. 그가 개발한 미드 텐트(Meade Tent)는 여러 해 동안 많은 산악인들이 사용했고, 에베레스트 초등 시에 마지막 캠프에서도 사용되었다. 저서로는 『산으로의 어프로치(Approach to the Hills)』, 『높은 산들(High Mountains)』이 있다.

설선snow line 높은 산에 쌓인 눈이 녹는 지역과 연중 녹지 않는 지역을 구분하는 경계선. 즉 1년 내내 쌓인 눈이 녹지 않는 높이의 하한선을 지칭한다. 설선의 높이는 위도, 기온, 강설량, 지형, 방위 등에 따라 다르다. 히말라야나 안데스는 약 5,000미터, 알프스는 약 3,000미터, 알래스카나 스칸디나비아 북쪽은 약 1,000미터이며, 극점 부근은 해수면과 같다. 우리나라에는 설선이 없다.

틴달Tyndall 존 틴달(John Tyndall, 1820.8.2.~1893.12.4.)은 영국 왕립학회 회원이자 19세기의 뛰어난 물리학자로 반자성현상 연구로 명성을 얻었고 적외선복사 영역에서 많은 발견을 했다. 1853~1887년 영국 왕립연구소 교수를 역임했고, 1856년 과학 연구차 알프스를 방문했는데, 그 일로 결국 선구적인 등산가가 되었다. 1856년 이후 매년 여름에 알프스를 찾았고, 1861년에는 4,506미터 바이스호른(Weisshorn) 초등 팀의 대원이기도 했다. '알프스 황금시대'의 주요 인물 중 한 사람이고, 알프스에서 빙하 특히 빙하의 움직임에 대한 연구를 했다.

권곡cirque 빙하의 침식작용에 의하여 반달 모양으로 우묵하게 된 지형

지릉支稜 주능선에서 뻗어 나온 짧고 가파른 능선. 표준어는 아니다.

러셀russel 러셀차를 고안한 미국인의 이름이지만, 깊은 적설을 헤치고 전신하는 것을 밀한다. 러셀은 보통 실피 또는 스키를 활용하면서 헤쳐 니기는 방법이다. 적설이 가슴을 넘으면 가슴이나 배, 팔로 밀어 헤치며 무릎으로 밀어다지면서 발을 옮기는 방법을 쓰지만 체력이 현저하게 떨어진다. 때문에 선두를 교대하면서 러셀 하기 마련이다. 단, 사면을 가로지르며 비스듬히 러셀 하는 것은 눈사태를 유발할 가능성이 있으므로 피하는 것이 바람직하다.

조지 맬러리 George Mallory 1888. 6. 18. ~ 1924. 6. 8.~9. 1920년대 초에 세 번이나 영국 에베레스트 원정대에 참가했던 위대한 영국의 등산가. "왜 에베레스트를 오르고 싶어 하느냐?" 라는 기자의 질문에 "산이 거기 있으니까." 라는 유명한 말을 남겼다.

샌도Sandow 유진 샌도(Eugen Sandow), 1867. 4. 2. ~ 1925. 10. 14. '현대 보디빌딩의 아버지'로 불린다.

프리무스 스토브 스웨덴에서 만든 스토브

이판암泥板巖 점토(粘土)가 굳어져 이루어진 수성암(水成巖). 회색이나 검은 갈색을 띠며, 흔히 얇은 층(層)으로 되어 잘 벗겨지는 성질이 있다.
늑세일(shale)·혈암(頁巖)

브루스Bruce **장군** 찰스 그랜빌 브루스(Charles Granville Bruce, 1866.4.7~1939.7.12)는 1922, 1924년 영국 에베레스트 원정대장이자 히말라야 등반의 베테랑이었다. 1923~1925년 알파인 클럽 회장도 역임했다.

A. L. 멈 Mumm 아놀드 루이스 멈(Arnold Louis Mumm, 1859~1927)은 영국인으로, 1907년 C. G. 브루스 장군, T. G. 롱스태프와 함께 히말라야 원정에 참가했고, 이들 중 롱스태프가 당시에 인간이 발을 디딘 가장 높은 산인 트리술(Trisul, 7,120m)을 두 명의 가이드(알렉시스 브로슈렐과 앙리 브로슈렐)와 함께 초등했다. 『히말라야에서 보낸 다섯 달(Five Months in the Himalaya)』이란 책의 저자로도 유명하다.

하워드 소머벨 Howard Somervell 시어도어 하워드 소머벨(Theodore Howard Somervell, 1890.4.16.~1975.1.23.)은 영국의 외과의사이자 등산가, 화가, 선교

사로 1920년대 두 번의 에베레스트 원정에 대원으로 참가했고, 그 후 인도에서 의사로 거의 40년을 보냈다. 산에서 이룬 그의 업적으로 1924년 피에르 드 쿠베르탱(Pierre de Coubertin)이 그에게 올림픽 금메달을 수여했다.

❋❧ 제19장 ☙❋

극지법 등반 등반 루트가 길고 규모가 큰 고산을 안전하게 오르기 위해 베이스캠프와 정상 사이에 여러 개의 전진캠프를 설치하여 정상을 오르는 등반 방법이다. 이 방법은 물자 수송, 루트 공작을 용이하게 하며, 하산의 안전까지 도모할 수 있다. 또한 고소적응을 위해 적당한 고도차가 있는 곳에 전진캠프를 설치할 수도 있다. 극지법이 등산에 처음 사용된 것은 1897년 이탈리아의 아브루치 일행이 알래스카의 세인트 엘리어스(Saint Elias, 5,430m)를 초등할 때였으며, 8,000미터 급 고봉에 이 방법이 처음 도입된 것은 1922년 영국의 제2차 에베레스트 원정 때부터다. 오늘날 극지법은 가장 보편화된 전통적 고산 등반방식으로 알려져 있으나 많은 인원, 방대한 물량, 등반의 장기화, 막대한 경비, 쓰레기 방치 등 단점이 많다고 지적되고 있다. 극지법은 장비, 기술의 진보와 함께 점차 알파인 스타일로 대체되고 있다.

크로보로Crowborough 영국 이스트 서섹스(East Sussex) 윌든(Wealden) 지방에 있는 인구 2만 명 정도의 도시로 최고 높은 곳이 해발 242미터이다.

아디스아바바 이곳에서 최고 높은 곳은 2,355미터이다.

❋❧ 제20장 ☙❋

벤틀리 보민 Bentley Beauman 에릭 벤틀리 보먼(Eric Bentley Beauman, 1891~1989)은 영국 해군 항공대 소속 비행사이자 등산가로 1931년 영국 카메트 원정대원으로 참가했다.

블롱댕Blondin 프랑스의 유명한 곡예사로 330여 미터의 나이아가라 폭포를 외줄을 타고 여러 번 왕복한 것으로 유명하다.

브로켄 현상 Brocken Spectre 태양을 등지고 섰을 때 산꼭대기의 구름에 크게 비치는 자신의 그림자

전색성全色性 **필름**panchromatic film 광파 420mμ에서 675mμ까지 즉 청색에서 적색까지 감광할 수 있는 필름이며, 육안으로 볼 수 있는 빛의 파동 전부에 대하여 감광이 가능하다.

보아요, 제시카~ 베니스의 상인(제5막 제1장) 중에서 로렌조가 제시카에게 하는 말

언월도偃月刀 초승달 모양으로 생긴 큰 칼

레이백layback 크랙이나 플래어(flare)형의 암장에서 두 손을 이용하여 바위 모서리를 앞으로 끌어당기며 발로 벽을 밀어서 몸의 자세를 유지하고, 그 상태로 손발을 번갈아가면서 올라가는 동작을 말하며 독일어권에서는 듈퍼라고도 한다. 손과 발의 힘을 서로 반대 방향으로 가하는 오퍼지션 동작의 하나이다. 이 레이백은 계속 두 손과 두 발을 비롯하여, 전신의 근력을 동원하여 일순간도 긴장을 풀 수 없으므로 체력의 소모가 심하여 긴 거리를 계속할 수 없다. 따라서 레이백에 들어가기 전에 루트를 잘 살피고 머릿속에 그 순서와 요령을 그려보고 시작해야 한다. 또한 이 레이백 동작은 도중에 휴식이나 중간 지점의 확보가 어렵기 때문에 체력을 최대한으로 쓰지 않도록 해야 한다. 그렇게 하려면 팔을 편 채로 구부러지지 않도록 해야 하는데, 팔 전체의 뼈로 지지하는 것이 피로가 다소 덜하기 때문이다. 레이백 자세에서 발의 위치가 너무 낮으면 밀기가 약해지며, 반대로 너무 높으면 팔의 부담이 커진다. 또한 빠르고 정확하게 중간 지점을 찾지 못하고 동작 중에 어정거리면 그만큼 체력이 소모되므로 율동적으로 오르는 것이 중요하다.

고정로프fixed rope 특별한 목적을 위해 등반 루트에 로프를 고정하는 것 또는 는 고정시킨 로프. 일반등산에서도 암릉의 위험한 구간에 고정로프를 설치하여 사고를 사전에 예방하기도 한다. 일반적으로 로프를 고정하는 장소는 수직의 암벽, 가파른 능선 등 통과하기 어려운 장소이며, 등반자를 보호할 목적으로 행해진다. 고정로프는 신속한 등반과 짐 끌어올리기에도 유용하게 쓰인다.

리웨드Lliwedd 북 웨일스 스노도니아(Snowdonia) 국립공원에 있는 스노돈 (Snowdon) 산과 이어지는 높이 898미터 산으로 동면은 적벽이다.

제23장

D. 캠벨 Campbell 영국의 산악인(David Campbell)으로 피터 올리버(P. R. Oliver) 와 함께 1933년 두나기리와 트리술을 등반했다.

판상 눈사태wind slab avalanche 눈의 넓은 표면이 떨어져나가는 눈사태

윈스롭 영 Winthrop Young 1876 ~ 1958. 영국의 산악인이자, 시인, 작가로 20세기 초반의 가장 뛰어난 등산가들 중의 한 사람. 알프스에서 주목할 만한 업적을 남겼다.

식물에 관한 메모

나의 꽃 채집은 해발 2,100미터 이상의 지역에 한정되어 있었다. 이 고도 이상의 지역에 분포하는 꽃들이 영국의 기후에 견디어낼지 검증해 봐야겠지만, 2,100~2,400미터 사이에는 추위에 잘 견디지는 못 해도 더 낮은 고도에서 올라와 가까스로 살아남은 꽃들이 몇 종 있긴 하다. 서리 선은 2,100미터보다 훨씬 낮은 곳에 있다. 따라서 2,100미터 아래에 분포하는 많은 꽃들 역시 내한성을 검증해 봐야 한다. 중앙 히말라야의 아열대 식물은 그 자체가 연구 대상이다. 나는 아열대 식물의 꽃을 많이 보지는 못했지만, 영국의 야외 정원에서도 견뎌낼 수 있는 종자나 식물 종을 수집하려는 내 원래 목적을 뒤얽히게 할까봐서 일부러 아열대 식물은 채집하지 않았다. 내 표본의 대부분은 3,000미터 이상에서 채집되었다. 물론 그곳에도 채집자를 기다리는 식물이 많아서 내 채집은 기껏해야 풍부한 식물 광상鑛床의 지표를 긁어 보는 수준에 불과했다. 그러나 2,100∼3,000미터 사이 지역에는 채집되지 않은 꽃들이 엄청나게 많이 있었다.

이 책의 또 다른 부록에 수록한 '1937년 분다르 계곡과 그 인근에서 채집한 식물 목록'이 보다 온전한 형태를 갖추려면 R. L. 홀스워드 씨가 1931년에 보았지만 나는 보지 못했거나, 몬순 기간인 몇 주 동안 조쉬마트에서 부주의하게 다룰 수밖에 없어서 압착기 안에서 썩어버린 식물들의 이름이 추가되어야 할 것이다.

또한, 오직 히말라야 높은 고도의 식물 목록에서만 이름이 빠지는 작약 속 파에오니 에모디Paeony emodii, 백합 속 릴리움 기간테움Lilium giganteum처럼 산비탈에서 사는 식물들의 이름도 추가되어야 할 것이다.

나는 식물학에 대해서는 문외한이기 때문에 특정한 지역에 집중하는 것이 최선이라고 생각했고, 그래서 식물상이 상당히 다양하면서도 수 킬로미터 내의 기후와 강우가 뚜렷하게 구분되는 분다르 계곡이 이런 목적을 위해서 최고의 장소라고 판단했다. 내가 채집한 표본은 영국 에든버러Edinburgh에 있는 왕립식물원Royal Botanic Garden이 확인했다. 그런데 내가 압착한 채집 표본이 변변찮은 탓에 이를 확인하는 과정에서 식물원 부원장 J. 맥퀸Macqueen과 그의 직원이 상당한 어려움을 겪었고 결국 나는 큰 신세를 졌다.

식물들은 1846~1849년 사이에 가르왈과 쿠마온 지역에 대해 과학적인 조사 작업을 수행한 리차드 스트라케이Richard Strachey 경과 J. E. 윈터보텀Winterbottom 씨가 채택한 순서대로 정렬되었다. 이들 지역과 티베트 인근 지역에 대한 이 분들의 건조화 식물 표본집은 지금까지 인도에서 배포된 가장 완벽하고 가치 있는 표본집 중 하나이다.

나는 또한 코완Cowan 박사에게도 신세를 졌는데, 내가 타임지에 아래와 같이 그의 논문을 인용할 수 있도록 허락해 주었기 때문이다.

"서부 히말라야의, 아니 적어도 그곳 상류 계곡들 중 몇 곳의 식물상이 풍부하다는 것은 이제 논란의 여지가 없다. F. S. 스마이드 씨가 최근의 원정을 통하여, 그곳에서, 인기 있는 원예 종이 다수 포함된 250개의 식물을 가지고 우리에게 돌아와서 이 사실을 입증하였다. 이 일은 우리에게 일반적인 흥밋거리를 제공해 주는 것은 물론 우리의 식물 지리학 지식의 영역을 확장시킨 중요한 일이기도 하다."

"한 세기 이상 동안, 카시미르에서 부탄Bhutan에 이르는 긴 선은 세계에서 가장 풍부한 꽃의 보고寶庫들 중 하나로 알려져 왔다. 그 숨은 계곡들은 그동안 텅 비었을지 모른다는 생각이 들 정도로 아주 가끔씩만 자신의 보물인 꽃을 드러냈다. 따라서 식물을 채집하는 사람들은 그만 발길을 다른 곳으로 돌려버렸다."

"서부 히말라야, 즉 카시미르, 가르왈, 쿠마온 히말라야에는 다른 지역보다 식물 수가 적어서 우리는 이와 같은 건조한 지역을 외면하고, 식물이 보다 풍부한 곳을 찾아서 동쪽으로 눈을 돌리는 데에 익숙해 있다."

"스마이드는 우리의 주의를 다시 서쪽으로 돌렸다. 그는 분다르 계곡을 '꽃의 계곡'이라고 이름 붙였는데, 납득이 간다. 그 계곡은 시킴의 계곡만큼, 아니 아마 시킴의 어느 계곡보다 식물이 풍부할 것이다. 그러나 이 계곡과 이 계곡의 주변, 그리고 그 너머 지역은 식물학자와 식물을 채집하는 사람들로부터 크게 주목을 받지 못하는 곳에 위치하고 있다."

"어떤 식물들은 서쪽에만 한정되어 있지 않고 히말라야 전역에 걸쳐 분포하고 있다. 반면에, 네팔 속으로 단지 조금 파고들었을 뿐 멀리 동쪽으로 퍼져 나가지 않고 어떤 특정한 지역에만 한정해서 분포해 있는 식물들도 많이 있다. 스마이드 씨의 채집은 제한된 분포 지역을 가진 식물들을 주요 대상으로 하고 있고, 이들 식물들 중에는 시킴까지 퍼져 나간 것이 거의 없기 때문에 좀 더 흥미롭다."

나는 식물학자가 아니라 한 사람의 원예가의 눈으로 식물상을 보았다. 그런 나에게 히말라야의 식물들은 몇 가지 감동을 주었다. 첫째, 식물들이 변화하는 환경과 고도에 자신을 맞출 줄 아는 능력을 가졌다는 것이다. 나는 이미 이 책에서 봉선화 속 임파티엔스 로일레이가 2,100미터에서 2.5미터 크기로 자라고, 4,200미터에서는 수십 센티미터로 자라는 것을 보았다고 말했다. 이런 꽃들은 영국의 기후에 자신을 맞출 수 있을 것이다. 원예가의 관점에서 나는 어떤 식물이 아주 높은 고도에서 잘 자란다는 이유로 강인하다고 여기는 것은 옳지 않다고 생각한다. 왜냐하면 이런 식물은 영국의 토착 식물과 달리 훨씬 기후 변화가 덜한 조건에서 살고 있기 때문이다. 이것들은 해마다 상당 기간을 눈 속에 묻혀 있고 여름에는 더위에 노출되어 있다. 이런 이유 때문에 크리스마스에도 무덥고 5월에도 찬 서리가 내릴 정도로 변화무쌍한 영국의 기후에 이것들이 적응하면서 살아남기는 쉽지 않을 것이다. 그러나 2,100~4,000미터 사이에서 사는 꽃이 영국에서는 잘 자라지 못할 것이라고 가정할 어떤 근거도 나는 알지 못한다. 2,100~4,000미터 사이의 꽃이, 현재 영국 정원의 아름다움을 크게 더해주고 있는 시킴에서 가져온 꽃보다 훨씬 영국의 기후 변화에 잘 적응하리라 감히 예상해 본다. 왜냐하면 가르왈의 봄, 여름, 가을의 기후는 시킴의 기후보다 기온과 강우에 있어 훨씬 덜 극단적이기 때문이다. 나는 이미 영국의 한여름 기후와 분다르 계곡의 한여름 기후를 비교하였고, 그 유사성은 원예가에게는 중요한 사항이다.

둘째, 원예가로서 나는 분다르 계곡에 있으면서 식물 성장의 순환에 대해서 깊은 관심을 가졌고, 이로부터 값진 교훈을 얻을 수 있겠다고 생각했다. 나는 이것에 대해서 집중적인 연구를 해 왔다고 믿고 싶다. 꽃들이 다른 꽃과 어울려서 자라는 방법에 대해서 말하려는 것이다. 자연 정원을 선호해서 원예가들이 틀에 박힌 내한성의 다년초를 심어 화단의 경계를 장식하는 일을 단념할 정도로 태평한 시대가 오면, 식물 성장에 있어 군집과 리듬의 연구가 합당한 관심을 끌게 될 것이다. 누구든지 내한성의 다년초를 심어서 화단의 경계를 장식하는 일을 할 수 있다. 그러나 하나의 자연 정원을 가꾸는 것은 예술이고 과학이다. 나는 내가 뜻하는 바를 야외 정원이라고 말하는 것에 대해 망설여 왔다. 왜냐하면 이것은 완벽하게 가꾸어지지 않는, 대개 씨에 의해서 만들어지는 정원을 암시하기 때문이다. 자연 정원은 어쩔 수 없이 대부분이 꽃과 풀로 구성되고 틀에 박힌 제한 요소가 없다. 이러한 소망스러운 목적을 얻기 위해서는 우리가 내한성의 다년초를 심어서 화단의 경계를 장식하는 일을 할 때에 필요한 것보다 훨씬 더 상세하게 꽃들을 연구해야만 한다. 왜냐하면 우리는 자연을 모사하고 흉내내야 할 뿐만 아니라 자연에 우리의 특별한 욕구를 맞추어야 하기 때문이다. 나는 분다르 계곡에서 패모 속 식물이 너무나 촘촘히 자라고 있어서 다른 식물이 살기가 불가능해 보이는 땅을 보았다. 그럼에도 불구하고 그 땅에서 패모 속 식물이 사라지자 포렌틸라 같은 식물들이 똑같이 촘촘히 뒤를 이어 자라고 있었다. 이런 순환은 완벽할 정도로 정확하게 한 식물이 다른 식물을 대체하면서 여름 내내 계속된다. 시간이라는 요인이 유일한 요인이 아니라 흙과 군집이 또한 이런 요인에 포함되어야 할 것이다. 예를 들어 분다르 계곡에서 자라는 보라색 나비난초 속 오르키스의 경우, 가까이에 엉겅퀴가 있는 것을 좋아하는 이유는 무엇일까? 자양물에 대하여 서로 상호작용하는 어떤 효과가 있는 것일까? 아직 밝혀지지 않은 어떤 주기적인 영향이 있는 것일까? 이 방향에서의 큰 연구 주제가 자연 원예가를 기다리고 있다. 그리고 이것이 아주 흥미로운 것 중의 하나라는 것에는 의심의 여지가 없다. 왜냐하면 이것이 보통의 원예로는 결코 경험할 수 없는 자연의 신비로운 리듬으로 우리를 이끌 것이기 때문이다.

흙은 또 다른 복잡한 요소이다. 코완 박사는 친절하게도 노모카리스 옥시페탈라 뿌리를 둘러싸고 있는 흙의 샘플을 분석했는데, 분석 결과, 흙은 약 산성pH=6.26이고, 유용한 양분이 적당히 있어서 기름졌으며, 토양 유기물도 **33.8%**로 유기물질이 많았다.

여기에다가 내가 관찰한 바에 따르면, 가르왈의 꽃들은 유기물질이 많은 경토輕土 즉 부엽토, 배수가 아주 잘 되고 당연히 햇볕이 온전히 잘 드는 이탄토에서 잘 자라는 것 같다.

이 간단한 메모를 마치면서 나는 코완 박사에게 다시 한 번 깊은 감사의 말씀을 드리지 않을 수 없다. 그를 만나고 나서 처음에 나는 갑자기 무슨 뚱딴지같은 씨앗 채집을 하게 되겠구나 하는 생각 정도로 영국을 떠나려던 참이었다. 게다가 얼마 안 가서 압착기, 마른 종이, 씨 봉투로 내 짐이 50킬로그램 정도 늘어난 것을 알았다. 가볍게 등반하려던 내 야심찬 포부는 심각한 타격을 받았다. 나는 이제야 내가 겪었던 어려움들이 매우 가치 있는 일이었다고 말할 수 있게 되었고, 과거에는 미처 알지 못했던 것들을 비로소 깨달을 수 있었다. 지리학 연구든, 인류학 연구든, 식물학 연구든 간에 그 목적 이외에 부가적인 관심거리가 있어야 한다. 히말라야와 같이 아름답고 흥미로운 것이 많은 곳을 그런 관심거리 없이 단순하게 여행만 한다면, 다시없는 흥밋거리들 중 하나를 놓치고 말게 될 것이다.

식물 목록 1

1937년 분다르 계곡과 그 인근에서 채집한 식물 목록

미나리아재비 과RANUNCULACEAE

참으아리 속Clematis 클레마티스 몬타나Clematis montana Buch.-Ham.

클레마티스 그라타Clematis grata Wall.

바람꽃 속Anemone 아네모네 루피콜라Anemone rupicola Camb

아네모네 오브투실로바Anemone obtusiloba D. Don

아네모네 리불라리스Anemone rivularis Buch.-Ham.

아네모네 폴리안테스Anemone polyanthes D. Don

꿩의다리 속Thalictrum 탈리크트룸 엘레간스Thalictrum elegans Wall.

탈리크트룸 쿨트라툼Thalictrum cultratum Wall.

탈리크트룸 켈리도니이Thalictrum chelidonii DC.

탈리크트룸 파우치플로룸Thalictrum pauciflorum Royle

매화바람꽃 속Callianthemum 칼리안테뭄 카케미리아눔Callianthemum cachemirianum Camb.

미나리아재비 속Ranunculus 라눈쿨루스 히페르보레우스Ranunculus hyperboreus Rottb.

라눈쿨루스 히르텔루스Ranunculus hirtellus Royle

동의나물 속Caltha 칼타 팔루스트리스Caltha palustris Linn.

칼타 스카포사Caltha scaposa Hook. f. et Thoms.

금매화 속*Trollius* 트롤리우스 아카울리스*Trollius acaulis* Lindl.

파라크빌레기아 속*Paraquilegia* 파라크빌레기아 그란디플로라*Paraquilegia grandflora* Drumm. et Hutch

매발톱 속*Aquilegia* 아크빌레기아 푸비플로라*Aquilegia pubiflora* Wall.

제비고깔 속*Delphinium* 델피니움 데누다툼*Delphinium denudatum* Wall.

델피니움 덴시플로룸*Delphinium densiflorum* Duthie

델피니움 브룬니아눔*Delphinium brunnianum* Royle

바곳 속*Aconitum* 아코니툼 헤테로필룸*Aconitum heterophyllum* Wall.

노루삼 속*Actaea* 아크타에아 스피카타*Actaea spicata* Linn.

매자나무 과BERBERIDEAE

매자나무 속*Berberis* 베르베리스 아리스타타*Berberis aristata* DC.

양귀비 과PAPAVERACEAE

양귀비 속*Meconopsis* 메코노프시스 아쿨레아타*Meconopisis aculeata* Royle

현호색 과FUMARIACEAE

현호색 속*Corydalis* 코리달리스 카쉬메리아나*Corydalis cashemeriana* Royle

코리달리스 코르누타*Corydalis cornuta* Royle

코리달리스 고바니아나*Corydalis govaniana* Wall.

코리달리스 무르크로프티아나*Corydalis moorcroftiana* Wall.

코리달리스 메이폴리아*Corydalis meifolia* Wall.

십자화 과CRUCIFERAE

장대나물 속*Arabis* 아라비스 아우리쿨라타*Arabis auriculata* Lam.

아라비스 암플렉시카울리스*Arabis amplexicaulis* Edgew

꽃다지 속*Draba* 드라바 라시오필라*Draba lasiophylla* Royle

에리시뭄 속*Erysimum* 에리시뭄 라판둠*Erysimum rapandum* Linn.

냉이 속*Capsella* 카프셀라 부르사—파스토리스*Capsella bursa-pastoris* Medic.

제비꽃 과VIOLACEAE

제비꽃 속*Viola*   비올라 비플로라*Viola biflora* Linn.

석죽 과CARYOPHYLLACEAE

대나물 속*Gypsophila*   기프소필라 체라스티오이데스*Gypsophila cerastioides* D. Don

장구체 속*Silene*   실레네 쿠쿠발루스*Silene cucubalus* Wibel.

실레네 무르크로프티아나*Silene moorcroftiana* Wall.

동자꽃 속*Lychnis*   리크니스 아페탈라*Lychnis apetala* Linn.

점나도나물 속*Cerastium*   체라스티움 글로메라툼*Cerastium glomeratum* Thuill.

벼룩이자리 속*Arenaria*   아레나리아 카시미리카*Arenaria kashmirica* Edgew.

아레나리아 무스키포르미스*Arenaria musciformis* Wall.

아레나리아 글란둘리게라*Arenaria glanduligera* Edgew.

물레나물 과HYPERICINEAE

물레나물 속*Hypericum*   히페리쿰 엘로데오이데스*Hypericum elodeoides* Cheis.

쥐손이풀 과GERANIACEAE

쥐손이풀 속*Geranium*   게라니움 프라텐세*Geranium pratense* Linn.

게라니움 콜리눔*Geranium collinum* M. Bieb.

게라니움 왈리키아눔*Geranium wallichianum* Sweet

게라니움 그레빌레아눔*Geranium grevilleanum* Wall.

봉선화 속*Impatiens*   임파티엔스 로일레이*Impatiens Roylei* Walp.

임파티엔스 술카타*Impatiens sulcata* Wall.

임파티엔스 톰소니*Impatiens thomsoni* Hook. f. et Thoms.

임파티엔스 스카브리다*Impatiens scabrida* DC.

난풍나무 과ACERACEAE

단풍나무 속*Acer*   아체르 채시움*Acer caesium* Wall.

콩 과LEGUMINOSAE

피프탄투스 속*Piptanthus*　　피프탄투스 네팔렌시스*Piptanthus nepalensis* D. Don

갯활량나물 속*Thermopsis*　　테르모프시스 바르바타*Thermopsis barbata* Royle

파로케투스 속*Parochetus*　　파로케투스 콤무니스*Parochetus communis*
Buch.-Ham.

호로파 속*Trigonella*　　트리고넬라 코르니쿨라타*Trigonella corniculata* Linn.

그벨덴스태드티아 속*Gueldenstaedtia* 그벨덴스태드티아 히말라이카
Guldenstaedtia himalaica Baker

자운영 속*Astragalus*　　아스트라갈루스 클로로스타키스*Astragalus
chlorostachys* Lindl.

아스트라갈루스 히말라야누스*Astragalus himalayanus*
Klotzsch

아스트라갈루스 칸돌레아누스*Astragalus candolleanus*
Royle

칡 속*Pueraria*　　푸에라리아 페둔쿨라리스*Pueraria peduncularis* Grah.

장미 과ROSACEAE

조팝나무 속*Spiraea*　　스피래아 아룬쿠스*Spiraea aruncus* Linn.

스피래아 벨라*Spiraea bella* Sims

스피래아 카네스첸스*Spiraea canescens* D. Don

뱀무 속*Geum*　　게움 엘라툼*Geum elatum* Wall.

양지꽃 속*Potentilla*　　포텐틸라 시발디*Potentilla sibbaldi* Hall. f.

포텐틸라 프루티코사*Potentilla fruticosa* Linn.

포텐틸라 프루티코사*Potentilla fruticosa* var. inglisxii
Hook. f.

포텐틸라 암비구아*Potentilla ambigua* Camb.

포텐틸라 에리오카르파*Potentilla eriocarpa* Wall.

포텐틸라 폴리필라*Potentilla polyphylla* Wall.

포텐틸라 레스케나울티아나*Potentilla leschenaultiana*
Ser.

포텐틸라 페둔쿨라리스*Potentilla peduncularis* D. Don

포텐틸라 레우코노타*Potentilla leuconota* D. Don

포텐틸라 미크로필라*Potentilla microphylla* D. Don

포텐틸라 아르기로필라*Potentilla argyrophylla* Wall.

포텐틸라 아르기로필라 아트로상기네아*argyrophylla* var. *astrosanguinea* Hook. f.

포텐틸라 아르기로필라 레우코크로아 *Potentilla argyrophylla* var *leucochroa* Hook. f.

짚신나물 속*Agrimonia*	아그리모니아 오이파토리아*Agrimonia eupatoria* Linn.
장미 속*Rosa*	로사 마크로필라*Rosa macrophylla* Lindl.
	로사 세리체아*Rosa sericea* Lindl.
마가목 속*Sorbus*	소르부스 폴리올로사*Sorbus foliolosa* Spach
섬개야광나무 속*Cotoneaster*	코토네아스테르 로툰디폴리아*Cotoneaster rotundifolia* Wall.

범의귀 과SAXIFRAGACEAE

노루오줌 속*Astilbe*	아스틸베 리불라리스*Astilbe rivularis* Buch-Ham.
범의귀 속*Saxifraga*	삭시프라가 체르누아*Saxifraga cernua* Linn.
	삭시프라가 히르쿨루스*Saxifraga hirculus* Linn.
	삭시프라가 디베르시폴리아*Saxifraga diversifolia* Wall.
	삭시프라가 야크에몬티아나*Saxifraga Jacquemontiana* Dcne.
	삭시프라가 핌브리아타*Saxifraga fimbriata* Wall.
	삭시프라가 플라겔라리스*Saxifraga flagellaris* Willd.
물매화 속*Parnassia*	파르나시아 누비콜라*Parnassia nubicola* Wall.
돌부채 속*Bergenia*	베르게니아 스트라케이*Bergenia stracheyi* Engl.
까치밥나무 속*Ribes*	리베스 글라치알레*Ribes glaciale* Wall.

돌나물 과CRASSULACEAE

돌나물 속*Sedum*	세둠 보디올라*Sedum rhodiola* Wall.
	세둠 헤테로돈티움*Sedum heterodontium* Hook. f. et Thoms.
	세둠 크레눌라툼*Sedum crenulatum* Hook. f. et Thoms.
	세둠 티베티쿰*Sedum tibeticum* Hook. f. et Thoms.

세둠 크바드리피둠*Sedum quadrifidum* Pall.

세둠 아시아티쿰*Sedum asiaticum* DC.

세둠 트리피둠*Sedum trifidum* Wall.

셈페르비붐 속*Sempervivum*   셈페르비붐 무크로나툼*Sempervivum mucronatum* Edgew.

바늘꽃 과ONAGRACEAE

바늘꽃 속*Epilobium*   에필로비움 라티폴리움*Epilobium latifolium* Linn.

에필로비움 오리가니폴리움*Epilobium origanifolium* Lamk.

산형 과UMBELLIFERAE

시호 속*Bupleurum*   부플레우룸 롱기카울레*Bupleurum longicaule* Wall.

전호 속*Anthriscus*   안트리스쿠스 네모로사*Anthriscus nemorosa* Spreng.

코르티아 속*Cortia*   코르티아 린들레이*Cortia lindleyi* DC.

누룩치 속*Pleurospermum*   플레우로스페르뭄 칸돌레이*Pleurospermum cadollei* Benth.

인동 과CAPRIFOLIACEAE

가막살나무 속*Viburnum*   비부르눔 에루베스첸스*Viburnum erubescens* Wall.

인동 속*Lonicera*   로니체라 오보바타*Lonicera obovata* Royle

꼭두서니 과RUBIACEAE

갈퀴덩굴 속*Galium*   갈리움 아쿠툼*Galium acutum* Edgew.

개갈퀴 속*Asperula*   아스페룰라 오도라타*Asperula odorata* Linn.

마타리 과VALERIANACEAE

나르도스타키스 속*Nardostachys*   나르도스타키스 야타만시*Nardostachys jatamansi* DC.

쥐오줌풀 속*Valeriana*   발레리아나 디오이카*Valeriana dioica* Linn.

산토끼꽃 과DIPSACACEAE

모리나 속Morina   모리나 롱기폴리아Morina longifolia Wall.

국화 과COMPOSITAE

메역취 속Solidago   솔리다고 비르가우레아Solidago virgaurea Linn.

아스테르 속Aster   아스테르 디플로스테피오이데스Aster diplostephioides Benth.

망초 속Erigeron   에리게론 알피누스Erigeron alpinus Linn.

                             에리게론 물티라디아투스Erigeron multiradiatus Benth.

미크로그로사 속Microglossa   미크로글로사 알베스첸스Microglossa albescens Clarke

솜다리 속Leontopodium   레온토포디움 히말라야눔Leontopodium himalayanum DC.

                             레온토포디움 야코티아눔Leontopodium Jacotianum Beau.

                             레온토포디움 모노체팔룸Leontopodium monocephalum Edgew.

다북떡쑥 속Anaphalis   아나팔리스 누비게나Anaphalis nubigena DC.

                             아나팔리스 쿠네이폴리아Anaphalis cuneifolia Hook. f.

                             아나팔리스 콘토르타Anaphalis contorta Hook. f.

담배풀 속Carpesium   카르페시움 체르누움Carpesium cernuum Linn.

진득찰 속Siegesbeckia   시에게스베키아 오리엔탈리스Siegesbeckia orientalis Linn.

알라르디아 속Allardia   알라르디아 글라브라Allardia glabra Dcne.

                             알라르디아 토멘토사Allardia tomentosa Dcne.

쑥국화 속Tanacetum   타나체툼 누비게눔Tanacetum nubigenum Wall.

쑥 속Artemisia   아르테미시아 록스부르기아나Artemisia roxburghiana Besser

크레만토디움 속Cremanthodium 크레만토디움 데카이스네이Cremanthodium decaisnei Clarke

                             크레만토디움 아르니코이데스Cremanthodium arnicoides Good

세네시오 속*Senecio*   세네치오 크리산테모이데스*Senecio chysanthemoides* DC.

세네치오 디베르시폴리우스*Senecio diversifolius* Wall.

세네치오 리굴라리아*Senecio Ligularia* Hook. f.

세네치오 크빈크벨로부스*Senecio quinquelobus* Hook. f. et Thoms.

취나물 속*Saussurea*   사우수레아 오브발라타*Saussurea obvallata* Wall.

사우수레아 피프탄테라*Saussurea piptanthera* Edgew.

사우수레아 히폴레우카*Saussurea hypoleuca* Spreng.

사우수레아 소로체팔라*Saussurea sorocephala* Hook. f. et Thoms.

게르베라 속*Gerbera*   게르베라 쿤제아나*Gerbera kunzeana* Braun. et Asch

왕고들빼기 속*Lactuca*   락투카 디섹타*Lactuca dissecta* D. Don

락투카 마크로리자*Lactuca macrorrhiza* Hook. f.

락투카 레세르티아나*Lactuca lessertiana* Clarke

초롱꽃 과CAMPANULACEAE

더덕 속*Codonopsis*   콘도놉시스 로툰디폴리아*Condonopsis rotundiflolia* Benth.

치아난투스 속*Cyananthus*   치아난투스 로바투스*Cyananthus lobatus* Wall.

치아난투스 미크로필루스*Cyananthus microphyllus* Edgew.

초롱꽃 속*Campanula*   캄파눌라 라티폴리아*Campanula latiflolia* Linn.

캄파눌라 카쉬미리아나*Campanula cashmiriana* Royle

캄파눌라 아리스타타*Campanula aristata* Wall.

캄파눌라 모데스타*Campanula modesta* Hook. f. et Thoms.

진달래 과ERICACEAE

가울테리아 속*Gaultheria*   가울테리아 트리코필라*Gaultheria trichophylla* Royle

카시오페 속*Cassiope*   카시오페 파스티기아타*Cassiope fastigiata* D. Don

진달래 속*Rhododendron*   로도덴드론 캄파눌라툼*Rhododendron campanulatum* D. Don

로도덴드론 레피도툼*Rhododendron lepidotum* Wall.

로도덴드론 안토포곤*Rhododendron anthopogon* D. Don

앵초 과PRIMULACEAE

앵초 속*Primula*

프리뮬러 덴티쿨라타*Primula denticulata* Sm.

프리뮬러 헤이데이*Primula heydei* Watt.

프리뮬러 인볼루크라타*primula involucrata* Wall.

프리뮬러 엘립티카*primula elliptica* Royle

프리뮬러 마크로필라*primula macrophylla* D. Don

프리뮬러 위그라미아나*primula wigramiana* W. W. Sm.

봄맞이 속*Androsace*

안드로사체 프리뮬로이데스*Androsace primuloides* Duby

안드로사체 카마에야스메*Androsace Chamaejasme* Host. var. uniflora Hook. f.

안드로사체 포시오니이*Androsace poissonii* R. Knuth

물푸레나무 과OLEACEAE

영춘화 속*Jasminum*

야스미뭄 후밀레*Jasminum humile* Linn.

수수꽃다리 속*Syringa*

시링가 에모디*Syringa emodi* Wall.

용담 과GENTIANACEAE

용담 속*Gentiana*

젠티아나 테넬라*Gentiana tenella* Fries

젠티아나 아르겐테아*Gentiana argentea* Royle

젠티아나 카케미리카*Gentiana cachemirica* Dcne.

젠티아나 베누스타*Gentiana venusta* Wall.

젠티아나 투비플로라*Gentiana tubiflora* Wall.

플레우로기네 속*Pleurogyne*

플레우로기네 카린티아카*Pleurogyne carinthiaca* Griseb.

쓴풀 속*Swertia*

스웨르티아 푸르푸라스첸스*Swertia purpurascens* Wall.

스웨르티아 풀첼라*Swertia pulchella* Buch.-Ham.

꽃고비 과 POLEMONIACEAE

꽃고비 속 *Polemonium*　　　　　　폴레모니움 캐룰레움 *Polemonium caeruleum* Linn.

지치 과 BORAGINACEAE

섬꽃마리 속 *Cynoglossum*　　　　　치노글로숨 글로키디아툼 *Cynoglossum glochidiatum* Wall.

뚝지치 속 *Hackelia*　　　　　　　학켈리아 글로키디아타 *Hackelia glochidiata* Brand

산지치 속 *Eritrichium*　　　　　　에리트리키움 스트릭툼 *Eritrichium strictum* Dcne.

물망초 속 *Myosotis*　　　　　　　미오소티스 실바티카 *Myosotis sylvatica* Hoffm

마크로스토미아 속 *Marcrostomia*　마르크로토미아 페렌니스 *Marcrotomia perennis* Boiss.

현삼 과 SCROPHULARIACEAE

베르바스쿰 속 *Verbascum*　　　　베르바스쿰 탑수스 *Verbascum thapsus* Linn.

주름잎 속 *Mazus*　　　　　　　　마주스 수르쿨로수스 *Mazus surculosus* D. Don

피크로리자 속 *Picrorhiza*　　　　피크로리자 쿠로아 *Picrorhiza kurrooa* Benth.

개불알풀 속 *Veronica*　　　　　　베로니카 델티게라 *Veronica deltigera* Wall.

　　　　　　　　　　　　　　　베로니카 히말렌시스 *Veronica himalensis* D. Don

　　　　　　　　　　　　　　　베로니카 카피타타 *Veronica capitata* Benth.

산좁쌀풀 속 *Euphrasia*　　　　　오이프라시아 오피치날리스 *Euphrasia officinalis* D. Don

송이풀 속 *Pedicularis*　　　　　페디쿨라리스 시포난타 *Pedicularis siphonantha* D. Don

　　　　　　　　　　　　　　　페디쿨라리스 비코르누타 *Pedicularis bicornuta* Klotzsch

　　　　　　　　　　　　　　　페디쿨라리스 페크티나타 *Pedicularis pectinata* Wall.

　　　　　　　　　　　　　　　페디쿨라리스 포레크타 *Pedecularis porrecta* Wall.

　　　　　　　　　　　　　　　페디쿨라리스 로일레이 *Pedicularis Roylei* Maxim.

쥐꼬리망초 과 ACANTHACEAE

방울꽃 속 *Strobilanthes*　　　　스트로빌란테스 왈리키이 *Strobilanthes wallichii* Nees

꿀풀 과LABIATAE

향유 속Elsholtzia   엘숄치아 에리오스타키Elsholtzia eriostachy Benth.

오리가눔 속Origanum   오리가눔 불가레Origanum vulgare Linn.

백리향 속Thymus   티무스 세르필룸Thymus serpyllum Linn.

칼라민타 속Calamintha   칼라민타 클리노포디움Calamintha clinopodium Benth.

개박하 속Nepeta   네페타 에리오스타키스Nepeta eriostachys Benth.

골무꽃 속Scutellaria   스쿠텔라리아 프로스트라타Scutellaria prostrata Jacquem.

꿀풀 속Brunella   브루넬라 불가리스Brunella vulgaris Linn.

석잠풀 속Stachys   스타키스 세리체아Stachys sericea Wall.

광대나물 속Lamium   라미움 알붐Lamium album Linn.

속단 속Phlomis   플로미스 브라크테오사Phlomis bracteosa Royle

마디풀 과POLYGONACEAE

마디풀 속Polygonaceae   폴리고눔 델리카툴룸Polygonum delicatulum Meissn.

폴리고눔 필리카일레Polygonum filicayle Wall.

폴리고눔 비비파룸Polygonum viviparum Linn.

폴리고눔 아피네Polygonum affine D. Don

폴리고눔 박치니폴리움Polygonum vacciniifolium Wall.

폴리고눔 폴리스타키움Polygonum polystachyum Wall.

폴리고눔 루미치폴리움Polygonum rumicifolium Royle

나도수영 속Oxyria   옥시리아 디기나Oxyria digyna Hill

대극 과EUPHORBIACEAE

대극 속Euphorbia   오이포르비아 필로사Euphorbia pilosa Linn.

자작나무 과BETULACEAE

자작나무 속Betula   베툴라 우틸리스Betula utilus D. Don

버드나무 과SALICACEAE

버드나무 속*Salix*　　　　　살릭스 엘레간스*Salix elegans* Wall.

　　　　　　　　　　　　살릭스 플라벨라리스*Salix flabellaris* Anderss.

측백나무 과CONIFERAE

향나무 속*Juniperus*　　　　유니페루스 왈리키아나*Juniperus Wallichiana* Hook. f. et
　　　　　　　　　　　　Thoms.

소나무 과PINACEAE

전나무 속*Abies*　　　　　아비에스 핀크로 스파크*Abies Pincro Spach*

난초 과ORCHIDACEAE

나비난초 속*Orchis*　　　　오르키스 라티폴리아*Orchis latifolia* Linn.

　　　　　　　　　　　　오르키스 쿠스바*Orchis chusua* D. Don

제비난 속*Platanthera*　　　플라탄테라 아쿠미나타*Platanthera acuminata* Lindl.

개불알꽃 속*Cypripedium*　키프리페디움 히말라이쿰*Cypripedium himalaicum* Rolfe

생강 과SCITAMINEAE

로스코에아 속*Roscoea*　　　로스코에아 알피나*Roscoea alpina* Royle

지모 과HAEMODORACEAE

쥐꼬리풀 속*Aletris*　　　　알레트리스 네팔렌시스*Aletris nepalensis* Hook. f.

맥문아재비 속*Ophiopogon*　오피오포곤 인테르메디우스*Ophiopogon intermedius*
　　　　　　　　　　　　D. Don.

붓꽃 과IRIDACEAE

붓꽃 속*Iris*　　　　　　아이리스 쿠마오넨시스*Iris kumaonensis* Wall.

백합 과 LILIACEAE

둥굴레 속 *Polygonatum*　폴리고나툼 후케리 *Polygonatum hookeri* Baker

폴리고나툼 베르티칠라툼 *Polygonatum verticillatum* All.

솜대 속 *Smilacina*　스밀라치나 팔리다 *Smilacina pallida* Royle

부추 속 *Allium*　알리움 후밀레 *Allium humile* Kunth

노모카리스 속 *Nomocharis*　노모카리스 옥시페탈라 *Nomocharis oxypetala* Balf. f.

노모카리스 나나 *Nomocharis nana* E. H. Wils.

패모 속 *Fritillaria*　프리틸라리아 로일레이 *Fritillaria Roylei* Hook.

개감채 속 *Lloydia*　로이디아 세로티나 *Lloydia serotina* Reichb. var. unifolia Franch.

로이디아 티베티카 *Lloydia tibetica* Baker

중의무릇 속 *Gagea*　가게아 루테아 *Gagea lutea* Schultz f.

나도옥잠화 속 *Clintonia*　클린토니아 알피나 *Clintonia alpina* Kunth

골풀 과 JUNCACEAE

골풀 속 *Juncus*　윤쿠스 멤브라나체우스 *Juncus membranaceus* Royle

윤쿠스 콘친누스 *Juncus concinnus* D. Don

천남성 과 AROIDEAE

천남성 속 *Arisaema*　아리새마 왈리키아눔 *Arisaema wallichianum* Hook. f.

아리새마 약크베몬티이 *Arisaema jacquemontii* Blume

사초 과 CYPERACEAE

좀바늘사초 속 *Kobresia*　콜베시아 락사 *Kobresia laxa* Boeck

사초 속 *Carex*　카렉스 옵스쿠라 *Carex obscura* Nees.

카렉스 푸스카타 *Carex fuscata* Boott

카렉스 니발리스 *Carex nivalis* Boott

크렉스 니발리스 *Carex nivalis* Boott var. cinnamomea Künkenth

카렉스 이나니스 *Carex inanis* Kunth

벼 과GRAMINEAE

큰조아재비 속*Phleum*   플레움 알피눔*Phleum alpinum* Linn.

고사리 강FILICES

공작고사리 속*Adiantum*   아디안툼 베누스툼*Adiantum venustum* D. Don.

북바위고사리 속*Cryptogramma*   크립트그람메 크리스파*Cryptogramme crispa* R. Br.

봉의꼬리 속*Pteris*   프테리스 크레티카*Pteris cretica* Linn.

아스플레니움 속*Asplenium*   아스플레니움 트리코마네스*Asplenium trichomanes* Linn.

아스피디움 프레스코티아눔*Aspidium prescottianum* Hook.

산족제비고사리 속*Nephrodium*   네프로디움 브루노니아눔*Nephrodium Brunonianum* Hook.

미역고사리 속*Polypodium*   폴리포디움 클라트라툼 *Polypodium clathratum* Clarke

폴리포디움 에베니페스*Polypodium ebenipes* Hook.

고사리삼 속*Botrychium*   보트리키움 루나리아*Botrychium lunaria* Sw.

식물 목록 2

1931년 분다르 계곡과 가르왈 위쪽 지역에서 R. L. 홀스워드가 채집했거나,
1937년 내가 관찰했으나 채집하지는 않은 식물의 추가 목록

봄맞이 속*Androsace*   안드로사체 글로비페라*Androsace globifera* Duby.

안드로사체 로툰디폴리아*Androsace rotundifolia*
Hardw.

매발톱 속*Aquilegia*   아크빌레기아 불가리스*Aquilegia vulgaris* Hook.

천남성 속*Arisaema*   아리새마 플라붐*Arisaema flavum* Schott.

초롱꽃 속*Campanula*   캄파눌라 아르기로트리카*Campanula argyrotricha*
Wall.

캄파눌라 콜로라타*Campanula colorata* Wall.

캄파눌라 실바티카*Campanula sylvatica* Wall.

골담초 속*Caragana*   카라가나 게라르디아나*Caragana gerardiana*

카라가나 크라시카울리스*Caragana crassicaulis* Benth.

팥꽃나무 속*Daphne*   다프네 올레오이데스*Daphne oleoides* Schreb

꽃다지 속*Draba*   드라바 인콤프타*Draba incompta* Stev.

용담 속*Gentiana*   겐티아나 아프리카*Gentiana aprica*

겐티아나 카피타타*Gentiana capitata*

게르베라 속*Gerbera*   게르베라 랑그비노사*Gerbera languinosa* Benth.

금불초 속*Inula*   이눌라 그란디플로라*Inula grandiflora* Willd.

메가카르파에아 속*Megacarpaea*	메가카르파에아 폴리안드라*Megacarpaea polyandra* Benth.
노리나 속*Morina*	모리나 페르시카*Morina persica* Linn.
파라크빌레기아 속*Paraquilegia*	파라크빌레기아 미크로필라*Paraquilegia microphylla* Drumm et Hutch.
송이풀 속*Pedicularis*	페디쿨라리스 베르시콜로르*Pedicularis versicolor* Wahlb.
앵초 속*Primula*	프리뮬러 로툰디폴리아*Primula rotundifolia* Wall.
	프리뮬러 미누티시마*Primula minutissima* Jacquem
	프리뮬러 레프탄스*Primula reptans* Hook
	프리뮬러 세실리스*Primula sessilis* Royle
진달래 속*Rhododendron*	로도덴드론 바르바툼*Rhododendron barbatum* Wall.
범의귀 속*Saxifraga*	삭시프라가 임브리카타*imbricata* Royle
방울꽃 속*Strobilanthes*	스트로빌란테스 알라투스*alatus* Nees.
가막살나무 속*Viburnum*	비부르눔 코티니폴리움*cotinifolium* D. Don.
제비꽃 속*Viola*	비올라 세르펜스*Viola serpens* Wall.

사진에 관한 메모

어느 곳을 여행하든지, 특히 히말라야를 여행할 때는, 사진기 없이 여행을 한다는 것은 생각할 수 없다. 이 메모는 히말라야를 여행할지도 모르는 사람을 위한 안내가 목적이다.

내 사진 장비는 사진기 3대로 구성되었다. 코닥 레티나Kodak Retina(6×9cm)와 필름 통이 영구적으로 부착된 에티 Etui(9×12cm), 그리고 에티이다.

코닥사의 아낌없는 후원으로 나는 많은 파나토믹Panatomic 필름 팩과 코다크롬Kodachrome 천연색 컬러 필름 수십 릴을 가지고 갔다. 이들 필름은 거의 습기 없는 높은 고도의 대기에, 인도 평원과 낮은 계곡의 습기가 많은 몬순의 대기에, 그리고 영하 17°C 훨씬 아래에서 영상 49°C에 이르는 다양한 온도 변화에 모두 노출되었지만 단 한 개도 변질된 흔적이 없었고 한 결같이 우수했다.

또한 코닥사의 가벼운 금속 삼발이와 아돈Adon 망원 렌즈 (9×12cm)를 사용했다. 코다크롬 천연색 컬러 필름은 영국에서 인화되었고, 파나토믹 필름 팩은 봄베이의 코닥사가 현상했는데, 나는 그 회사의 한 지부 관리자인 C. E. 노블Noble 씨에게 개인적으로 많은 신세를 졌다.

히말라야에서 사진 촬영을 하는 데 있어서 가장 어려운 점은 라이트 밸류light value의 범위가 상당히 크다는 것이다. 낮은 계곡에서는 대기 중에 수증기가 많아 눈부신 햇빛이 나왔을 때보다 노출을 길게 하는 것이 필수적이지만, 높은 고도에서는 그 반대의 현상이 나타나고 자외선이 심해서 노출을 아주 짧게 해야 한다. 가장 좋은 노출계露出計는 자외선 증가를 고려한 눈금이 매겨진 광전계光電計일 것이다.

저고도에서는, 그리고 특히 옅은 안개가 자주 끼는 몬순 전의 산자락에서는 사진을 찍을 때 필터가 필수적이다. 하지만 높은 고도에서 설경을 찍을 때는 필터를 사용하지 않는 것이 바람직하다. 높은 고도에서 필터를 사용할 경우 선명하게 원경을 담아낼 수 없을 뿐더러 인상적인 하늘의 모습을 포착할 수도 없다. 과거의 많은 히말라야 원정 사진은 기괴할 정도로 빛이 과다하게 투과된 풍경을 보여 주고 있다. 초기 에베레스트 원정 사진들이 이런 문제점을 잘 보여 주는 좋은 예이다. 높은 고도에서 필터를 사용한 효과는 섬광閃光 촬영 사진 속의 회백

색 바위나 우중충한 흰색 눈, 검은 하늘과 비슷하다. 물론 이런 식의 사진 찍기는 개인의 취향 문제지만, 대부분의 사진 찍는 사람들은 할 수만 있으면 자연을 충실하게 포착해내려고 하며 대상이 가지고 있는 고유의 색조 값을 희생하면서까지 과다하게 과장하는 것을 좋아하지 않는다.

나는 꽃 사진을 찍기 위한 장비가 변변치 않았다. 하지만 히말라야에서 식물 사진을 찍으려는 사람이라면 누구나 장 초점 렌즈와 단 초점 렌즈의 선택 문제에 신경을 많이 써야 할 것이다.

컬러 사진은 여러 가지 면에서 흑백 사진과는 다른 기술을 요구한다. 코다크롬 필름을 많이 망치고 나서 나는 이것을 알게 되었다. 빛은 완전히 다른 각도에서 연구되어야 했다. 중요한 것은 색이었고 조명 효과가 아니었다. 대상으로부터 빛이 직각이나 거의 직각에 가깝게 반사될 때에만 색이 완벽하게 재생됐다. 그래서 태양이 아주 조금 남아 있거나 완전히 사라진 새벽이나 황혼을 제외하고 빛에 노출된 사진은 가치가 없다. 말이 난 김에 말이지만, 내가 얻은 가장 좋은 컬러 사진은 두나기리의 6,100미터 지점에서 찍은 것이다. 컬러 사진에 있어서는 구도조차도 대상에 대한 정확한 조닝만큼 그렇게 중요하지 않다. 물론 흑백 사진에서 구도가 중요한 만큼 컬러 사진에 있어서도 그렇긴 하지만.

기술적인 관점에서 코다크롬으로 컬러 사진을 찍는 것은

일반 필름으로 사진을 찍는 것만큼 쉽다. 노출에 있어서는 노출관용도露出寬容度가 훨씬 적지만, 사진 찍는 사람은 똑같은 대상에 다양한 노출을 놓고 두세 장 찍어 보면 확실하게 성공할 수 있다. 나는 히말라야에서 코다크롬으로 사진을 찍을 때에는 꼭 안개 필터를 사용하라고 권한다. 왜냐하면 이 지역에서는 하늘의 색깔이 매우 짙고, 높은 곳에서는 대기 중에 자외선이 너무 많아서 아래쪽보다 그 색이 훨씬 짙기 때문이다.

끝으로, 유리 사이에 거치되어서 환등기의 슬라이드 필름으로 사용될 수 있는 코다크롬 사진 한 조보다 더 확실한 등산 휴가의 즐거운 기록을 나는 모르겠다. 물론 잊지 말아야 할 조건이 몇 가지 있기는 하다. 우선 열과, 열보다 정도는 덜 하지만, 강한 빛이 코다크롬 필름에 해롭다는 것을 기억해야 한다. 두 번째로, 적당한 열과 힘을 가진 전등이 사용되어야 한다. 마지막으로, 사진은 15~30초 이내에 다음 장으로 넘어가야 한다.

프랭크 스마이드를 말하다

p.500
아널드 런(Arnold Lunn)

양차 세계 대전 사이에 프랭크 스마이드Frank Smythe, 1900~1949 보다 대중이 잘 아는 영국의 등산가는 없었다. 그의 명성은 그가 산에서 이룬 업적 때문이긴 하지만, 또한 인기 있는 강사였고, 실력 있는 저널리스트였다는 사실도 무시할 수 없다.

그는 1900년 7월 6일 생이고, 그를 교육시켜 보려는 버크햄스테드Berkhamstead 초등학교의 시도를 단호하게 거절했다. p.500 심장이 약해서 축구도 허락되지 않았다고 한다. '이미 능력이 상당했는데도 산에서는 육체적으로, 책을 통해서는 지적으로 능력 밖의 좀 더 높은 곳으로 도약하려고 부단히 애를 썼다.'고 레이먼드 그린이 그에 대해 기록하고 있다.

14살 때에는 등산을 하러 웨일즈까지 자전거를 타고 갔으며, 그때 이후로 휴일은 온전히 산에서 보내야 한다고 고집했다.

1926년 공군에 입대하여 이집트로 배속되었지만 군 생활이 맞지 않아 몇 달 못 가 병이 크게 났고, 의사는 그의 어머니에게 다음과 같은 편지를 쓴다. '모든 병증으로 보아 장티푸스가 분명한데 심장에 해가 되지 않을까 매우 걱정입니다.' 1927년 그는 군 생활 부적격 판정을 받고 제대했다.

1년 동안 코닥사에서 일한 것을 빼고 평생 등산에 관한 책과 기사를 쓰고 강연을 해서 생계를 꾸렸으며, 1930년 이후에는 타임지의 등산 특파원이었다.

훌륭한 과학자가 봉급에만 관심이 있는 사람이 어디 있겠으며, 정의에 관심이 없는 판사가 어디 있겠는가? 그러나 특정 스포츠에서 대부분 수입을 직간접으로 버는 사람의 경우에는 이와 반대로 추측하는 사람들이 있기 마련이다. 스마이드는 '산을 사랑해서 등산하는 것이 아니라 자신의 경제적 이익을 위해서 등산을 한다.'는 비평가들의 견해에 대해서 레이먼드 그린은 알파인 저널을 통해 이를 논박하는 것이 좋겠다고 생각했다. 산에 대한 전업專業 작가이자 강사로서의 스마이드는, 타오르는 등반 열정 때문에 이런 삶을 살 수밖에 없어서 등산 가이드를 직업으로 택한 레뷰파Rébuffat와 같은 이들의 선구자였다.

스마이드는 유능했지만 뛰어난 암벽 등반가는 아니었다. 그레퐁Grépon으로 그를 안내했던 한 등산가에 따르면 머메리 크랙Mummery Crack은 그의 능력 밖이었지만, 알프스에서 발견된 거의 대부분의 바위를 등반할 수 있을 정도로 신중하고 경험

많은 암벽 등반가였다. (혹시 그 당시에는 그럴 능력이 없었는지도 모른다.)

1933년 에베레스트 등반에서 스마이드는 빙벽 등반가로서 최고의 실력을 '마음껏' 보여주었다. '노스콜로 어프로치 해가는 과정은 지금껏 내가 본 가장 멋진 빙벽 등반 모습이었다.'고 레이먼드 그린이 말했다.

수색조에서 한 가이드와 함께 한 것을 빼고 그는 결코 가이드와 함께 등반을 하지 않았다. 남의 도움을 받지 않고 스스로 산을 오르면서 차차 등산가가 되었다. 그레이엄 맥피Graham Macphee는 아래와 같이 기록했다.

육체적으로는 왜소했지만 놀랄 만한 인내력의 소유자였으며, 피곤한 기색 없이 하루 종일 무거운 배낭을 질 수 있었다. 몽블랑 남면에서 훌륭하게 해냈던 그의 등반 기록을 한 번만 주의 깊게 읽어 보면 그가 여러 시간 동안 했던 스텝 커팅에 대해서 한눈에 알 수가 있다. 그는 눈과 얼음이 변하는 조건들에 대해 놀랄 만한 지식을 갖고 있어서 눈과 얼음 위에서 특히 뛰어났으며, 어려운 루트에서 방향을 찾는 데 타의추종을 불허하는 감각을 갖고 있었다.

나의 첫 알프스 등반 시즌에 그와 함께 푸트레이 능선Peuterey Ridge을 등반한 것은 나로서는 큰 행운이었다. 에귀 블랑슈Aiguille Blanche의 비박 장소를 떠난 지 얼마 안 되어 갑자기 일기가 악화되어서 매우 당황스러웠지만, 그는 결코 동요하지 않았고, 그 후 지금까지 한 번도 겪어 보지 못할 정도의 혹심한 폭풍 속에서도 콜 드 푸트레이Col de Peuterey에서 로셰 그루버Rochers Gruber로의 첫 하산을 성공적으로 이끌었다. 어렵고 복잡한 프레네이 빙하Fréney Glacier를 가로질러 내려오면서도 결코 당황하지 않았고, 가혹한 일기 상황에서 콜 드 이노미나타Col de l'Innominata로 이어지는, 산중턱의 협곡 발치에 정확하게 도착했다. 그렇게 해서 우리는 쿠르마유르Courmayeur를 출발한 지 36시간 만에 감바Gamba 산장에 안전하게 도착했다. ^{p.500}

그는 스키어로서 자신이 있었지만 완벽하지 않은 2~3급 수준의 실력이었다. 그의 스키 등반 기록은 알프스 역사에서의 그의 위상 문제와 관련이 있다. 먼 산맥에서의 탐험 기록은 특별히 훌륭했다. 알프스에서 그의 선구적인 등반은, 특히 몽블랑의 신루트들은 (T. 그레이엄 브라운Graham Brown과 함께 한) 영국원정대에 의해 가이드 없이 최초로 이룩된 몇 안 되는 등반 중 하나였다. 그의 등반 이력에 대한 불만들이 주로 여름 시즌 등산가로서의 기록 때문이라면, 양차 대전 사이에 어느 영국 등산가가 이보다 더 훌륭한 등반 기록을 세웠는지 찾아내어 증명하기가 쉽지 않다. 그는 여름뿐 아니라 겨울과 봄에도 등반했다. 그가 이 시기 영국 최고의 전천후 등반가로 여겨지는 이유는 현대등반, 빙벽기술, 암벽등반뿐 아니라, 전천후 산악인 교육의 기본적 요소로서 점점 더 각광받고 있는 스키기술을 완벽하게 터득하고 있었기 때문이다.

또한 산악 사진가로서의 능력에 대한 칭찬을 빼놓을 수가 없다. 언젠가 스마이드의 최고의 저작물과 최고의 사진이 합본된 한 권의 책을 볼 수 있기를 기대한다.

카메트 원정 당시 그의 리더십에 대하여 레이먼드 그린은 다음과 같이 기록하고 있다.

그는 이런 일을 위한 최고의 리더였다. 세심한 주의로 모든 계획을 수립했다. 그에게 있어 세상을 창조한다는 것은 세상이 스스로 돌아가도록 만드는 것으로, 세상이 제대로 돌아가지 않거나 중심축이 흔들릴 때 그저 살짝 밀어주기만 하면서, 개인적으로는 전혀 눈에 띄지 않고 조용히 뒤에 남아 있는 것을 말한다.

높은 고도에서는 새로운 힘이 그의 속으로 들어가는 것 같다. 그의 몸은 어릴 적부터 지금까지 여전히 약해 보이지만, 갑자기 생겨난 이런 힘과 불굴의 인내로 놀랄 만한 일을 해낼 수 있었으며, 미음자세 또한 새롭게 되었다. 불행하게도 해수면에서의 어린 시절의 경험으로 마음속에 자리잡은 잘못된 열등감 때문에 때때로 짜증내고, 무뚝뚝하고, 화도 쉽게 냈지만, 그의 마음과 몸으로 들어온 자신감과 그가 가장 사랑한 산의 힘인 산의 감화가 그를 알아볼 수 없을 정도로 변화시켰다. 6,100미터 이상의 고도에서는 그 무엇도 그의 평정심과 본질적인 평온함을 방해하지 못했다. 나는 카메트 원정을, 아주 드물게 발생하는 대원들 간의 의견 차이라는 조그마한 파문으로는 결코 깰 수 없는 고요의 시간이었다고, 그리고 그 고요는 확신에 찬 그러나 항상 겸손하고 주제넘지 않은 그의 리더십 덕분이었다고 기억하고 있다.

히말라야에서는 리더가 아닌 대원으로서도 똑같이 훌륭했다. 에베레스트에서 러틀리지 지휘 하에 보다 힘든 상황에서, 그래서 결과적으로 더욱 괴로운 상황이었는데도, 그는 침착하고, 믿을 만하고, 인격적이었다.

스마이드는 자신의 명성에 대해 무관심하지 않았다. 그러나 그를 잘 아는 나는 그가 자신의 업적에 대해서 쉽게 자만하지 않는, 천성적으로 겸손한 사람이라는 것을 진심으로 확신하고 있다. 그는 주위 환경에 초연해질 수 있는 요가 수행자 같은 능력을 갖고 있어서 특히 기억에 남는다고 에릭 십턴이 아래와 같이 내게 말했다. '히말라야의 고소 캠프는 어쩔 수 없이 지저분합니다. … 그리고 등산가는 종종 너무 지쳐서 쓰고 난 물건을 원래 있던 제자리에 다시 되돌려 놓을 수가 없습니다. 에베레스트에서는 노스콜에 며칠씩 머물러 있어야 했지만 스마이

드는 결코 조급하거나 짜증을 내지 않았고, 완벽하게 초연함을 유지했습니다.'

그 시기의 어느 영국 등산가도 스마이드보다 더 널리 읽힌 사람이 없다. 그는 오르고 싶은 곳을 오르지 못하는 사람들에게 산을 옮겨다 주는 특별한 재주를 갖고 있어서 등산 모험의 해설자로서 훌륭했다. 그러나 등산 경험을 통해서 종교를 만들어 보려는 시도는 뜻대로 되지 않았다.

슈스터Schuster 경이 다음과 같이 기록했다. '삶과 죽음, 그리고 가치 판단에 대한 스마이드 씨의 관찰은 자신이 생각한 만큼 그렇게 독창적이지도 심오하지도 않다.'

그러나 스마이드가 사람들의 주의를 끌고자 글을 쓰거나 느끼지도 않은 감정을 꾸며내고자 했다고 추측한다면 이는 잘못이다.

       하늘에 대한 말더듬으로

       인간의 선율을 망치고 있는

시인들처럼, 스마이드는 어떤 순수한 정신적인 경험을 기술하려고 석낭한 말을 찾는 데 종종 실패했다. 슈스터가 석나라하게 비평한 이런 그의 관점은 자연적인 것과 초자연적인 것의 경계 지점에 대하여 그 분야의 다른 사람들이 나름대로 고생해서 이룬 성과를 스마이드가 단호하게 읽기를 거부했기 때문이다. 한번은 그가 내게 이런 말을 했다. '산에 대한 내 해석은 내 자신의 것입니다. 내가 종교나 신비주의에 관한 책을 읽으면 결국 읽은 내용에 영향을 받아서 산에 대한 내 해석이 헛갈리게 될 것이기 때문에, 그 어떤 영향도 받지 않았다는 확신을 스스로 가지려고 의도적으로 이런 책을 읽지 않았습니다.' 그 당시 그는 이런 주제에 대한 다른 사람들의 연구가 자신의 믿음을 헛갈리게 하기보다 오히려 명확하게 해줄 수도 있다는 것을, 예를 들면, 그의 바보 같은 짓인 산에 대한 신앙과, 역시 바보 같은 짓일 뿐인 산으로부터 영감을 받아서 얻은 신앙과의 차이를 그가 구별할 수 있도록 도와줄 수도 있다는 가능성을 받아들일 준비가 되어 있지 않았다. 그는 20대 후반에 내게 잇달아 편지를 보내서, 사람들이 가져야 할 산에 대한 진정한 믿음을 내가 그르치게 하고 있다며, 마치 사도가 변절자를 나무라는 것 이상으로 나를 나무랐다. 그가 믿고 있었던 것처럼 "활강滑降만"이란 이단異端의 주장에 전염된 나는 젊은이들이 산을 올라야 한다고 주장하는 대신에 활강만 해야 한다고 권유했다. 그러나 스마이드는 오히려 '산은 신앙의 대상이지 활강의 대상이 아니라는 것을 아직도 깨닫지 못했습니까?' 하고 나를 꾸짖기까지 했다.

그러나 석회암이나 화강암에 대한 그의 신앙은 말 그대로 우상 숭배일 뿐이다.

산에서 스키를 타는 사람들에게 반대하기 위해서 스마이

드와 그의 견해에 동조하는 산악인들이 러스킨Ruskin이 비꼰 내용을 각색해서 사용하고 있었다는 것을 깨닫지 못한 것은 의외의 일이다. 산을 오르기 힘든 기름 바른 장대 정도로 여기며 그저 어떻게 해서든 오르려고만 하는 산악인을 러스킨은 비난했고, 스마이드는 산을 기름 바른 평면처럼 여기며 그저 어떻게 해서든 미끄러운 설면을 용케 내려가려고만 하는 스키어들을 공격했다.

그는 늦익은 사람이었다. 그보다 나이 어린 한 등반 동료가 '그는 고리타분하게 생각했다.'고 내게 말한 적이 있었다. 내가 처음 스마이드를 만났을 때 그는 역사가 알프스 탐험과 동시에 시작된 듯이 여기는 산에 대한 편집광偏執狂에 가까웠지만, 그 후 독서에 대한 강한 편견은 차차 사라졌고, 생의 후반기에는 역사, 생물학, 종교 문학에 이르기까지 열광적인 독서가였다. 또한 사진가로서 작업을 하면서 색과 선에 대해서 배웠고, 중세 이후의 알프스 그림을 복제하려고 기금을 모으는 일도 시작했다. 나는 그의 박식함에 감명을 받았고, 그래서 '예술 작품 속에 나타난 산이란 주제로 공동으로 책을 만들어 보자고 내게 제안을 했으면 좋았을 텐데'라고 그에게 말할 정도로 그를 치켜세워 주었다.

겸손함에 대해서는 이미 말했지만 싹싹함 또한 빼놓을 수 없다. 그는 종종 대화의 중심에 있었지만 남을 해하려는 악의를 갖고 있지는 않았다. 우리의 우정은 확고한 의견 일치와 그에 못지않은 확고한 의견 차이라는 두 기둥이 받치고 있다. 우리 둘이 만나서 즐겁지 않았던 적은 한 차례도 없었다.

아널드 런 Arnold Lunn　(역자주) 아널드 헨리 무어 런(Sir Arnold Henry Moore Lunn, 1888.4.18.~1974.6.2.)은 인도 마드라스에서 태어난 영국의 스키어이자 등산가, 작가로, 1952년 영국과 스위스의 관계 개선 및 영국 스키 발전에 기여한 공로로 기사 작위를 받았다. 스마이드에 관한 이 글은 아널드 런이 알파인 클럽 창립 100주년을 기념하기 위해서 쓴《1857~1957 등산 1세기(A Century of Mountaineering 1857~1957)》란 책(1957년 출판) 중에 나온다.

버크헴스테드Berkhamstead **초등학교**　하트퍼드셔(Hertfordshire, 영국 잉글랜드 남동부의 주)에 소재. H. W. 틸먼(Tilman, 스마이드보다 두 살 위)과, 형제인 그레이엄 그린(Graham Greene)과 ·레이먼드 그린(Raymond Greene)이 당시 스마이드와 같은 학교 동급생이었다.

제프리 영(Geoffery Young)은 스마이드를 훌륭한 등산가로 만든 그의 이런 성격에 대하여, '무언가 잘못되어서 역풍이 불어왔을 때, 그의 내부의 느린 불꽃은 더욱 격렬히 타올랐다.'고 찬사를 하였다.

프랭크 스마이드 저서 목록

Climbs and Ski Runs (1930) Blackwood, Edinburgh

The Kangchenjunga Adventure (1930) Gollanz, London

Kamet Conquered (1932) Gollanz, London

An Alpine Journey (1934) Hodder & Stoughton, London

The Spirit of the Hills (1935) Hodder & Stoughton, London

Over Tyrolese Hills (1936) Hodder & Stoughton, London

Camp 6 (1937) Hodder & Stoughton, London

The Valley of the Flowers (1938) Hodder & Stoughton, London

Peaks and Flowers of the Central Himalayas (1938, The Geographical Magazine
        article)

The Mountain Scene (1937) A&C Black

Peaks and Valleys (1938) A&C Black

A Camera in the Hills (1939) A&C Black

Mountaineering Holiday (1940) Hodder & Stoughton, London

Edward Whymper (1940) Hodder & Stoughton, London

My Alpine Album (1940) A&C Black

Adventures of a Mountaineer (1940) Dent

The Mountain Vision (1941) Hodder & Stoughton, London

Over Welsh Hills (1941) A&C Black

Alpine Ways (1942) A&C Black

Secret Mission (1942) Hodder and Stoughton, London

British Mountaineers (1942) Collins

Snow on the hills (1946) A&C Black

The Mountain Top (1947) St Hugh's Press

Again Switzerland (1947) Hodder & Stoughton, London

Rocky Mountains (1948) A&C Black

Swiss Winter (1948) A&C Black

Mountains in Colour (1949) Max Parrish

Climbs in the Canadian Rockies (1950) Hodder & Stoughton, London

난다데비 국립공원과
꽃의 계곡 국립공원

출처: 유네스코한국위원회

국가명 인도   **등재연도** 1988   **등재기준** (vii) (x)

분류 자연   **유산면적** 71,783ha

위치 우타란찰 주State of Uttaranchal

좌표 N30 43 0.012 E79 40 0.012

간략개요

인도의 '꽃의 계곡 국립공원Valley of Flowers National Park'은 서부 히말라야 산맥의 고지에 자리 잡고 있다. 이 국립공원은 지역 고유의 고산식물alpine flower들로 이루어진 초원과 빼어난 자연 경관으로 유명하다.

다양성이 풍부한 이 지역은 아시아흑곰(반달가슴곰)Asiatic black bear, 눈표범snow leopard, 불곰brown bear, 티베트푸른양(바랄) blue sheep 등 희귀종과 멸종 위기에 처해 있는 동물들의 서식지

이기도 하다. 1988년에 이미 세계자연유산으로 등재된 난다데비 국립공원Nanda Devi National Park의 험준한 산지를 꽃의 계곡 국립공원의 부드러운 경관이 보완해주고 있다.

이 두 공원은 잔스카르Zanskar 산맥과 대大 히말라야 산맥 사이의 독특한 점이지대transition zone를 에워싸고 있다. 이 지역은 산악인들과 식물학자들에 의해서 1세기 이상, 힌두 신화에서는 그보다 훨씬 더 오랜 동안 찬미를 받았다.

정당성/가치

난다데비 국립공원은 히말라야에서 가장 장엄한 야생지역들 중 한 곳이다. 높이가 7,800m 이상 되는 난다데비 봉우리가 우뚝 솟아 있으며, 접근이 불가능해 사람이 살지 않는 만큼 보존도 잘 되어 있다.

이 공원은 특히 눈표범, 히말라야사향노루Himalayan musk deer, 티베트푸른양을 포함한 멸종 위기에 처해 있는 여러 포유류의 서식지이다. 이 공원은 가르왈 히말라야Garhwal Himalaya 내의 차몰리 지구Chamoli district에 있다. 아울러 공원은 다울리 강가Dhauli Ganga의 동쪽 지류에 해당하는 리쉬 강가Rishi Ganga의 유역을 이루는데, 다울리 강가는 조쉬마트Joshimath에 있는 알라크난다 강Alaknanda River으로 흘러 들어간다.

이 지역은 광대한 빙하 분지로, 남북 방향으로 평행한 여러 산마루로 나뉜다. 이 산마루들은 두나기리Dunagiri, 장방

Changbang, 난다데비 산 동봉Nanda Devi East 같은 잘 알려진 10여 개의 봉우리들을 에워싸고 있는 산언저리까지 펼쳐져 있다.

인도에서 두 번째로 높은 난다데비 산 서봉Nanda Devi West 은 분지로 돌출된 짧은 능선에 있으며, 동쪽 가장자리의 난다데비 산 동봉에서 솟아오른다. 또한 남서쪽의 트리술Trisul 봉우리도 이 분지 안에 있다. '내부 성소Inner Sanctuary'라고도 불리는 리쉬Rishi 계곡의 상류 북쪽에는 장방Changbang, 북부 리쉬North Rishi, 북부 난다데비North Nanda Devi의 빙하가 유입된다.

난다데비 대산괴Nanda Devi massif 남쪽에는 남부 난다데비 South Nanda Devi와 남부 리쉬South Rishi의 빙하가 유입된다. 그리고 북부와 남부 리쉬 강의 합류 지점 아래에는 인상적인 협곡이 있는데, 이 협곡은 데비스탄−리쉬코트Devistan-Rishikot 능선을 가르며 지나간다.

'외부 성소Outer Sanctuary'라고도 불리는 리쉬 계곡 저지대의 특징으로는 트리술리Trisuli와 라마니Ramani 빙하들을 꼽을 수 있다. 리쉬 강가는 리쉬 계곡 아래에서 좁고 가파른 협곡으로 유입된다. 삼림은 대체로 리쉬 협곡Rishi Gorge에만 국한되어 나타나며, 고도 3,350m 정도까지 전나무fir와 철쭉 속 식물 rhododendron, 자작나무birch가 우점하고 있다. 자작나무 숲이 삼림과 고산 초원alpine meadow 사이의 넓은 지대를 형성하고 있으며, 철쭉 속 식물이 임상에서 자란다.

'내부 성소' 내에서는 환경조건이 좀 더 건조해서 난다데비의 주 빙하에 이르기까지 거의 건성xeric으로 변한다. 이곳은 라마니를 넘어가면서 식물의 종류가 삼림에서 건조한 고산 군집으로 바뀌고, '내부 성소' 안에는 향나무juniper 관목 덤불이 많다. 고도가 높아질수록 관목 덤불 대신 벼과식물grass, 납작한 이끼류mosses, 지의류lichens가 나타나며, 한해살이 초본herb과 난쟁이버드나무dwarf willow는 강변 토양에서 나타난다.

목본 위주의 식생은 빙하의 가장자리를 따라 위로 연장되어 있으며 점차 작달막한 고산식물과 지의류로 바뀐다. 현지 주민들은 종교적 목적으로 뿐만 아니라 의료용으로, 그리고 음식, 사료, 연료, 도구, 가옥, 섬유의 용도로 총 97개 종의 식물들을 쓰고 있다.

이곳 분지는 유제류(소나 말처럼 발굽이 있는 동물)ungulate 동물이 많은 것으로 잘 알려져 있으며, 그중에서도 좀 더 낮은 수준의 멸종 위기에 처해 있는 종'lower risk' threatened species으로 등재된 히말라야사향노루가 유명하다. 또한 수마트라영양Mainland serow과 히말라야산양(히말라야타르)Himalayan tahr도 흔하게 볼 수 있다. 산양goral 분포는 분지 내로는 확산되어 있지 않지만, 국립공원 인근에서는 출현하고 있다. 몸집이 큰 육식동물로는 표범, 히말라야곰Himalayan black bear, 불곰을 들 수 있으나, 그 존재 유무는 아직까지 확실치 않다.

국립공원 경계 밖에서는 히말라야원숭이rhesus macaque가 발견되지만, 현재 이곳에 사는 영장류로는 랑구르(몸이 여윈 인도산 원숭이)langur가 유일하다. 생물권보전지역biosphere reserve에서는 약 83개의 동물종이 서식한다고 보고되었다.

1993년에 이루어진 난다데비 과학 및 생태 탐험Nanda Devi Scientific and Ecological Expedition을 통해 이곳에 30개 과의 총 114개 조류종이 서식한다고 기록되었으며, 그중 67개 종은 처음으로 기록된 종이다. 5월과 6월에 많은 조류종이 서식하는데, 이때 나타나는 종으로는 검은볏박새crested black tit, 노란배부채꼬리딱새yellow-bellied fantail flycatcher, Empidonax flaviventris 유리딱새orange-flanked bush robin, 청머리딱새blue-fronted redstart, Phoenicurus frontalis, 힝둥새Indian tree pipit, 포도주색가슴밭종다리vinaceous-breasted pipit, 적원자common rosefinch, 잣까마귀nutcracker 등이 있다. 종의 부유도(전체 종 수)species richness는 온대림에서 가장 높게 나타나며, 고도가 증가함에 따라 종 부유도가 크게 떨어진다.

이 유적은 1980년 8월 18일자 고시번호 2130/14-3-35-80에 의해 목적이 선언되었으며, 1982년 9월 6일자 고시번호 3912/14-3-35-80에 의거해 1982년 11월 6일 이후 국립공원으로 지정되었다.

당Dang, 1961은 난다데비 분지Nanda Devi Basin 탐험에 대한 역사적 기록을 제공한다. 이 성스러운 분지에 들어간 첫 번째 기록상의 시도는 1883년 W. W. 그레이엄W. W. Graham에 의해 이루어졌지만, 리쉬 강가 저지대의 협곡을 넘어서지 못한 채 탐험은 중단되었다. 이후 T. G. 롱스태프T. G. Longstaff가 1870년에, 휴 러틀리지Hugh Ruttledge가 1826년과 1927년, 1932년에 탐험을 시도하였으나 실패하고 말았다. 그리고 마침내 1934년 에릭 십턴Eric Shipton과 H. W. 틸먼H. W. Tilman이 리쉬 강가 상류의 협곡까지 나아가면서 '내부 성소'로 이어지는 경로를 개척하였다. 이후 1936년 틸먼과 N. E. 오델N. E. Odell이 난다데비를 처음으로 등정하였으며, 이 등정은 제2차 세계대전 이전의 산악 등반 중 가장 훌륭한 등반으로 알려져 있다.

장관을 이루는 산의 야생적 자연은 천혜의 보호 구역 natural sanctuary이라는 점 덕분에 처음으로 주목을 받았으며 (1935년 틸먼, 1936년 십턴), 이후 이 지역은 1939년 1월 7일에 사냥 보호 구역game sanctuary으로 지정되었다(정부 명령 No. 1493/XIV-28).

일반적으로 '난다데비 보호 구역Nanda Devi Sanctuary'으로 부르던 이름은 보호 구역 지정 당시에는 산제이 간디 국립공원 Sanjay Gandhi National Park으로 바뀌었다. 그러나 이 이름이 지역의 반대 여론에 부딪치면서, 결국 난다데비 국립공원이라는 이름으로 공고되었다.

이 공원은 1988년 세계유산에 등재되었으며, 북쪽으로 다울리 강가에까지 이르는 넓은 면적(200,000ha)의 생물권보전지역(2004년 지정)의 핵심지역을 이루고 있다.

아름다운 산에서 넉 달간 행복하게
지냈던 산사나이의 기록

산악회에서 왕성하게 활동하던 때인 1999년, 나는 우연한 기회에 산책 전문 서점에서 중고로 이 책 《꽃의 계곡》을 구입할 수 있는 행운을 얻었다. 보고픈 책을 얻었다는 기쁨과 설레는 마음으로 낯선 등산 용어에 점차 익숙해져 가며 책을 읽어 갔는데, 읽을수록 기존의 등산 책과는 다른 묘한 매력을 조금씩 알게 되었다.

처음 몇 장을 읽는 동안에는 산책인지 꽃책인지가 분간이 안 될 정도로 꽃에 대한 이야기가 많았지만, 그렇다고 꽃책은 아니었다. 한 장도 빼지 않고 전 장에 걸쳐서 수백 개의 꽃 이름이 등장하는데, 원예를 모르는 나로서는 적잖이 당황스러웠다. 특히 당시에는 지금처럼 인터넷 검색으로 히말라야 꽃들의 사진을 검색해 볼 수도 없는 때여서 작가가 묘사한 꽃 모양을 상상만 해 볼 뿐이었다. 작가가 빼어난 문재文才로 마치 눈앞에 있는 듯한 착각이 들 만큼 간결하고 생동감 있게 꽃의 특징을 묘사할 때면, 책 읽는 중간 중간에 잠시 눈을 감고서 그 묘사된 꽃의 모습과 주변 환경을 마음속으로 그려 보았던 적이 한두 번이 아니었다.

이런 상상이 주는 즐거움도 적지 않았지만, 읽어갈수록 꽃 이름이 차차 늘어갔고, 반복되는 꽃 이름이 많아질수록 '어떻게 생겼을까?' 하는 궁금증도 더했다. '백문이 불여일견'이라 했는데, '만년설 가까이에서 별처럼 빛나는 머리를 들고 서 있는 이 광경'을 어찌 상상만으로 알 수 있겠는가? 1999년 그해에 이 책을 여러 번 읽었고, 꽃의 모습을 사진으로나마 보고픈 욕망은 그만큼 커갔다.

그러던 중 2008년 《히말라야 식물대도감》(요시다 도시오 지음, 박종한 옮김, 김영사 간행)이 출간된 것을 알게 되었는데, 그제야 나는 《꽃의 계곡》에 나오는 꽃의 모습을 상당 부분 사진으로 볼 수 있었고, 그때의 감동이란 이루 말할 수 없었다. 독서하기의 화룡점정이라고나 할까? 그렇지만 이 식물대도감에도 없는 꽃 이름이 상당수 있었고, 이것들의 모습은 그 후에 인터넷 검색을 통해서 보게 되었다. 결국 이 책 읽기는 2009년이 되어서야 완료된 셈이다.

묘한 매력은 꽃뿐만이 아니었다. 보통의 경우 산책은 '우리는 혹은 나는 갖은 어려움을 극복하고 이렇게 등정했다.'가 주요 내용인데, 이 책은 등반대상지로 이동하는 과정에서 만나는 지역의 풍물이나 기후, 원주민의 외관, 의상, 행동, 생활방식, 관습, 종교, 신화 등은 물론이고, 세르파와 짐꾼들의 사소한 행동이나 성격, 심리까지 세세하게 묘사해서, 단순한 등반기를 넘어 식물학적인 연구는 물론이고 민속학적인 내용에 이르기까지 다양한 분야에 대한 기록을 담고 있는 특이한 책이란 생각을 하게 되었다. 특히, 짐꾼들을 단지 짐꾼으로 대하지 않고 같이 등반을 하는 동료나 친구처럼 대하는 작가의 태도는, 다른 등산 관련 책에서는 찾기 힘든 인간애와 감동을 선사해 주었다.

더욱이 히말라야의 어마어마한 산과 가냘픈 꽃이라는 극명하게 대조되는 두 대상의 어울릴 것 같지 않은 결합을 통해 자연의 아름다움을 표현해 내고, 이와 유사한 방법으로 다양하게 또 다른 극단적인 대비를 통해 궁극적으로 우리가 왜 산에 오르는지, 인간의 본질은 무엇인지, 기계 문명이 가져온 전쟁과 불행의 원인이 무엇이고 그 대처 방안은 무엇인지 등의 산과 인간, 문명에 대한 근원적인 질문들에까지 접근해 가는 작가의 글쓰기 방식에 다시 한 번 매료되지 않을 수 없었다.

매력은 이뿐만이 아니었다. 작가는 1차 대전 이후 세계에서 가장 강인하고 훌륭한 등산가 중 한 사람으로 평가되고 있고, 1933년 에베레스트 원정에 참여해서 무산소로 당시 인류의 최고 도달 높이인 8,500미터까지 올라갔다. 등산사에 빛나는 성취를 이룬 산악인답게 그는 의무로서의 등반과 즐거움으로서의 등반의 차이를 명확하게 알고 있었고, 등반과 휴식과 사색을 한가지로 볼 줄 아는 철학적인 안목 또한 갖고 있었다. 《꽃의 계곡》은 작가가 꿈꿔 온 즐거움으로서의 등반, 즉 등반과 휴식과 사색을 실천해 옮긴 기록이다. '휴식은 할 수 없어서 즐기는 것이 아니라 등산에서 당연하고 빠뜨릴 수 없는 한 부분이며, 휴식을 게을리한다면 사색을 게을리하는 것이고, 결국 자연의 진면목을 알 수 없게 된다.'는 작가의 생각은, 작가 자신이 해 왔던 등반 방식은 물론 당시 등정 위주의 등반 방식에 대한 회의와 반성이 담겨 있다.

또한 작가는 영국인이었음에도 동양적인 사고에 대한 깊은 이해와 통찰을 갖고 있었다. '고요 이상의 더 큰 어떤 것, 그 어떤 힘, 절대적이며 불변인 어떤 힘의 존재를 인식할 수 있었다. 알 수 있는 어떤 것과 알 수 없는 어떤 것과의 바로 그 경계선에 내가 있는 것 같았다. … 이 힘은 하늘의 한 부분이자 우리의 한 부분이기 때문이다. … 이것으로부터 우리가 변화해 나와서 이것으로 조용히 평화롭게 돌아가는 것이다.'와, '객관적으로 혹은 분석적으로 하는 생각이 아니라 주변 환경에 내 생각을 맡겨 둘 수 있게 되었다. … 이 힘은 우리의 마음으로 하여금 느낌을 찾아서 구하도록 하는 것이 아니라 받아들이도록 하는 것이며, 외부에서 들어오는 생각을 차단함으로써 얻게 되는 것이다. 이런 순간이 찾아오면 비로소 신의 음성을 들을 수 있고, 삼라만상의 변화가 명백해진다. 대기 그 자체가 생명과 노래로 가득 차며, 산들은 단순한 눈이나 얼음, 바윗덩이가 아니라 살아 있는 것으로 변하게 된다. 이런 일이 일어날 때 인간의 마음은 허약한 상상의 굴레에서 벗어나 창조자와 합일하게 되는 것이다.'라는 글을 통해, 나는 작가에게서 이미 산악인의 범위를 벗어난, 어떤 절대를 향한 수도자로서의 또 다른 모습을 얼핏 볼 수 있었다. 결국 우리는 무슨 일을 하고 있거나 나름의 절대 진리를 향해서 출항한 조각배 하나가 아니겠는가?

더불어 이 책의 매력은 전편에 흐르는 감성적인 분위기이다. '어느 쪽을 보아도 너무나 맑고 고요한 때에는 상투적인 방법으로 글을 쓰는 것이 불가능했다. 그리하여 나를 이해시킬 수 없다거나 자칫 '감상적'이라는 낙인이 찍힐 수도 있겠지만 어쩔 수 없었다.'고 작가는 고백한다. 하지만 이와 같은 작가의 개인적인 혹은 감상적인 느낌이 오히려 내게는 크게 공감이 되었다. 하루의 힘든 등반을 마치고 모닥불 가에 앉아서 나무 타는 냄새를 맡으며 하루를 마감하는 사람이 어떻게 감성적이지 않을 수 있겠는가? 기계 문명과 시간의 굴레에서 벗어나서, 또는 잠시나마 먹고사는 삶의 멍에에서 벗어나서, 낮에는 설상에서 밤에는 꽃의 계곡에서 야영을 하는, 의무가 아닌 즐거운 등반을 하는 사람이 어떻게 이성적이기만 할 수 있겠는가?

읽기와 달리 번역은 쉽지 않았다. 혼자서 싱긋이 웃음 지을 때도 있었고 물론 심각해질 때도 있었다. 그러나 내내 행복했다. 다시 한 번 산과 인생에 대해서 생각해 볼 좋은 계기가 되었기 때문이다. 혹 독자 여러분께서 이 책을 읽고 이런 행복을 조금이라도 느끼신다면 옮긴이로서 더 이상의 기쁨은 없을 것이다.

1999년에 이 책을 처음 접하고 그때부터 틈틈이 번역을 했는데, 당시에는 등반용어가 낯설어 《등산용어수첩》(김성진 지음, 평화출판사 간행)을 사전 삼아 보았으며, 부족한 부분은 최근에 간행된 《등산상식사전》(이용대 지음, 해냄 간행)으로 보충했고, 등산용어에 익숙하지 않은 독자를 위한 설명도 이 두 책의 내용을 주로 인용하였다. 《꽃의 계곡》은 1938년 영국(Hodder & Stoughton, London)에서 처음 출판되었고, 번역 대본은 1949년 미국 초판본인 'The Valley of flowers, New York. W. W. Norton & Company, Inc.'를 사용했다. 이 꽃의 계곡은 1980년 인도 정부가 식물을 보호하기 위하여 국립공원(Valley of Flowers National Park)으로 지정하여 거주와 방목을 금지하고 있으며, 6~9월 사이인 여름 동안에만 개방된다.

519

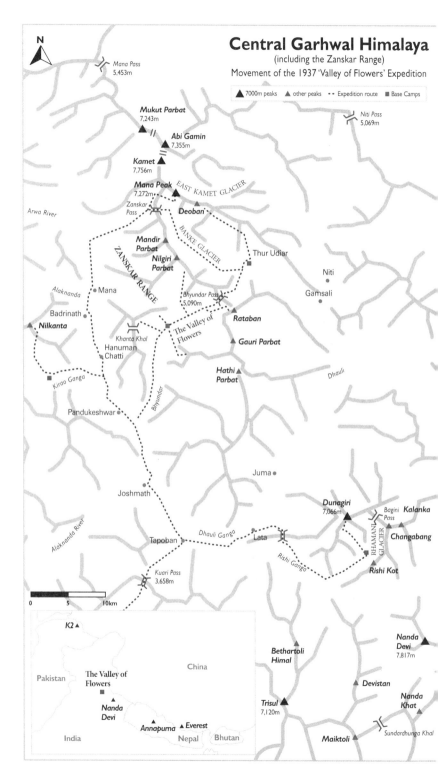

Central Garhwal Himalaya
(including the Zanskar Range)

Movement of the 1937 'Valley of Flowers' Expedition

▲ 7000m peaks ▲ other peaks ·· Expedition route ■ Base Camps

N

Mana Pass
5,453m

Niti Pass
5,069m

Mukut Parbat
7,243m

Abi Gamin
7,355m

Kamet
7,756m

Mana Peak
7,272m

EAST KAMET GLACIER

Zanskar
Pass

Deoban

Arwa River

BANKE GLACIER

Mandir
Parbat

Thur Udiar

Niti

Nilgiri
Parbat

Alaknanda

Mana

ZANSKAR RANGE

Gamsali

Bhyundar Pass
5,090m

Badrinath

Rataban

Nilkanta

The Valley of
Flowers

Khanta Khal

Gauri Parbat

Kirao Ganga

Hanuman
Chatti

Dhauli

Hathi
Parbat

Bhyundar

Pandukeshwar

Juma

Joshmath

Dunagiri
7,066m

Bagini
Pass

Kalanka

Alaknanda River

Dhauli Ganga

Tapoban

Lata

Changabang

RHAMAN GLACIER

Rishi Ganga

Kuari Pass
3,658m

Rishi Kot

0   5   10km

K2 ▲

Nanda
Devi
7,817m

The Valley of
Flowers

China

Bethartoli
Himal

Pakistan

Nanda
Devi

Devistan

Nanda
Khat

Trisul
7,120m

Annapurna ▲ Everest

Sundardhunga Khal

India

Nepal

Bhutan

Maiktoli